개념
완성
문항편

과학탐구영역

생명과학 Ⅰ

KB211572

정답과 해설 PDF 파일은 EBSi 사이트(www.ebsi.co.kr)에서 다운로드 받으실 수 있습니다.

EBSi 사이트에서 본 교재의 문항별 해설 강의 검색 서비스를 제공하고 있습니다.

교재 내용 문의 | 교재 및 강의 내용 문의는 EBSi 사이트(www.ebsi.co.kr)의 학습 Q&A 서비스를 활용하시기 바랍니다.

교재 정오표 공지 | 발행 이후 발견된 정오 사항을 EBSi 사이트 정오표 코너에서 알려 드립니다. 교재 ▶ 교재 자료실 ▶ 교재 정오표

교재 정정 신청 | 공지된 정오 내용 외에 발견된 정오 사항이 있다면 EBSi 사이트를 통해 알려 주세요. 교재 ▶ 교재 정정 신청

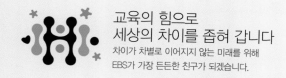

교육의 힘으로
세상의 차이를 좁혀 갑니다
차이가 차별로 이어지지 않는 미래를 위해
EBS가 가장 든든한 친구가 되겠습니다.

기획 및 개발

오창호 권희수

본 교재의 강의는 TV와 모바일, EBS*i* 사이트(www.ebs*i*.co.kr)에서 무료로 제공됩니다.

발행일 2018. 12. 10. **13쇄 인쇄일** 2024. 9. 25. **신고번호** 제2017-000193호 **펴낸곳** 한국교육방송공사 경기도 고양시 일산동구 한류월드로 281
표지디자인 디자인싹 **인쇄** 동아출판㈜ **편집** 다우
인쇄 과정 중 잘못된 교재는 구입하신 곳에서 교환하여 드립니다. 신규 사업 및 교재 광고 문의 pub@ebs.co.kr

개념
완성
문항편

과학탐구영역

생명과학 Ⅰ

STRUCTURE

이 책의 구성과 특징

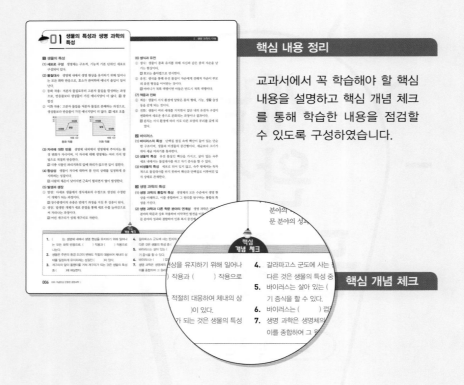

핵심 내용 정리

교과서에서 꼭 학습해야 할 핵심 내용을 설명하고 핵심 개념 체크를 통해 학습한 내용을 점검할 수 있도록 구성하였습니다.

핵심 개념 체크

출제 예상 문제

교과서 내용을 학습한 후 시험 대비를 위해 출제 빈도가 높은, 꼭 풀어 봐야 할 문제들로 구성하였습니다.

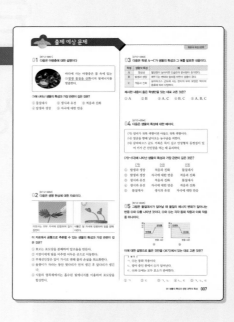

서답형 문제

내신평가의 서술형 문제와 단답
형 문제에 대비할 수 있는 우수
하고 유용한 문제들로 구성하였
습니다.

대단원 종합 문제

단원 전체에 대한 종합적인 문제 풀이
로 앞서 학습한 내용을 최종 마무리할
수 있도록 다양한 문제를 수록하였습
니다. 후반부에 고난도 문제를 배치하
여 시험 공부에 최대한 대비할 수 있
도록 구성하였습니다.

고난도 문제

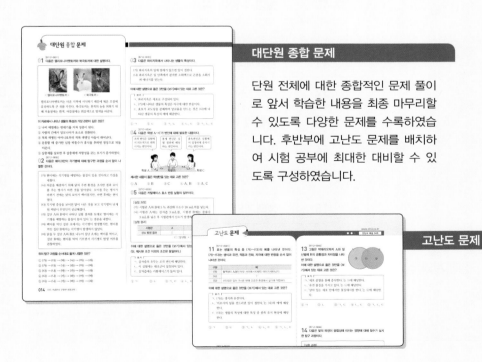

CONTENTS

이 책의 **차례**

차례와 우리 학교 교과서 비교

학생 **EBS 교재 문제 검색**
EBS 단추에서 문항코드나 사진으로 문제를 검색하면 푸리봇의 해설 영상을 제공합니다.

[8712-0001]
1. 아래 그래프를 이해한 내용으로 가장 적절한 것은?

8712-0001

찰칵!

※ EBSi 사이트 및 모바일에서 이용이 가능합니다.
※ 사진 검색은 EBSi 고교강의 앱에서만 이용하실 수 있습니다.

교사 **교사지원센터 교재 자료실**
교재 문항 한글 문서(HWP)와 교재의 이미지 파일을 무료로 제공합니다.

교재 자료실
- 한글다운로드
- 교재이미지 활용
- 강의활용자료

※ 교사지원센터(http://teacher.ebsi.co.kr) 접속 후 '교사인증'을 통해 이용 가능

01 생물의 특성과 생명 과학의 특성

1 생물의 특성

(1) 세포로 구성   생명체는 구조적, 기능적 기본 단위인 세포로 구성되어 있다.

(2) 물질대사   생명체 내에서 생명 현상을 유지하기 위해 일어나는 모든 화학 반응으로, 효소가 관여하며 에너지 출입이 일어난다.

① 동화 작용: 저분자 물질로부터 고분자 물질을 합성하는 과정으로, 반응물보다 생성물이 가진 에너지양이 더 많다. 예 광합성

② 이화 작용: 고분자 물질을 저분자 물질로 분해하는 과정으로, 생성물보다 반응물이 가진 에너지양이 더 많다. 예 세포 호흡

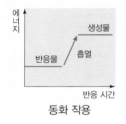
동화 작용

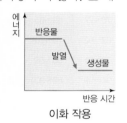
이화 작용

(3) 자극에 대한 반응   생명체 내외에서 생명체에 주어지는 환경 변화가 자극이며, 이 자극에 대해 생명체는 여러 가지 방법으로 적절히 반응한다.
예 식충 식물인 파리지옥의 잎에 파리가 앉으면 잎이 접힌다.

(4) 항상성   생물이 자극에 대하여 몸 안의 상태를 일정하게 유지하려는 성질이다.
예 사람의 체온이 낮아지면 근육이 떨리면서 열이 발생한다.

(5) 발생과 생장

① 발생: 다세포 생물에서 생식세포의 수정으로 생성된 수정란이 개체가 되는 과정이다.
예 장수풍뎅이의 유충은 번데기 과정을 거친 후 성충이 된다.

② 생장: 발생한 개체가 세포 분열을 통해 세포 수를 늘려감으로써 자라나는 과정이다.
예 어린 개구리가 성체 개구리로 자란다.

(6) 생식과 유전

① 생식: 생물이 종족 유지를 위해 자신과 같은 종의 자손을 남기는 현상이다.
예 효모는 출아법으로 번식한다.

② 유전: 생식을 통해 유전 물질이 자손에게 전해져 자손이 부모의 유전 형질을 이어받는 것이다.
예 어머니가 적록 색맹이면 아들은 반드시 적록 색맹이다.

(7) 적응과 진화

① 적응: 생물이 서식 환경에 알맞은 몸의 형태, 기능, 생활 습성 등을 갖게 되는 것이다.

② 진화: 생물이 여러 세대를 거치면서 집단 내의 유전자 구성이 변화하며 새로운 종으로 분화되는 과정이나 결과이다.
예 핀치는 서식 환경에 따라 서로 다른 모양의 부리를 갖게 되었다.

2 바이러스

(1) 바이러스의 특성   단백질 껍질 속에 핵산이 들어 있는 단순한 구조이며, 생물과 비생물의 중간형이다. 세균보다 크기가 작아 세균 여과기를 통과한다.

(2) 생물적 특성   유전 물질인 핵산을 가지고, 살아 있는 숙주 세포 내에서는 물질대사를 하고 자기 증식을 할 수 있다.

(3) 비생물적 특성   세포로 되어 있지 않고, 숙주 밖에서는 독자적으로 물질대사를 하지 못하며 핵산과 단백질로 이루어진 입자 상태로 존재한다.

3 생명 과학의 특성

(1) 생명 과학의 통합적 특성   생명체의 모든 수준에서 생명 현상을 이해하고, 이를 종합하여 그 원리를 탐구하는 통합적 특성을 가진다.

(2) 생명 과학과 다른 학문 분야의 연계성   생명 과학은 다양한 분야의 학문과 상호 작용하며 비약적인 발전을 이루고, 다른 학문 분야의 성과와 결합하여 인류 복지 증진에 기여하고 있다.

핵심 개념 체크

정답과 해설 02쪽

1. (   )는 생명체 내에서 생명 현상을 유지하기 위해 일어나는 모든 화학 반응으로, (   ) 작용과 (   ) 작용으로 나눈다.

2. 생물은 주변의 환경 조건이 변해도 적절히 대응하여 체내의 상태를 일정하게 유지하려는 성질인 (   )이 있다.

3. 개구리의 알이 올챙이를 거쳐 개구리가 되는 것은 생물의 특성 중 (   )에 해당한다.

4. 갈라파고스 군도에 사는 핀치의 부리 모양이 먹이에 따라 서로 다른 것은 생물의 특성 중 (   )에 해당한다.

5. 바이러스는 살아 있는 (   ) 내에서는 물질대사를 하고 자기 증식을 할 수 있다.

6. 바이러스는 (   ) 껍질 속에 핵산이 들어 있는 구조이다.

7. 생명 과학은 생명체의 모든 수준에서 생명 현상을 이해하고, 이를 종합하여 그 원리를 탐구하므로 (   ) 특성을 가진다.

01 [8712-0001]
다음은 야광충에 대한 설명이다

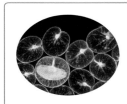

바다에 사는 야광충은 몸 속에 있는 ㉠발광 물질을 산화시켜 빛에너지를 방출한다.

㉠에 나타난 생물의 특성과 가장 관련이 깊은 것은?

① 물질대사
② 생식과 유전
③ 적응과 진화
④ 발생과 생장
⑤ 자극에 대한 반응

02 [8712-0002]
다음은 생명 현상에 대한 자료이다.

| 미모사는 외부 자극에 반응하여 잎이 접힌다. | 식물은 빛 자극에 반응하여 빛을 향해 자란다. |

이 자료에서 공통으로 추론할 수 있는 생물의 특성과 가장 관련이 깊은 것은?

① 효모는 포도당을 분해하여 알코올을 만든다.
② 지렁이에게 빛을 비추면 어두운 곳으로 이동한다.
③ 부채선인장은 잎이 가시로 변해 물의 손실을 최소화한다.
④ 올챙이가 자라는 동안 뒷다리가 먼저 생긴 후 앞다리가 생긴다.
⑤ 식물의 엽록체에서는 흡수된 빛에너지를 이용하여 포도당을 합성한다.

03 [8712-0003]
다음은 학생 A~C가 생물의 특성과 그 예를 발표한 내용이다.

학생	생물의 특성	예
A	항상성	혈당량이 높아지면 인슐린의 분비량이 증가한다.
B	발생과 생장	메뚜기는 변태와 탈피를 하면서 성충이 된다.
C	적응과 진화	갈라파고스 군도에 사는 핀치의 부리 모양은 먹이의 종류에 따라 다양하다.

제시한 내용이 옳은 학생만을 있는 대로 고른 것은?

① A
② B
③ A, C
④ B, C
⑤ A, B, C

04 [8712-0004]
다음은 생물의 특성에 대한 예이다.

(가) 엄마가 적록 색맹이면 아들도 적록 색맹이다.
(나) 얼굴을 향해 날아오는 농구공을 피한다.
(다) 갈라파고스 군도 거북은 목이 길고 안장형의 등껍질이 있어 키가 큰 선인장을 먹는 데 유리하다.

(가)~(다)에 나타난 생물의 특성과 가장 관련이 깊은 것은?

	(가)	(나)	(다)
①	발생과 생장	적응과 진화	물질대사
②	발생과 생장	자극에 대한 반응	적응과 진화
③	생식과 유전	적응과 진화	물질대사
④	생식과 유전	자극에 대한 반응	적응과 진화
⑤	물질대사	생식과 유전	자극에 대한 반응

05 [8712-0005]
그림은 물질대사가 일어날 때 물질의 에너지 변화가 일어나는 반응 ⓐ와 ⓑ를 나타낸 것이다. ⓐ와 ⓑ는 각각 동화 작용과 이화 작용 중 하나이다.

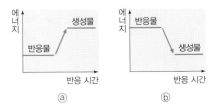

이에 대한 설명으로 옳은 것만을 〈보기〉에서 있는 대로 고른 것은?

┌ 보기 ┐
ㄱ. ⓐ는 동화 작용이다.
ㄴ. 발아 중인 콩에서 ⓑ가 일어난다.
ㄷ. ⓐ와 ⓑ에는 모두 효소가 관여한다.

① ㄱ
② ㄷ
③ ㄱ, ㄴ
④ ㄴ, ㄷ
⑤ ㄱ, ㄴ, ㄷ

[8712-0006]

06 표는 생물의 특성에 대한 특징을 나타낸 것이다. (가)와 (나)는 각각 개체 유지 현상과 종족 유지 현상 중 하나이다.

구분		특징
(가)	생식	생물은 자신과 같은 종의 자손을 남긴다.
	유전	부모의 형질이 자손에게 전해진다.
	진화	여러 세대를 거치면서 환경에 적응한 결과 집단 내의 유전자 구성이 변한다.
(나)	A	생명체는 구조적, 기능적 기본 단위인 세포로 구성되어 있다.
	B	생명체 내에서 생명 현상을 유지하기 위해 화학 반응이 일어난다.
	자극에 대한 반응	생명체 내외에서 주어지는 환경 변화에 반응한다.

이에 대한 설명으로 옳은 것만을 〈보기〉에서 있는 대로 고른 것은?

┌─ 보기 ┌
ㄱ. (가)는 종족 유지 현상이다.
ㄴ. 박테리오파지는 A의 특징을 가진다.
ㄷ. 줄박각시나방이 지방을 분해하여 비행에 필요한 에너지를 얻는 것은 B의 예에 해당한다.

① ㄱ   ② ㄴ   ③ ㄱ, ㄷ   ④ ㄴ, ㄷ   ⑤ ㄱ, ㄴ, ㄷ

[8712-0007]

07 그림은 A가 B에 침입하였을 때 일어나는 현상을 나타낸 것이다. A와 B는 각각 대장균과 박테리오파지 중 하나이다.

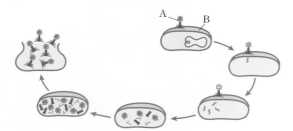

이에 대한 설명으로 옳은 것만을 〈보기〉에서 있는 대로 고른 것은?

┌─ 보기 ┌
ㄱ. A는 단백질을 가진다.
ㄴ. A는 B에 침입하여 세포 분열을 통해 증식한다.
ㄷ. A와 B는 모두 유전 물질을 가진다.

① ㄴ   ② ㄷ   ③ ㄱ, ㄷ   ④ ㄴ, ㄷ   ⑤ ㄱ, ㄴ, ㄷ

[8712-0008]

08 바이러스의 생물적 특성에 대한 설명으로 옳은 것만을 〈보기〉에서 있는 대로 고른 것은?

┌─ 보기 ┌
ㄱ. 유전 물질인 핵산을 가지고 있다.
ㄴ. 살아 있는 숙주 세포 내에서 물질대사를 한다.
ㄷ. 증식 과정에서 돌연변이가 일어나 많은 변종 바이러스가 형성된다.

① ㄱ   ② ㄷ   ③ ㄱ, ㄴ   ④ ㄴ, ㄷ   ⑤ ㄱ, ㄴ, ㄷ

[8712-0009]

09 그림은 강아지와 강아지 로봇, 강아지와 바이러스의 공통점과 차이점을 나타낸 것이다.

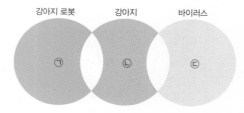

이에 대한 설명으로 옳은 것만을 〈보기〉에서 있는 대로 고른 것은?

┌─ 보기 ┌
ㄱ. '생식과 발생을 한다.'는 ㉠에 해당한다.
ㄴ. '세포로 구성되어 있다.'는 ㉡에 해당한다.
ㄷ. '유전 물질을 가진다.'는 ㉢에 해당한다.

① ㄱ   ② ㄴ   ③ ㄷ   ④ ㄱ, ㄷ   ⑤ ㄴ, ㄷ

[8712-0010]

10 다음은 구제역에 대한 자료이다.

구제역은 구제역 바이러스에 의해 발굽이 2개인 소, 돼지, 염소 등의 가축이 걸리는 전염병이다. 구제역 바이러스의 크기는 약 20 nm이며, 세계 최초로 발견된 동물성 바이러스이다. 구제역 바이러스는 공기를 통해 호흡기로 감염되기 때문에 각별한 주의가 필요하다.

구제역 바이러스에 대한 설명으로 옳은 것만을 〈보기〉에서 있는 대로 고른 것은?

┌─ 보기 ┌
ㄱ. 유전 물질을 가진다.
ㄴ. 세균 여과기를 통과한다.
ㄷ. 발굽이 2개인 가축을 숙주로 한다.

① ㄱ   ② ㄴ   ③ ㄱ, ㄷ   ④ ㄴ, ㄷ   ⑤ ㄱ, ㄴ, ㄷ

01 [8712-0011]
다음은 생물의 특성에 대한 예이다.

(가) 아프리카펭귄은 남극펭귄에 비해 몸집이 작고 땀샘이 발달하였다.

(나) 민들레 씨앗이 발아하여 뿌리, 줄기, 잎으로 분화한다.

(다) 혈액형이 O형인 부모에게서 태어난 자손의 혈액형은 O형이다.

(가)~(다)의 예는 생물의 특성 중 어떤 특성과 가장 관련이 깊은지 각각 쓰시오.

02 [8712-0012]
그림과 같이 병에 포도당 수용액과 효모를 넣고 관찰하였더니 병 안의 온도가 높아졌고, 석회수가 뿌옇게 흐려졌다.

온도계
포도당
수용액
+
효모
석회수

이 실험 결과에 나타난 현상은 생물의 특성 중 어떤 특성과 가장 관련이 깊은지 근거를 들어 서술하시오.

03 [8712-0013]
그림은 루마니아의 코스테스티 마을에 있는 '트로반트'라고 불리는 신기한 돌이다. 이 돌은 비를 맞으면 생물처럼 모양을 바꾸거나 크기가 커진다. 이 돌을 생물이라고 할 수 있는지 생물의 특성과 관련지어 서술하시오.

04 [8712-0014]
다음은 생물의 특성에 대한 예이다.

• 운동할 때 증가한 심장 박동수는 휴식을 취하면 정상으로 되돌아온다.
• 겨울에 체온이 정상보다 낮아지면 근육을 떨어 열을 발생시킨다.

이 자료에 나타난 공통적인 생물의 특성이 생물에게 어떤 이점을 주는지 서술하시오.

05 [8712-0015]
그림 (가)는 독감 바이러스를, (나)는 결핵균을 나타낸 것이다.

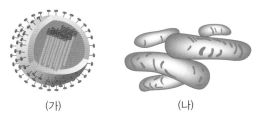

(가)   (나)

(가)와 (나)의 공통점과 차이점을 각각 1가지씩만 쓰시오.

06 [8712-0016]
다음은 사막여우와 북극여우에 대한 자료이다.

더운 지방에 사는 사막여우는 추운 지방에 사는 북극여우에 비해 귀가 크고 몸집이 작아 더운 지방에서 살기에 적합하다.

<사막여우>   <북극여우>

이 자료는 생물의 특성 중 어떤 특성과 가장 관련이 깊은지 근거를 들어 서술하시오.

1 생명 과학의 탐구 방법

(1) 귀납적 탐구 방법

① 생명 현상과 대상에 대한 여러 가지 관찰 사실을 종합하고 분석하여 이로부터 일반적인 원리나 법칙을 이끌어 내는 탐구 방법이다.

② 탐구 방법: 관찰을 통하여 얻을 수 있는 지식이 곧 사실이며, 이러한 사실적 지식들을 종합하고 분석하는 과정에서 규칙성을 발견하여 일반적인 원리나 법칙을 이끌어 낸다.

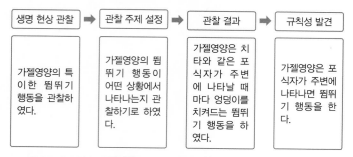

(2) 연역적 탐구 방법

① 자연 현상을 관찰하면서 인식한 문제를 해결하기 위해 잠정적 답인 가설을 세우고 가설의 옳고 그름을 검증한다.

② 탐구 방법
- 가설을 검증하기 위해 대조군과 실험군을 비교하는 대조 실험을 수행한다.
- 실험을 수행하여 얻은 결과를 분석하여 결론을 도출하고, 결론이 가설과 일치하지 않으면 다시 새로운 가설을 설정하여 탐구 과정을 진행한다.

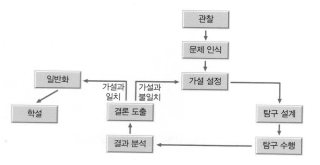

2 생명 과학의 탐구 과정(연역적 탐구)

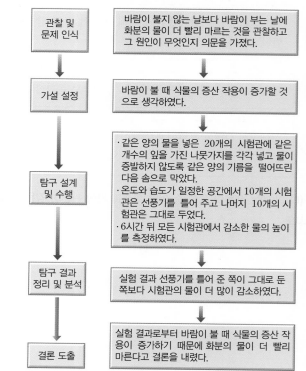

(1) 대조 실험
실험 결과의 타당성과 신뢰성을 높이기 위해 대조군을 설정하여 실험군과 비교한다.

① 대조군: 실험군과 비교하기 위해 검증하려는 요인을 변화시키지 않은 집단

② 실험군: 검증하려는 요인을 변화시키는 집단

③ 변인 통제: 대조 실험에서 변인을 일정하게 유지시키는 것

(2) 변인
실험 결과에 영향을 줄 수 있거나 실험에서 영향을 받을 수 있는 요인이다.

① 독립변인: 실험 결과에 영향을 줄 수 있는 변인
- 조작 변인: 실험에서 의도적으로 변화시키는 변인
- 통제 변인: 실험에서 일정하게 유지시키는 변인

② 종속변인: 조작 변인의 영향을 받아 변하는 변인(실험 결과에 해당)

핵심 개념 체크

정답과 해설 03쪽

1. (   )은 자연 현상을 관찰하여 얻은 자료를 종합하고 분석한 후 일반적인 원리를 이끌어 내는 탐구 방법이다.

2. 연역적 탐구 방법은 가설을 검증하기 위해 대조군과 실험군을 비교하는 (   )을 수행한다.

3. 자연 현상과 관련된 의문에 대한 잠정적인 답을 (   )이라고 한다.

4. 실험에서 의도적으로 변화시키는 변인을 (   )이라 하고, 일정하게 유지시키는 변인을 (   )이라 한다.

5. 검증된 가설로 다른 현상이나 경우도 설명할 수 있는지를 확인하여 하나의 학설로 인정되는데, 이 과정을 (   )라고 한다.

6. 대조군과 실험군을 비교하는 대조 실험에서 변인을 일정하게 유지시키는 것을 (   )라고 한다.

01 [8712-0017]
그림은 생명 과학의 탐구 방법 중 한 가지를 나타낸 것이다.

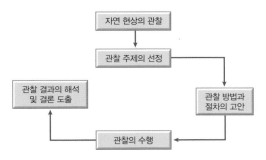

이 탐구 방법에 대한 설명으로 옳은 것만을 〈보기〉에서 있는 대로 고른 것은?

┌ 보기 ┐
ㄱ. 변인을 통제하는 단계가 있다.
ㄴ. 관찰에 의해 인식된 문제에 대한 잠정적인 답을 설정하는 단계가 있다.
ㄷ. 구체적인 관찰 사실을 종합하여 일반적인 법칙이나 원리를 도출하는 탐구 방법이다.

① ㄱ   ② ㄴ   ③ ㄷ   ④ ㄱ, ㄷ   ⑤ ㄴ, ㄷ

02 [8712-0018]
다음은 생명 과학의 탐구 사례이다.

A. 아프리카의 침팬지 보호 구역에서 10여 년간 침팬지의 성장 과정과 행동, 침팬지들 사이의 관계 등을 관찰하였다. 그 결과 침팬지는 육식을 즐기고 도구를 사용하는 등 다양한 행동 특성이 있음을 알아냈다.
B. 닭장에서 기르던 닭이 사람의 각기병과 비슷한 증세를 보이는 것을 관찰하고, 이는 먹이와 관련이 있다고 생각했다. 그래서 건강한 닭들을 두 집단으로 나누어 각각 현미와 백미를 먹여 기른 결과 백미를 먹인 집단의 닭에서는 각기병 증세가 나타났고, 현미를 먹인 집단의 닭에서는 각기병 증세가 나타나지 않음을 확인하였다.
C. 탄저병 백신의 효능을 검증하기 위해서 양을 두 집단으로 나누고 한 집단에는 백신을 접종하고, 다른 집단에는 백신을 접종하지 않았다. 그리고 2주 후에 독성이 강한 탄저균을 두 집단에 주사하였더니 백신을 접종한 집단은 모두 살았지만 백신을 접종하지 않은 집단은 대부분 죽은 것을 통해 탄저병 백신이 탄저병 예방에 효과적이라는 것을 입증하였다.

A~C 중 연역적 탐구 방법에 해당하는 탐구 사례만을 있는 대로 고른 것은?

① A   ② B   ③ A, C   ④ B, C   ⑤ A, B, C

03 [8712-0019]
배즙에 단백질을 분해하는 물질이 들어 있음을 확인하기 위해 시험관 A와 B에 표와 같은 물질을 같은 양씩 넣고 37 ℃에서 일정 시간 동안 두었다.

시험관	A	B
넣은 물질	배즙+달걀흰자	증류수+달걀흰자

이에 대한 설명으로 옳은 것만을 〈보기〉에서 있는 대로 고른 것은? (단, 제시된 조건 이외의 모든 실험 조건은 동일하다.)

┌ 보기 ┐
ㄱ. 배즙의 유무는 조작 변인에 해당한다.
ㄴ. 온도는 통제 변인에 해당한다.
ㄷ. 연역적 탐구에 해당한다.

① ㄱ   ② ㄷ   ③ ㄱ, ㄴ   ④ ㄴ, ㄷ   ⑤ ㄱ, ㄴ, ㄷ

04 [8712-0020]
다음은 담배 연기가 쥐에게 미치는 영향을 알아보기 위해 수행한 탐구 과정을 순서 없이 나열한 것이다.

(가) 쥐가 담배 연기에 노출되면 미로를 빠져 나오는 데 오랜 시간이 걸렸다.
(나) 담배 연기는 쥐의 판단이나 기억 능력을 떨어뜨릴 것이다.
(다) 동일한 종의 쥐 20마리 중 10마리는 10분 동안 담배 연기에 노출시킨 후 한 마리씩 미로를 빠져 나오게 하고, 나머지 10마리는 아무런 처리를 하지 않고 한 마리씩 미로를 빠져나오게 한 후, 완전히 빠져 나올 때까지 걸린 시간을 각각 측정하여 평균값을 구한다.
(라) 담배 연기는 쥐의 판단이나 기억 능력에 어떤 영향을 미칠까?
(마) 담배 연기에 노출된 쥐는 판단이나 기억 능력이 떨어진다.

위의 탐구 과정을 순서대로 옳게 나열한 것은?

① (가) → (나) → (다) → (라) → (마)
② (나) → (라) → (다) → (마) → (가)
③ (라) → (나) → (다) → (가) → (마)
④ (라) → (마) → (다) → (나) → (가)
⑤ (라) → (나) → (가) → (다) → (마)

www.ebsi.co.kr

정답과 해설 03쪽

05 [8712-0021] 그림은 생명 과학의 탐구 방법 중 연역적 탐구 방법을 나타낸 것이다.

관찰 및 문제 인식 → 가설 설정 → 탐구 설계 및 수행 → 결과 정리 및 분석 → 결론 도출

이 탐구 방법에 대한 설명으로 옳은 것만을 〈보기〉에서 있는 대로 고른 것은?

┌ 보기 ┐
ㄱ. 대조 실험을 수행하는 단계가 있다.
ㄴ. 탐구 결과가 가설과 일치하지 않을 때는 가설을 재설정한 후 탐구를 진행한다.
ㄷ. 자연 현상을 관찰하면서 생긴 의문의 답을 찾기 위해 검증을 통해 결론을 얻는 탐구 방법이다.

① ㄱ　　② ㄷ　　③ ㄱ, ㄴ　　④ ㄴ, ㄷ　　⑤ ㄱ, ㄴ, ㄷ

06 [8712-0022] 다음은 아메바의 핵 제거 실험의 일부를 나타낸 것이다.

(가) 아메바에 핵이 있는 까닭은 무엇일까?
(나) 아메바를 두 집단 A와 B로 나눈 다음, A의 아메바는 미세한 고리로 핵을 제거하고 B의 아메바는 미세한 고리로 핵을 제거하는 것과 같은 자극을 주고 핵은 제거하지 않았다.

(다) 며칠 동안 아메바의 생존 여부를 관찰하였다.
(라) A의 아메바는 모두 죽었고, B의 아메바는 죽지 않았다.
(마) 핵은 아메바의 생존 여부에 매우 중요하다는 것을 알게 되었다.

이에 대한 설명으로 옳은 것만을 〈보기〉에서 있는 대로 고른 것은?

┌ 보기 ┐
ㄱ. A는 대조군이다.
ㄴ. 가설 설정 단계가 빠져 있다.
ㄷ. 아메바의 생존 여부는 조작 변인이다.

① ㄱ　　② ㄴ　　③ ㄱ, ㄷ　　④ ㄴ, ㄷ　　⑤ ㄱ, ㄴ, ㄷ

07 [8712-0023] 다음은 어떤 학생이 실시한 탐구 과정의 일부이다.

[가설]
ⓐ

[실험 과정]
(가) 쥐를 두 집단 A와 B로 나누고 체중을 측정한다.
(나) 집단 A에는 정상적인 사료를, 집단 B에는 이 사료 성분에서 탄수화물과 지방을 빼고 그만큼을 단백질로 채운 사료를 10일 동안 먹였다.
(다) 11일째 되는 날 체중 변화를 측정하였다.

[실험 결과]

구분	집단 A	집단 B
체중	변화 없음	감소함

이에 대한 설명으로 옳은 것만을 〈보기〉에서 있는 대로 고른 것은? (단, 사료를 제외한 다른 조건은 동일하다.)

┌ 보기 ┐
ㄱ. '탄수화물이나 지방을 적게 먹으면 체중이 감소할 것이다.'는 ⓐ에 적절하다.
ㄴ. 체중 변화는 종속변인에 해당한다.
ㄷ. 집단 A는 실험군이다.

① ㄱ　　② ㄷ　　③ ㄱ, ㄴ　　④ ㄴ, ㄷ　　⑤ ㄱ, ㄴ, ㄷ

08 [8712-0024] 다음은 어떤 과학자가 실시한 가젤영양의 뜀뛰기 행동에 대한 연구 과정의 일부이다.

밀림에서 피식과 포식 관계를 연구하던 어떤 과학자는 가젤영양이 공중으로 뛰어오르며 하얀 엉덩이를 치켜드는 이상한 뜀뛰기 행동을 하는 것을 관찰하였다. 관찰 결과 가젤영양은 주변에 치타와 같은 포식자가 나타나는 상황에서 특이한 뜀뛰기 행동을 한다는 것을 알게 되었다. 그리고 ㉠이와 같은 뜀뛰기 행동이 같은 상황에서 규칙적으로 나타남을 관찰하였다. 이 과학자는 반복적으로 관찰한 내용을 바탕으로 ㉡ 라고 결론을 내렸다.

이에 대한 설명으로 옳은 것만을 〈보기〉에서 있는 대로 고른 것은?

┌ 보기 ┐
ㄱ. ㉠에서는 대조 실험을 수행한다.
ㄴ. '포식자가 주변에 나타나면 가젤영양은 엉덩이를 치켜드는 뜀뛰기 행동을 한다.'는 ㉡에 적절하다.
ㄷ. 이 과학자는 귀납적 탐구 방법을 수행하였다.

① ㄱ　　② ㄷ　　③ ㄱ, ㄴ　　④ ㄴ, ㄷ　　⑤ ㄱ, ㄴ, ㄷ

012 EBS 개념완성 문항편 생명과학 Ⅰ

01 [8712-0025]
다음은 생명 과학의 탐구 사례이다.

> 구달은 오랜 시간 동안 침팬지의 행동 특성을 관찰하였다. 관찰된 여러 특성을 종합한 결과 침팬지는 도구를 사용한다는 결론을 내렸다.

이 사례에 나타난 생명 과학의 탐구 방법이 무엇인지 쓰고, 이 탐구 방법의 문제점을 예를 들어 서술하시오.

02 [8712-0026]
다음은 생명 과학의 탐구 방법 중 연역적 탐구 방법의 단계를 순서 없이 제시한 것이다. 탐구 단계에 따라 순서대로 옳게 나열하시오.

> 가설 설정, 관찰, 탐구 설계, 결론 도출,
> 문제 인식, 결과 분석, 탐구 수행, 일반화

03 [8712-0027]
다음은 변인에 대한 설명이다.

> 실험에서 의도적으로 변화시키는 변인을 (ⓐ), 실험에서 일정하게 유지시키는 변인을 (ⓑ), 실험 결과에 해당하는 변인을 (ⓒ)이라고 한다.

ⓐ, ⓑ, ⓒ에 들어갈 말을 각각 쓰시오.

04 [8712-0028]
표는 '효소 X가 단백질을 분해할 것이다.'라는 가설을 검증하기 위한 실험 설계를 나타낸 것이다.

시험관	효소 X 유무	단백질 유무	온도
A	○	○	37 ℃
B	×	○	17 ℃

(○ : 있음, × : 없음)

이 실험 설계에서 잘못된 점이 무엇인지 조작 변인과 통제 변인을 관련지어 서술하시오.

[05~06] 다음은 푸른곰팡이와 세균의 증식에 관한 탐구 과정 중 일부를 나타낸 것이다.

> (가) 세균을 배양하던 중 배양 접시에 우연히 푸른곰팡이가 생겼는데 푸른곰팡이 주변에는 세균이 증식하지 못하였다.
>
>
> 푸른곰팡이
> 세균 증식이 제한된 구역
> 세균 증식 구역
>
> (나) 가설: _____ ㉠ _____
> (다) 배양 접시 A와 B를 준비하여 A에는 푸른곰팡이를 넣고 B에는 푸른곰팡이를 넣지 않은 후 세균을 배양하였다.
> (라) A의 푸른곰팡이 주변에서는 세균이 증식하지 못하였고, B에서는 세균이 증식하였다.

05 [8712-0029]
㉠으로 적절한 것을 쓰시오.

06 [8712-0030]
이 탐구 과정에서 실험군과 대조군이 무엇인지 쓰시오.

01 [8712-0031]
다음은 캘리포니아멧토끼와 북극토끼에 대한 설명이다.

<캘리포니아멧토끼>　　　<북극토끼>

캘리포니아멧토끼는 더운 지역에 서식하기 때문에 체온 조절에 유리하도록 큰 귀를 가진다. 북극토끼는 천적의 눈을 피하기 위해 겨울철에는 흰색, 여름철에는 회갈색으로 털색을 바꾼다.

이 자료에서 나타난 생물의 특성과 가장 관련이 깊은 것은?

① 나비 애벌레는 번데기를 거쳐 성충이 된다.
② 사람의 간에서 암모니아가 요소로 전환된다.
③ 적록 색맹인 어머니로부터 적록 색맹인 아들이 태어난다.
④ 운동할 때 증가한 심장 박동수가 휴식을 취하면 정상으로 되돌아온다.
⑤ 살충제를 살포한 후 살충제에 저항성을 갖는 모기가 증가하였다.

02 [8712-0032]
다음은 에이크만이 각기병에 대해 탐구한 과정을 순서 없이 나열한 것이다.

(가) 현미에는 각기병을 예방하는 물질이 있을 것이라고 가설을 세웠다.
(나) 의문을 해결하기 위해 닭의 주변 환경을 조사한 결과 모이를 주는 병사가 바뀐 것을 알아냈다. 모이를 주는 병사가 바뀌기 전에는 닭의 모이가 백미였지만, 바뀐 후에는 현미였다.
(다) 각기병 증상을 보이던 닭이 나은 것을 보고 각기병이 낫게 된 까닭이 무엇인지 궁금해졌다.
(라) 집단 A와 B에서 나타난 실험 결과를 토대로 '현미에는 각기병을 예방하는 물질이 들어 있다.'는 결론을 내렸다.
(마) 백미를 먹인 집단 A에서는 각기병이 발생했지만, 현미를 먹인 집단 B에서는 각기병이 발생하지 않았다.
(바) 닭을 두 집단 A와 B로 나누어 집단 A에는 백미를 먹이고, 집단 B에는 현미를 먹여 기르면서 각기병의 발생 여부를 관찰하였다.

위의 탐구 과정을 순서대로 옳게 나열한 것은?

① (가) → (다) → (바) → (나) → (마) → (라)
② (가) → (다) → (나) → (라) → (마) → (바)
③ (다) → (나) → (마) → (가) → (바) → (라)
④ (다) → (나) → (가) → (라) → (마) → (바)
⑤ (다) → (나) → (가) → (바) → (마) → (라)

03 [8712-0033]
다음은 파리지옥에서 나타나는 생물의 특성이다.

(가) 파리지옥의 잎에 벌레가 앉으면 잎이 접힌다.
(나) 파리지옥은 잎 안쪽에서 분비한 소화액으로 곤충을 소화시켜 에너지를 얻는다.

이에 대한 설명으로 옳은 것만을 〈보기〉에서 있는 대로 고른 것은?

〈보기〉
ㄱ. 파리지옥은 세포로 구성되어 있다.
ㄴ. (가)에 나타난 생물의 특성은 자극에 대한 반응이다.
ㄷ. 효모가 포도당을 분해하여 알코올을 만드는 것은 (나)에 나타난 생물의 특성의 예에 해당한다.

① ㄱ　　② ㄷ　　③ ㄱ, ㄴ　　④ ㄴ, ㄷ　　⑤ ㄱ, ㄴ, ㄷ

04 [8712-0034]
다음은 학생 A~C가 변인에 대해 발표한 내용이다.

조작 변인은 실험에서 의도적으로 변화시키는 변인이야.

통제 변인은 실험 결과에 해당하는 변인이야.

종속변인은 실험에서 일정하게 유지시키는 변인이야.

학생 A　　　학생 B　　　학생 C

제시한 내용이 옳은 학생만을 있는 대로 고른 것은?

① A　　② B　　③ C　　④ A, B　　⑤ A, C

05 [8712-0035]
다음은 카탈레이스 효소 반응 실험의 일부이다.

[실험 과정]
(가) 시험관 A와 B에 5 % 과산화 수소수 20 mL씩을 넣는다.
(나) 시험관 A에는 감자즙 3 mL를, 시험관 B에는 증류수 3 mL를 넣은 후 시험관에서 산소가 발생하는지 관찰한다.

[실험 결과]

시험관	A	B
산소 발생 결과	○	×

(○ : 발생함, × : 발생하지 않음)

이에 대한 설명으로 옳은 것만을 〈보기〉에서 있는 대로 고른 것은? (단, 제시된 조건 이외의 조건은 동일하다.)

〈보기〉
ㄱ. 감자즙의 유무는 조작 변인에 해당한다.
ㄴ. 이 실험에는 대조군이 설정되어 있다.
ㄷ. 감자즙에는 카탈레이스가 들어 있다.

① ㄱ　　② ㄴ　　③ ㄱ, ㄷ　　④ ㄴ, ㄷ　　⑤ ㄱ, ㄴ, ㄷ

06 [8712-0036]
다음은 갈라파고스 군도의 다양한 핀치에 대한 연구 과정의 일부이다.

> (가) 갈라파고스 군도의 여러 섬에 서식하는 핀치의 부리 모양과 길이가 다른 것을 관찰하고, '핀치의 부리 모양과 길이는 왜 서로 다를까?'라는 의문을 가졌다
> (나) 핀치를 채집하여 부리 모양을 스케치하고 부리의 길이를 측정하였다.
> (다) 관찰 결과를 분석하여 먹이에 따라 핀치의 부리 모양과 길이가 다르다는 것을 알게 되었다.
> (라) ⓐ 서식 지역과 먹이에 따라 핀치의 부리 모양과 길이가 달라졌다는 결론을 내렸다.

이에 대한 설명으로 옳은 것만을 〈보기〉에서 있는 대로 고른 것은?

> 보기
> ㄱ. (가)는 가설 설정 단계에 해당한다.
> ㄴ. ⓐ에 나타난 생물의 특성은 적응과 진화이다.
> ㄷ. 이 연구 과정은 귀납적 탐구 방법이다.

① ㄱ   ② ㄷ   ③ ㄱ, ㄴ   ④ ㄴ, ㄷ   ⑤ ㄱ, ㄴ, ㄷ

07 [8712-0037]
다음은 어떤 학생이 수행한 탐구 과정의 일부를 나타낸 것이다.

> (가) 제초제 A의 농도는 물벼룩의 생존에 어떤 영향을 줄까?
> (나) 제초제 A의 농도가 높을수록 물벼룩의 생존율이 낮아질 것이다.
> (다) 시험관 Ⅰ~Ⅲ에 용액과 물벼룩을 표와 같이 각각 넣는다.
>
> | 시험관 | 용액 | 물벼룩 |
> |---|---|---|
> | Ⅰ | 배양액 1,000 mL | 10마리 |
> | Ⅱ | 배양액 995 mL + 제초제 A 5 mL | 10마리 |
> | Ⅲ | 배양액 990 mL + 제초제 A 10 mL | 10마리 |
>
> (라) 일정 시간이 지난 후 물벼룩의 생존율을 조사한다.

이 실험에서 조작 변인과 종속변인으로 옳은 것만을 짝지은 것은?

	조작 변인	종속변인
①	배양액의 양	물벼룩의 수
②	제초제 A의 농도	물벼룩의 생존율
③	제초제 A의 농도	배양액의 양
④	물벼룩의 수	제초제 A의 농도
⑤	물벼룩의 수	물벼룩의 생존율

08 [8712-0038]
다음은 생명 과학의 탐구 방법이 이용된 사례를 나타낸 것이다. (가)와 (나)는 각각 귀납적 탐구 사례와 연역적 탐구 사례 중 하나이다.

> (가) 오랜 시간 동안 침팬지의 행동 특성을 관찰하고, 관찰된 여러 특성을 종합한 결과 침팬지는 도구를 사용한다는 결론을 내렸다.
> (나) 2개의 병에 고기 조각을 넣은 후 하나는 입구를 막지 않고, 다른 하나는 천으로 입구를 막았다. 며칠 후 입구를 막지 않은 병의 고기 조각에만 구더기가 생긴 것을 통해 이 구더기는 파리로부터 발생한 것이라는 결론을 내렸다.

이에 대한 설명으로 옳은 것만을 〈보기〉에서 있는 대로 고른 것은?

> 보기
> ㄱ. (가)는 연역적 탐구 사례이다.
> ㄴ. (나)에서는 의문에 대한 잠정적인 답을 먼저 설정한다.
> ㄷ. (가)와 (나)에서는 모두 결론 도출 단계가 있다.

① ㄱ   ② ㄷ   ③ ㄱ, ㄴ   ④ ㄴ, ㄷ   ⑤ ㄱ, ㄴ, ㄷ

09 [8712-0039]
표 (가)는 A~C에서 나타날 수 있는 특징을, (나)는 A~C가 가지는 (가)의 개수를 나타낸 것이다. A~C는 강아지 로봇, 강아지 세포, 박테리오파지 중 하나이다.

특징
• 유전 물질이 있다.
• 세포 구조를 가진다.

(가)

구분	특징의 개수
A	1
B	2
C	0

(나)

이에 대한 설명으로 옳은 것만을 〈보기〉에서 있는 대로 고른 것은?

> 보기
> ㄱ. A는 박테리오파지이다.
> ㄴ. B에서 동화 작용이 일어난다.
> ㄷ. C는 생물의 특성 중 생식과 유전의 특징을 가진다.

① ㄱ   ② ㄷ   ③ ㄱ, ㄴ   ④ ㄴ, ㄷ   ⑤ ㄱ, ㄴ, ㄷ

10 [8712-0040]
다음은 뿌리혹박테리아에 대한 설명이다.

> 뿌리혹박테리아는 질소 고정 효소를 이용하여 공기 중의 질소(N_2)를 질소 화합물로 합성한다.
>
>
> 뿌리혹
> 뿌리

이 자료와 가장 관련이 깊은 생물의 특성은?

① 물질대사   ② 생식과 발생   ③ 항상성
④ 발생과 생장   ⑤ 자극에 대한 반응

11 [8712-0041]
표는 생물의 특성 중 (가)~(다)의 예를 나타낸 것이다. (가)~(다)는 생식과 유전, 적응과 진화, 자극에 대한 반응을 순서 없이 나타낸 것이다.

구분	예
(가)	혈액형이 A형인 부모 사이에서 O형인 아이가 태어난다.
(나)	?
(다)	선인장은 잎이 가시로 변해 건조한 환경에서 살기에 적합하다.

이에 대한 설명으로 옳은 것만을 〈보기〉에서 있는 대로 고른 것은?

보기
ㄱ. (가)는 생식과 유전이다.
ㄴ. '미모사의 잎을 건드리면 잎이 접힌다.'는 (나)의 예에 해당한다.
ㄷ. (다)는 생물의 특성에 대한 특징 중 종족 유지 현상에 해당한다.

① ㄱ   ② ㄷ   ③ ㄱ, ㄴ   ④ ㄴ, ㄷ   ⑤ ㄱ, ㄴ, ㄷ

12 [8712-0042]
다음은 화성에 생명체가 존재하는지 알아보기 위해 실시한 실험 (가)와 (나)를 나타낸 것이다.

(가)	(나)
¹⁴C가 함유된 방사성 영양소 / 방사능 계측기 / 화성 토양	램프 / ¹⁴CO₂, ¹⁴CO / 방사능 계측기 / 화성 토양 / 가열 장치
화성 토양에 방사성 유기 영양 물질을 공급한 후 방사성 기체($^{14}CO_2$)의 발생 여부를 확인한다.	화성 토양에 ^{14}CO와 $^{14}CO_2$를 공급하고, 충분한 시간 동안 빛을 쪼여준 다음 용기 속에 남아 있는 ^{14}CO와 $^{14}CO_2$를 모두 제거하고, 화성 토양을 가열하면서 방사능의 검출 여부를 확인한다.

이에 대한 설명으로 옳은 것만을 〈보기〉에서 있는 대로 고른 것은?

보기
ㄱ. (가)는 동화 작용을 하는 생명체의 존재 여부를 확인하기 위한 것이다.
ㄴ. (나)의 화성 토양에 광합성을 하는 생명체가 있다면 방사능 계측기에서 ^{14}C를 포함한 물질이 검출될 것이다.
ㄷ. (가)와 (나)는 생물의 특성 중 물질대사가 일어나는지를 확인하기 위한 것이다.

① ㄱ   ② ㄴ   ③ ㄱ, ㄷ   ④ ㄴ, ㄷ   ⑤ ㄱ, ㄴ, ㄷ

13 [8712-0043]
그림은 박테리오파지 A와 짚신벌레 B의 공통점과 차이점을 나타낸 것이다.

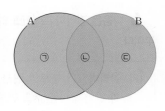

이에 대한 설명으로 옳은 것만을 〈보기〉에서 있는 대로 고른 것은?

보기
ㄱ. '세포 분열을 통해 증식한다.'는 ㉠에 해당한다.
ㄴ. '유전 물질을 가지고 있다.'는 ㉡에 해당한다.
ㄷ. '살아 있는 세포 안에서만 물질대사를 한다.'는 ㉢에 해당한다.

① ㄱ   ② ㄴ   ③ ㄱ, ㄷ   ④ ㄴ, ㄷ   ⑤ ㄱ, ㄴ, ㄷ

14 [8712-0044]
다음은 빛의 파장이 광합성에 미치는 영향에 대해 철수가 실시한 탐구 과정이다.

[실험 과정]
(가) 철수는 산소를 좋아하는 세균이 광합성이 활발히 일어나는 조류의 근처에 많이 모일 것이라고 생각하였다.
(나) 물 한 방울에 있는 담수 조류 세포를 받침유리에 한 줄로 배열하고, 산소를 좋아하는 세균을 넣는다.
(다) 프리즘을 이용해 빛의 스펙트럼을 만들어 (나)의 받침유리 위에 비추고 산소를 좋아하는 세균의 분포를 파장에 따라 조사하였다.

[실험 결과]

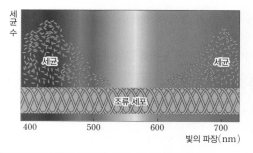

이에 대한 설명으로 옳은 것만을 〈보기〉에서 있는 대로 고른 것은?

보기
ㄱ. 철수는 연역적 탐구를 수행하였다.
ㄴ. 빛의 파장은 조작 변인에 해당한다.
ㄷ. 조류 세포에서 광합성은 빛의 파장이 450 nm에서가 550 nm에서보다 활발하다.

① ㄱ   ② ㄴ   ③ ㄱ, ㄷ   ④ ㄴ, ㄷ   ⑤ ㄱ, ㄴ, ㄷ

03 생명 활동과 에너지

1 세포의 생명 활동

(1) 물질대사 생물체 내에서 효소의 도움을 받아 일어나는 물질의 화학 반응을 물질대사라고 한다. 물질대사가 일어날 때는 반드시 에너지의 출입(흡열 또는 발열)이 함께 일어나므로 물질대사를 에너지 대사라고도 한다. 생물이 살아가기 위해서는 물질대사가 끊임없이 일어나야 한다.

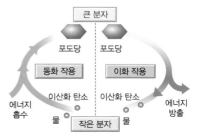

① 동화 작용: 간단하고 작은 물질을 결합시켜 복잡하고 큰 물질로 합성하는 반응이다. 에너지를 흡수하는 흡열 반응이며, 흡수된 에너지는 생성물에 저장된다. 예 광합성

② 이화 작용: 복잡하고 큰 물질을 분해하여 간단하고 작은 물질로 만드는 반응이다. 에너지를 방출하는 발열 반응이며, 반응물 속의 에너지가 방출된다. 예 세포 호흡

③ 광합성과 세포 호흡의 비교: 광합성은 빛에너지를 흡수하여 저분자 물질을 고분자 물질인 포도당으로 합성하는 동화 작용이며, 세포 호흡은 고분자 물질인 포도당을 저분자 물질로 분해하면서 에너지를 방출하는 이화 작용이다.

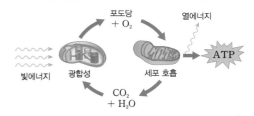

2 세포 호흡과 에너지

(1) 세포 호흡 세포 내에서 영양소를 분해하여 에너지를 얻는 과정으로, 세포의 생명 활동에 필요한 에너지를 얻는 반응이다.

① 세포 호흡은 주로 미토콘드리아에서 일어난다.

② 세포 호흡의 과정: 포도당은 산소와 반응하여 물과 이산화 탄소로 완전히 분해되고, 그 결과 에너지가 방출된다. 이때 방출된 에너지의 일부는 ATP에 화학 에너지의 형태로 저장되고, 나머지는 열에너지로 방출된다.

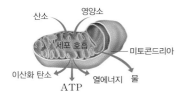

(2) ATP 생명 활동에 이용되는 에너지 저장 물질이며, 에너지 전달 물질이다.

① 구조: 아데노신(아데닌＋리보스)에 3개의 인산이 결합한 구조로, 인산과 인산 사이에 고에너지 인산 결합을 하고 있다.

② 에너지의 저장과 방출: ATP는 고에너지 인산 결합이 끊어지면 ADP와 무기 인산으로 분해되면서 에너지가 방출된다. ADP는 세포 호흡 시 방출된 에너지에 의해 무기 인산과 결합하여 다시 ATP로 합성된다.

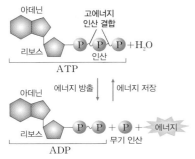

(3) 에너지의 전환과 이용 세포 호흡에 의해 포도당의 화학 에너지 일부는 ATP의 화학 에너지에 저장되고, 여러 형태의 에너지로 전환되어 생명 활동에 이용된다.

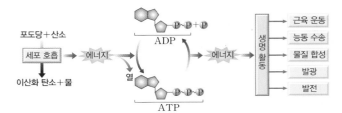

정답과 해설 06쪽

핵심 개념 체크

1. 생물체 내에서 일어나는 물질의 화학 반응을 (　　　)라고 한다.

2. 간단하고 작은 물질을 복잡하고 큰 물질로 합성하는 반응을 (　　　)이라 하고, 복잡하고 큰 물질을 간단하고 작은 물질로 분해하는 반응을 (　　　)이라 한다.

3. (　　　)은 세포 내에서 영양소를 분해하여 에너지를 얻는 과정으로, 세포의 생명 활동에 필요한 에너지를 얻는 반응이다.

4. ATP는 아데닌＋리보스＋3개의 인산이 결합된 화합물로, 인산과 인산 사이에 (　　　) 결합을 하고 있다.

5. 세포 호흡에 의해 포도당의 화학 에너지 일부는 (　　　)의 화학 에너지로 저장된다.

01 [8712-0045]
그림은 물질대사 과정을 나타낸 것이다. (가)와 (나)는 동화 작용과 이화 작용을 순서 없이 나타낸 것이다.

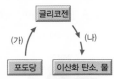

이에 대한 설명으로 옳은 것만을 〈보기〉에서 있는 대로 고른 것은?

┌ 보기 ┐
ㄱ. (가)는 동화 작용이다.
ㄴ. (나) 과정에서 에너지가 방출된다.
ㄷ. (가)와 (나) 과정에 모두 효소가 관여한다.

① ㄱ   ② ㄷ   ③ ㄱ, ㄴ   ④ ㄴ, ㄷ   ⑤ ㄱ, ㄴ, ㄷ

02 [8712-0046]
그림은 ATP의 구조를 나타낸 것이다.

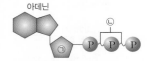

이에 대한 설명으로 옳은 것만을 〈보기〉에서 있는 대로 고른 것은?

┌ 보기 ┐
ㄱ. ㉠은 리보스이다.
ㄴ. ㉡은 고에너지 인산 결합이다.
ㄷ. ATP에 저장된 에너지는 다양한 생명 활동에 사용된다.

① ㄱ   ② ㄴ   ③ ㄱ, ㄷ   ④ ㄴ, ㄷ   ⑤ ㄱ, ㄴ, ㄷ

03 [8712-0047]
그림은 세포 호흡에서 에너지와 물질의 이동을 나타낸 것이다. ㉠과 ㉡은 각각 O_2와 CO_2 중 하나이고, (가)는 세포 소기관이다.

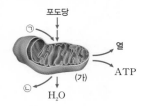

이에 대한 설명으로 옳은 것만을 〈보기〉에서 있는 대로 고른 것은?

┌ 보기 ┐
ㄱ. ㉠은 CO_2이다.
ㄴ. (가)는 미토콘드리아이다.
ㄷ. 세포 호흡은 물질대사에 해당한다.

① ㄱ   ② ㄴ   ③ ㄱ, ㄷ   ④ ㄴ, ㄷ   ⑤ ㄱ, ㄴ, ㄷ

04 [8712-0048]
그림은 어떤 화학 반응에서의 에너지 변화 ⓐ와 ⓑ를 나타낸 것이다. ⓐ와 ⓑ는 각각 동화 작용과 이화 작용 중 하나이다.

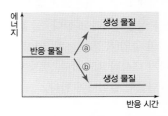

이에 대한 설명으로 옳은 것만을 〈보기〉에서 있는 대로 고른 것은?

┌ 보기 ┐
ㄱ. ⓐ는 동화 작용이다.
ㄴ. ⓑ는 에너지가 흡수되는 반응이다.
ㄷ. ⓐ와 ⓑ가 각각 일어날 때 반응 물질에 저장된 에너지와 생성 물질에 저장된 에너지가 같다.

① ㄱ   ② ㄷ   ③ ㄱ, ㄴ   ④ ㄴ, ㄷ   ⑤ ㄱ, ㄴ, ㄷ

05 [8712-0049]
그림은 연소, 산소 호흡, 무산소 호흡을 구분하는 과정을 나타낸 것이다.

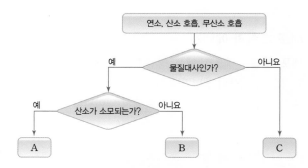

다음 중 A~C를 옳게 짝지은 것은?

	A	B	C
①	산소 호흡	무산소 호흡	연소
②	산소 호흡	연소	무산소 호흡
③	연소	무산소 호흡	산소 호흡
④	연소	산소 호흡	무산소 호흡
⑤	무산소 호흡	산소 호흡	연소

[8712-0050]

06 그림은 2가지 반응에서의 에너지 전환 비율을 나타낸 것이다. (가)와 (나)는 각각 포도당의 세포 호흡과 자동차에서의 휘발유 연소 중 하나이다.

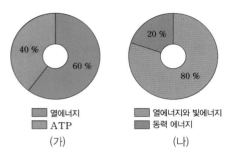

이에 대한 설명으로 옳은 것만을 〈보기〉에서 있는 대로 고른 것은?

┌ 보기 ┌
ㄱ. (나)는 물질대사이다.
ㄴ. (가)와 (나)에 모두 산소가 필요하다.
ㄷ. 에너지 효율은 (가)에서가 (나)에서보다 높다.

① ㄱ   ② ㄴ   ③ ㄱ, ㄷ   ④ ㄴ, ㄷ   ⑤ ㄱ, ㄴ, ㄷ

[8712-0051]

07 그림은 세포에서 일어나는 물질대사 과정의 일부를 나타낸 것이다.

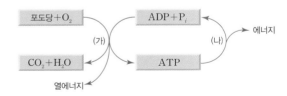

이에 대한 설명으로 옳은 것만을 〈보기〉에서 있는 대로 고른 것은?

┌ 보기 ┌
ㄱ. (가) 과정은 이화 작용에 해당한다.
ㄴ. (나) 과정에서 에너지가 방출된다.
ㄷ. 포도당이 분해될 때 방출되는 에너지는 모두 ATP에 저장된다.

① ㄱ   ② ㄷ   ③ ㄱ, ㄴ   ④ ㄴ, ㄷ   ⑤ ㄱ, ㄴ, ㄷ

[8712-0052]

08 표는 물질대사 A와 B의 예를 나타낸 것이다. A와 B는 각각 동화 작용과 이화 작용 중 하나이다.

물질대사	예
A	광합성
B	세포 호흡

이에 대한 설명으로 옳은 것만을 〈보기〉에서 있는 대로 고른 것은?

┌ 보기 ┌
ㄱ. A는 이화 작용이다.
ㄴ. 미토콘드리아에서 B가 일어난다.
ㄷ. A와 B가 일어날 때 모두 에너지 출입이 따른다.

① ㄱ   ② ㄴ   ③ ㄷ   ④ ㄱ, ㄴ   ⑤ ㄴ, ㄷ

[8712-0053]

09 그림은 체내에서 일어나는 물질대사 과정을 나타낸 것이다.

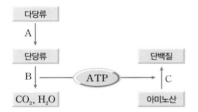

이에 대한 설명으로 옳은 것만을 〈보기〉에서 있는 대로 고른 것은?

┌ 보기 ┌
ㄱ. A 과정에 효소가 관여한다.
ㄴ. B 과정에서 O_2가 소모된다.
ㄷ. C 과정에서 에너지가 소모된다.

① ㄱ   ② ㄷ   ③ ㄱ, ㄴ   ④ ㄴ, ㄷ   ⑤ ㄱ, ㄴ, ㄷ

[8712-0054]

10 그림은 식물에서 일어나는 물질대사 (가)와 (나)를 나타낸 것이다.

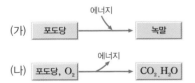

이에 대한 설명으로 옳은 것만을 〈보기〉에서 있는 대로 고른 것은?

┌ 보기 ┌
ㄱ. (가)에서 1분자당 저장된 에너지양은 녹말이 포도당보다 많다.
ㄴ. (나)에서 방출된 에너지의 일부는 생명 활동에 이용된다.
ㄷ. (가)와 (나)에 모두 효소가 관여한다.

① ㄱ   ② ㄷ   ③ ㄱ, ㄴ   ④ ㄴ, ㄷ   ⑤ ㄱ, ㄴ, ㄷ

01 [8712-0055] 표는 물질대사 A와 B를 나타낸 것이다. A와 B는 각각 동화 작용과 이화 작용 중 하나이다.

구분	물질의 변화
A	아미노산 → 단백질
B	포도당 → 물, 이산화 탄소

A와 B가 무엇인지 각각 쓰고, 그 까닭을 물질의 변화와 관련지어 서술하시오.

02 [8712-0056] 그림은 물질대사 A와 B에서의 에너지 변화를 나타낸 것이다. A와 B는 각각 동화 작용과 이화 작용 중 하나이다.

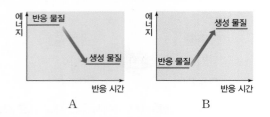

A와 B가 무엇인지 각각 쓰고, A와 B의 차이점 1가지와 공통점 1가지를 각각 쓰시오.

03 [8712-0057] 그림은 물질대사 ㉠과 ㉡에서의 물질 전환을 나타낸 것이다. ㉠과 ㉡은 각각 광합성과 세포 호흡 중 하나이다.

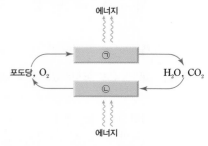

㉠과 ㉡이 무엇인지 쓰고, ㉠과 ㉡이 일어나는 세포 소기관을 각각 쓰시오.

04 [8712-0058] 그림은 ATP의 구조를 나타낸 것이다.

㉠의 이름을 쓰고, ㉡ 결합이 끊어질 때 에너지가 방출되는지 또는 흡수되는지 쓰시오.

[05~06] 그림 (가)와 (나)는 포도당이 분해될 때의 에너지 변화를 나타낸 것이다. (가)와 (나)는 각각 포도당을 이용한 세포 호흡 과정과 포도당의 연소 과정 중 하나이다.

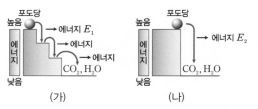

05 [8712-0059] (가)와 (나)가 무엇인지 각각 쓰고, (가)와 (나)의 차이점을 1가지만 쓰시오.

06 [8712-0060] E_1과 E_2의 크기를 비교하고, 그렇게 생각한 까닭을 서술하시오.

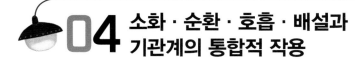

04 소화 · 순환 · 호흡 · 배설과 기관계의 통합적 작용

1 소화계

(1) 사람의 소화계 입, 식도, 위, 소장, 대장 등의 소화관과 침샘, 위샘, 간, 쓸개, 이자 등 소화액을 분비하는 소화샘으로 이루어져 있다.

(2) 기계적 소화와 화학적 소화

① 기계적 소화: 물질의 크기만 작게 하여 소화액과 잘 섞이도록 하는 과정으로 물질의 화학적 성질은 변하지 않는다.

② 화학적 소화: 소화 효소의 작용으로 고분자 물질이 저분자 물질로 분해되고, 물질의 화학적 성질은 변한다.

(3) 영양소의 소화 녹말, 단백질, 지방 등의 고분자 물질은 세포막을 통과할 수 없으므로 체내로 흡수되기 위해서는 소화 과정을 거쳐 저분자 물질로 분해되어야 한다.

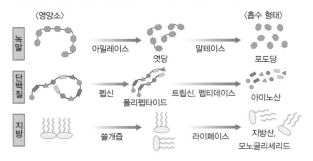

(4) 영양소의 흡수와 이동 수용성 영양소는 소장 융털의 모세 혈관으로, 지용성 영양소는 소장 융털의 암죽관으로 흡수되어 순환계를 통해 심장으로 이동한 후 온몸으로 이동한다.

2 순환계

(1) 사람의 순환계 심장, 혈액, 혈관으로 구성되어 있고, 다른 모든 기관과 연결되어 있다.

(2) 혈관의 종류 심장에서 나오는 혈액이 흐르는 동맥, 심장으로 들어가는 혈액이 흐르는 정맥, 동맥과 정맥을 연결하는 모세 혈관이 있다.

(3) 혈액의 구분

① 동맥혈: O_2와 영양소가 많고, CO_2와 노폐물이 적은 혈액이다.

② 정맥혈: O_2와 영양소가 적고, CO_2와 노폐물이 많은 혈액이다.

(4) 혈액의 순환 경로

폐순환	심장(우심실)에서 나온 혈액이 폐를 지나면서 산소를 공급받고 이산화 탄소를 내보내는 과정이다. 우심실 → 폐동맥 → 폐포의 모세 혈관 → 폐정맥 → 좌심방	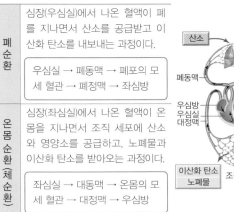
온몸순환(체순환)	심장(좌심실)에서 나온 혈액이 온몸을 지나면서 조직 세포에 산소와 영양소를 공급하고, 노폐물과 이산화 탄소를 받아오는 과정이다. 좌심실 → 대동맥 → 온몸의 모세 혈관 → 대정맥 → 우심방	

3 호흡계

(1) 사람의 호흡계 공기의 이동 통로인 기도와 기체 교환 장소인 폐로 구성된다. 폐는 수많은 폐포로 구성되어 있다.

(2) 폐와 조직에서의 기체 교환 원리 ATP가 소모되지 않고, 기체의 분압 차에 의한 확산으로 일어난다.

(3) 각 기체 분압의 크기와 이동 방향

기체의 분압	O_2	CO_2
	폐포 > 모세 혈관 > 조직 세포	폐포 < 모세 혈관 < 조직 세포
기체 이동	폐포 $\xrightarrow[CO_2]{O_2}$ 모세 혈관 $\xrightarrow[CO_2]{O_2}$ 조직 세포	

핵심 개념 체크

정답과 해설 07쪽

1. (   )는 물질의 크기만 작게 하여 소화액과 잘 섞이도록 하는 과정으로, 물질의 화학적 성질은 변하지 않는다.

2. 단백질의 최종 소화 산물은 (   )이고, 지방의 최종 소화 산물은 (   ), (   )이다.

3. 수용성 영양소는 소장 융털의 (   )으로, 지용성 영양소는 소장 융털의 (   )으로 흡수되어 순환계를 통해 (   )으로 이동한 후 온몸으로 이동한다.

4. (   )은 O_2와 영양소가 많고, CO_2와 노폐물이 적은 혈액이다.

5. (   )은 심장에서 나온 혈액이 온몸을 지나면서 조직 세포에 산소와 영양소를 공급하고, 노폐물과 이산화 탄소를 받아오는 과정이다.

6. 폐포와 혈액, 혈액과 조직 세포 사이에서의 기체 교환은 (   )가 소모되지 않고, 기체의 (   )으로 일어난다.

④ 배설계

(1) 사람의 배설계 우리 몸에서 노폐물의 배설을 담당하는 배설계는 콩팥, 오줌관, 방광, 요도 등으로 구성된다.

(2) 노폐물의 생성 탄수화물, 지방, 단백질이 세포 호흡을 통해 분해되는 과정에서 이산화 탄소, 물, 암모니아와 같은 노폐물이 생성된다.

영양소	구성 원소	생성되는 노폐물
탄수화물	탄소(C), 수소(H), 산소(O)	이산화 탄소(CO_2), 물(H_2O)
지방	탄소(C), 수소(H), 산소(O)	이산화 탄소(CO_2), 물(H_2O)
단백질	탄소(C), 수소(H), 산소(O), 질소(N)	이산화 탄소(CO_2), 물(H_2O), 암모니아(NH_3)

(3) 노폐물의 배설 이산화 탄소는 주로 폐를 통해, 물은 주로 오줌을 통해 배설되고, 단백질 분해 과정에서 생성된 암모니아는 간에서 요소로 전환된 후 오줌으로 배설된다.

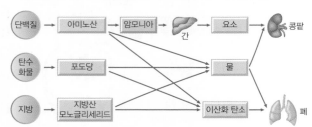

(4) 콩팥의 구조 콩팥은 겉질, 속질, 콩팥 깔때기로 구분된다. 겉질과 속질에 걸쳐 분포하는 네프론에서 오줌이 생성되는데, 네프론은 콩팥에서 오줌을 생성하는 구조적·기능적 기본 단위이다.

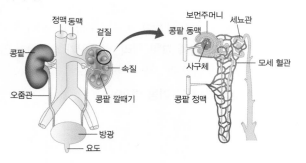

(5) 오줌의 생성 과정

① 여과: 혈액이 사구체를 지나는 동안 혈액의 일부 물질들이 보먼주머니로 이동하는 과정을 여과라고 하며, 여과된 액체를 원뇨라고 한다. 크기가 작은 물, 무기염류, 아미노산, 포도당, 요소 등은 여과되고, 크기가 큰 단백질, 지방과 혈구 등은 여과되지 않는다.

② 재흡수: 여과된 원뇨가 세뇨관을 지나는 동안 일부 물질들이 세뇨관을 둘러싼 모세 혈관으로 이동하는 과정을 재흡수라고 한다. 포도당과 아미노산은 100 %, 물은 약 99 %, 무기염류와 비타민 등은 필요한 만큼 재흡수되어 순환계로 돌아간다.

③ 분비: 모세 혈관에 남아 있던 요소, 크레아틴과 같은 노폐물이 세뇨관으로 이동하는 과정을 분비라고 한다.

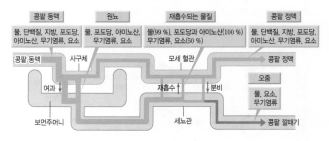

⑤ 기관계의 통합적 작용

각 기관계는 고유의 기능을 수행하면서 서로 협력하여 에너지 생성에 필요한 영양소와 산소를 조직 세포에 공급하고, 노폐물을 몸 밖으로 내보내는 기능을 한다. 순환계는 각 기관계를 연결하는 역할을 한다.

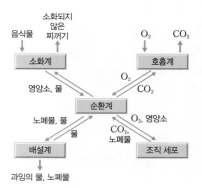

핵심 개념 체크

정답과 해설 07쪽

7. 사람의 배설계는 (　　　), (　　　), (　　　), 요도 등으로 구성된다.

8. 단백질의 구성 원소에는 (　　　), (　　　), (　　　), (　　　)가 있다.

9. 탄수화물과 지방이 세포 호흡을 통해 분해되는 과정에서 생성되는 노폐물은 (　　　), (　　　)이다.

10. (　　　)은 콩팥에서 오줌을 생성하는 구조적·기능적 기본 단위이다.

11. 오줌이 생성되는 과정에서 혈액이 사구체를 지나는 동안 혈액의 일부 물질들이 보먼주머니로 이동하는 과정을 (　　　)라고 하며 여과된 액체를 (　　　)라고 한다.

12. 오줌 생성 과정에서 포도당과 아미노산은 모세 혈관으로 (　　　) 재흡수되고, 무기염류와 비타민 등은 필요한 만큼 재흡수되며, 일부 요소도 재흡수된다.

13. (　　　)를 통해 흡수된 영양소는 (　　　)를 통해 조직 세포로 공급된다.

01 [8712-0061] 소화에 대한 설명으로 옳은 것만을 〈보기〉에서 있는 대로 고른 것은?

┌ 보기 ┐
ㄱ. 영양소를 흡수 가능한 상태로 잘게 부수는 과정이다.
ㄴ. 소화 효소가 작용하는 소화를 기계적 소화라고 한다.
ㄷ. 화학적 소화 작용에 의해 고분자 물질이 저분자 물질로 분해된다.

① ㄱ   ② ㄴ   ③ ㄱ, ㄷ   ④ ㄴ, ㄷ   ⑤ ㄱ, ㄴ, ㄷ

02 [8712-0062] 그림은 인체에 있는 기관계의 통합적 작용을 나타낸 것이다. (가)~(라)는 배설계, 소화계, 순환계, 호흡계를 순서 없이 나타낸 것이다.

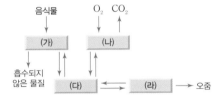

이에 대한 설명으로 옳지 <u>않은</u> 것은?

① (가)는 배설계이다.
② 폐는 (나)를 구성하는 기관이다.
③ (나)에서 흡수된 O_2는 (다)를 통해 조직 세포로 운반된다.
④ 요소는 (라)를 통해 체외로 배출된다.
⑤ (가)~(라)에서 모두 물질대사가 일어난다.

03 [8712-0063] 그림 (가)와 (나)는 온몸 순환 과정과 폐순환 과정을 순서 없이 나타낸 것이다. A~D는 대정맥, 우심실, 좌심실, 폐정맥을 순서 없이 나타낸 것이다.

이에 대한 설명으로 옳은 것만을 〈보기〉에서 있는 대로 고른 것은?

┌ 보기 ┐
ㄱ. A는 우심실이다.
ㄴ. 혈액의 단위 부피당 산소량은 B에서가 D에서보다 많다.
ㄷ. (가)는 폐순환, (나)는 온몸 순환이다.

① ㄱ   ② ㄴ   ③ ㄱ, ㄷ   ④ ㄴ, ㄷ   ⑤ ㄱ, ㄴ, ㄷ

04 [8712-0064] 그림은 사람의 폐포와 폐포의 모세 혈관 사이에서 일어나는 기체 교환을 나타낸 것이다. ㉠과 ㉡은 각각 O_2와 CO_2 중 하나이다.

이에 대한 설명으로 옳은 것만을 〈보기〉에서 있는 대로 고른 것은?

┌ 보기 ┐
ㄱ. ㉠이 온몸을 순환할 때 적혈구가 관여한다.
ㄴ. ㉡은 O_2이다.
ㄷ. 폐포와 폐포의 모세 혈관 사이의 기체 교환에 ATP가 사용된다.

① ㄱ   ② ㄴ   ③ ㄱ, ㄷ   ④ ㄴ, ㄷ   ⑤ ㄱ, ㄴ, ㄷ

05 [8712-0065] 그림은 소장에서 흡수된 영양소의 이동 경로를 나타낸 것이다. (가)와 (나)는 각각 간문맥과 림프관 중 하나이고, ⓐ는 기관이다.

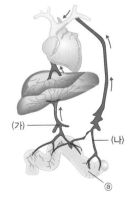

이에 대한 설명으로 옳은 것만을 〈보기〉에서 있는 대로 고른 것은?

┌ 보기 ┐
ㄱ. (가)는 소장 융털의 모세 혈관과 연결되어 있다.
ㄴ. 소장에서 흡수된 지용성 영양소는 (나)를 통해 이동한다.
ㄷ. ⓐ는 배설계에 속한다.

① ㄱ   ② ㄷ   ③ ㄱ, ㄴ   ④ ㄴ, ㄷ   ⑤ ㄱ, ㄴ, ㄷ

06 [8712-0066]
그림은 사람의 소화계의 일부를 나타낸 것이다. A~C는 각각 소장, 간, 이자 중 하나이다.

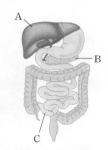

이에 대한 설명으로 옳은 것만을 〈보기〉에서 있는 대로 고른 것은?

┌─ 보기 ┌──────────────────────────────────┐
ㄱ. A에서 암모니아가 요소로 전환된다.
ㄴ. B는 소화액을 분비한다.
ㄷ. C에서 영양소가 흡수된다.
└──┘

① ㄱ ② ㄴ ③ ㄱ, ㄷ ④ ㄴ, ㄷ ⑤ ㄱ, ㄴ, ㄷ

07 [8712-0067]
그림은 정상인의 콩팥에 연결된 혈관과 오줌관을, 자료는 ㉠~㉢의 특징을 비교하여 나타낸 것이다. ㉠~㉢은 각각 오줌관, 콩팥 동맥, 콩팥 정맥 중 하나이다.

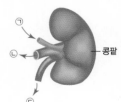

특징
• 혈액의 단위 부피당 요소량은 ㉠에서가 ㉡에서보다 많다.
• ㉠에서는 포도당이 있지만, ㉢에서는 포도당이 없다.

이에 대한 설명으로 옳은 것만을 〈보기〉에서 있는 대로 고른 것은?

┌─ 보기 ┌──────────────────────────────────┐
ㄱ. ㉠은 콩팥 정맥이다.
ㄴ. ㉡에는 포도당이 있다.
ㄷ. ㉢은 방광과 연결되어 있다.
└──┘

① ㄱ ② ㄷ ③ ㄱ, ㄷ ④ ㄴ, ㄷ ⑤ ㄱ, ㄴ, ㄷ

08 [8712-0068]
그림은 어떤 정상인의 콩팥에서 물질 X의 혈중 농도에 따른 여과량, 배설량 및 재흡수량을 나타낸 것이다.

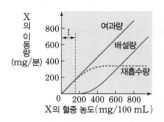

이에 대한 설명으로 옳은 것만을 〈보기〉에서 있는 대로 고른 것은? (단, 물질 X는 콩팥에서 분비되지 않는다.)

┌─ 보기 ┌──────────────────────────────────┐
ㄱ. X의 배설량은 '여과량－재흡수량'이다.
ㄴ. 구간 Ⅰ에서 X는 100 % 재흡수된다.
ㄷ. X의 혈중 농도가 400 mg/100 mL일 때 X는 오줌에서 검출되지 않는다.
└──┘

① ㄱ ② ㄷ ③ ㄱ, ㄴ ④ ㄴ, ㄷ ⑤ ㄱ, ㄴ, ㄷ

09 [8712-0069]
그림은 정상인의 네프론에서 오줌이 생성되는 동안 물질이 이동하는 방식 A~C를 나타낸 것이다.

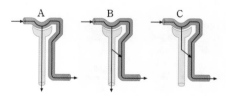

이에 대한 설명으로 옳은 것만을 〈보기〉에서 있는 대로 고른 것은?

┌─ 보기 ┌──────────────────────────────────┐
ㄱ. 오줌 생성 과정에서 포도당은 A 방식으로 이동한다.
ㄴ. 오줌 생성 과정에서 물은 B 방식으로 이동한다.
ㄷ. 오줌 생성 과정에서 요소는 C 방식으로 이동한다.
└──┘

① ㄱ ② ㄴ ③ ㄱ, ㄷ ④ ㄴ, ㄷ ⑤ ㄱ, ㄴ, ㄷ

10 [8712-0070]
그림 (가)는 세 가지 영양소의 소화 과정을, (나)는 소장 융털의 단면 구조를 나타낸 것이다. A~C는 모두 영양소의 최종 소화 산물이고, ㉠과 ㉡은 각각 모세 혈관과 암죽관 중 하나이다.

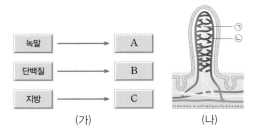

(가)   (나)

이에 대한 설명으로 옳은 것만을 〈보기〉에서 있는 대로 고른 것은?

보기
ㄱ. A와 B는 모두 ㉠을 통해 흡수된다.
ㄴ. C의 구성 원소에 질소(N)가 있다.
ㄷ. ㉡은 모세 혈관이다.

① ㄱ   ② ㄷ   ③ ㄱ, ㄴ   ④ ㄴ, ㄷ   ⑤ ㄱ, ㄴ, ㄷ

11 [8712-0071]
그림은 정상인의 혈액 순환 경로를 나타낸 것이다. A~F는 모두 혈관이다.

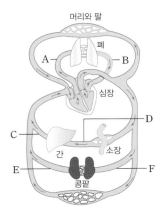

이에 대한 설명으로 옳은 것만을 〈보기〉에서 있는 대로 고른 것은?

보기
ㄱ. 혈액의 단위 부피당 산소량은 A에서가 B에서보다 적다.
ㄴ. 식사 전과 후의 혈당량 변화는 C에서가 D에서보다 크다.
ㄷ. 혈액의 단위 부피당 요소량은 E에서가 F에서보다 많다.

① ㄱ   ② ㄷ   ③ ㄱ, ㄴ   ④ ㄴ, ㄷ   ⑤ ㄱ, ㄴ, ㄷ

12 [8712-0072]
그림 (가)는 폐포와 폐포의 모세 혈관을, (나)는 (가)의 단면을 나타낸 것이다. ㉠과 ㉡은 각각 O_2와 CO_2 중 하나이다.

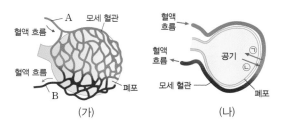

(가)   (나)

이에 대한 설명으로 옳은 것만을 〈보기〉에서 있는 대로 고른 것은?

보기
ㄱ. A에는 동맥혈이, B에는 정맥혈이 흐른다.
ㄴ. ㉠의 이동에 ATP가 사용된다.
ㄷ. ㉡의 분압은 폐포에서가 폐포의 모세 혈관에서보다 높다.

① ㄱ   ② ㄷ   ③ ㄱ, ㄴ   ④ ㄱ, ㄷ   ⑤ ㄴ, ㄷ

13 [8712-0073]
그림은 사람의 기관계 중 일부를 나타낸 것이다. (가)~(라)는 각각 배설계, 소화계, 순환계, 호흡계 중 하나이다.

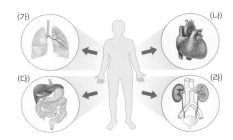

이에 대한 설명으로 옳은 것만을 〈보기〉에서 있는 대로 고른 것은?

보기
ㄱ. (가)에서 흡수된 물질은 (나)를 통해 조직 세포로 운반된다.
ㄴ. 소화되지 않은 찌꺼기는 (다)를 통해 몸 밖으로 배출된다.
ㄷ. (다)에서 생성된 질소성 노폐물은 (라)를 통해 배설된다.

① ㄱ   ② ㄷ   ③ ㄱ, ㄴ   ④ ㄴ, ㄷ   ⑤ ㄱ, ㄴ, ㄷ

01 [8712-0074]
그림은 세포 호흡에서 생성된 물질이 몸 밖으로 배출되는 과정을 나타낸 것이다. A~D는 각각 물, 암모니아, 요소, 이산화 탄소 중하나이다.

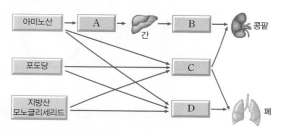

A~D가 무엇인지 각각 쓰시오.

[02~03] 그림은 정상인의 혈액 순환 과정을 나타낸 것이다. A~D는 각각 폐동맥, 폐정맥, 콩팥 동맥, 콩팥 정맥 중 하나이다.

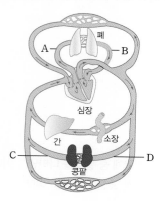

02 [8712-0075]
A와 B 중 혈액의 단위 부피당 산소량이 많은 혈관을 고르고, 그 까닭을 서술하시오.

03 [8712-0076]
C와 D 중 혈액의 단위 부피당 요소량이 많은 혈관을 고르고, 그 까닭을 서술하시오.

04 [8712-0077]
그림은 사람 몸에 있는 각 기관계의 통합적 작용을 나타낸 것이다. (가)~(다)는 각각 배설계, 소화계, 호흡계 중 하나이다.

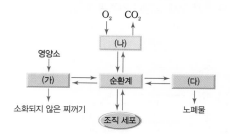

(가)~(다) 각각에 해당하는 기관을 각각 2가지씩 쓰시오.

[05~07] 표는 정상인에서 오줌이 생성되는 동안 혈장, 원뇨, 오줌 성분과 여러 물질의 재흡수율을 나타낸 것이다.

성분	혈장 (g/100 mL)	원뇨 (g/100 mL)	오줌 (g/100 mL)	재흡수율 (%)
포도당	0.10	0.10	0.00	100
아미노산	0.05	0.05	0.00	100
물	90	90	95	99
요소	0.03	0.03	1.8	50
무기염류	0.90	0.90	0.9~3.6	96~99
단백질	8.00	0.00	0.00	0

05 [8712-0078]
포도당과 아미노산이 오줌에서 0.00 g/100 mL인 까닭을 서술하시오.

06 [8712-0079]
요소가 오줌에서 농축되는 까닭을 서술하시오.

07 [8712-0080]
단백질이 원뇨와 오줌에서 0.00 g/100 mL인 까닭을 서술하시오.

05 물질대사와 질병

1 대사성 질환

생체 내 물질대사 장애에 의해서 발생하는 질환의 총칭이다.

(1) 대사성 질환의 예

① 당뇨병: 혈당 조절에 필요한 인슐린의 분비가 부족하거나 인슐린이 제대로 작용하지 못해 발생하는 질환이다. 1형 당뇨병은 인슐린 의존성 당뇨병으로 인슐린의 양이 부족하여 발생하고, 2형 당뇨병은 인슐린 비의존성 당뇨병으로 인슐린이 작용하는 세포에 문제가 생긴 경우 발생한다.

② 통풍: 요산의 과잉 생산 및 배설 감소로 관절 내 공간과 조직에 요산이 침착되면서 발생하는 대사성 질환이다.

③ 고혈압: 혈압이 정상 범위보다 높은 만성 질환이다.

④ 고지혈증: 혈액에 콜레스테롤이나 중성 지방이 많은 상태이고, 이 상태가 지속되면 동맥경화증이 발생할 수 있다.

(2) 대사 증후군

체내 물질대사 이상으로 높은 혈압과 혈당, 중성지방혈증 등의 증상이 한 사람에게 동시에 나타나는 것을 말한다.

① 대사 증후군의 원인: 유전자 이상, 비만, 스트레스, 신체 활동의 감소 등 유전적 요인과 환경적 요인이 복합적으로 작용한다.

② 치료 및 예방: 단일 치료법은 없고, 각 질환에 대한 개별적 치료를 해야 한다. 또한 식이 요법, 운동 요법을 포함한 생활 습관 개선을 통해 적정 체중을 유지하는 것이 중요하고, 건강 검진을 정기적으로 받는다.

2 에너지 균형

(1) 영양소

생물은 생명 활동에 필요한 에너지를 얻기 위하여 외부로부터 물질을 섭취하며 살아가는데, 이 물질을 영양소라고 한다.

① 주영양소(3대 영양소): 몸을 구성하고, 에너지원으로 사용된다.

영양소	에너지양	기본 단위(구성 물질)	기능
탄수화물	4 kcal/g	단당류	주에너지원
지방	9 kcal/g	지방산, 모노글리세리드	에너지 저장, 에너지원
단백질	4 kcal/g	아미노산	효소·항체·호르몬의 주성분, 에너지원

② 부영양소: 에너지원으로 사용되지는 않지만 몸의 기능을 조절하는 역할을 한다.

영양소	기능	예
비타민	생리 기능 조절	비타민 A, 비타민 B 등
무기염류	생리 기능 조절, 인체 구성 성분	칼슘(Ca), 인(P) 등
물	화학 반응의 매개체, 인체 구성 성분	

(2) 대사량

① 기초 대사량: 체온 유지, 호흡 운동, 심장 박동 등 생명 유지에 필요한 최소한의 에너지양이다.

② 활동 대사량: 기초 대사량 외에 일상적인 신체 활동에 필요한 에너지양이다.

③ 1일 대사량: 하루에 필요한 총에너지양이며, 기초 대사량과 활동 대사량을 합한 양이다.

(3) 영양소 섭취와 에너지 균형

① 에너지 부족: 단백질과 지방을 세포 호흡에 이용하고, 면역 능력이 떨어진다.

② 에너지 과다: 사용하고 남는 에너지는 지방의 형태로 저장되고 비만이 되기 쉽다.

정답과 해설 09쪽

핵심 개념 체크

1. ( )은 생체 내 물질대사 장애에 의해서 발생하는 질환을 말한다.

2. ( )은 혈당 조절에 필요한 인슐린의 분비나 기능 장애로 인해 발생되며, 고혈당을 특징으로 하는 대사성 질환이다.

3. ( )은 체내 물질대사 이상으로 높은 혈압, 높은 혈당, 높은 중성지방혈증 등의 증상이 한 사람에게 동시에 나타나는 것을 말한다.

4. 주영양소에는 ( ), ( ), ( )이 있다.

5. 탄수화물의 기본 단위는 ( )이고, 단백질의 기본 단위는 ( )이다.

6. ( )은 체온 유지, 호흡 운동, 심장 박동 등 생명 유지에 필요한 최소한의 에너지양이다.

7. ( )은 하루 동안 생활하는 데 필요한 에너지양으로, ( )과 ( )을 더한 값이다.

8. ( )은 섭취량은 많지만 주에너지원으로 사용되기 때문에 몸에 저장되는 양은 적다.

01 [8712-0081]
표는 우리 몸의 물질대사에 이상이 생겨 발생하는 질환 A와 B의 특징을 나타낸 것이다. A와 B는 각각 고지혈증과 당뇨병 중 하나이다.

질환	특징
A	혈당량이 비정상적으로 높은 상태가 지속되는 질환이다.
B	혈액에 콜레스테롤이나 중성 지방이 많은 상태이다.

이에 대한 설명으로 옳은 것만을 〈보기〉에서 있는 대로 고른 것은?

┌─ 보기 ┐
ㄱ. 인슐린 분비가 부족하면 A가 발병할 수 있다.
ㄴ. B가 지속되면 동맥경화증이 발생할 수 있다.
ㄷ. A와 B는 모두 대사성 질환에 해당한다.
└──────┘

① ㄱ   ② ㄷ   ③ ㄱ, ㄴ   ④ ㄴ, ㄷ   ⑤ ㄱ, ㄴ, ㄷ

02 [8712-0082]
그림 (가)와 (나)는 각각 에너지 섭취량과 에너지 소비량을 비교하여 나타낸 것이다.

(가)   (나)

이에 대한 설명으로 옳은 것만을 〈보기〉에서 있는 대로 고른 것은?

┌─ 보기 ┐
ㄱ. (가) 상태가 지속되면 비만이 될 가능성이 높다.
ㄴ. (나) 상태가 지속되면 체중이 감소한다.
ㄷ. (가) 상태보다 (나) 상태가 지속되면 대사성 질환에 걸릴 확률이 높아진다.
└──────┘

① ㄱ   ② ㄷ   ③ ㄱ, ㄴ   ④ ㄴ, ㄷ   ⑤ ㄱ, ㄴ, ㄷ

03 [8712-0083]
대사성 질환을 예방하기 위한 생활 습관으로 옳지 <u>않은</u> 것은?

① 담배, 과음, 과식을 피한다.
② 유산소, 근력 운동을 규칙적으로 한다.
③ 지나친 탄수화물, 지방 섭취를 피한다.
④ 채소, 과일, 견과류를 되도록 먹지 않는다.
⑤ 가공 식품, 탄산 음료를 되도록 먹지 않는다.

04 [8712-0084]
표는 주영양소 A~C에서 2가지 특징의 유무를 나타낸 것이다. A~C는 단백질, 지방, 탄수화물을 순서 없이 나타낸 것이다.

특징	A	B	C
1 g당 4 kcal의 열량을 낸다.	○	?	×
구성 원소 중 질소(N)가 있다.	ⓐ	○	ⓑ

(○:있음, ×:없음)

이에 대한 설명으로 옳은 것만을 〈보기〉에서 있는 대로 고른 것은?

┌─ 보기 ┐
ㄱ. A는 단백질이다.
ㄴ. B는 항체와 호르몬의 주성분이다.
ㄷ. ⓐ와 ⓑ는 모두 '○'이다.
└──────┘

① ㄱ   ② ㄴ   ③ ㄱ, ㄷ   ④ ㄴ, ㄷ   ⑤ ㄱ, ㄴ, ㄷ

05 [8712-0085]
표 (가)는 하루 동안의 학생 A의 기초 대사량과 활동 대사량을, (나)는 A가 하루 동안 섭취한 3대 영양소의 양을 나타낸 것이다. ㉠과 ㉡은 각각 단백질과 지방 중 하나이고, 1 g당 발생하는 열량은 ㉠보다 ㉡이 높다.

(단위:kcal)

기초 대사량	1,500
활동 대사량	1,200

(가)

(단위:g)

영양소	총량
탄수화물	450
㉠	100
㉡	100

(나)

이에 대한 설명으로 옳은 것만을 〈보기〉에서 있는 대로 고른 것은? (단, 탄수화물과 단백질의 에너지양은 4 kcal/g, 지방의 에너지양은 9 kcal/g이다.)

┌─ 보기 ┐
ㄱ. ㉠은 단백질이다.
ㄴ. 학생 A의 1일 대사량은 2,700 kcal이다.
ㄷ. 학생 A가 (나)만큼 지속적으로 섭취한다면 체중이 감소할 것이다.
└──────┘

① ㄱ   ② ㄷ   ③ ㄱ, ㄴ   ④ ㄴ, ㄷ   ⑤ ㄱ, ㄴ, ㄷ

01 [8712-0086]
그림은 동맥경화가 일어나는 과정을 나타낸 것이다.

혈관 벽
혈액의 흐름
콜레스테롤이 쌓임

혈액의 흐름이 수월하다. 혈액의 흐름이 약해진다. 혈액의 흐름이 멈춘다.

동맥경화가 생기는 이유를 고지혈증과 관련지어 서술하시오.

02 [8712-0087]
그림은 영양소의 종류와 특징을 나타낸 것이다. A~C는 각각 탄수화물, 지방, 단백질 중 하나이다.

주 영양소
- A — 구성 단위체는 단당류이다.
- B — 위에서 화학적으로 소화된다.
- C — 지용성 영양소이다.

A~C가 무엇인지 각각 쓰시오.

03 [8712-0088]
다음은 어떤 의사가 발표한 대사성 질환 X에 대한 내용이다.

우리 몸을 구성하는 세포가 파괴되거나 죽으면 요산이 생성됩니다. 우리가 먹는 모든 음식 속에도 요산이 될 수 있는 성분이 들어 있습니다. 이렇게 생성된 요산은 소변을 통해 몸 밖으로 배출되는데, 어떤 문제로 인해 체내에 요산이 축적되면서 발생하는 대사성 질환을 X라고 합니다.

대사성 질환 X가 무엇인지 쓰시오.

04 [8712-0089]
표는 하루 동안 어떤 학생의 기초 대사량, 활동 대사량, 섭취한 에너지양을 나타낸 것이다.

(단위: kcal)

기초 대사량		1,600
활동 대사량		1,100
섭취한 에너지양	탄수화물	1,240
	단백질	360
	지방	500

이 학생의 1일 대사량이 얼마인지 쓰고, 하루 동안 섭취한 단백질의 양을 계산하시오. (단, 탄수화물과 단백질의 에너지양은 4 kcal/g, 지방의 에너지양은 9 kcal/g이다.)

05 [8712-0090]
표는 어떤 사람 A~C의 하루 동안 섭취한 탄수화물, 단백질, 지방의 양을 나타낸 것이다. 하루 평균 소비한 에너지양은 A와 B는 각각 2,800 kcal이고, C는 2,400 kcal이다.

구분	A	B	C
탄수화물	150 g	400 g	300 g
단백질	100 g	150 g	200 g
지방	200 g	50 g	90 g

제시된 상황이 지속될 경우 대사성 질환에 걸릴 확률이 가장 높은 사람을 고르고, 그 까닭을 서술하시오. (단, 탄수화물과 단백질의 에너지양은 4 kcal/g, 지방의 에너지양은 9 kcal/g이다.)

06 [8712-0091]
그림은 어떤 동물에서 시상 하부의 온도를 변화시키면서 체온을 측정한 결과를 나타낸 것이다.

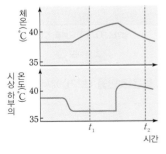

t_1과 t_2 중 기초 대사량이 더 높은 시기가 언제인지 고르고, 그 까닭을 서술하시오.

[8712-0092]
01 표는 영양소 A~C의 구성 원소와 생성되는 노폐물을 각각 나타낸 것이다. A~C는 단백질, 지방, 탄수화물을 순서 없이 나타낸 것이다.

영양소	구성 원소	생성되는 노폐물
A	㉠	이산화 탄소(CO_2), 물(H_2O)
B	㉡	이산화 탄소(CO_2), 물(H_2O)
C	탄소(C), 수소(H), 산소(O), 질소(N)	㉢

이에 대한 설명으로 옳은 것만을 〈보기〉에서 있는 대로 고른 것은?

┌── 보기 ────────────────────────────┐
ㄱ. A는 단백질이다.
ㄴ. ㉠과 ㉡에 모두 탄소(C)가 있다.
ㄷ. ㉢에 암모니아(NH_3)가 있다.
└──────────────────────────────────┘

① ㄱ ② ㄴ ③ ㄱ, ㄷ ④ ㄴ, ㄷ ⑤ ㄱ, ㄴ, ㄷ

[8712-0093]
02 그림은 동물의 여러 기관계에서 일어나는 물질의 이동 과정을 나타낸 것이다. (가)~(라)는 배설계, 소화계, 순환계, 호흡계를 순서 없이 나타낸 것이다.

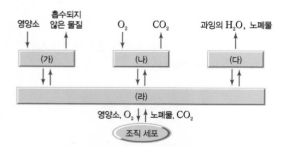

이에 대한 설명으로 옳은 것만을 〈보기〉에서 있는 대로 고른 것은?

┌── 보기 ────────────────────────────┐
ㄱ. (가)에 암모니아를 요소로 전환하는 기관이 있다.
ㄴ. (나)에서 흡수된 물질이 (라)를 통해 조직 세포로 운반된다.
ㄷ. 대장은 (다)를 구성하는 기관이다.
└──────────────────────────────────┘

① ㄱ ② ㄷ ③ ㄱ, ㄴ ④ ㄴ, ㄷ ⑤ ㄱ, ㄴ, ㄷ

[8712-0094]
03 그림은 세포에서 일어나는 물질대사 (가)와 (나)를 나타낸 것이다. (가)와 (나)는 각각 동화 작용과 이화 작용 중 하나이다.

이에 대한 설명으로 옳은 것만을 〈보기〉에서 있는 대로 고른 것은?

┌── 보기 ────────────────────────────┐
ㄱ. 미토콘드리아에서 (가)가 일어난다.
ㄴ. (나)는 이화 작용이다.
ㄷ. (가)와 (나)에 모두 효소가 관여한다.
└──────────────────────────────────┘

① ㄱ ② ㄴ ③ ㄱ, ㄷ ④ ㄴ, ㄷ ⑤ ㄱ, ㄴ, ㄷ

[8712-0095]
04 그림은 소장의 융털에서 흡수된 영양소가 온몸으로 이동하는 과정을 나타낸 것이다. ㉠과 ㉡은 각각 모세 혈관과 암죽관 중 하나이고, A와 B는 각각 간과 림프관 중 하나이다.

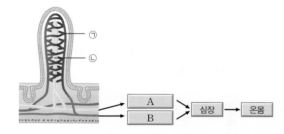

이에 대한 설명으로 옳은 것만을 〈보기〉에서 있는 대로 고른 것은?

┌── 보기 ────────────────────────────┐
ㄱ. 수용성 영양소는 ㉠을 통해 흡수된다.
ㄴ. A는 림프관이다.
ㄷ. B는 소화계에 속한다.
└──────────────────────────────────┘

① ㄱ ② ㄷ ③ ㄱ, ㄴ ④ ㄴ, ㄷ ⑤ ㄱ, ㄴ, ㄷ

[8712-0096]
05 그림은 정상인의 혈액 이동 경로를 나타낸 것이다. (가)~(라)는 각각 폐동맥, 폐정맥, 콩팥 동맥, 콩팥 정맥 중 하나이다.

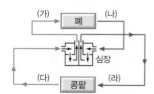

이에 대한 설명으로 옳은 것만을 〈보기〉에서 있는 대로 고른 것은?

┌── 보기 ────────────────────────────┐
ㄱ. (가)에는 동맥혈이, (나)에는 정맥혈이 흐른다.
ㄴ. 혈액의 단위 부피당 요소량은 (다)에서가 (라)에서보다 많다.
ㄷ. 폐와 콩팥 모두에서 물질대사가 일어난다.
└──────────────────────────────────┘

① ㄱ ② ㄷ ③ ㄱ, ㄴ ④ ㄴ, ㄷ ⑤ ㄱ, ㄴ, ㄷ

[8712-0097]
06 그림은 정상인의 콩팥에서 오줌이 생성되는 과정을 나타낸 것이다. ㉠~㉢은 각각 분비, 여과, 재흡수 중 하나이다.

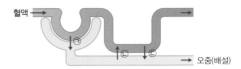

이에 대한 설명으로 옳은 것만을 〈보기〉에서 있는 대로 고른 것은?

┌─ 보기 ┌
ㄱ. 포도당과 아미노산은 ㉠을 통해 이동한다.
ㄴ. 원뇨에 있는 물은 ㉡을 통해 모두 이동한다.
ㄷ. ㉢은 여과이다.

① ㄱ   ② ㄴ   ③ ㄱ, ㄷ   ④ ㄴ, ㄷ   ⑤ ㄱ, ㄴ, ㄷ

[8712-0098]
07 그림은 동물 세포 내에서 일어나는 물질대사를 나타낸 것이다. ㉠과 ㉡은 각각 O_2와 CO_2 중 하나이다.

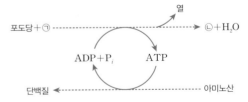

이에 대한 설명으로 옳은 것만을 〈보기〉에서 있는 대로 고른 것은?

┌─ 보기 ┌
ㄱ. ㉠은 O_2이고, ㉡은 CO_2이다.
ㄴ. 단백질은 아미노산보다 고분자 물질이다.
ㄷ. 포도당에 저장된 에너지는 모두 ATP에 저장된다.

① ㄱ   ② ㄴ   ③ ㄷ   ④ ㄱ, ㄴ   ⑤ ㄱ, ㄷ

[8712-0099]
08 그림은 대사성 질환을 예방하기 위한 세 학생 A~C의 의견을 나타낸 것이다.

제시한 의견이 옳은 학생만을 있는 대로 고른 것은?

① A   ② B   ③ A, C   ④ B, C   ⑤ A, B, C

[8712-0100]
09 그림은 정상인의 콩팥에서 여과된 원뇨와 생성된 오줌의 공통점과 차이점을 나타낸 것이다.

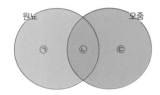

이에 대한 설명으로 옳은 것만을 〈보기〉에서 있는 대로 고른 것은?

┌─ 보기 ┌
ㄱ. '포도당이 있다.'는 ㉠에 해당한다.
ㄴ. '물이 있다.'는 ㉡에 해당한다.
ㄷ. '요소가 있다.'는 ㉢에 해당한다.

① ㄱ   ② ㄷ   ③ ㄱ, ㄴ   ④ ㄴ, ㄷ   ⑤ ㄱ, ㄴ, ㄷ

[8712-0101]
10 대사량에 대한 설명으로 옳은 것만을 〈보기〉에서 있는 대로 고른 것은?

┌─ 보기 ┌
ㄱ. 하루 동안 생활하는 데 필요한 에너지양을 1일 대사량이라 한다.
ㄴ. 밥 먹기, 책 읽기 등 다양한 생명 활동을 하면서 소모되는 에너지양을 기초 대사량이라 한다.
ㄷ. 체온 유지, 호흡, 심장 박동 등 생명 유지에 필요한 최소한의 에너지양을 활동 대사량이라 한다.

① ㄱ   ② ㄷ   ③ ㄱ, ㄴ   ④ ㄴ, ㄷ   ⑤ ㄱ, ㄴ, ㄷ

11 [8712–0102]
다음은 대사성 질환에 대한 자료이다.

- 우리 몸에서 생성된 요산은 소변을 통해 몸 밖으로 배출되는데, 어떤 문제로 인해 체내에 요산이 축적되면 (㉠)이 생긴다.
- (㉡)은 혈액에 콜레스테롤이나 중성 지방이 많은 상태이다.
- (㉢)은 혈압이 정상 범위보다 높은 만성 질환이다.

㉠~㉢에 해당하는 것을 옳게 짝지은 것은?

	㉠	㉡	㉢
①	통풍	고혈압	당뇨병
②	통풍	고지혈증	고혈압
③	통풍	고지혈증	당뇨병
④	당뇨병	통풍	고혈압
⑤	당뇨병	고지혈증	통풍

12 [8712–0103]
표는 정상인에서 오줌이 생성되는 동안 혈장, 원뇨, 오줌 성분의 조성을, 그림은 네프론에서 오줌이 생성되는 동안 물질이 이동하는 방식 A와 B를 나타낸 것이다. ㉠~㉢은 각각 물, 단백질, 포도당 중 하나이다.

(단위: %)

구분	㉠	㉡	㉢
혈장	0.10	8.00	91
원뇨	0.10	0.00	97
오줌	0.00	0.00	96

이에 대한 설명으로 옳은 것만을 〈보기〉에서 있는 대로 고른 것은?

┌ 보기 ┐
ㄱ. ㉠은 단백질이다.
ㄴ. ㉡은 오줌 생성 과정에서 A 방식으로 이동한다.
ㄷ. ㉢은 오줌 생성 과정에서 B 방식으로 이동한다.

① ㄱ   ② ㄷ   ③ ㄱ, ㄴ   ④ ㄴ, ㄷ   ⑤ ㄱ, ㄴ, ㄷ

13 [8712–0104]
표는 사람의 몸을 구성하는 기관계의 특징을 나타낸 것이다. A~C는 각각 배설계, 소화계, 호흡계 중 하나이다.

기관계	특징
A	세포 호흡에 필요한 산소를 흡수하고, 세포 호흡 결과 발생한 이산화 탄소를 배출한다.
B	음식물 속의 영양소를 세포가 흡수할 수 있도록 작은 영양소로 분해하고 흡수한다.
C	조직 세포에서 세포 호흡 결과 생성된 질소 노폐물을 오줌의 형태로 몸 밖으로 내보낸다.

이에 대한 설명으로 옳은 것만을 〈보기〉에서 있는 대로 고른 것은?

┌ 보기 ┐
ㄱ. A는 호흡계이다.
ㄴ. B에서 이화 작용이 일어난다.
ㄷ. 소장은 C에 속한다.

① ㄱ   ② ㄷ   ③ ㄱ, ㄴ   ④ ㄴ, ㄷ   ⑤ ㄱ, ㄴ, ㄷ

14 [8712–0105]
그림 (가)는 폐포의 구조를, (나)는 지점 A와 B에서 기체 ㉠과 ㉡의 분압을 나타낸 것이다. ㉠과 ㉡은 각각 O_2와 CO_2 중 하나이다.

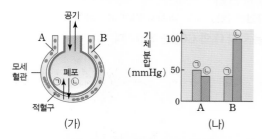

(가)　　　(나)

이에 대한 설명으로 옳은 것만을 〈보기〉에서 있는 대로 고른 것은?

┌ 보기 ┐
ㄱ. 혈액은 A에서 B 방향으로 흐른다.
ㄴ. ㉠은 CO_2이고, ㉡은 O_2이다.
ㄷ. 폐포와 폐포의 모세 혈관 사이에서 ㉠과 ㉡은 분압 차에 의한 확산으로 이동한다.

① ㄱ   ② ㄴ   ③ ㄱ, ㄷ   ④ ㄴ, ㄷ   ⑤ ㄱ, ㄴ, ㄷ

15 [8712–0106]

표는 학생 A~C의 하루 평균 섭취한 에너지양을 나타낸 것이다. A~C의 하루 평균 소비한 에너지양은 각각 2,500 kcal이다.

(단위: kcal)

구분	섭취한 에너지양		
	탄수화물	지방	단백질
A	1,600	1,800	1,000
B	400	1,000	630
C	1,000	900	320

이에 대한 설명으로 옳은 것만을 〈보기〉에서 있는 대로 고른 것은? (단, 탄수화물과 단백질의 에너지양은 4 kcal/g, 지방의 에너지양은 9 kcal/g이다.)

┌ 보기 ┐
ㄱ. A~C 중 A가 비만이 될 가능성이 가장 높다.
ㄴ. A가 하루 평균 섭취한 단백질의 양보다 지방의 양이 더 많다.
ㄷ. B의 하루 평균 섭취한 탄수화물의 양과 C의 하루 평균 섭취한 지방의 양은 서로 같다.
└─────┘

① ㄱ   ② ㄴ   ③ ㄱ, ㄷ   ④ ㄴ, ㄷ   ⑤ ㄱ, ㄴ, ㄷ

16 [8712–0107]

표는 3대 영양소와 이 영양소에서 생성되는 노폐물 ⓐ~ⓒ를, 그림은 사람 몸에 있는 각 기관계의 통합적 작용을 나타낸 것이다. A~C는 단백질, 지방, 탄수화물을, ⓐ~ⓒ는 물, 암모니아, 이산화 탄소를 순서 없이 나타낸 것이고, (가)~(다)는 각각 배설계, 소화계, 호흡계 중 하나이다.

영양소	생성되는 노폐물
A	ⓐ, ⓑ
B	ⓐ, ⓑ
C	ⓐ, ⓑ, ⓒ

이에 대한 설명으로 옳은 것만을 〈보기〉에서 있는 대로 고른 것은?

┌ 보기 ┐
ㄱ. A는 (가)에서 아미노산으로 소화된 후 흡수된다.
ㄴ. ⓒ는 간에서 요소로 전환된 후 (나)를 통해 배설된다.
ㄷ. (다)를 통해 ⓐ와 ⓑ가 체외로 배출된다.
└─────┘

① ㄱ   ② ㄷ   ③ ㄱ, ㄴ   ④ ㄴ, ㄷ   ⑤ ㄱ, ㄴ, ㄷ

17 [8712–0108]

표 (가)는 반응 A~C에서 특성 ㉠~㉢의 유무를, (나)는 ㉠~㉢을 순서 없이 나타낸 것이다. A~C는 포도당의 연소 과정, 포도당을 이용한 세포 호흡, 자동차의 휘발유 연소를 순서 없이 나타낸 것이다.

특성 반응	㉠	㉡	㉢
A	○	?	?
B	×	?	×
C	?	○	ⓐ

(가) (○: 있음, ×: 없음)

특성(㉠, ㉡, ㉢)
• 물질대사이다.
• ATP가 생성된다.
• 열에너지가 방출된다.

(나)

이에 대한 설명으로 옳은 것만을 〈보기〉에서 있는 대로 고른 것은?

┌ 보기 ┐
ㄱ. A는 포도당을 이용한 세포 호흡이다.
ㄴ. ㉡은 '열에너지가 방출된다.'이다.
ㄷ. ⓐ는 '○'이다.
└─────┘

① ㄱ   ② ㄷ   ③ ㄱ, ㄴ   ④ ㄴ, ㄷ   ⑤ ㄱ, ㄴ, ㄷ

18 [8712–0109]

표는 정상인의 원뇨와 오줌에서 측정한 물질 A~C의 농도를 혈장 속 각 물질의 농도에 대한 상댓값으로 나타낸 것이다.

구분	A	B	C
원뇨에서의 농도 / 혈장에서의 농도	1	1	0
오줌에서의 농도 / 혈장에서의 농도	60	0	0

이에 대한 설명으로 옳은 것만을 〈보기〉에서 있는 대로 고른 것은? (단, A~C는 모두 혈장에 들어 있다.)

┌ 보기 ┐
ㄱ. 혈액의 단위 부피당 A의 양은 콩팥 정맥에서가 콩팥 동맥에서보다 적다.
ㄴ. B는 여과되지 않는 물질이다.
ㄷ. C는 100 % 재흡수되는 물질이다.
└─────┘

① ㄱ   ② ㄷ   ③ ㄱ, ㄴ   ④ ㄴ, ㄷ   ⑤ ㄱ, ㄴ, ㄷ

19 [8712–0110]

표는 우리 몸에서 일어나는 여러 가지 반응을 나타낸 것이다.

(가)	지방 → 지방산 + 모노글리세리드
(나)	암모니아 → 요소
(다)	뉴클레오타이드 → DNA

이에 대한 설명으로 옳은 것만을 〈보기〉에서 있는 대로 고른 것은?

┌ 보기 ┐
ㄱ. (가) 과정은 화학적 소화이다.
ㄴ. 간에서 (나) 과정이 일어난다.
ㄷ. (다) 과정은 동화 작용이다.
└─────┘

① ㄱ   ② ㄴ   ③ ㄱ, ㄷ   ④ ㄴ, ㄷ   ⑤ ㄱ, ㄴ, ㄷ

06 흥분 전도와 전달

1 뉴런

신경계를 구성하는 신경 세포를 뉴런이라고 한다.

(1) 뉴런의 구조

구조	기능
신경 세포체	핵과 미토콘드리아 등이 있으며, 뉴런의 생명 활동을 조절한다.
가지 돌기	다른 뉴런이나 감각 세포로부터 오는 자극을 받아들인다.
축삭 돌기	신경 세포체에서 뻗어 나온 한 개의 긴 돌기로, 다른 뉴런이나 반응기로 자극을 전달한다.
말이집	슈반 세포가 축삭을 여러 겹으로 싸고 있는 것으로, 지질 성분이 많아 절연체 역할을 한다.
랑비에 결절	말이집과 말이집 사이의 축삭이 노출된 부분으로, 도약전도가 일어난다.

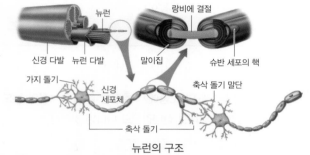

뉴런의 구조

(2) 뉴런의 종류

① 말이집의 유무에 따른 구분: 축삭 돌기가 말이집으로 둘러싸인 말이집 신경과 말이집이 없는 민말이집 신경으로 구분된다.
- 말이집 신경에서는 흥분이 랑비에 결절에서만 발생하는 도약전도가 일어나므로 흥분 전도 속도는 '말이집 신경 > 민말이집 신경'이다.

② 기능에 따른 구분

감각 뉴런 (구심성 뉴런)	• 감각기로 받아들인 자극을 중추 신경계로 전달한다. • 신경 세포체가 축삭 돌기의 한쪽 옆에 있다.
연합 뉴런	• 뇌와 척수를 구성하며 정보를 처리한다. • 가지 돌기가 발달되어 있다.
운동 뉴런 (원심성 뉴런)	• 중추 신경계의 명령을 근육과 같은 반응기로 전달한다. • 신경 세포체와 축삭 돌기가 발달되어 있다.

2 흥분 전도

(1) 분극
자극을 받지 않은 뉴런에서 세포막 안쪽은 음(−)전하, 바깥쪽은 양(+)전하를 띠고 있는 상태이다.

① 휴지 전위: 분극 상태에서의 막전위이며, 약 −70 mV이다.

② 분극의 원인
- 이온의 불균등 분포: K^+이 세포 밖보다 세포 안에 더 많이 분포하고 Na^+은 세포 안보다 세포 밖에 더 많이 분포한다.
- Na^+-K^+ 펌프: ATP를 소모하여 Na^+을 세포 밖으로 내보내고 K^+을 세포 안으로 이동시킨다.
- K^+의 유출: 일부 열린 K^+ 통로를 통해 세포 안의 K^+은 소량 세포 밖으로 확산될 수 있지만, Na^+은 Na^+ 통로가 대부분 닫혀 있어 안으로 거의 확산되지 못한다.

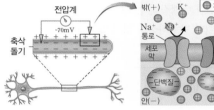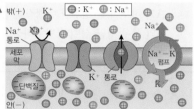

(2) 탈분극
흥분이 발생하면 뉴런의 막전위가 상승한다. 분극 상태에서 막전위가 상승하는 것을 탈분극이라 한다.

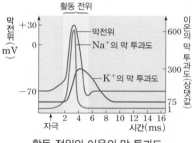

활동 전위와 이온의 막 투과도

① 뉴런이 자극을 받아 세포막에 있는 Na^+ 통로가 열려 Na^+에 대한 투과성이 커진다. ➡ Na^+이 세포 안으로 확산에 의해 유입되며 막전위가 상승한다.
- 역치: 자극에 대해 어떤 반응을 일으키는 데 필요한 최소한의 자극의 세기
- 역치 전위: 활동 전위를 일으키는 데 필요한 최소한의 탈분극 전위값

핵심 개념 체크

정답과 해설 12쪽

1. 신경 세포에서 핵과 미토콘드리아 등이 있으며 신경 세포의 생명 활동을 조절하는 부분을 (   )라고 한다.

2. 슈반 세포가 축삭을 둘러싸고 있으면 (   ) 신경이라고 한다.

3. 뉴런을 기능에 따라 구분하면 감각기에서 자극을 받아들이는 (   ) 뉴런, 뇌와 척수를 구성하는 (   ) 뉴런, 중추 신경계의 명령을 근육과 같은 반응기로 전달하는 (   ) 뉴런이 있다.

4. 다음 중 옳은 것은 ○표, 옳지 <u>않은</u> 것은 ×표 하시오.
   (1) 분극의 원인은 K^+이 세포 외부에 세포 내부보다 많이 있고, Na^+이 세포 내부에 세포 외부보다 많이 있기 때문이다.
   (   )
   (2) 분극 상태에서 자극을 받아 Na^+ 통로가 열리면 막전위가 상승한다.
   (   )
   (3) 자극에 대해 어떤 반응을 일으키는 데 필요한 최소한의 자극의 세기가 역치이다.
   (   )

② 활동 전위: 탈분극으로 막전위가 역치 전위 이상이 된 경우 세포막의 Na^+ 통로가 더 많이 열려 세포 외부의 Na^+이 대량으로 유입된다. 막전위는 $+30 \sim +40 \, mV$로 역전되며, 이때의 막전위 변화를 활동 전위라 한다.

(3) 재분극 막전위가 하강하여 음(−)전하 상태로 돌아간다.

① K^+ 통로 열림: 탈분극으로 인해 막전위가 최고점에 이름 ➡ Na^+ 통로는 빠른 속도로 닫혀 Na^+에 대한 투과성이 줄어들고, K^+ 통로가 열려 K^+의 투과성이 높아진 결과 K^+이 세포 밖으로 확산됨 ➡ 막전위가 다시 낮아져 세포 내부가 다시 음(−)전하를 띰.

② 이온 재배치: Na^+-K^+ 펌프에 의해 이온이 재배치되어 자극 이전의 휴지 전위 상태인 분극 상태로 돌아간다.

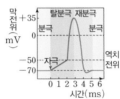

흥분 시 막전위의 변화

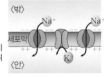

탈분극 시 이온의 분포

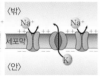

재분극 시 이온의 분포

(4) 흥분 전도 과정

① 뉴런의 한 부위에서 자극을 받아 활동 전위가 발생 ➡ 흥분이 인접 부위를 자극하면 인접 부위에서도 활동 전위가 발생 ➡ 흥분이 축삭 돌기를 따라 말단 부위까지 전도됨.

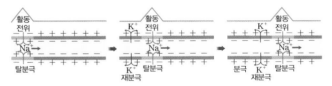

② 흥분 전도 속도: 말이집 신경에서는 도약전도를 하므로 민말이집 신경에서보다 속도가 빠르다. 또한 축삭의 지름이 클수록 속도가 빠르다.

말이집 신경의 도약전도

③ 흥분의 크기: 활동 전위로 인한 막전위 변화는 자극의 세기와 관계없이 일정하다.

③ 흥분 전달

한 뉴런에서 다른 뉴런으로 흥분이 이동하는 현상이다.

(1) 시냅스에서 흥분 전달 흥분이 축삭 돌기 말단에 전도 ➡ 축삭 돌기 말단의 시냅스 소포에 들어 있는 신경 전달 물질이 시냅스 틈으로 분비됨 ➡ 신경 전달 물질이 확산되어 시냅스 이후 뉴런의 수용체에 결합 ➡ 이 자극에 의해 Na^+ 통로가 열리면서 Na^+이 유입되고 탈분극이 일어나 흥분이 전달됨.

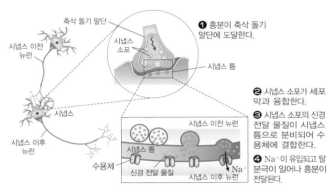

(2) 흥분 이동의 방향성 한 뉴런 내에서는 자극을 받은 곳을 중심으로 흥분이 양방향으로 전도되지만 시냅스에서는 항상 시냅스 이전 뉴런에서 시냅스 이후 뉴런으로만 이동한다.

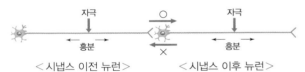

< 시냅스 이전 뉴런 >   < 시냅스 이후 뉴런 >

④ 약물이 인체에 미치는 영향

(1) 약물의 특징

진정제	신경 흥분을 억제하는 약물로, 긴장과 통증을 완화하거나 수면을 유도하며 과도한 불안과 통증 등을 치료하는 데 사용된다.
각성제	신경 흥분을 촉진하여 각성을 일으키는 약물로, 우울증과 같은 질병을 치료하는 데 사용된다.
환각제	실제로는 존재하지 않는 환각을 유발하는 약물이다.

(2) 시냅스에서 약물의 기능

시냅스 전달 억제 약물	카페인, 알코올, 프로포폴
시냅스 전달 촉진 약물	코카인, 니코틴, 엑스터시

핵심 개념 체크

정답과 해설 12쪽

5. 다음 중 옳은 것은 ○표, 옳지 <u>않은</u> 것은 ×표 하시오.

　(1) 탈분극으로 막전위가 역치 전위 이하가 되면 활동 전위가 발생한다. 　　　　　　(　　　)

　(2) 시냅스에서 흥분은 시냅스 이전 뉴런에서 시냅스 이후 뉴런 방향으로만 전달된다. 　　　　(　　　)

6. 탈분극 이후 막전위가 하강하여 음(−)전하 상태로 돌아가는 것을 (　　　)이라 한다. 이때 (　　　) 통로가 열리고 (　　　) 통로가 빠르게 닫혀 막전위가 낮아진다.

7. 흥분이 뉴런의 인접 부위를 자극하면 인접 부위에서도 활동 전위가 발생한다. 이를 통해 흥분은 축삭 돌기를 따라 말단 부위까지 (　　　)된다.

8. 신경계에 영향을 주는 약물 중 (　　　)는 신경 흥분을 억제하는 약물로, 긴장을 완화하고 수면을 유도한다. 반면 (　　　)는 신경의 흥분을 촉진하여 각성을 일으키는 약물이다.

9. 카페인이나 알코올은 신경 사이의 (　　　)에 작용하여 흥분의 전달을 억제한다.

01 [8712-0111]
그림은 뉴런 (가)~(다)를 나타낸 것이다. A와 B는 각각 축삭의 한 지점이다.

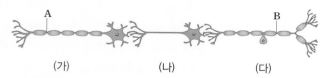

(가)   (나)   (다)

이에 대한 설명으로 옳은 것만을 〈보기〉에서 있는 대로 고른 것은?

┌─ 보기 ┐
ㄱ. (가)는 원심성 뉴런이다.
ㄴ. (나)에서 흥분이 전도될 때 도약전도가 일어난다.
ㄷ. A 지점에 역치 이상의 자극이 주어지면 B에서 활동 전위가 발생한다.
└──────┘

① ㄱ   ② ㄴ   ③ ㄷ   ④ ㄱ, ㄴ   ⑤ ㄴ, ㄷ

02 [8712-0112]
그림은 어떤 뉴런에서 축삭 돌기의 세포막을 경계로 휴지 전위가 유지될 때의 이온 분포를 나타낸 것이다. ⊙은 Na^+ 통로, ⓛ은 K^+ 통로이다.

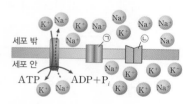

이에 대한 설명으로 옳은 것만을 〈보기〉에서 있는 대로 고른 것은? (단, 막단백질에 의한 이온의 이동만 고려한다.)

┌─ 보기 ┐
ㄱ. $\dfrac{Na^+ 농도}{K^+ 농도}$ 는 세포 밖보다 세포 안에서 크다.
ㄴ. ⓛ을 통해 이온이 ATP를 소비하며 이동한다.
ㄷ. 탈분극이 일어나면 ⊙을 통한 양이온의 이동이 ⓛ을 통한 양이온의 이동보다 다량 일어난다.
└──────┘

① ㄱ   ② ㄴ   ③ ㄷ   ④ ㄱ, ㄴ   ⑤ ㄴ, ㄷ

03 [8712-0113]
다음은 분극 상태에 대한 학생 A~C의 대화 내용이다.

대화 내용이 옳은 학생만을 있는 대로 고른 것은?

① A   ② C   ③ A, B   ④ B, C   ⑤ A, B, C

04 [8712-0114]
그림 (가)는 활동 전위가 발생한 신경 세포 축삭 돌기의 한 지점 X에서 측정한 막전위 변화를, (나)는 t_1일 때 X에서 Na^+ 통로를 통한 Na^+의 이동을 나타낸 것이다.

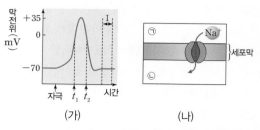

(가)   (나)

X에서 일어나는 이온의 이동에 대한 설명으로 옳은 것만을 〈보기〉에서 있는 대로 고른 것은?

┌─ 보기 ┐
ㄱ. I 에서 ATP의 소모를 통한 Na^+의 이동이 일어난다.
ㄴ. t_1일 때 Na^+의 막 투과도는 K^+의 막 투과도보다 높다.
ㄷ. t_2일 때 확산을 통한 K^+의 이동은 ⊙에서 ⓛ으로 일어난다.
└──────┘

① ㄱ   ② ㄷ   ③ ㄱ, ㄴ   ④ ㄴ, ㄷ   ⑤ ㄱ, ㄴ, ㄷ

05 [8712-0115]
그림 (가)는 어떤 뉴런 X의 구조를, (나)는 X의 I 지점에 역치 이상의 자극을 한 번 주었을 때 II 지점에서의 막전위 변화를 나타낸 것이다.

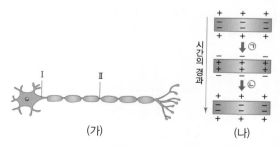

(가)   (나)

이에 대한 설명으로 옳은 것만을 〈보기〉에서 있는 대로 고른 것은?

┌─ 보기 ┐
ㄱ. X에서 도약전도가 일어난다.
ㄴ. Na^+에 대한 막 투과도가 높아질 때 ⊙ 과정이 진행된다.
ㄷ. ⓛ 과정을 통해 막전위는 분극 상태로 돌아오게 된다.
└──────┘

① ㄱ   ② ㄷ   ③ ㄱ, ㄴ   ④ ㄴ, ㄷ   ⑤ ㄱ, ㄴ, ㄷ

06 [8712-0116]

그림은 어떤 뉴런에 역치 이상의 자극을 주었을 때, 이 뉴런의 세포막 한 지점에서의 이온 A와 B의 막 투과도를 시간에 따라 나타낸 것이다. A와 B는 각각 Na^+과 K^+ 중 하나이다.

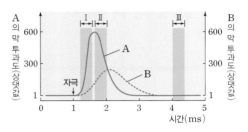

이에 대한 설명으로 옳은 것만을 〈보기〉에서 있는 대로 고른 것은?

┌─ 보기 ┐
ㄱ. 구간 Ⅰ에서 이온 통로를 통한 A의 이동은 막전위를 높인다.
ㄴ. 구간 Ⅱ에서 B는 세포 밖에서 세포 안으로 확산되어 이동한다.
ㄷ. 구간 Ⅲ에서 ATP가 소모되면서 A와 B는 세포막을 경계로 같은 방향으로 이동한다.
└────────┘

① ㄱ ② ㄴ ③ ㄷ ④ ㄴ, ㄷ ⑤ ㄱ, ㄴ, ㄷ

07 [8712-0117]

다음은 약물이 인체에 미치는 영향에 대한 학생 A~C의 대화 내용이다.

진정제는 수면을 유도하는 데 사용될 수 있어.

카페인이 많은 음료를 마시면 심장 두근거림, 불면증 등의 증세가 나타날 수 있어 학생들은 피해야 해.

니코틴과 알코올 같은 시냅스에 작용하는 약물은 중독성이 있어 신경계에 이상을 가져와.

학생 A   학생 B   학생 C

대화 내용이 옳은 학생만을 있는 대로 고른 것은?

① A ② C ③ A, B ④ B, C ⑤ A, B, C

08 [8712-0118]

그림은 민말이집 신경 축삭 돌기의 일부를, 표는 그림의 두 지점 X나 Y 중 한 곳만을 자극하여 흥분의 전도가 1회 일어날 때, 지점 N_1~N_4에서 동시에 측정한 막전위를 나타낸 것이다. N_1~N_3는 각각 d_1~d_3 중 하나이고, N_4는 d_4이다.

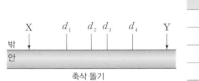

지점	막전위(mV)
N_1	0
N_2	+30
N_3	-70
N_4	-80

이에 대한 설명으로 옳은 것만을 〈보기〉에서 있는 대로 고른 것은? (단, 휴지 전위는 $-70\ mV$이다.)

┌─ 보기 ┐
ㄱ. 흥분의 전도는 Y에서 X로 진행된다.
ㄴ. d_1에서 K^+ 농도는 축삭 돌기 안에서보다 밖에서 높다.
ㄷ. N_1~N_4 중 N_2에서 Na^+의 막 투과도가 가장 높다.
└────────┘

① ㄱ ② ㄴ ③ ㄱ, ㄴ ④ ㄱ, ㄷ ⑤ ㄴ, ㄷ

09 [8712-0119]

그림 (가)와 (나)는 각각 약물 A와 B가 시냅스 이후 뉴런의 수용체에 결합하여 이상을 일으키는 과정을 나타낸 것이다. 약물 A와 B는 각각 시냅스 전달 억제 약물과 시냅스 전달 촉진 약물 중 하나이며, (가)에서는 흥분의 지속적인 전달이 일어났다.

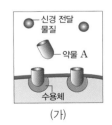 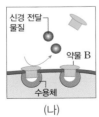

(가)   (나)

이에 대한 설명으로 옳은 것만을 〈보기〉에서 있는 대로 고른 것은?

┌─ 보기 ┐
ㄱ. 약물 A는 시냅스 전달 억제 약물이다.
ㄴ. 약물 B는 진정제로 사용될 수 없다.
ㄷ. 약물 A와 B는 모두 신경계의 기능에 영향을 줄 수 있다.
└────────┘

① ㄱ ② ㄴ ③ ㄱ, ㄴ ④ ㄴ, ㄷ ⑤ ㄱ, ㄴ, ㄷ

10 [8712-0120] 그림은 시냅스에서 물질 ㉠과 이온 ㉡의 작용으로 흥분이 전달되는 과정을 나타낸 것이다. (가)와 (나)는 각각 시냅스 이전 뉴런과 시냅스 이후 뉴런 중 하나이며, ㉡은 이온 통로를 통해 확산된다.

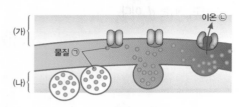

이에 대한 설명으로 옳은 것만을 〈보기〉에서 있는 대로 고른 것은?

┌ 보기 ┐
ㄱ. ㉠은 신경 전달 물질이다.
ㄴ. 흥분은 (가)에서 (나)로만 전달된다.
ㄷ. 이온 통로를 통한 ㉡의 이동은 (가)에서 탈분극을 일으킨다.

① ㄱ ② ㄴ ③ ㄱ, ㄴ ④ ㄱ, ㄷ ⑤ ㄴ, ㄷ

11 [8712-0121] 그림 (가)는 어떤 뉴런에 역치 이상의 자극을 1회 주었을 때 축삭 돌기의 한 지점에서 시간에 따른 막전위를, (나)는 이 뉴런에 물질 X를 처리하고 역치 이상의 자극을 1회 주었을 때 축삭 돌기의 한 지점에서 시간에 따른 막전위를 나타낸 것이다. X는 세포막에 있는 이온 통로를 통한 Na^+과 K^+의 이동 중 하나를 억제한다.

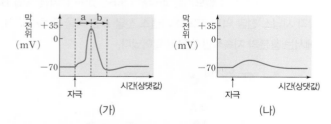

이에 대한 설명으로 옳은 것만을 〈보기〉에서 있는 대로 고른 것은?

┌ 보기 ┐
ㄱ. (가)에서 $\dfrac{Na^+ 의\ 막\ 투과도}{K^+ 의\ 막\ 투과도}$ 는 구간 a에서 시간에 따라 증가한다.
ㄴ. X는 뉴런에서 흥분의 전도를 촉진한다.
ㄷ. (가)에서 구간 b일 때 K^+의 농도는 세포 안이 세포 밖보다 높다.

① ㄱ ② ㄴ ③ ㄱ, ㄴ ④ ㄱ, ㄷ ⑤ ㄴ, ㄷ

12 [8712-0122] 그림은 시냅스로 연결된 두 뉴런을, 표는 조건 Ⅰ과 Ⅱ를 나타낸 것이다. 자극은 ㉠에 역치 이상으로 주어졌으며, 1회의 자극에 대해 ㉢에서 활동 전위가 발생한다. 시냅스 전달 억제 약물 A는 시냅스 이후 뉴런의 신경 전달 물질 수용체에 결합한다.

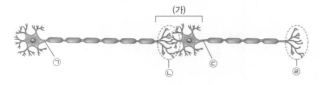

조건	처리
Ⅰ	약물 처리는 없고 자극을 10회 줌
Ⅱ	(가)에 시냅스 전달 억제 약물 A를 처리하고 자극을 10회 줌

이에 대한 설명으로 옳은 것만을 〈보기〉에서 있는 대로 고른 것은?

┌ 보기 ┐
ㄱ. Ⅰ은 ㉡과 ㉣에서 모두 신경 전달 물질이 분비된다.
ㄴ. Ⅱ는 ㉡에서 신경 전달 물질이 분비되지 않는다.
ㄷ. ㉢에서 활동 전위 발생 빈도는 Ⅱ에서가 Ⅰ에서보다 높다.

① ㄱ ② ㄴ ③ ㄱ, ㄴ ④ ㄱ, ㄷ ⑤ ㄴ, ㄷ

13 [8712-0123] 그림 (가)는 뉴런에 자극을 준 지점으로부터 지점 P_1~P_3까지의 거리를, (나)는 각 지점에서 시간에 따른 막전위 변화를 나타낸 것이다. 이 뉴런에서 흥분 전도 속도는 3 cm/ms이다.

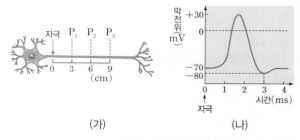

역치 이상의 자극을 1회 준 후 $t(ms)$가 지난 시점일 때 막전위에 대한 설명으로 옳은 것만을 〈보기〉에서 있는 대로 고른 것은? (단, 휴지 전위는 $-70\ mV$이다.)

┌ 보기 ┐
ㄱ. t가 4일 때 P_1의 막전위는 $-80\ mV$이다.
ㄴ. t가 5일 때 P_2는 탈분극 상태이다.
ㄷ. t가 6일 때 막전위는 P_3에서보다 P_2에서 높다.

① ㄱ ② ㄴ ③ ㄱ, ㄴ ④ ㄱ, ㄷ ⑤ ㄴ, ㄷ

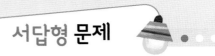

01 [8712–0124]
그림은 시냅스를 이루고 있는 뉴런 A~C에서 뉴런 B에만 역치 이상의 자극을 주었을 때의 모습을 나타낸 것이다.

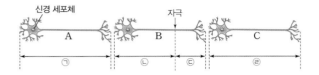

자극 후 활동 전위가 발생하는 범위는 어디인지 ㉠~㉣에서 골라 쓰시오.

02 [8712–0125]
그림 (가)는 자극을 받은 뉴런의 막전위 변화를, (나)는 뉴런의 막에서 일어나는 이온의 이동을 나타낸 것이다.

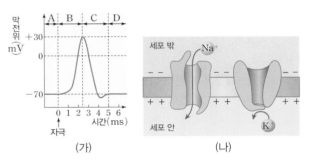

(가)   (나)

(나)와 같은 이온의 이동에 의해 막전위가 변하는 시기를 (가)에서 찾아 기호를 쓰시오.

03 [8712–0126]
그림은 민말이집 신경 A와 B를, 표는 A와 B의 P 지점에 역치 이상의 자극을 동시에 1회 주고 일정 시간이 지난 후 시점 t_1일 때 세 지점 Q_1~Q_3의 막전위를 나타낸 것이다. Ⅰ~Ⅲ은 각각 Q_1~Q_3에서 측정한 막전위 중 하나이다. 흥분의 전도 속도는 A보다 B에서 빠르며, 휴지 전위는 $-70\,mV$이고, 활동 전위 최댓값은 $+30\,mV$이다.

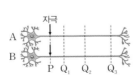

신경	t_1일 때 측정한 막전위(mV)		
	Ⅰ	Ⅱ	Ⅲ
A	-60	-56	$+30$
B	$+4$	-80	-46

(1) Ⅰ~Ⅲ은 각각 Q_1~Q_3 중 어디에 해당하는지 쓰시오.
(2) t_1일 때 Q_2 지점에서 A와 B는 흥분 전도의 어느 단계에 해당하는지 서술하시오.

04 [8712–0127]
그림은 말이집 신경 X의 축삭의 한 지점 P에서 발생한 흥분이 축삭 돌기 말단 방향의 각 지점에 도달하는 데 경과된 시간을 P로부터의 거리에 따라 나타낸 것이다. Ⅰ과 Ⅱ는 X의 축삭 돌기에서 말이집으로 싸여 있는 부분과 말이집으로 싸여 있지 않은 부분을 순서 없이 나타낸 것이다.

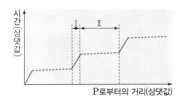

Ⅰ과 Ⅱ는 각각 무엇에 해당하는지 추론하고 그 까닭을 서술하시오.

05 [8712–0128]
그림 (가)는 신경 A~C를, (나)는 (가)의 P 지점에 역치 이상의 자극을 동시에 1회씩 준 후, Q 지점에서의 막전위 변화를 나타낸 것이다.

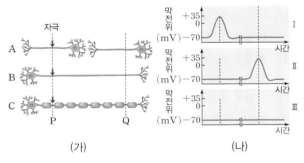

(가)   (나)

(나)의 Ⅰ~Ⅲ은 각각 A~C의 막전위 변화 중 어디에 해당하는지 쓰고, 그 까닭을 서술하시오. (단, 축삭의 지름은 모두 같다.)

06 [8712–0129]
그림은 어떤 뉴런에 역치 이상의 자극을 주었을 때, 이 뉴런 세포막의 한 지점에서 이온 ㉠과 ㉡의 막 투과도를 시간에 따라 나타낸 것이다.

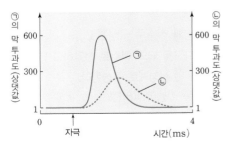

㉠과 ㉡은 각각 Na^+과 K^+ 중 어떤 것에 해당하는지 쓰시오.

07 신경계의 구조와 기능

1 신경계의 구성

(1) 신경계

중추 신경계	말초 신경계
• 뇌와 척수로 구성됨 • 감각기에서 받아들인 자극을 처리하고 반응기에 명령을 내림	• 온몸에 퍼져 있음 • 전달 기능: 감각기 정보 → 중추 신경계 / 중추 신경계 명령 → 반응기

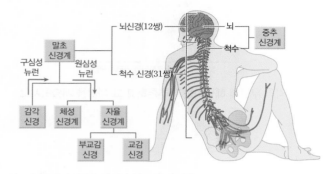

2 중추 신경계 − 뇌와 척수

(1) 뇌 뇌는 두개골에 들어 있으며, 대뇌, 소뇌, 간뇌, 중간뇌, 뇌교, 연수로 구분된다. 중간뇌, 뇌교, 연수를 합하여 뇌줄기(뇌간)라고 한다. 뇌줄기에는 생명 유지에 관여하는 호흡, 혈압, 섭식 중추가 있다.

① 대뇌: 연결된 좌우 2개의 반구로 이루어져 있고, 표면에 주름이 많아 표면적이 넓다. 감각 정보를 처리하고, 학습과 기억, 언어 능력의 중추이며, 수의 운동을 일으킨다.

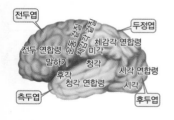

• 대뇌 겉질: 신경 세포체가 모여 있으며 회색질이다.

기능에 따라	감각령	감각기에서 오는 정보를 받아들여 감지한다.
	연합령	감각령의 정보를 받아 통합하여 운동령에 명령을 내리고 정신 활동을 담당한다.
	운동령	연합령의 명령을 받아 수의 운동을 조절한다.
위치에 따라	전두엽, 두정엽, 측두엽, 후두엽	

• 대뇌 속질: 주로 축삭 돌기가 모여 있으며 백색질이다.

② 소뇌: 대뇌의 뒤쪽 아래에 있고, 좌우 2개의 반구로 이루어져 있다. 수의 운동과 몸의 평형 유지에 관여한다.

③ 간뇌: 대뇌와 중간뇌 사이에 있다.
   • 시상: 후각 이외의 모든 자극, 특히 척수나 연수로부터 오는 감각 신호를 대뇌 겉질의 각 부분으로 전달한다.
   • 시상 하부: 자율 신경계의 최고 조절 중추로서, 체온, 혈당량, 삼투압 등을 조절하여 항상성 유지에 관여한다.
   • 뇌하수체: 시상 하부 끝에 있으며, 전엽과 후엽으로 구분된다. 시상 하부의 명령에 따라 호르몬을 분비하여 다른 내분비샘의 기능을 조절한다.

④ 중간뇌: 자극의 전달 통로이며 몸의 평형을 조절하고, 안구 운동과 홍채 운동을 조절하는 동공 반사의 중추이다.

⑤ 뇌교: 감각 정보를 시상으로 전달하고 연수와 함께 호흡 운동을 조절한다.

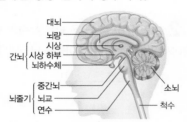

⑥ 연수: 뇌교와 척수 사이에 있다.
   • 뇌로 가는 대부분의 신경 다발이 교차하며 통과한다.
   • 심장 박동, 호흡과 소화 운동, 소화액 분비 등이 자율적으로 일어나도록 조절하는 중추이다.
   • 기침, 재채기, 하품, 침과 눈물 분비의 반사 중추이다.

(2) 척수 척수는 연수에 이어져 척추 속으로 뻗어 있으며, 감각기의 감각 정보를 뇌로 보내고 뇌의 명령을 반응기로 전달한다.

① 구조
   • 겉질과 속질 : 척수의 겉질은 축삭 돌기가 모여 있는 백색질이고, 척수의 속질은 신경 세포체가 모여 있는 회색질이다.

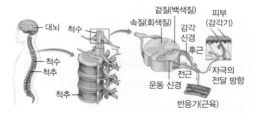

핵심 개념 체크

정답과 해설 14쪽

1. 신경계는 뇌와 척수로 구성된 (　　　) 신경계와 감각기에서 받아들인 자극을 뇌와 척수로 전달하고 명령을 반응기로 전달하는 (　　　) 신경계로 구성된다.

2. 대뇌 겉질은 기능에 따라 (　　　), (　　　), (　　　)으로, 위치에 따라 전두엽, (　　　), (　　　), 후두엽으로 구분한다. 특히 신경 세포체가 모여 있는 (　　　)이다.

3. 다음 설명에 맞는 뇌의 영역을 쓰시오.
   (1) 수의 운동과 평형을 조절한다. (　　　)
   (2) 시상과 시상 하부로 구분된다. (　　　)
   (3) 안구 운동과 홍채 운동을 조절한다. (　　　)
   (4) 연수와 함께 호흡 운동을 조절한다. (　　　)
   (5) 기침, 침 분비 등의 반사 중추이다. (　　　)
   (6) 대뇌 겉질 중 정보를 통합하고 정신 활동을 한다. (　　　)

• 마디마다 배 쪽으로 운동 뉴런 다발이 나와 전근을, 등 쪽으로 감각 뉴런 다발이 들어가 후근을 이룬다.

② 기능: 뇌와 말초 신경 사이에서 정보를 전달한다. 땀 분비, 회피 반사, 무릎 반사, 배변·배뇨 반사 등의 중추이다.

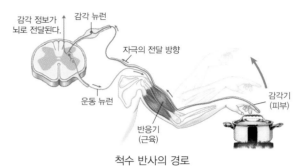

척수 반사의 경로

(3) 반사

종류	중추	반응
척수 반사	척수	무릎 반사, 회피 반사, 배변·배뇨 등
연수 반사	연수	재채기, 하품, 침 분비 등
중간뇌 반사	중간뇌	동공 반사, 안구 운동 등

③ 말초 신경계

(1) 구분

구성		• 뇌와 직접 연결된 뇌신경 • 척수와 직접 연결된 척수 신경
흥분 전 달 방향	구심성 뉴런	몸의 내부와 외부의 정보를 중추 신경계로 전달하는 신경으로, 감각 신경이 속한다.
	원심성 뉴런	• 체성 신경계─뇌와 척수의 명령을 골격근에 전달하며, 운동 신경으로 구성된다. • 자율 신경계─내장 기관의 운동과 내분비샘의 기능을 조절한다.

(2) 자율 신경계
간뇌 시상 하부의 지배를 받으며 중간뇌, 연수, 척수에서 뻗어 나와 주로 내장 기관과 분비샘에 분포한다. 중추와 반응기가 2개의 뉴런으로 연결되며, 두 뉴런 사이의 시냅스들이 모여 신경절을 이룬다. 교감 신경과 부교감 신경이 있다.

① 교감 신경과 부교감 신경의 구조: 교감 신경은 척수의 중간 부분에서 뻗어 나오고, 부교감 신경은 중간뇌, 연수, 척수의 끝부분에서 뻗어 나온다.

② 체성 신경계와 자율 신경계에서 자극 전달 경로와 신경 전달 물질

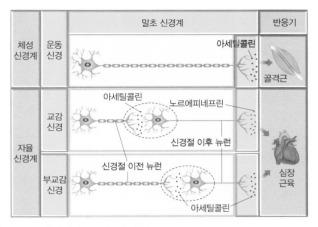

③ 교감 신경과 부교감 신경의 기능

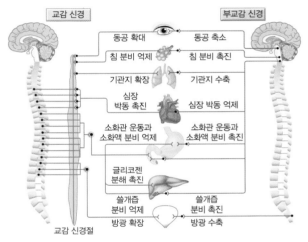

• 일반적으로 교감 신경은 흥분 또는 긴장 상태에서 작용하며, 몸 상태를 위기에 대처하기에 알맞게 만든다. 반면 부교감 신경은 안정 상태에서 작용한다.
• 길항 작용: 교감 신경과 부교감 신경은 특정 기관에 대해서 서로 반대되는 기능으로 몸의 항상성 유지에 기여한다.

④ 신경계 질환
알츠하이머병, 파킨슨병, 근위축성 측삭 경화증(루게릭병), 길랑·바레 증후군, 우울증 등이 있다.

핵심 개념 체크

정답과 해설 14쪽

4. 다음 중 옳은 것은 ○표, 옳지 않은 것은 ×표 하시오.
　(1) 척추의 마디마다 배 쪽으로 운동 뉴런 다발이 나와 전근을 이루고 있다. 　　　　　　(　　)
　(2) 땀 분비, 무릎 반사의 중추는 연수이다. 　(　　)

5. 구심성 신경에는 (　　) 뉴런이 속하고, 원심성 신경 중 체성 신경계에는 (　　) 뉴런이 속한다.

6. 교감 신경은 신경절 이전 뉴런의 말단에서는 신경 전달 물질인 (　　)이 분비되고 신경절 이후 뉴런의 말단에서는 (　　)이 분비된다.

7. 부교감 신경은 신경절 이전 뉴런의 말단에서는 신경 전달 물질인 (　　)이 분비되고 신경절 이후 뉴런의 말단에서는 (　　)이 분비된다.

01 그림은 사람의 신경계를 나타낸 것이다. ㉠과 ㉡은 각각 중추 신경계와 말초 신경계 중 하나이다. 이에 대한 설명으로 옳은 것만을 〈보기〉에서 있는 대로 고른 것은?

[8712-0130]

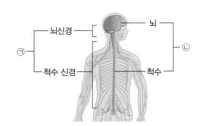

보기
ㄱ. 부교감 신경은 ㉠에 속한다.
ㄴ. ㉠은 반응기에 명령을 내리는 중추 신경계이다.
ㄷ. 안구 운동과 홍채 운동의 중추는 ㉡에 속한다.

① ㄱ ② ㄴ ③ ㄱ, ㄷ ④ ㄴ, ㄷ ⑤ ㄱ, ㄴ, ㄷ

02 그림은 사람 대뇌의 좌반구 운동령, 우반구 감각령 각각의 단면과 여기에 연결된 사람의 신체 부분을 대뇌 겉질 표면에 나타낸 것이다. A, B, C는 각각 입술, 손가락, 무릎에 연결된 대뇌 겉질 부위이다.

[8712-0131]

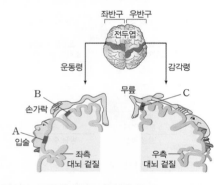

이에 대한 설명으로 옳은 것만을 〈보기〉에서 있는 대로 고른 것은?

보기
ㄱ. A에 역치 이상의 자극을 주면 입술이 움직인다.
ㄴ. B 부위만 손상되면 오른손의 손가락의 감각이 없어진다.
ㄷ. C 부위만 손상되면 무릎 반사가 일어나지 못한다.

① ㄱ ② ㄴ ③ ㄱ, ㄷ ④ ㄴ, ㄷ ⑤ ㄱ, ㄴ, ㄷ

03 표 (가)는 중추 신경계를 구성하는 구조 A~D에서 특징 ㉠~㉢의 유무를, (나)는 ㉠~㉢을 순서 없이 나타낸 것이다. A~D는 각각 연수, 간뇌, 중간뇌(중뇌), 척수 중 하나이다.

[8712-0132]

특징\구조	㉠	㉡	㉢
A	×	×	×
B	○	×	×
C	○	×	○
D	×	○	×

특징(㉠~㉢)
· 교감 신경이 나온다.
· 뇌줄기를 구성한다.
· 심장 박동을 조절한다.

(○: 있음, ×: 없음)

(가) (나)

이에 대한 설명으로 옳은 것만을 〈보기〉에서 있는 대로 고른 것은?(단, 간뇌는 뇌줄기를 구성하지 않는다.)

보기
ㄱ. ㉡은 '교감 신경이 나온다.'이다.
ㄴ. A는 간뇌이다.
ㄷ. D는 겉질이 백색질이다.

① ㄱ ② ㄷ ③ ㄱ, ㄴ ④ ㄴ, ㄷ ⑤ ㄱ, ㄴ, ㄷ

04 그림은 사람의 중추 신경계에 연결된 신경 A~C를 통한 흥분 전달 경로를 나타낸 것이다.

[8712-0133]

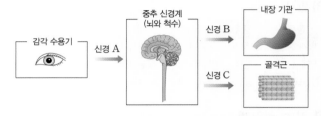

이에 대한 설명으로 옳은 것만을 〈보기〉에서 있는 대로 고른 것은?

보기
ㄱ. A는 원심성 뉴런이다.
ㄴ. B에는 신경절이 있다.
ㄷ. C는 체성 신경계를 구성한다.

① ㄱ ② ㄷ ③ ㄱ, ㄴ ④ ㄴ, ㄷ ⑤ ㄱ, ㄴ, ㄷ

05 그림 (가)는 대뇌 겉질의 영역별 기능을, (나)는 사람이 여러 활동을 할 때 활성화되는 대뇌 겉질 부위를 나타낸 것이다. (나)에서 진한 색으로 된 부분이 활성화된 부위이다.

[8712-0134]

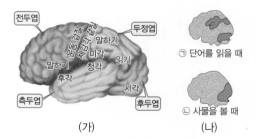

(가) (나)

이에 대한 설명으로 옳은 것만을 〈보기〉에서 있는 대로 고른 것은?

보기
ㄱ. 후두엽이 손상되면 사물을 보기 어렵다.
ㄴ. ㉠과 ㉡에서 모두 시각 영역이 활성화된다.
ㄷ. 단어를 들을 때 측두엽은 활성화되지 않는다.

① ㄱ ② ㄷ ③ ㄱ, ㄴ ④ ㄴ, ㄷ ⑤ ㄱ, ㄴ, ㄷ

06 [8712-0135]
그림은 뇌와 척수에 연결된 신경 A~C를 나타낸 것이다.

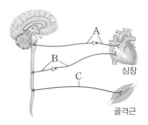

이에 대한 설명으로 옳은 것만을 〈보기〉에서 있는 대로 고른 것은?

보기
ㄱ. A~C는 모두 원심성 뉴런에 속한다.
ㄴ. C는 민말이집 신경이다.
ㄷ. A와 B의 신경절에서 분비되는 신경 전달 물질은 서로 같다.

① ㄱ   ② ㄴ   ③ ㄱ, ㄴ   ④ ㄱ, ㄷ   ⑤ ㄴ, ㄷ

07 [8712-0136]
서로 다른 자율 신경 A와 B는 심장 박동을 조절한다. 그림 (가)는 A를, (나)는 B를 자극했을 때 심장 세포에서 활동 전위가 발생하는 빈도의 변화를 나타낸 것이다.

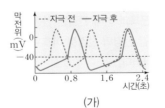
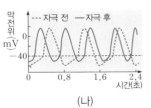

(가)   (나)

이에 대한 설명으로 옳은 것만을 〈보기〉에서 있는 대로 고른 것은?(단, 주어진 조건만 고려한다.)

보기
ㄱ. A는 신경절 이전 뉴런이 신경절 이후 뉴런보다 짧다.
ㄴ. A의 신경절 이후 뉴런의 축삭 돌기 말단에서 아세틸콜린이 분비된다.
ㄷ. B의 신경절에 노르에피네프린을 주입하면 심장 박동이 빨라진다.

① ㄱ   ② ㄴ   ③ ㄱ, ㄴ   ④ ㄱ, ㄷ   ⑤ ㄴ, ㄷ

08 [8712-0137]
그림 (가)와 (나)는 척수를 지나는 서로 다른 흥분의 이동 경로를 나타낸 것이다.

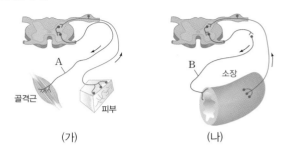

(가)   (나)

이에 대한 설명으로 옳은 것만을 〈보기〉에서 있는 대로 고른 것은?

보기
ㄱ. A와 B는 모두 말초 신경계에 속한다.
ㄴ. B는 대뇌 운동령의 직접적인 명령을 받는다.
ㄷ. B에서 활동 전위 발생 빈도가 증가하면 소화관 운동이 활성화된다.

① ㄱ   ② ㄴ   ③ ㄷ   ④ ㄱ, ㄴ   ⑤ ㄴ, ㄷ

09 [8712-0138]
그림은 심장 박동을 조절하는 신경의 경로 A와 B를, 표는 어떤 사람에서 평상시와 운동 시의 심장 박출량을 나타낸 것이다. 심장 박출량은 심장에서 1분 동안 방출되는 혈액량이며, ㉠과 ㉡은 각각 평상시와 운동 시 중 하나이다.

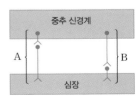

구분	심장 박출량(L/분)
㉠	26
㉡	6

이에 대한 설명으로 옳은 것만을 〈보기〉에서 있는 대로 고른 것은?

보기
ㄱ. A와 B는 길항 작용을 통해 심장 박출량에 관여한다.
ㄴ. A의 신경절 이전 뉴런의 신경 세포체는 연수에 있다.
ㄷ. 단위 시간당 A의 신경절 이후 뉴런의 활동 전위 발생 횟수는 ㉠이 ㉡보다 많다.

① ㄱ   ② ㄴ   ③ ㄱ, ㄴ   ④ ㄱ, ㄷ   ⑤ ㄴ, ㄷ

10 [8712-0139]
그림은 뜨거운 물체를 만져 자신도 모르게 손을 떼는 과정에서 흥분이 이동하는 여러 경로를 나타낸 것이다. C는 대뇌에서 흥분의 이동 경로를 구성하는 여러 연합 뉴런을 나타낸 것이다.

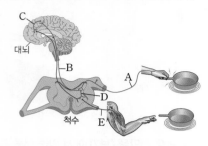

이에 대한 설명으로 옳은 것만을 〈보기〉에서 있는 대로 고른 것은?

┌─ 보기 ┐
ㄱ. B는 대뇌 체감각 겉질로 정보를 전달한다.
ㄴ. 자신도 모르게 손을 떼는 반사 행동에서는 A → D → E로 정보가 전달된다.
ㄷ. 손을 식히기 위해 찬물에 담글 때 E는 C의 운동 겉질에서 오는 명령을 받는다.
└──────┘

① ㄴ   ② ㄷ   ③ ㄱ, ㄴ   ④ ㄱ, ㄷ   ⑤ ㄱ, ㄴ, ㄷ

11 [8712-0140]
그림은 여러 기관이 척수와 신경으로 연결된 것을 나타낸 것이다.

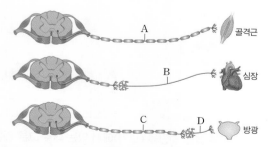

이에 대한 설명으로 옳은 것만을 〈보기〉에서 있는 대로 고른 것은?

┌─ 보기 ┐
ㄱ. A와 D는 모두 말단에서 아세틸콜린을 분비한다.
ㄴ. B의 흥분 발생 빈도가 증가하면 심장 박동은 느려진다.
ㄷ. C는 체성 신경계에 속한다.
└──────┘

① ㄱ   ② ㄴ   ③ ㄱ, ㄷ   ④ ㄴ, ㄷ   ⑤ ㄱ, ㄴ, ㄷ

12 [8712-0141]
그림 (가)는 위에 연결된 자율 신경을, (나)는 뉴런 A와 C 중 하나를 자극했을 때 위 속 pH 변화를 나타낸 것이다.

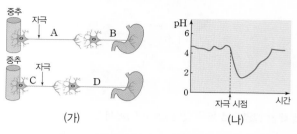

(가)   (나)

이에 대한 설명으로 옳은 것만을 〈보기〉에서 있는 대로 고른 것은? (단, 위액 분비량이 증가하면 위 속의 pH는 감소한다.)

┌─ 보기 ┐
ㄱ. (나)에서 자극을 가한 뉴런은 C이다.
ㄴ. (가)에서 A와 B의 조절 중추는 연수이다.
ㄷ. B와 D의 축삭 돌기 말단에서는 모두 같은 신경 전달 물질이 분비된다.
└──────┘

① ㄱ   ② ㄴ   ③ ㄱ, ㄴ   ④ ㄱ, ㄷ   ⑤ ㄴ, ㄷ

13 [8712-0142]
눈으로 들어가는 빛의 양은 동공의 크기를 변화시킴으로써 조절된다. 그림은 동공 반사와 관련된 근육과 이에 연결된 신경 ⓐ와 ⓑ를 나타낸 것이다. ⓐ와 ⓑ는 각각 교감 신경의 신경절 이후 뉴런과 부교감 신경의 신경절 이후 뉴런 중 하나이다.

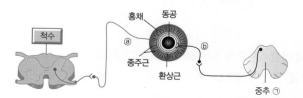

이에 대한 설명으로 옳은 것만을 〈보기〉에서 있는 대로 고른 것은?

┌─ 보기 ┐
ㄱ. ⓐ의 축삭 돌기 말단에서 아세틸콜린이 분비된다.
ㄴ. ⓑ가 흥분하면 눈으로 들어가는 빛의 양이 감소한다.
ㄷ. 중추 ㉠은 중간뇌이다.
└──────┘

① ㄱ   ② ㄷ   ③ ㄱ, ㄴ   ④ ㄴ, ㄷ   ⑤ ㄱ, ㄴ, ㄷ

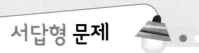

01 [8712-0143]
중추 신경계 중 뇌줄기에 해당하는 부분을 쓰시오.

02 [8712-0144]
그림은 호흡 운동의 조절 중추 X와 횡격막 사이에 연결된 신경을 나타낸 것이다. 횡격막은 골격근에 해당한다.

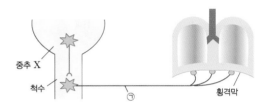

중추 X는 무엇인지 쓰고, 중추 X가 활성화될 때 ㉠의 말단에서 분비되는 신경 전달 물질은 무엇인지 쓰고 그 까닭을 서술하시오.

03 [8712-0145]
그림은 우리 몸에서 정보가 전달되는 경로를 나타낸 것이다. 빗금 친 부분은 손상되어 마비된 부분이다.

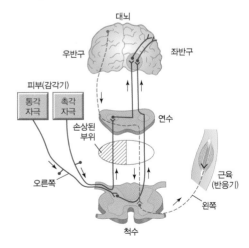

(1) 이 사람이 무의식중에 오른손을 가시에 찔렸을 때 촉각과 통각에 대해 각각 어떤 느낌을 받을지 서술하시오.
(2) 이 사람은 왼쪽 손으로 가시를 뺄 수 있을지 정보의 전달 경로를 포함하여 서술하시오.

04 [8712-0146]
다음은 전신마취와 관련된 설명이다.

[전신마취된 환자의 특징]
• 수면에 깊이 빠져 통증을 느끼지 못하고, 골격근은 이완되어 있어 몸을 움직이지 못한다.
• 말초 신경은 마비되어 있지 않다.
[전신마취된 환자가 수술 중 잠이 깨는 경우]
• 몸을 움직이지 못하지만 통증과 불안을 느낀다.
• 자율 신경 X의 작용으로 인한 환자 몸의 변화를 통해 의사는 환자가 깨어 있다는 것을 알 수 있다.

자율 신경 X는 어떤 것인지 쓰고, 환자 몸의 변화에는 어떤 것이 있는지 2가지 이상 쓰시오.

05 [8712-0147]
그림은 자율 신경계의 일부와 자율 신경계의 작용이 기관에 미치는 영향을 나타낸 것이다.

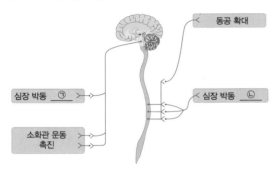

㉠과 ㉡에 해당하는 반응을 쓰시오.

06 [8712-0148]
다음은 루게릭병에 대한 설명이다.

루게릭병은 운동 관련 신경 세포만 선택적으로 사멸하는 질환이다. 대뇌 겉질의 운동 관련 신경부터 척수와 말단 운동 뉴런까지 점차 파괴되는 질병이다.

루게릭병 환자가 식사 때 씹고 넘기는 활동을 잘하지 못하는 까닭을 추론하여 서술하시오.

08 근육의 구조와 수축 원리

1 운동 신경과 골격근

① 골격근의 양쪽은 힘줄에 의해 뼈에 붙어 있으며, 몸을 지탱하거나 움직이는 데 관여한다. 한 쌍의 근육은 관절을 각각 반대 방향으로 움직이게 한다.

② 골격근의 운동은 체성 운동 신경에 의해 조절된다.

③ 대뇌를 비롯한 여러 기관이 운동 신경을 자극 ➡ 운동 신경의 축삭 돌기 말단에서 아세틸콜린 분비 ➡ 분비된 아세틸콜린에 의해 근육 섬유막이 탈분극되어 활동 전위 발생 ➡ 골격근의 수축이 시작됨.

2 골격근의 구조

(1) 세부 구조

① 근육 섬유(근육 세포): 발생 과정에서 여러 개의 세포가 융합되어 만들어지므로 여러 개의 핵을 가진다.

② 골격근은 혈관, 신경, 근육 섬유 등이 모여 이루어진다. 특히 골격근은 여러 개의 근육 섬유 다발로 이루어졌으며, 하나의 근육 섬유는 수많은 근육 원섬유 다발로 이루어졌다.

③ 근육 원섬유는 굵은 마이오신 필라멘트와 가는 액틴 필라멘트로 이루어진 근육 원섬유 마디가 반복되어 이루어진다.

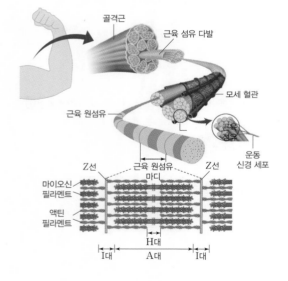

(2) 근육 원섬유 마디(근절)의 구조
근육 원섬유는 어두운 A대(암대)와 밝은 I대(명대)가 교대로 반복된다.

A대	굵은 마이오신 필라멘트가 있어서 전자 현미경으로 관찰 시 어둡게 보이는 부분
H대	A대의 중앙 부분으로, 액틴 필라멘트는 없고 마이오신 필라멘트만 있어서 A대의 나머지 부분보다 밝게 보임
I대	가는 액틴 필라멘트만 있어서 전자 현미경으로 관찰 시 밝게 보이는 부분
Z선	I대 중앙의 선으로 근육 원섬유 마디의 경계
M선	H대 중앙의 가느다란 선

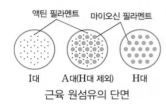

근육 원섬유의 단면

3 근육 수축의 원리

(1) 활주설

① 근육 수축: 마이오신 필라멘트가 ATP를 소모하여 액틴 필라멘트를 끌어당김 ➡ 액틴 필라멘트가 마이오신 필라멘트 사이로 미끄러져 들어감 ➡ 근육 원섬유 마디가 짧아짐

② 근육 원섬유 마디 구조의 길이 변화: 마이오신 필라멘트와 액틴 필라멘트의 길이는 변하지 않으며, A대의 길이는 변하지 않고 H대와 I대는 짧아진다.

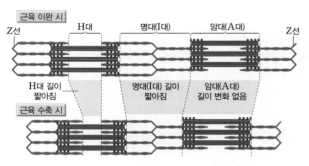

(2) 근육 수축 에너지
근육 수축에 필요한 ATP는 크레아틴 인산의 분해 이후 산소 호흡과 젖산 발효로 얻을 수 있다.

핵심 개념 체크

정답과 해설 16쪽

1. 골격근은 (   )에 붙어 있고 몸을 지탱하거나 움직이는 데 관여하는 근육이다. (   ) 신경에 의해 조절된다.

2. 골격근은 여러 개의 (ⓐ)로 구성되어 있고, 하나의 근육 섬유는 수많은 (ⓑ)로 이루어지며, (ⓑ)는 굵은 (ⓒ) 필라멘트와 가는 액틴 필라멘트로 구성된다.

3. 근육 수축은 액틴 필라멘트가 (   ) 필라멘트 사이로 미끄러져 들어가 일어나며, (   )를 소모한다.

4. 다음 중 옳은 것은 ○표, 옳지 않은 것은 ×표 하시오.
   (1) A대는 굵은 마이오신 필라멘트가 있어서 전자 현미경으로 관찰 시 어둡게 보이는 부분이다. (   )
   (2) H대는 A대의 중앙 부분으로, 마이오신 필라멘트는 없고 액틴 필라멘트만 있다. (   )

5. 근육이 수축할 때 마이오신 필라멘트와 액틴 필라멘트의 길이는 변화가 (   ), H대와 명대의 길이는 (   ).

01 [8712-0149]

오른쪽 그림은 골격
근의 세부 구조를 나타낸
것이다. 이에 대한 설명으로
옳지 <u>않은</u> 것은?

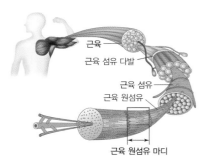

근육
근육 섬유 다발
근육 섬유
근육 원섬유
근육 원섬유 마디

① 근육은 여러 개의 근육
섬유 다발로 이루어져
있다.
② 근육 섬유는 여러 개의 근육 원섬유로 이루어져 있다.
③ 골격근의 근육 섬유는 하나의 핵을 가진 세포이다.
④ 근육 원섬유 마디는 근육이 수축할 때 길이가 감소한다.
⑤ 근육 원섬유의 근육 단백질은 액틴 필라멘트와 마이오신 필라
멘트로 이루어져 있다.

02 [8712-0150]

그림은 근육이 이완할 때와 수축할
때 근육 원섬유 마디의 변화를 나타낸 것
이다. (가)와 (나)는 각각 이완할 때와 수축
할 때 중 하나이다.
이에 대한 설명으로 옳은 것만을 〈보기〉에
서 있는 대로 고른 것은?

근육 원섬유 마디
A대
(가) ↓ ↑ (나) ㉠

┌ 보기 ┐
ㄱ. ㉠은 액틴 필라멘트이다.
ㄴ. (가)는 근육이 수축할 때이다.
ㄷ. (나)에서는 A대의 길이가 길어진다.

① ㄱ   ② ㄴ   ③ ㄱ, ㄴ   ④ ㄱ, ㄷ   ⑤ ㄴ, ㄷ

03 [8712-0151]

그림 (가)는 팔을 구부렸을 때와 폈을 때를, (나)는 팔을 폈을 때
근육 ㉠의 근육 원섬유를 나타낸 것이다.

근육 ㉠

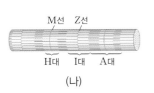
M선 Z선
H대 I대 A대

(가)   (나)

이에 대한 설명으로 옳은 것만을 〈보기〉에서 있는 대로 고른 것은?(단,
근육 원섬유 마디의 구조와 길이는 같다.)

┌ 보기 ┐
ㄱ. 근육 ㉠은 교감 신경에 의해 수축된다.
ㄴ. 근육 ㉠의 길이가 짧아지면 팔이 구부려진다.
ㄷ. (나)에서 'H대 길이-I대 길이'는 팔을 구부려도 동일하다.

① ㄱ   ② ㄴ   ③ ㄱ, ㄴ   ④ ㄱ, ㄷ   ⑤ ㄴ, ㄷ

04 [8712-0152]

그림은 무릎 반사 경로와 위쪽 무릎 근육의 근육 원섬유 마디
구조를 나타낸 것이다. 근육 원섬유 마디를 구성하는 근육 단백질에는
액틴 필라멘트와 마이오신 필라멘트가 있다.

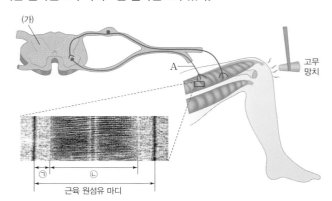
(가)
A
고무
망치
㉠ ㉡
근육 원섬유 마디

이에 대한 설명으로 옳은 것만을 〈보기〉에서 있는 대로 고른 것은?

┌ 보기 ┐
ㄱ. (가)는 회색질이다.
ㄴ. 신경 A는 고무망치에 의한 충격을 (가)에 전달한다.
ㄷ. ㉠과 ㉡에는 서로 공통된 근육 단백질이 존재하지 않는다.

① ㄱ   ② ㄷ   ③ ㄱ, ㄴ   ④ ㄴ, ㄷ   ⑤ ㄱ, ㄴ, ㄷ

05 [8712-0153]

그림 (가)는 근육 원섬유 마디 횡단면을, (나)는 종단면을 나타낸
것이다. A~C는 각각 ㉠~㉢의 횡단면 중 하나이다.

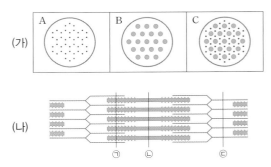
(가)   A   B   C

(나)   ㉠   ㉡   ㉢

이에 대한 설명으로 옳은 것만을 〈보기〉에서 있는 대로 고른 것은?

┌ 보기 ┐
ㄱ. B는 ㉡의 횡단면에 해당한다.
ㄴ. A대(암대)의 횡단면은 모두 C와 같다.
ㄷ. 근육이 수축하면 수축하기 전보다 횡단면 A를 갖는 부위의
길이가 짧아진다.

① ㄱ   ② ㄴ   ③ ㄱ, ㄴ   ④ ㄱ, ㄷ   ⑤ ㄴ, ㄷ

06 [8712–0154] 그림은 어떤 근육 원섬유 마디를, 표는 t_1과 t_2일 때 이 근육 원섬유 마디를 구성하는 각 부위의 길이를 나타낸 것이다. ㉠과 ㉡은 각각 A대와 액틴 필라멘트만 존재하는 부위 전체 중 하나이며, ⓐ는 액틴 필라멘트와 마이오신 필라멘트가 함께 있는 부위이다.

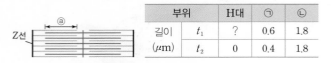

부위		H대	㉠	㉡
길이 (μm)	t_1	?	0.6	1.8
	t_2	0	0.4	1.8

이에 대한 설명으로 옳은 것만을 〈보기〉에서 있는 대로 고른 것은? (단, 근육 원섬유 마디의 구조는 좌우 대칭이다.)

보기
ㄱ. t_1일 때 H대의 길이는 0.2 μm이다.
ㄴ. t_2일 때 ⓐ의 길이는 ㉠의 길이보다 짧다.
ㄷ. ㉡에는 ATP를 소모해 근육을 수축시키는 부위가 있다.

① ㄱ ② ㄴ ③ ㄱ, ㄷ ④ ㄴ, ㄷ ⑤ ㄱ, ㄴ, ㄷ

07 [8712–0155] 표는 근육 원섬유 마디 X가 수축 또는 이완했을 때의 길이를, 그림 (가)~(다)는 X에서 서로 다른 세 지점에서 횡단면의 액틴 필라멘트와 마이오신 필라멘트를 나타낸 것이다.

구분	X의 길이(μm)
㉠	2.2
㉡	1.4

(가) (나) (다)

이에 대한 설명으로 옳은 것만을 〈보기〉에서 있는 대로 고른 것은?

보기
ㄱ. H대의 단면은 (다)이다.
ㄴ. (나)에서 보이는 필라멘트 길이는 ㉡에서보다 ㉠에서 짧다.
ㄷ. ㉡에서 ㉠으로 될 때 X에서 단면 (가)인 부분의 길이가 감소한다.

① ㄱ ② ㄷ ③ ㄱ, ㄴ ④ ㄱ, ㄷ ⑤ ㄴ, ㄷ

08 [8712–0156] 표는 골격근 수축 과정의 두 시점 t_1과 t_2일 때 근육 원섬유 마디 X의 길이를, 그림은 t_2일 때 X의 구조를 나타낸 것이다. X는 좌우 대칭이며, t_2일 때 A대의 길이는 1.4 μm이다. ㉠은 액틴 필라멘트와 마이오신 필라멘트가 겹치는 구간이다.

시점	X의 길이(μm)
t_1	2.4
t_2	3.2

X ... ㉠ ... 1.0 μm

이에 대한 설명으로 옳은 것만을 〈보기〉에서 있는 대로 고른 것은?

보기
ㄱ. t_1일 때 ㉠의 길이는 0.5 μm이다.
ㄴ. t_2일 때 H대의 길이는 1.2 μm이다.
ㄷ. A대의 길이는 t_1일 때와 t_2일 때가 같다.

① ㄱ ② ㄴ ③ ㄱ, ㄷ ④ ㄴ, ㄷ ⑤ ㄱ, ㄴ, ㄷ

09 [8712–0157] 그림은 격렬한 운동을 할 때 근수축에 필요한 에너지가 공급되는 과정을 나타낸 것이다.

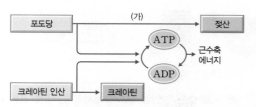

이에 대한 설명으로 옳은 것만을 〈보기〉에서 있는 대로 고른 것은?

보기
ㄱ. 과정 (가)는 근육에 산소가 부족할 때 일어난다.
ㄴ. ATP는 근수축이 필요한 에너지를 직접 공급한다.
ㄷ. 크레아틴 인산은 가장 오랜 시간 근수축 에너지를 공급한다.

① ㄱ ② ㄷ ③ ㄱ, ㄴ ④ ㄱ, ㄷ ⑤ ㄴ, ㄷ

01 [8712-0158] 그림은 근육 원섬유 마디의 종단면을 나타낸 것이다.

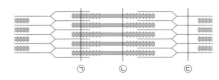

㉠~㉢을 선 방향으로 자를 때 횡단면은 어떤 모양인지, 액틴 필라멘트와 마이오신 필라멘트의 상대적인 지름을 고려하여 ㉠~㉢을 순서대로 그리시오.

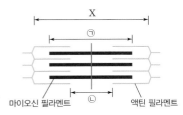

02 [8712-0159] 그림은 골격근을 구성하는 근육 원섬유 마디 X의 구조를 나타낸 것이다. ㉠과 ㉡은 각각 A대와 H대 중 하나이다.

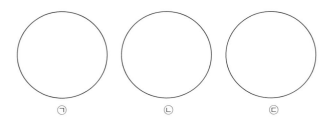

㉠과 ㉡은 각각 무엇인지 쓰고, X가 수축했을 때 ㉠과 ㉡의 길이는 어떻게 변할지 예상하여 쓰시오.

03 [8712-0160] 그림은 골격근을 구성하는 근육 원섬유 마디의 구조를 나타낸 것이다.

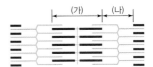

전자 현미경으로 관찰할 때 (가)와 (나) 중 보다 어둡게 보이는 부분은 무엇인지 쓰고, 그렇게 생각한 까닭을 (가)와 (나)를 비교하여 서술하시오.

04 [8712-0161] 그림은 어떤 근육 원섬유 마디의 구조를, 표는 골격근의 이완 시와 수축 시 근육 원섬유에서의 (가)~(다)의 길이를 나타낸 것이다. (가)~(다)는 각각 ⓐ~ⓒ 중 하나이며, ⓐ~ⓒ는 각각 H대, I대, A대 중 하나이다. (다)에는 마이오신 필라멘트가 존재한다.

구분	(가)	(나)	(다)
이완	㉠	0.4	0.2
수축	1.6	0.2	㉡

(단위: μm)

㉠과 ㉡의 길이의 합은 얼마인지 쓰시오.

05 [8712-0162] 다음은 골격근의 전자 현미경 사진이다.

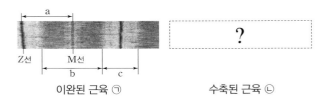

이완된 근육 ㉠   수축된 근육 ㉡

㉠과 비교하여 ㉡에서 a~c의 길이 변화를 예상하여 쓰시오.

06 [8712-0163] 그림은 어떤 근육 원섬유 마디를, 자료는 시간이 t_1에서 t_2로 흐를 때 이 근육 원섬유 마디에서 일어나는 변화를 나타낸 것이다. ⓐ~ⓒ는 ㉠~㉢ 부위를 순서 없이 나타낸 것이다.

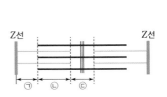

- ⓐ의 길이가 0.2 μm 길어진다.
- ⓑ와 ⓒ의 길이 합이 0.2 μm 길어진다.

시간이 t_1에서 t_2로 흐를 때 ㉠, ㉡, ㉢의 길이는 몇 μm씩 변하는지 서술하시오.

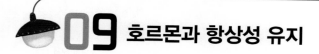

09 호르몬과 항상성 유지

① 내분비계와 호르몬

(1) 호르몬의 특징

① 내분비샘에서 생성되며 별도의 분비관 없이 혈액이나 조직액으로 분비된다.

② 특정 호르몬에 대한 수용체를 가진 표적 세포 혹은 표적 기관에만 작용한다.

③ 미량으로 생리 작용을 조절하며 부족하면 결핍증, 많으면 과다증이 나타난다.

(2) 사람의 주요 내분비샘과 호르몬

내분비샘	호르몬의 예	기능
뇌하수체 전엽	갑상샘 자극 호르몬, 부신 겉질 자극 호르몬	다른 내분비샘의 호르몬 분비를 촉진한다.
뇌하수체 후엽	항이뇨 호르몬(ADH)	콩팥에서 수분의 재흡수를 촉진한다.
갑상샘	티록신	세포의 물질대사를 촉진한다.
이자	인슐린, 글루카곤	혈당량을 조절한다.

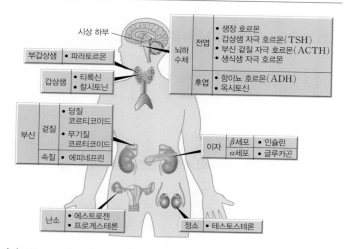

(3) 신경과 호르몬의 비교

구분	신경	호르몬
전달 속도	빠르다	느리다
작용 범위	좁다	넓다
효과 지속성	빨리 사라진다	오래 지속된다
전달 매체	뉴런	혈액

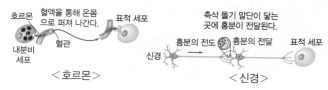

< 호르몬 >　　　　< 신경 >

호르몬과 신경의 비교

(4) 호르몬 분비 이상에 의한 질환

호르몬	과다증	결핍증
티록신	갑상샘 기능 항진증(바제도병)	갑상샘 기능 저하증
생장 호르몬	말단 비대증, 거인증	소인증
인슐린	—	인슐린 의존성 당뇨병 (Ⅰ형 당뇨병)
	인슐린 비의존성 당뇨병(Ⅱ형 당뇨병)	

② 항상성 유지

(1) 항상성
몸 안팎의 환경 변화에 대해 자율 신경계와 내분비계가 함께 작용하여 체온, 혈당량, 삼투압 등을 일정하게 유지하는 현상이다.
- 항상성의 최고 조절 중추는 간뇌의 시상 하부이다.

(2) 음성 피드백(음성 되먹임)
어느 과정의 산물이 그 과정을 억제하는 조절 방식 예 티록신의 분비 조절

① 혈중 티록신 양 증가 시: 시상 하부의 TRH와 뇌하수체 전엽의 TSH 분비를 각각 억제하여 혈중 티록신의 양이 감소한다.

② 혈중 티록신 양 감소 시: 시상 하부와 뇌하수체를 억제하지 않아 TRH와 TSH의 분비가 증가하며, 이에 따라 티록신의 분비가 증가한다.

(3) 길항 작용
두 가지 요인이 같은 기관에 대해 서로 반대로 작용하여 서로의 효과를 줄이는 조절 방식이다.

핵심 개념 체크

정답과 해설 18쪽

1. 내분비샘과 분비되는 호르몬을 연결하시오.

① 이자　　　•　　　• ⓐ 티록신

② 뇌하수체　•　　　• ⓑ 인슐린

③ 갑상샘　　•　　　• ⓒ 생장 호르몬

2. 신경은 호르몬보다 전달 속도가 (느리, 빠르)고, 작용 범위가 (좁다, 넓다).

3. 티록신 분비량이 정상보다 과다하면 바제도병과 같은 (　　　)이 나타나고, 결핍되면 (　　　)이 나타난다.

4. 두 가지 요인이 같은 기관에 대해 서로 반대로 작용하여 서로의 효과를 줄이는 조절을 (　　　)이라 하며, 어느 과정의 산물이 그 과정을 억제하는 조절 방식을 (　　　)이라고 한다.

③ 항상성 조절의 예

(1) 체온 조절 체온 변화 감지와 조절의 중추는 간뇌의 시상 하부이며, 자율 신경과 호르몬의 작용으로 체온을 일정하게 유지시킨다.

① 추울 때의 체온 조절: 열 발산량은 감소시키고, 열 발생량은 증가시킨다.

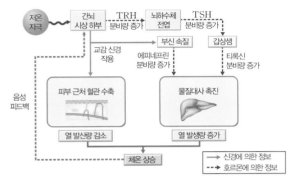

② 더울 때의 체온 조절: 열 발산량은 증가시키고, 열 발생량은 감소시킨다.

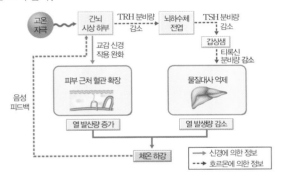

(2) 혈당량 조절

① 주로 이자에서 혈당을 감지하여 분비하는 인슐린과 글루카곤의 길항 작용을 통해 혈당량이 조절된다.

② 간뇌의 시상 하부에서 자율 신경계를 통해 이자나 부신을 자극하여 혈당 조절 호르몬의 분비에 영향을 준다.

• 인슐린: 간에 작용하여 포도당을 글리코젠으로 합성 및 저장하는 반응을 촉진하고, 조직 세포에 의한 혈액의 포도당 흡수를 촉진하여 혈당량을 낮춘다.

• 글루카곤: 간에 저장된 글리코젠이 포도당으로 분해되도록 촉진하여 방출된 포도당에 의해 혈당량이 증가한다.

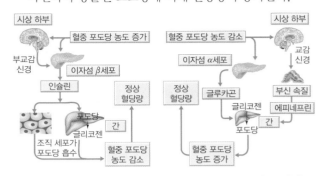

③ Ⅰ형 당뇨병은 이자 β세포 이상으로 인해 인슐린 분비가 부족한 경우이고, Ⅱ형 당뇨병은 인슐린은 정상적으로 분비되지만 조직 세포나 간세포가 인슐린의 신호를 받아들이지 못하는 경우이다.

(3) 삼투압 조절 뇌하수체 후엽의 ADH(항이뇨 호르몬) 분비량 조절에 의해 혈장 삼투압이 일정하게 조절된다.

① ADH: 뇌하수체 후엽에서 분비되며, 콩팥에서 수분 재흡수를 촉진하여 혈장 삼투압을 감소시키는 호르몬이다.

② ADH 분비량 조절에 의한 삼투압 조절

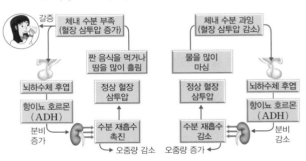

• 혈장 삼투압이 높을 때: 간뇌 시상 하부의 조절을 받아 ADH 분비 증가 ➡ ADH에 의한 콩팥에서 수분의 재흡수 촉진 ➡ 오줌량 감소, 체내 수분량 증가 ➡ 혈장 삼투압 낮아짐

• 혈장 삼투압이 낮을 때: 간뇌 시상 하부의 조절을 받아 ADH 분비 감소 ➡ ADH에 의한 콩팥에서 수분의 재흡수 감소 ➡ 오줌량 증가, 체내 수분량 감소 ➡ 혈장 삼투압 높아짐

핵심 개념 체크

정답과 해설 18쪽

5. 추울 때는 항상성 유지를 위해 열 발산량을 (증가, 감소)시키고, 열 발생량을 (증가, 감소)시킨다.

6. 짠 음식을 먹어 체내 삼투압이 증가하면 뇌하수체 후엽에서 ADH의 분비량이 (   )하고 ADH에 의해 콩팥에서 수분 재흡수량이 (   )되어 오줌의 양이 (   )한다. 따라서 정상 혈장 삼투압이 된다.

7. 다음 중 옳은 것은 ○표, 옳지 않은 것은 ×표 하시오.

(1) 더울 때 피부 근처 혈관은 확장되고 물질대사는 억제된다.
(   )

(2) 추울 때 티록신 분비량은 증가하고 교감 신경의 작용이 증가한다.
(   )

(3) 혈당량이 증가하면 인슐린의 분비량이 감소하고 글루카곤의 분비량은 증가한다.
(   )

01 [8712–0164]
다음은 호르몬에 대한 학생 (가)~(다)의 대화 내용이다.

호르몬에 대한 설명이 옳은 학생만을 있는 대로 고른 것은?

① (가)　　　　② (나)　　　　③ (가), (다)
④ (나), (다)　　⑤ (가), (나), (다)

02 [8712–0165]
그림은 호르몬 A와 B의 분비 경로를 나타낸 것이다. A와 B는 각각 티록신, 항이뇨 호르몬 중 하나이며, ㉠~㉢은 분비 과정이다.

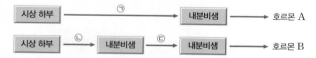

이에 대한 설명으로 옳은 것만을 〈보기〉에서 있는 대로 고른 것은?

　　보기
ㄱ. A의 내분비샘은 뇌하수체 전엽이다.
ㄴ. 혈장 삼투압에 의해 ㉠이 조절된다.
ㄷ. 과정 ㉡과 ㉢이 촉진되면 B의 분비가 감소한다.

① ㄱ　　② ㄴ　　③ ㄷ　　④ ㄱ, ㄴ　　⑤ ㄴ, ㄷ

03 [8712–0166]
표는 호르몬을 분비하는 장소와 각 호르몬의 기능을 나타낸 것이다. ㉠과 ㉢은 물질, ㉡은 내분비샘이다.

분비 장소	호르몬	기능
뇌하수체 전엽	㉡ 자극 호르몬	㉡에서 호르몬 분비를 촉진한다.
이자	인슐린	간세포로 혈중 ㉠ 흡수를 촉진시킨다.
㉡	티록신	㉠을 소모하여 열을 발생시킨다.
뇌하수체 후엽	㉢	혈장 삼투압을 조절한다.

이에 대한 설명으로 옳은 것은?

① 갑상샘은 ㉡에 해당한다.
② 글리코젠은 ㉠에 해당한다.
③ 혈중 ㉠의 양이 감소하면 당뇨병이 된다.
④ ㉡에서 부신 겉질 자극 호르몬이 분비된다.
⑤ ㉢의 분비가 부족하면 갑상샘 기능 저하증이 나타난다.

04 [8712–0167]
그림 (가)는 정상인이 운동을 할 때 호르몬 X와 Y의 혈중 농도를, (나)는 간에서 일어나는 물질의 전환 과정 ㉠과 ㉡을 나타낸 것이다. 호르몬 X와 Y는 각각 인슐린과 글루카곤 중 하나이며, ㉠과 ㉡은 각각 호르몬 X와 Y 중 하나에 의해 촉진된다.

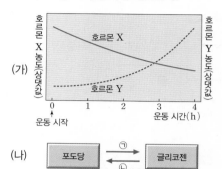

이에 대한 설명으로 옳은 것만을 〈보기〉에서 있는 대로 고른 것은?

　　보기
ㄱ. X의 분비량이 감소하면 ㉠은 저하된다.
ㄴ. 이자의 α세포에서 분비되는 호르몬은 ㉡을 촉진한다.
ㄷ. Y는 연수에 의해 분비가 조절된다.

① ㄱ　　② ㄷ　　③ ㄱ, ㄴ　　④ ㄴ, ㄷ　　⑤ ㄱ, ㄴ, ㄷ

05 [8712–0168]
그림은 (가)와 (나) 두 사람에서 시간에 따라 식사 전후의 혈당량과 호르몬 A, 호르몬 B의 혈중 농도를 나타낸 것이다. A와 B는 각각 글루카곤과 인슐린 중 하나이고, (가)와 (나)는 각각 정상인과 당뇨병 환자 중 하나이다.

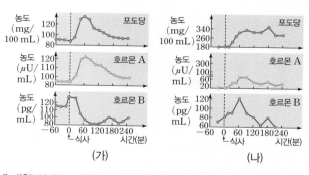

이에 대한 설명으로 옳은 것만을 〈보기〉에서 있는 대로 고른 것은?

　　보기
ㄱ. (가)에서 혈중 포도당 농도의 증가로 인해 B의 분비량이 증가한다.
ㄴ. (가)에서 A와 B는 길항 작용으로 혈당량을 조절한다.
ㄷ. (나)는 A의 분비에 이상이 있다.

① ㄱ　　② ㄷ　　③ ㄱ, ㄴ　　④ ㄴ, ㄷ　　⑤ ㄱ, ㄴ, ㄷ

06 [8712–0169]
그림은 사람의 호르몬 분비 장소를 나타낸 것이다. A~D는 부신, 이자, 갑상샘, 뇌하수체를 순서 없이 나타낸 것이다.

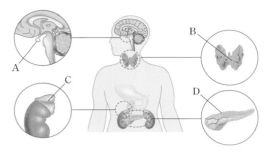

이에 대한 설명으로 옳은 것만을 〈보기〉에서 있는 대로 고른 것은?

┌ 보기 ┐
ㄱ. A에서 분비되는 호르몬에는 B를 자극하는 것이 있다.
ㄴ. C에는 교감 신경이 연결되어 있다.
ㄷ. D에서는 혈당량을 길항 작용으로 조절하는 서로 다른 호르몬이 분비된다.

① ㄱ   ② ㄷ   ③ ㄱ, ㄴ   ④ ㄴ, ㄷ   ⑤ ㄱ, ㄴ, ㄷ

07 [8712–0170]
그림은 어떤 사람의 혈장 삼투압과 동맥 혈압에 따른 혈중 항이뇨 호르몬(ADH)의 농도 변화를 나타낸 것이다. A와 B는 각각 혈장 삼투압과 동맥 혈압 중 하나이다.

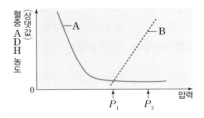

이에 대한 설명으로 옳은 것만을 〈보기〉에서 있는 대로 고른 것은? (단, 주어진 자료 이외의 다른 조건은 고려하지 않는다.)

┌ 보기 ┐
ㄱ. A는 혈장 삼투압이다.
ㄴ. 다량의 출혈로 혈액량이 감소하면 ADH의 분비가 촉진된다.
ㄷ. B가 P_2에서 P_1이 되면 생성되는 오줌의 농도가 높아진다.

① ㄱ   ② ㄴ   ③ ㄱ, ㄴ   ④ ㄱ, ㄷ   ⑤ ㄴ, ㄷ

08 [8712–0171]
그림은 정상인에게 공복 시 포도당을 투여한 후 혈당량 조절에 관여하는 호르몬 X의 혈중 농도를 시간에 따라 나타낸 것이다. X는 이자에서 분비된다.

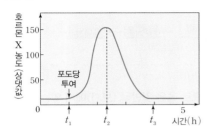

이에 대한 설명으로 옳은 것만을 〈보기〉에서 있는 대로 고른 것은?

┌ 보기 ┐
ㄱ. X는 이자의 β세포에서 분비된다.
ㄴ. t_1~t_2 구간에서 혈중 글루카곤 농도는 감소한다.
ㄷ. t_2~t_3 구간에서 혈중 포도당 농도는 증가한다.

① ㄱ   ② ㄴ   ③ ㄱ, ㄴ   ④ ㄱ, ㄷ   ⑤ ㄴ, ㄷ

09 [8712–0172]
그림은 우리 몸에서 항상성 유지에 관여하는 두 가지 작용 방식을 나타낸 것이다. (가)와 (나)는 각각 신경계와 호르몬에 의한 작용 중 하나이고, 물질 A와 B는 각각 호르몬과 신경 전달 물질 중 하나이다.

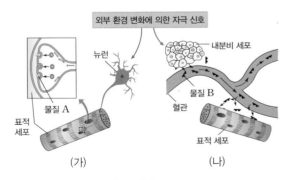

이에 대한 설명으로 옳지 않은 것은?

① A는 신경 전달 물질이다.
② A는 축삭 돌기 말단에서 분비된다.
③ B는 표적 세포와 관계없이 모든 조직 세포에 광범위하게 작용한다.
④ (나)의 표적 세포는 B의 수용체를 가지고 있다.
⑤ 환경 변화에 의해 발생한 신호가 표적 세포로 전달되기까지의 속도는 (가)가 (나)보다 빠르다.

10 [8712-0173] 그림은 저온 자극 시 사람의 체온 조절 과정을 나타낸 것이다. ㉠~㉢은 자극 전달 경로이다.

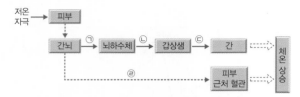

이에 대한 설명으로 옳은 것만을 〈보기〉에서 있는 대로 고른 것은?

┌ 보기 ┌
ㄱ. ㉣이 활성화되면 열 발산량이 감소한다.
ㄴ. 간은 갑상샘에서 분비되는 호르몬의 표적 기관이다.
ㄷ. 체온 조절 과정에서 ㉠ → ㉡ → ㉢을 통한 자극 전달은 ㉣을 통한 자극 전달보다 느리다.

① ㄱ   ② ㄷ   ③ ㄱ, ㄴ   ④ ㄴ, ㄷ   ⑤ ㄱ, ㄴ, ㄷ

11 [8712-0174] 그림 (가)는 정상인의 혈장 삼투압에 따른 혈중 ADH 농도를, (나)는 이 사람이 1 L의 물을 섭취한 후 혈장과 오줌의 삼투압을 시간에 따라 나타낸 것이다.

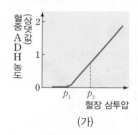
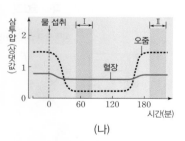

이에 대한 설명으로 옳은 것만을 〈보기〉에서 있는 대로 고른 것은? (단, (나)에서 오줌량 외에 체내 수분량에 영향을 미치는 요인은 고려하지 않는다.)

┌ 보기 ┌
ㄱ. 혈중 ADH 농도는 구간 Ⅱ에서가 구간 Ⅰ에서보다 높다.
ㄴ. (가)에서 단위 시간당 생성되는 오줌의 양은 p_2일 때보다 p_1일 때가 많다.
ㄷ. 콩팥에서 수분 재흡수율은 구간 Ⅱ에서보다 구간 Ⅰ에서 높다.

① ㄱ   ② ㄴ   ③ ㄱ, ㄷ   ④ ㄱ, ㄷ   ⑤ ㄴ, ㄷ

12 [8712-0175] 다음은 내분비샘 질환에 대한 학생 A~C의 대화이다.

내분비샘 질환에 대한 설명이 옳은 학생만을 있는 대로 고른 것은?

① A   ② B   ③ A, C   ④ B, C   ⑤ A, B, C

13 [8712-0176] 그림 (가)와 (나)는 각각 정상인에서 길항 작용과 음성 피드백에 의해 항상성이 유지되는 과정 중 하나를 나타낸 것이다. A~D는 각각 서로 다른 종류의 호르몬이다.

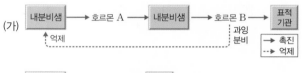

이에 대한 설명으로 옳은 것만을 〈보기〉에서 있는 대로 고른 것은?

┌ 보기 ┌
ㄱ. (가)는 길항 작용으로 항상성이 유지되는 과정이다.
ㄴ. 호르몬 C와 D의 예에는 인슐린과 글루카곤이 있다.
ㄷ. 혈중 B의 농도가 일시적으로 정상보다 높아지면 A의 분비량은 감소한다.

① ㄱ   ② ㄴ   ③ ㄱ, ㄴ   ④ ㄱ, ㄷ   ⑤ ㄴ, ㄷ

14 [8712-0177] 그림은 티록신 분비 조절 과정의 일부를 나타낸 것이다. ㉠과 ㉡은 각각 갑상샘과 뇌하수체 중 하나이다.

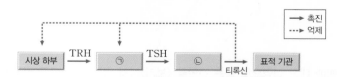

이에 대한 설명으로 옳은 것만을 〈보기〉에서 있는 대로 고른 것은?

┌ 보기 ┌
ㄱ. ㉠은 중간뇌에 속한다.
ㄴ. 티록신의 표적 기관에는 간이 속한다.
ㄷ. TRH와 TSH는 ㉡에 대해 길항 작용을 한다.

① ㄱ   ② ㄴ   ③ ㄱ, ㄴ   ④ ㄱ, ㄴ   ⑤ ㄴ, ㄷ

01 [8712-0178]
그림은 호르몬 A와 B의 분비 경로를 나타낸 것이다.

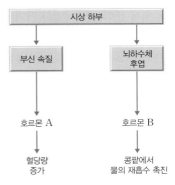

호르몬 A와 B에 해당하는 호르몬은 무엇인지 각각 쓰시오.

02 [8712-0179]
그림은 이자에서 분비되는 호르몬 A를 건강한 사람에게 주사한 후 시간에 따른 혈당량을 나타낸 것이다.

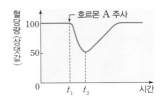

호르몬 A가 무엇인지 추론하고, 체내에서 분비되는 호르몬 A의 양을 t_1과 t_2에서 비교하여 서술하시오.

03 [8712-0180]
그림은 갑상샘의 기능이 저하된 환자에게 호르몬 A를 주사하여 치료하는 과정에서 호르몬 A와 B의 농도 변화를 나타낸 것이다. 호르몬 A와 B는 각각 갑상샘과 관련된 호르몬 중 하나이며, 호르몬 B는 뇌하수체 전엽에서 분비된다.

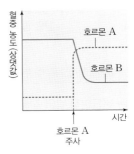

호르몬 A와 B는 각각 무엇인지 추론하여 서술하시오.

04 [8712-0181]
그림은 ㉠과 ㉡을 통해 체온이 조절되는 세 가지 경로 A∼C를 나타낸 것이다.

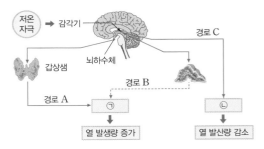

㉠과 ㉡에 해당하는 반응은 무엇인지 각각 쓰시오.

05 [8712-0182]
그림은 탄수화물 위주의 식사 후 이자에서 분비되는 두 호르몬 A와 B의 혈중 농도 변화를 나타낸 것이다.

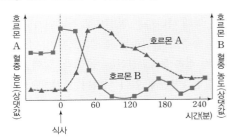

각 호르몬의 이름과 이 호르몬이 분비되는 세포를 쓰시오.

06 [8712-0183]
그림은 어떤 건강한 사람에서 혈장 삼투압에 따른 호르몬 X의 혈중 농도 변화를 나타낸 것이다

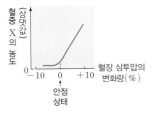

호르몬 X가 무엇인지 추론하고, 이 호르몬을 분비하는 내분비 기관을 쓰시오.

10 질병과 방어 작용

1 병원체의 종류와 특성

(1) 병원체의 종류

구분	특징	예
세균	• 핵이 없는 단세포 원핵생물로, 항생제로 치료 • 병원성 세균은 감염된 생물의 조직을 파괴하거나 독소를 분비하여 질병을 일으킴	결핵, 세균성 식중독, 세균성 폐렴, 파상풍, 탄저병 등
바이러스	• 비세포 구조이며 세균보다 크기가 작고, 핵산과 단백질로 구성되며, 항바이러스제로 치료 • 살아 있는 숙주 세포 내에서 증식한 후 방출될 때 숙주 세포를 파괴하여 질병을 일으킴	독감, 소아마비, 후천성 면역 결핍증(AIDS), 중동 호흡기 증후군(MERS) 등
원생생물	핵이 있는 진핵생물로, 일부 원생생물은 열대 지역에서 매개 곤충을 통해 인체 내로 들어와 질병을 일으킴	말라리아, 아메바성 이질, 수면병 등
곰팡이	균사로 이루어진 다세포 생물로, 항진균제로 치료, 몸에 직접 증식하거나 생산하는 독성 물질이 증상을 나타냄	무좀, 칸디다증
변형된 프라이온	단백질성 감염 입자로, 변형된 프라이온 단백질이 축적되면 신경 세포가 파괴되어 신경계의 퇴행성 질병을 유발한다.	크로이츠펠트 · 야코프병, 스크래피, 광우병 등

(2) 질병의 구분

① 감염성 질병
- 병원체에 의해 나타나는 질병으로 전염되기도 함.
- 병원체가 숙주로 침입하는 경로: 호흡기, 소화기, 매개 곤충, 신체적 접촉 등 예 천연두, 콜레라, 결핵, 감기 등

② 비감염성 질병: 병원체 없이 나타나는 질병으로, 생활 방식, 환경, 유전 등의 원인으로 나타난다. 예 고혈압, 당뇨병 등

2 인체의 방어 작용

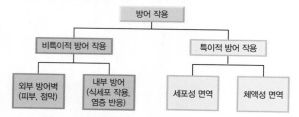

(1) 1차 방어 작용(선천성 면역, 비특이적 방어 작용)
병원체의 종류나 감염 경험의 유무와 관계없이 감염 발생 시 신속하게 반응이 일어난다. 비특이적 방어는 선천적인 것으로, 병원체의 종류와 관계없이 동일한 방식으로 일어난다.

① 피부: 피부는 병원체가 침투하지 못하게 하는 물리적 장벽 역할을 하며, 피부에서 분비되는 지방과 땀의 산성 성분은 세균의 증식을 억제한다.

② 점막: 점막은 기관, 소화관 등의 내벽을 덮는 세포층으로, 세균의 세포벽을 분해하는 효소인 라이소자임이 들어 있는 점액으로 덮여 있다. 먼지와 병원체는 점막 주변의 섬모 운동으로 점액 물질과 함께 바깥으로 내보내진다.

③ 분비액: 땀, 눈물, 침 속에는 라이소자임이 있어 세균의 세포벽을 분해하며, 위산과 단백질 분해 효소는 음식물 속의 병원체를 제거한다.

④ 식세포 작용(식균 작용): 대식세포와 같은 백혈구는 체내로 침투한 병원체를 세포 내로 들여와 식세포 작용을 통해 세포 내에서 분해시킨다.

⑤ 염증 반응: 피부나 점막이 손상되어 병원체가 체내로 침입하면 열, 부어오름, 붉어짐, 통증이 나타나는 염증 반응이 일어난다.

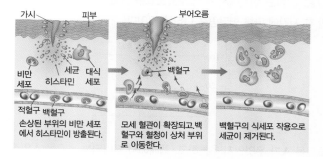

손상된 부위의 비만 세포에서 히스타민이 방출된다.	모세 혈관이 확장되고 백혈구와 혈청이 상처 부위로 이동한다.	백혈구의 식세포 작용으로 세균이 제거된다.

(2) 2차 방어 작용(후천성 면역, 특이적 방어 작용)
특정 항원을 인식하여 제거하는 방어 작용이다. 백혈구의 일종으로 골수에서 생성되어 가슴샘에서 성숙하는 T 림프구와, 골수에서 생성되어 골수에서 성숙하는 B 림프구에 의해 이루어진다.

① 항원과 항체

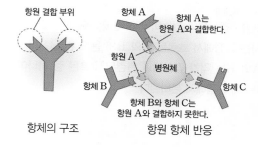

항체의 구조   항원 항체 반응

정답과 해설 19쪽

핵심 개념 체크

1. 병원체에는 진핵생물인 원생생물, (   ) 등이 있다.

2. 질병에는 감염성 질병과 (   ) 질병이 있다.

3. 대식세포와 같은 백혈구는 체내로 침투한 병원체를 세포 내로 들여와 (   ) 작용을 통해 분해한다.

4. 인체의 방어 작용에는 비특이적 방어 작용과 (   ) 방어 작용이 있다. 비특이적 방어 작용에는 외부 방어벽인 피부와 점막이 있으며, 특이적 방어 작용에는 (   ) 면역과 (   ) 면역이 있다.

- 항원은 체내에서 면역 반응을 일으키는 원인 물질이다.
- 항체는 B 림프구로부터 분화된 형질 세포가 분비하는 면역 단백질로, 항원과 결합하여 항원을 무력화시킨다.
- 특정 항체는 특정 항원에 결합하여 작용하는데, 이를 항원 항체 반응의 특이성이라 한다.

② 세포성 면역
- 활성화된 세포독성 T 림프구가 병원체에 감염된 세포를 제거하는 면역 반응이다.
- 세포독성 T 림프구의 활성화 과정: 대식세포가 병원체를 삼킨 후 분해하여 항원을 제시 ➡ 보조 T 림프구가 이를 인식하여 활성화됨 ➡ 세포독성 T 림프구가 활성화됨

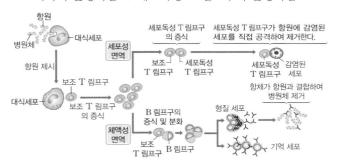

③ 체액성 면역: 형질 세포가 생산하는 항체가 항원과 결합함으로써 더 효율적으로 항원을 제거하는 면역 반응이다.
- 1차 면역 반응: 항원의 1차 침입 시 보조 T 림프구의 도움을 받은 B 림프구는 기억 세포와 형질 세포로 분화되며, 형질 세포는 항체를 생산한다.
- 2차 면역 반응: 동일 항원의 재침입 시 그 항원에 대한 기억 세포가 빠르게 분화하여 기억 세포와 형질 세포를 만들고 형질 세포가 항체를 생산한다.

④ 백신의 개발
- 질병을 일으키지 않을 정도로 약화시킨 인공 항원을 백신이라 한다.
- 백신을 주사하면 주입한 항원에 대한 기억 세포가 형성되어 동일한 항원이 다시 침입하였을 때 2차 면역 반응으로 보다 신속하게 다량의 항체가 생산되어 항원을 무력화시키기 때문에 질병을 예방할 수 있다.

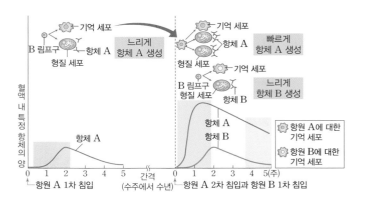

③ 혈액형 판정과 수혈 관계

(1) ABO식 혈액형
① ABO식 혈액형의 종류: 적혈구 표면에 있는 응집원의 종류에 따라 A형, B형, AB형, O형으로 구분한다.
② 혈액형의 판정: 응집 반응을 이용하여 혈액형을 판정하는데, 응집원 A와 응집소 α, 응집원 B와 응집소 β가 만나면 응집 반응이 일어난다.

구분	A형	B형	AB형	O형
응집원(적혈구)	응집원 A	응집원 B	응집원 A 응집원 B	응집원 없음
응집소(혈장)	응집소 β	응집소 α	응집소 없음	응집소 α 응집소 β

③ 수혈 관계: 혈액을 주는 사람의 응집원과 혈액을 받는 사람의 응집소 사이에 응집 반응이 일어나지 않으면 혈액형이 달라도 소량 수혈이 가능하다.

(2) Rh식 혈액형 적혈구 막에 Rh 응집원이 있으면 Rh^+형, 없으면 Rh^-형으로 구분된다. 항 D 혈청에 응집하면 Rh^+형, 응집하지 않으면 Rh^-형이다.

④ 면역 관련 질환
알레르기, 자가 면역 질환, 면역 결핍은 면역 체계의 약화 또는 오작동으로 발생한다.

핵심 개념 체크

정답과 해설 19쪽

5. 다음 중 옳은 것은 ○표, 옳지 않은 것은 ×표 하시오.
   (1) 세포성 면역은 세포독성 T 림프구가 직접 병원체에 감염된 세포를 인식해 제거하는 반응이다. ( )
   (2) 체액성 면역은 형질 세포가 생산하는 항체가 항원과 결합하여 효율적으로 항원을 제거한다. ( )
   (3) 1차 면역 반응은 선천성 면역에 의해 항원을 제거하는 반응이다. ( )

6. 백신은 동일 항원의 재침입 시 그 항원에 대한 기억 세포가 빠르게 분화하여 ( ) 세포를 만들고, 이 세포가 빠르게 ( )를 생산하는 ( ) 면역 반응을 이용한 것이다.

7. AB형은 적혈구에 응집원으로 ( )을(를) 가지고 있고, 응집소는 (α를 가진다, β를 가진다, 가지지 않는다).

8. 면역 관련 질병에는 ( ), 자가 면역 질환, 면역 결핍 등이 있다.

01 [8712–0184]
그림 (가)와 (나)는 각각 결핵과 독감의 병원체를 나타낸 것이다.

(가)   (나)

이에 대한 설명으로 옳은 것만을 〈보기〉에서 있는 대로 고른 것은?

┌ 보기 ┐
ㄱ. (가)는 핵막이 있다.
ㄴ. (나)는 유전 물질을 가지고 있다.
ㄷ. (가)와 (나)는 모두 세포의 구조를 가지고 있다.
└────┘

① ㄱ   ② ㄴ   ③ ㄷ   ④ ㄱ, ㄴ   ⑤ ㄴ, ㄷ

02 [8712–0185]
표는 사람의 6가지 질병을 (가)~(다)로 구분하여 나타낸 것이다.

구분	질병
(가)	고혈압, 당뇨병
(나)	결핵, 세균성 폐렴
(다)	무좀, 칸디다증

이에 대한 설명으로 옳은 것만을 〈보기〉에서 있는 대로 고른 것은?

┌ 보기 ┐
ㄱ. (가)는 비감염성 질병이다.
ㄴ. (나)의 질병은 백신으로 예방할 수 있다.
ㄷ. (다)의 질병은 면역 체계가 자신의 세포를 공격하여 발생한다.
└────┘

① ㄱ   ② ㄴ   ③ ㄷ   ④ ㄱ, ㄴ   ⑤ ㄴ, ㄷ

03 [8712–0186]
그림은 어떤 사람이 세균 X에 감염된 후 나타나는 면역 반응을 나타낸 것이다.

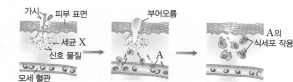

이에 대한 설명으로 옳은 것만을 〈보기〉에서 있는 대로 고른 것은?

┌ 보기 ┐
ㄱ. A는 대식세포와 같은 백혈구이다.
ㄴ. A의 식세포 작용은 1차 방어 작용에 해당한다.
ㄷ. X에 감염된 부분에서 염증 반응이 나타난다.
└────┘

① ㄱ   ② ㄴ   ③ ㄱ, ㄷ   ④ ㄴ, ㄷ   ⑤ ㄱ, ㄴ, ㄷ

04 [8712–0187]
다음은 어떤 쥐를 대상으로 실험한 자료이다.

- 병원체 A를 약화시켜 만든 백신 A를 체내에 주입하였다.
- 체내에 항체 A가 형성된 것을 확인하였다.
- 일정 시간 후 병원체 B의 세포막 단백질을 모두 분리하여 주입하였다.
- 병원체 A와 B에 의해 체내에 생성된 ㉠항체의 구조를 확인하였다.
- 표는 병원체 A와 병원체 B, ㉠의 구조를 나타낸 것이다.

병원체 A	병원체 B	생성된 모든 항체(㉠)
		Ⅰ Ⅱ Ⅲ

이에 대한 설명으로 옳은 것만을 〈보기〉에서 있는 대로 고른 것은?
(단, 항원 항체 반응은 항원 단백질의 모양만 고려한다.)

┌ 보기 ┐
ㄱ. 백신 A에 의해 항체 Ⅰ이 형성된다.
ㄴ. 항체 Ⅱ와 항체 Ⅲ은 모두 병원체 A의 막단백질에 결합할 수 있다.
ㄷ. 이 쥐에 살아 있는 병원체 B를 주입하면 체내에서 항원 항체 반응이 일어난다.
└────┘

① ㄱ   ② ㄴ   ③ ㄱ, ㄷ   ④ ㄴ, ㄷ   ⑤ ㄱ, ㄴ, ㄷ

05 [8712–0188]
표는 인체에서 일어나는 3가지 방어 작용을 나타낸 것이다.

구분	방어 작용
A	대식세포가 병원체를 세포 내에서 분해시킨다.
B	위액에 들어 있는 위산에 의해 음식물에 포함된 세균이 죽는다.
C	땀, 침, 눈물, 점액에 들어 있는 라이소자임에 의해 세균이 죽는다.

이에 대한 설명으로 옳은 것만을 〈보기〉에서 있는 대로 고른 것은?

┌ 보기 ┐
ㄱ. A는 비특이적 방어 작용에 해당한다.
ㄴ. B는 후천성 면역에 해당한다.
ㄷ. C는 체액성 면역 반응에 해당한다.
└────┘

① ㄱ   ② ㄷ   ③ ㄱ, ㄴ   ④ ㄴ, ㄷ   ⑤ ㄱ, ㄴ, ㄷ

06 [8712–0189]

그림은 체내에 병원체 X가 2차 침입하였을 때 일어나는 방어 작용의 일부를 나타낸 것이다. ㉠은 어떤 림프구의 기억 세포이다.

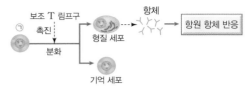

이에 대한 설명으로 옳은 것만을 〈보기〉에서 있는 대로 고른 것은?

보기
ㄱ. 항체에 의한 X의 제거는 세포성 면역 반응이다.
ㄴ. ㉠은 X의 1차 침입 시 형성되었다.
ㄷ. 보조 T 림프구는 형질 세포를 기억 세포로 분화시킨다.

① ㄱ　　② ㄴ　　③ ㄷ　　④ ㄱ, ㄴ　　⑤ ㄴ, ㄷ

07 [8712–0190]

그림은 민수의 혈액을 항 A 혈청과 항 B 혈청에 각각 섞었을 때 일어나는 응집원과 응집소의 반응을 나타낸 것이다.

구분	항 A 혈청	항 B 혈청
응집원과 응집소의 반응		㉠

이에 대한 설명으로 옳은 것만을 〈보기〉에서 있는 대로 고른 것은? (단, ABO식 혈액형만 고려한다.)

보기
ㄱ. ㉠은 응집소 α이다.
ㄴ. 민수의 혈액형은 B형이다.
ㄷ. 민수의 적혈구를 O형인 사람의 혈청과 섞으면 응집 반응이 일어난다.

① ㄱ　　② ㄴ　　③ ㄷ　　④ ㄱ, ㄴ　　⑤ ㄴ, ㄷ

08 [8712–0191]

그림은 어떤 꽃가루에 의해 알레르기 증상이 나타나기까지의 과정을 나타낸 것이다.

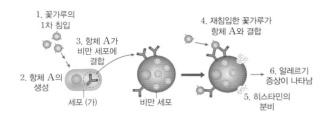

이에 대한 설명으로 옳은 것만을 〈보기〉에서 있는 대로 고른 것은?

보기
ㄱ. 세포 (가)는 일종의 비만 세포이다.
ㄴ. 항체 A는 비만 세포와 항원 항체 반응을 한다.
ㄷ. 알레르기 증상은 백신으로 예방하기 어렵다.

① ㄱ　　② ㄷ　　③ ㄱ, ㄴ　　④ ㄴ, ㄷ　　⑤ ㄱ, ㄴ, ㄷ

09 [8712–0192]

그림은 어떤 사람이 항원 X에 감염되었을 때 일어나는 방어 작용의 일부를 나타낸 것이다.

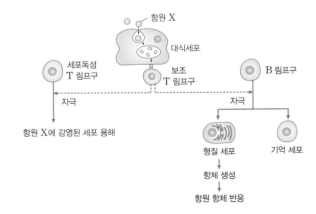

이에 대한 설명으로 옳은 것만을 〈보기〉에서 있는 대로 고른 것은?

보기
ㄱ. X에 대한 체액성 면역과 세포성 면역이 모두 일어나고 있다.
ㄴ. B 림프구의 자극으로 보조 T 림프구는 형질 세포가 된다.
ㄷ. 세포독성 T 림프구는 항원 X에 대한 식세포 작용을 한다.

① ㄱ　　② ㄴ　　③ ㄷ　　④ ㄱ, ㄴ　　⑤ ㄴ, ㄷ

10 [8712-0193] 그림은 ABO식 혈액형이 모두 다른 민수네 가족에서 ABO식 혈액형에 대한 응집소 β와 응집원 A의 유무를 조사한 것이다.

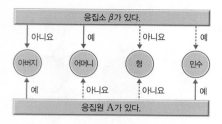

이에 대한 설명으로 옳은 것만을 〈보기〉에서 있는 대로 고른 것은?

┌─ 보기 ┐
ㄱ. 형의 ABO식 혈액형은 O형이다.
ㄴ. 아버지의 혈액에는 응집소 α가 있다.
ㄷ. 어머니의 혈장과 아버지의 적혈구를 섞으면 응집 반응이 일어난다.
└────────┘

① ㄱ ② ㄷ ③ ㄱ, ㄴ ④ ㄴ, ㄷ ⑤ ㄱ, ㄴ, ㄷ

11 [8712-0194] 그림 (가)는 세균 X에 감염된 적이 없는 어떤 사람 P에 세균 X가 침입한 후 순차적으로 나타나는 면역 반응 Ⅰ과 Ⅱ를, (나)는 P의 혈액에서 세균 X에 대한 항체의 농도를 시간에 따라 나타낸 것이다.

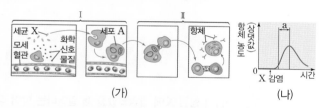

이에 대한 설명으로 옳은 것만을 〈보기〉에서 있는 대로 고른 것은?

┌─ 보기 ┐
ㄱ. 대식세포는 세포 A에 해당한다.
ㄴ. Ⅱ에서 B 림프구는 형질 세포로 분화하였다.
ㄷ. (나)의 구간 a는 (가)의 Ⅰ단계에 해당한다.
└────────┘

① ㄱ ② ㄷ ③ ㄱ, ㄴ ④ ㄱ, ㄷ ⑤ ㄴ, ㄷ

12 [8712-0195] 표는 사람의 4가지 질병을 병원체의 특징에 따라 A와 B로 구분하여 나타낸 것이다.

구분	질병
A	결핵, 탄저병
B	독감, 홍역

이에 대한 설명으로 옳은 것만을 〈보기〉에서 있는 대로 고른 것은?

┌─ 보기 ┐
ㄱ. A의 질병은 항진균제로 치료한다.
ㄴ. B의 병원체는 숙주 세포를 이용해서 증식할 수 있다.
ㄷ. A의 병원체와 B의 병원체는 모두 전염성을 가진다.
└────────┘

① ㄱ ② ㄷ ③ ㄱ, ㄴ ④ ㄴ, ㄷ ⑤ ㄱ, ㄴ, ㄷ

13 [8712-0196] 표는 100명의 학생 집단을 대상으로 ABO식 혈액형에 대한 응집원 A와 응집소 β의 유무를 조사한 것이다. 이 집단에는 A형, B형, AB형, O형이 모두 있다.

구분	사람 수(명)
응집원 A를 가진 학생	43
응집소 β를 가진 학생	52
응집원 A와 응집소 β를 함께 가진 학생	28

이 집단에 대한 설명으로 옳은 것만을 〈보기〉에서 있는 대로 고른 것은?

┌─ 보기 ┐
ㄱ. O형인 학생이 가장 많다.
ㄴ. 항 A 혈청과 항 B 혈청 모두에 응집되는 혈액을 가진 학생은 15명이다.
ㄷ. 항 B 혈청에 응집되는 혈액을 가진 학생이 응집되지 않는 혈액을 가진 학생보다 많다.
└────────┘

① ㄱ ② ㄴ ③ ㄷ ④ ㄱ, ㄴ ⑤ ㄴ, ㄷ

14 [8712-0197] 그림은 HIV(인간 면역 결핍 바이러스)에 감염된 사람의 혈액에서 면역 과정의 변화를 나타낸 것이다.

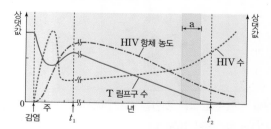

이에 대한 설명으로 옳은 것만을 〈보기〉에서 있는 대로 고른 것은?

┌─ 보기 ┐
ㄱ. 구간 a에서 HIV에 대한 체액성 면역 반응이 감소한다.
ㄴ. HIV에 대한 형질 세포의 수는 t_2에서가 t_1에서보다 많다.
ㄷ. 감염성 질병의 발병 확률은 t_2에서보다 t_1에서 높다.
└────────┘

① ㄱ ② ㄷ ③ ㄱ, ㄴ ④ ㄱ, ㄷ ⑤ ㄴ, ㄷ

01 [8712-0198]
표는 병원체 A~C에서 3가지 특성의 유무를 나타낸 것이다. A~C는 각각 무좀, AIDS, 세균성 식중독 중 하나를 일으키는 병원체 중 하나이다.

구분	유전 물질을 가짐	세포 구조로 되어 있음	핵막이 있음
A	○	○	×
B	○	○	○
C	○	×	×

(○: 있음, ×: 없음)

A, B, C는 각각 무엇에 해당하는지 쓰시오.

02 [8712-0199]
그림은 피부에 세균이 침입하였을 때 일어나는 염증 반응을 나타낸 것이다.

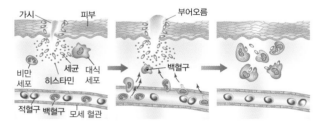

염증 반응에서 백혈구의 역할에 대해 구체적으로 서술하시오.

03 [8712-0200]
다음은 사람에게 사용하는 독감 백신 제조 과정이다.

> (가) 독감을 일으키는 병원체를 숙주 세포에 감염시킨다.
> (나) 숙주 세포에서 증식한 병원체를 채취하여 농축하고 정제한다.
> (다) 정제한 병원체에서 ⊙ 특정 단백질을 분리하여 백신으로 만든다.

백신에서 ⊙의 역할과 병원체의 2차 침입에 대비하여 체내에서 만들어지는 세포는 무엇인지 쓰시오.

04 [8712-0201]
표는 100명의 학생으로 구성된 집단을 대상으로 ABO식 혈액형에 대한 응집원 B와 응집소 α의 유무를 조사한 것이다. 이 집단에는 A형, B형, AB형, O형이 모두 있다.

구분	사람 수(명)
응집원 B가 있는 사람	45
응집소 α가 있는 사람	47
응집원 B와 응집소 α가 함께 있는 사람	35

이 집단에서 ABO식 혈액형이 A형인 사람의 수는 얼마인지 계산 과정과 답을 쓰시오.

05 [8712-0202]
그림은 세균 X에 처음으로 감염된 생쥐 A~C에서 시간에 따른 세균 X의 수를 나타낸 것이다. A~C는 각각 정상 생쥐, 대식세포가 결핍된 생쥐, 림프구가 결핍된 생쥐 중 하나이다.

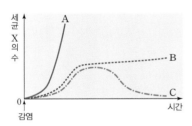

A~C는 각각 무엇인지 추론하여 서술하시오.

06 [8712-0203]
그림은 어떤 사람에 세균 X가 1차 침입했을 때 일어나는 방어 작용을 나타낸 것이다.

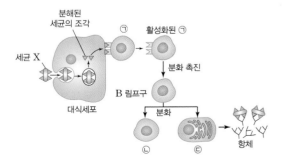

⊙, ⓒ, ⓒ은 각각 무엇인지 쓰시오.

01 [8712-0204]
그림 (가)는 어떤 뉴런에 역치 이상의 자극을 주었을 때 이 뉴런의 축삭 돌기 한 지점에서 측정한 막전위 변화를, (나)는 t_2일 때 이 지점에서 이온 @의 통로를 통한 @의 확산을 나타낸 것이다. ㉠과 ㉡은 각각 세포 밖과 세포 안이며 이온 @의 통로는 막전위 변화에 의해 열린다.

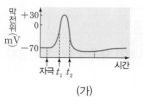 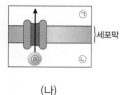

(가)   (나)

이에 대한 설명으로 옳은 것만을 〈보기〉에서 있는 대로 고른 것은?

┌─ 보기 ┌
ㄱ. @는 K^+이다.
ㄴ. @의 $\dfrac{㉡에서의 농도}{㉠에서의 농도}$ 는 t_1일 때가 t_2일 때보다 작다.
ㄷ. t_1일 때 Na^+은 Na^+ 통로를 통해 ㉠에서 ㉡으로 확산된다.

① ㄱ   ② ㄴ   ③ ㄱ, ㄷ   ④ ㄴ, ㄷ   ⑤ ㄱ, ㄴ, ㄷ

02 [8712-0205]
그림 (가)는 심장 박동을 조절하는 자율 신경 A와 B를, (나)는 A와 B 중 하나를 자극했을 때 심장 세포에서 활동 전위 발생 빈도의 변화를 나타낸 것이다.

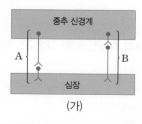 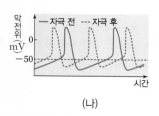

(가)   (나)

이에 대한 설명으로 옳은 것만을 〈보기〉에서 있는 대로 고른 것은?

┌─ 보기 ┌
ㄱ. A의 신경절 이후 뉴런의 축삭 돌기 말단에서 분비되는 신경 전달 물질은 노르에피네프린이다.
ㄴ. B의 신경절 이전 뉴런의 신경 세포체는 척수에 있다.
ㄷ. (나)는 A와 B 중 B를 자극했을 때의 변화를 나타낸 것이다.

① ㄱ   ② ㄴ   ③ ㄱ, ㄷ   ④ ㄴ, ㄷ   ⑤ ㄱ, ㄴ, ㄷ

03 [8712-0206]
그림 (가)와 (나)는 언어와 관련되어 서로 다른 활동을 할 때 각각 활성화되는 좌반구의 영역을 활성화되는 순서에 따라 나타낸 것이다. ❶~❺는 대뇌 겉질에서 기능에 따라 구분되는 특정 부위이다.

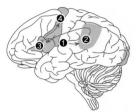 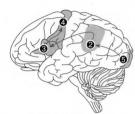

(가) 단어를 듣고 따라 말할 때   (나) 단어를 보면서 말할 때

이에 대한 설명으로 옳은 것만을 〈보기〉에서 있는 대로 고른 것은?

┌─ 보기 ┌
ㄱ. ❺는 시각과 관련된 부위이다.
ㄴ. ❶이 손상될 경우 단어를 들을 수 없다.
ㄷ. ❷, ❸, ❹는 말을 하기 위해 필요한 부위이다.

① ㄱ   ② ㄴ   ③ ㄱ, ㄷ   ④ ㄴ, ㄷ   ⑤ ㄱ, ㄴ, ㄷ

04 [8712-0207]
그림은 축삭 돌기의 지름이 서로 다른 민말이집 신경 (가)와 (나)를, 표는 신경 A와 B에 역치 이상의 자극을 동시에 1회 주고 일정 시간이 지난 후 시점 t일 때 세 지점 @~ⓒ의 막전위를 나타낸 것이다. A와 B는 각각 (가)와 (나) 중 하나이고, @~ⓒ는 각각 Ⅰ~Ⅲ 중 하나이다. (가)와 (나)에서의 휴지 전위는 모두 $-70\ mV$이다.

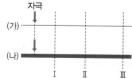

신경	t일 때의 막전위(mV)		
	@	ⓑ	ⓒ
A	-80	-70	$+20$
B	-70	$+20$	-80

이에 대한 설명으로 옳은 것만을 〈보기〉에서 있는 대로 고른 것은? (단, 축삭 돌기의 지름이 크면 흥분 전도 속도가 빠르다.)

┌─ 보기 ┌
ㄱ. B는 (가)이다.
ㄴ. 흥분은 @ → ⓒ → ⓑ로 전도된다.
ㄷ. t일 때 (나)의 Ⅱ는 탈분극 상태이다.

① ㄱ   ② ㄴ   ③ ㄱ, ㄷ   ④ ㄴ, ㄷ   ⑤ ㄱ, ㄴ, ㄷ

05 [8712-0208]
그림은 자극에 의한 반사가 일어나 근육 @가 수축할 때 흥분 전달 경로를 나타낸 것이다.

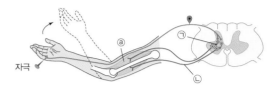

이에 대한 설명으로 옳은 것만을 〈보기〉에서 있는 대로 고른 것은?

보기
ㄱ. ⊙이 흥분하면 @는 수축된다.
ㄴ. ⓒ에서는 도약전도가 일어난다.
ㄷ. @의 근육 원섬유 마디에서 I대의 총길이에서 H대의 길이를 뺀 값은 작아진다.

① ㄱ   ② ㄷ   ③ ㄱ, ㄴ   ④ ㄴ, ㄷ   ⑤ ㄱ, ㄴ, ㄷ

06 [8712-0209]
다음은 근육 원섬유 마디 X에 대한 설명이다.

• 표는 시간이 t_1에서 t_2로 흐를 때 두 시점에서 X의 구간 @~ ⓒ에 따른 길이를, 그림은 한 시점에서 X의 구조를 나타낸 것이다. X는 좌우 대칭이다.

시점	@+ⓑ	@+ⓒ
t_1	1.2	2.0
t_2	1.4	2.0

(단위: μm)

• 구간 @~ⓒ는 각각 ⊙~ⓒ 중 하나에 해당하며, 구간 @에는 액틴 필라멘트가 속한다.
• 구간 ⊙은 액틴 필라멘트만 있는 부분이고, ⓒ은 액틴 필라멘트와 마이오신 필라멘트가 겹치는 부분이며, ⓒ은 마이오신 필라멘트만 있는 부분이다.

이에 대한 설명으로 옳은 것만을 〈보기〉에서 있는 대로 고른 것은?

보기
ㄱ. ⓒ에는 액틴 필라멘트와 마이오신 필라멘트 중 마이오신 필라멘트만 있다.
ㄴ. ⓑ와 ⓒ의 길이 합은 t_1일 때와 t_2일 때가 같다.
ㄷ. ⓒ과 ⓒ의 길이의 차는 t_1일 때보다 t_2일 때 0.2 μm 짧다.

① ㄱ   ② ㄷ   ③ ㄱ, ㄴ   ④ ㄴ, ㄷ   ⑤ ㄱ, ㄴ, ㄷ

07 [8712-0210]
그림 (가)~(다)는 각각 같은 양의 주스를 마신 후 정상인과 2명의 당뇨병 환자에서 시간에 따른 혈당량과 혈액 속 인슐린 농도를 조사하여 나타낸 것이다. (가)~(다)는 각각 정상인, I형 당뇨병 환자, II형 당뇨병 환자 중 하나이다. 조사한 I형 당뇨병 환자는 인슐린 분비에, II형 당뇨병 환자는 인슐린 수용체에 문제가 있다.

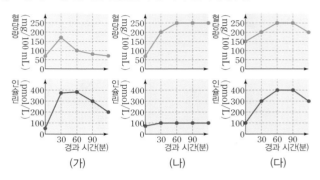

이에 대한 설명으로 옳은 것만을 〈보기〉에서 있는 대로 고른 것은? (단, 주어진 조건 외 다른 조건은 고려하지 않는다.)

보기
ㄱ. (가)는 인슐린에 의해 혈당이 높아졌다.
ㄴ. (나)는 I형 당뇨병 환자이다.
ㄷ. (다)는 인슐린 분비량에 이상이 있다.

① ㄱ   ② ㄴ   ③ ㄱ, ㄷ   ④ ㄴ, ㄷ   ⑤ ㄱ, ㄴ, ㄷ

08 [8712-0211]
그림은 경수의 혈액을 ABO식 혈액형이 B형인 민수의 혈액과 섞었을 때 응집 반응 결과를, 표는 경수의 혈액을 혈구와 혈장으로 분리하여 학생 90명의 혈액과 반응시킨 결과를 나타낸 것이다.

ABO식 혈액형	경수의 혈액		인원 (명)
	혈구	혈장	
(가)	−	+	9
(나)	−	−	33
(다)	+	+	27
(라)	+	−	21

(+ : 응집함, − : 응집 안 함)

이에 대한 설명으로 옳은 것만을 〈보기〉에서 있는 대로 고른 것은? (단, ABO식 혈액형에 대한 응집 반응만을 고려한다.)

보기
ㄱ. 민수의 혈액형은 (다)이다.
ㄴ. 90명의 학생 중 ⓒ을 가진 학생은 48명이다.
ㄷ. 경수의 응집원과 같은 응집원을 가진 학생은 27명이다.

① ㄱ   ② ㄷ   ③ ㄱ, ㄴ   ④ ㄴ, ㄷ   ⑤ ㄱ, ㄴ, ㄷ

09 [8712-0212]
(가)~(라)는 항원에 1차 감염되었을 때 일어나는 일련의 방어 작용 일부를 순서 없이 나타낸 것이다. 세포 ㉡은 형질 세포로 분화될 수 있다.

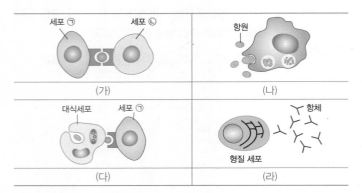

이에 대한 설명으로 옳은 것만을 〈보기〉에서 있는 대로 고른 것은?

┌ 보기 ┐
ㄱ. 세포 ㉠과 ㉡은 모두 가슴샘에서 성숙한다.
ㄴ. (나)는 항원에 대한 1차 방어 작용이다.
ㄷ. 방어 작용은 (나) → (가) → (다) → (라) 순이다.

① ㄱ   ② ㄴ   ③ ㄱ, ㄷ   ④ ㄴ, ㄷ   ⑤ ㄱ, ㄴ, ㄷ

10 [8712-0213]
그림 (가)는 어떤 동물에서 전체 혈액량이 정상 상태일 때와 ㉠ 일 때 혈장 삼투압에 따른 호르몬 X의 혈중 농도를, (나)는 정상일 때 1 L의 물을 섭취한 후 시간에 따른 혈장과 오줌의 삼투압을 나타낸 것이다. X는 뇌하수체 후엽에서 분비되고, ㉠은 정상보다 전체 혈액량이 증가한 상태와 감소한 상태 중 하나이다.

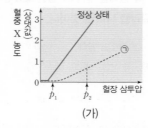 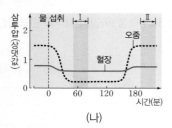

이에 대한 설명으로 옳은 것만을 〈보기〉에서 있는 대로 고른 것은? (단, 제시된 자료 이외에 체내 수분량에 영향을 미치는 요인은 고려하지 않는다.)

┌ 보기 ┐
ㄱ. ㉠은 정상 상태일 때보다 혈액량이 감소한 상태이다.
ㄴ. ㉠일 때 콩팥에서 단위 시간당 수분 재흡수량은 p_1일 때가 p_2일 때보다 적다.
ㄷ. 호르몬 X의 혈중 농도는 Ⅰ일 때가 Ⅱ일 때보다 높다.

① ㄴ   ② ㄷ   ③ ㄱ, ㄴ   ④ ㄱ, ㄷ   ⑤ ㄱ, ㄴ, ㄷ

11 [8712-0214]
다음은 항원 X에 대한 생쥐의 방어 작용 실험이다.

[실험 과정]
(가) 유전적으로 동일하고 X에 노출된 적이 없는 생쥐 A와 B를 준비한다.
(나) A에게 X를 1회 주사한다.
(다) 1주 후, (나)의 A에서 ㉠ 혈청과 X에 대한 기억 세포를 분리하여 함께 B에게 주사한다.
(라) 일정 시간이 지난 후, (다)의 B에게 X를 1차 주사한다.
(마) 일정 시간이 지난 후, (라)의 B에게 X를 2차 주사한다.

[실험 결과]
B의 X에 대한 혈중 항체 농도 변화는 그림과 같다.

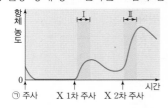

이에 대한 설명으로 옳은 것만을 〈보기〉에서 있는 대로 고른 것은?

┌ 보기 ┐
ㄱ. ㉠에는 X에 대한 형질 세포가 들어 있다.
ㄴ. 구간 Ⅰ에서 X에 대한 2차 면역 반응이 일어났다.
ㄷ. 구간 Ⅰ에서보다 구간 Ⅱ에서 X에 대한 형질 세포의 수가 많다.

① ㄱ   ② ㄷ   ③ ㄱ, ㄴ   ④ ㄴ, ㄷ   ⑤ ㄱ, ㄴ, ㄷ

12 [8712-0215]
표는 질병 A~C의 특징을 나타낸 것이다. A~C는 각각 결핵, 낫 모양 적혈구 빈혈증, 후천성 면역 결핍 증후군(AIDS) 중 하나이다.

질병	특징
A	비감염성 질병이다.
B	병원체는 세포 구조로 되어 있다.
C	병원체는 스스로 물질대사를 하지 못한다.

이에 대한 설명으로 옳은 것만을 〈보기〉에서 있는 대로 고른 것은?

┌ 보기 ┐
ㄱ. A는 유전자 돌연변이가 원인이다.
ㄴ. B의 병원체는 핵막을 가지고 있다.
ㄷ. C의 병원체는 단백질을 가지고 있다.

① ㄱ   ② ㄴ   ③ ㄱ, ㄷ   ④ ㄴ, ㄷ   ⑤ ㄱ, ㄴ, ㄷ

고난도 문제

[8712-0216]

13 다음은 민말이집 신경 A와 B의 흥분 전도에 대한 자료이다.

- 그림은 A와 B의 축삭 돌기 일부를, 표는 A와 B의 동일한 지점에 역치 이상의 자극을 동시에 1회 주고 일정 시간이 지난 후 t_1일 때 네 지점 $d_1 \sim d_4$에서 측정한 막전위를 나타낸 것이다. 자극을 준 지점은 P와 Q 중 하나이다. Ⅰ, Ⅱ, Ⅳ는 각각 $d_1 \sim d_3$ 중 하나이고, Ⅲ은 d_4이다. 흥분의 전도 속도는 B에서가 A에서보다 빠르다.

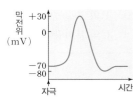

신경	t_1일 때 측정한 막전위(mV)			
	Ⅰ	Ⅱ	Ⅲ	Ⅳ
A	−55	+30	−80	−65
B	−20	−10	−70	−55

- A와 B의 $d_1 \sim d_4$에서 활동 전위가 발생하였을 때, 각 지점에서의 막전위 변화는 그림과 같다.

이에 대한 설명으로 옳은 것만을 〈보기〉에서 있는 대로 고른 것은? (단, A와 B에서 흥분의 전도는 각각 1회 일어났고, 휴지 전위는 −70 mV이다.)

┌─ 보기 ┐
ㄱ. Ⅱ는 d_2에서 측정한 막전위이다.
ㄴ. t_1일 때, Ⅰ의 A와 B는 모두 재분극이 일어나고 있다.
ㄷ. t_1일 때, B의 d_3에서 K^+이 세포 밖으로 확산된다.

① ㄱ ② ㄷ ③ ㄱ, ㄴ ④ ㄱ, ㄷ ⑤ ㄴ, ㄷ

[8712-0217]

14 표는 100명의 학생 집단을 대상으로 ABO식 혈액형에 대한 응집원 ㉠, ㉡과 응집소 ㉢, ㉣의 유무를 조사한 것이다. 이 집단에는 A형, B형, AB형, O형이 모두 있고, A형인 학생 수가 O형인 학생 수보다 많다.

구분	학생 수(명)
응집원 ㉠을 가진 학생	37
응집소 ㉢을 가진 학생	56
응집원 ㉡과 응집소 ㉣을 함께 가진 학생	34

이 집단에 대한 설명으로 옳은 것만을 〈보기〉에서 있는 대로 고른 것은?

┌─ 보기 ┐
ㄱ. O형인 학생 수가 B형인 학생 수보다 많다.
ㄴ. AB형인 학생 수는 29이다.
ㄷ. 항 A 혈청에 응집되는 혈액을 가진 학생 수가 항 A 혈청에 응집되지 않는 혈액을 가진 학생 수보다 많다.

① ㄱ ② ㄴ ③ ㄱ, ㄷ ④ ㄴ, ㄷ ⑤ ㄱ, ㄴ, ㄷ

[8712-0218]

15 그림은 감각 기관 ㉠과 ㉡에서 수용한 자극이 중추 신경계를 거쳐 반응기 A~C에 전달되는 여러 가지 경로를, 자료는 이 사람이 일상에서 보이는 반응을 나타낸 것이다.

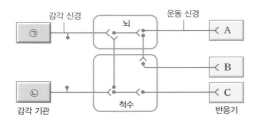

(가) 날아오는 공을 보고 자신도 모르게 눈을 감았다.
(나) 차가운 물에 손이 닿아 자신도 모르게 팔을 구부렸다.
(다) 깜깜한 방에서 손을 뻗어 전등을 켰다.

이에 대한 설명으로 옳은 것만을 〈보기〉에서 있는 대로 고른 것은?

┌─ 보기 ┐
ㄱ. (가) 반응은 ㉠ → 뇌 → A의 경로를 거친다.
ㄴ. (나) 반응은 ㉡ → 뇌 → B의 경로에 의한 것이다.
ㄷ. (다) 반응은 ㉡ → 척수 → C의 경로를 거친다.

① ㄱ ② ㄴ ③ ㄱ, ㄴ ④ ㄱ, ㄷ ⑤ ㄴ, ㄷ

[8712-0219]

16 그림 (가)는 운동 신경 M에 역치 이상의 자극을 주었을 때 M의 축삭 돌기 한 지점 A에서 측정한 막전위 변화를, (나)는 A에서 발생한 1회의 흥분이 A로부터의 거리에 따라 M의 축삭 돌기 말단 방향 각 지점에 도달하는 데 경과된 시간을 나타낸 것이다. Ⅰ과 Ⅱ는 X의 축삭 돌기에서 각각 말이집으로 싸여 있는 부분과 말이집으로 싸여 있지 않은 부분 중 하나이다.

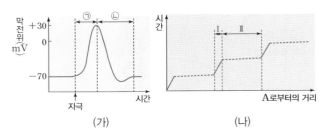

(가)   (나)

이에 대한 설명으로 옳은 것만을 〈보기〉에서 있는 대로 고른 것은?(단, 막 투과도는 단위 시간당 막을 통과하는 이온의 수로 측정하며, 소량의 이동으로 인해 0이 되지 않는다.)

┌─ 보기 ┐
ㄱ. ㉠ 구간에서 $\dfrac{Na^+$의 막 투과도 평균}{K^+의 막 투과도 평균}은 1보다 크다.
ㄴ. Ⅰ에는 ㉡과 같은 막전위 변화가 측정되지 않는다.
ㄷ. Ⅱ는 말이집으로 싸여 있는 부분이다.

① ㄴ ② ㄷ ③ ㄱ, ㄴ ④ ㄱ, ㄷ ⑤ ㄱ, ㄴ, ㄷ

17 [8712-0220] 다음은 근육 원섬유 마디 X에 대한 설명이다.

- 표는 시간이 t_1에서 t_2로 흐를 때 두 시점에서 ⓐ와 ⓑ 부위의 길이를, 그림은 한 시점에서 X의 구조를 나타낸 것이다. ⓐ와 ⓑ는 각각 ㉠과 ㉢ 중 하나이며, X는 좌우 대칭이다.

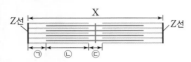

시점	ⓐ	ⓑ
t_1	0.4 μm	0.6 μm
t_2	0 μm	0.4 μm

- 구간 ㉠은 액틴 필라멘트만 있는 부분이고, ㉡은 액틴 필라멘트와 마이오신 필라멘트가 겹치는 부분이며, ㉢은 마이오신 필라멘트만 있는 부분이다.
- X는 $\dfrac{t_1\text{일 때 길이}}{t_2\text{일 때 길이}} = \dfrac{6}{5}$ 이다.

이에 대한 설명으로 옳은 것만을 〈보기〉에서 있는 대로 고른 것은?

[보기]
ㄱ. A대의 길이는 항상 1.0 μm이다.
ㄴ. t_2일 때 ㉡의 길이는 0.6 μm이다.
ㄷ. 시간이 t_1에서 t_2가 될 때 X는 수축된다.

① ㄱ ② ㄷ ③ ㄱ, ㄴ ④ ㄴ, ㄷ ⑤ ㄱ, ㄴ, ㄷ

18 [8712-0221] 그림 (가)는 어떤 동물에서 혈중 ADH 농도에 따른 ㉡의 삼투압에 대한 ㉠의 삼투압 비를, (나)는 정상 상태인 이 동물에게 물과 소금물을 순서대로 투여하였을 때 단위 시간당 오줌 생성량을 시간에 따라 나타낸 것이다. ㉠과 ㉡은 각각 혈장과 오줌 중 하나이다.

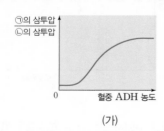 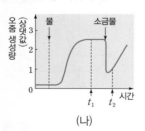

(가)   (나)

이에 대한 설명으로 옳은 것만을 〈보기〉에서 있는 대로 고른 것은? (단, 제시된 자료 이외에 체내 수분량에 영향을 미치는 요인은 없다.)

[보기]
ㄱ. ㉠은 오줌이다.
ㄴ. 간뇌는 ADH의 분비를 조절한다.
ㄷ. $\dfrac{㉠\text{의 삼투압}}{㉡\text{의 삼투압}}$ 은 t_1에서가 t_2에서보다 크다.

① ㄱ ② ㄷ ③ ㄱ, ㄴ ④ ㄴ, ㄷ ⑤ ㄱ, ㄴ, ㄷ

19 [8712-0222] 표 (가)는 사람의 호르몬 A~C에서 특징 ㉠~㉢의 유무를, (나)는 ㉠~㉢을 순서 없이 나타낸 것이다. A~C는 티록신, 인슐린, 항이뇨 호르몬을 순서 없이 나타낸 것이다.

특징 호르몬	㉠	㉡	㉢
A	○	×	○
B	×	○	×
C	○	×	×

(○: 있음, ×: 없음)

특징(㉠~㉢)
- 오줌 생성량을 직접 조절한다.
- 표적 세포에서 포도당 흡수와 소모를 조절한다.
- 뇌하수체 전엽에서 분비되는 호르몬에 의해 분비량이 조절된다.

이에 대한 설명으로 옳은 것만을 〈보기〉에서 있는 대로 고른 것은?

[보기]
ㄱ. 저온 자극에 의해 A 분비량이 증가한다.
ㄴ. B의 조절 중추는 중간뇌이다.
ㄷ. C의 분비량이 증가하면 혈당량이 증가한다.

① ㄱ ② ㄷ ③ ㄱ, ㄴ ④ ㄴ, ㄷ ⑤ ㄱ, ㄴ, ㄷ

20 [8712-0223] 다음은 항원 X에 대한 생쥐의 방어 작용 실험이다.

[실험 과정 및 결과]

(가) 유전적으로 동일하고 X에 노출된 적이 없는 생쥐 A, B, C, D를 준비한다.

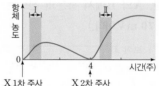

(나) A에게 X를 2회에 걸쳐 주사 후 X에 대한 항체의 농도 변화를 측정한 것이 그림과 같다.

(다) 1주 후, (나)의 A에서 ㉠~㉢을 분리하여 ㉠은 B에, ㉡은 C에, ㉢은 D에 각각 주사하고, 2주 후, B, C, D에 각각 X를 주사한다. ㉠과 ㉡은 각각 혈청, X에 대한 기억 세포 중 하나이고, ㉢은 X에 대한 형질 세포이다.

(라) B와 C에서 X에 대한 항체의 농도 변화는 그림과 같다.

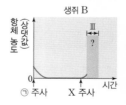 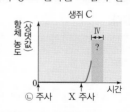

생쥐 B   생쥐 C

이에 대한 설명으로 옳은 것만을 〈보기〉에서 있는 대로 고른 것은? (단, 형질 세포의 수명은 1주일이다.)

[보기]
ㄱ. 구간 Ⅲ에서 항체 농도 변화는 구간 Ⅱ보다 구간 Ⅰ에 가깝다.
ㄴ. 구간 Ⅳ에서 항체 농도 변화는 구간 Ⅰ보다 구간 Ⅱ에 가깝다.
ㄷ. 생쥐 D에서의 항체 농도 변화는 생쥐 C와 같다.

① ㄱ ② ㄷ ③ ㄱ, ㄴ ④ ㄴ, ㄷ ⑤ ㄱ, ㄴ, ㄷ

11 염색체와 유전 물질

1 DNA와 유전자, 염색체, 유전체의 관계

(1) DNA와 유전자

① DNA: 생명체의 유전 정보를 담고 있는 분자이다.

② DNA의 구조: DNA를 구성하는 기본 단위는 당(디옥시리보스), 인산, 염기가 1 : 1 : 1로 결합되어 있는 뉴클레오타이드이고, 염기의 종류는 아데닌(A), 구아닌(G), 타이민(T), 사이토신(C)의 4가지이다. DNA는 뉴클레오타이드가 반복적으로 연결된 2개의 가닥으로 구성되며, 이 두 가닥이 서로 꼬여 있는 2중 나선 구조이다.

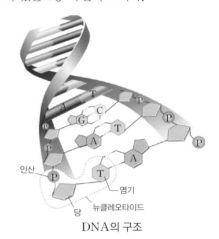

DNA의 구조

③ 유전자: DNA에서 생물의 형질을 결정하는 유전 정보가 저장되어 있는 특정 부분이다.

④ 유전체: 한 개체가 가진 모든 DNA의 총합이다.

(2) 염색체

① 뉴클레오솜: 2중 나선 구조의 DNA가 히스톤 단백질을 감아 생성된 염색사와 염색체의 기본 단위이다.

② 염색사: 뉴클레오솜이 연결되어 있는 실 모양의 구조물이다.

③ 염색체: 세포가 분열할 때 염색사가 더욱 꼬이고 응축되어 나타나는 구조물이다.

④ 염색 분체: 간기에 DNA가 복제되며, 복제된 DNA가 각각 응축하여 염색 분체를 형성한다.

• 세포 분열 전기의 각 염색체는 유전자 구성이 동일한 염색 분체 2개로 구성되어 있다.

• 특정 시기 세포의 염색체를 구성하는 두 염색 분체는 동원체에 서로 붙어 있다.

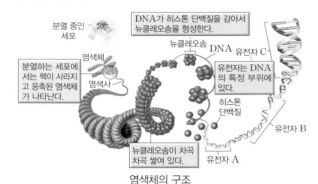

염색체의 구조

⑤ DNA와 유전자, 염색체의 관계: DNA가 응축되어 염색체가 되므로, DNA의 특정 부위에 존재하는 유전자는 염색체에서도 특정 부위에 존재한다.

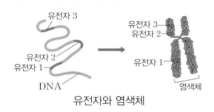

유전자와 염색체

2 사람의 염색체와 핵형

(1) 핵형과 핵상

① 핵형: 생물의 체세포 1개에 들어 있는 염색체의 수, 모양, 크기와 같은 염색체의 외형적인 특성이다.

② 핵상: 세포 하나에 들어 있는 염색체의 구성 상태이며, 일반적으로 염색체의 상대적인 수를 말한다.

• 핵상의 표현: 상동 염색체 쌍이 있는 세포의 핵상은 $2n$으로 표시하고, 상동 염색체 쌍 중 1개씩만 있는 세포의 핵상은 n으로 표시한다.

핵형과 핵상

$2n=6$		$n=3$
상동 염색체가 2개씩 있고, 염색체 수가 6이다.		상동 염색체 중 1개씩만 있고, 염색체 수가 3이다.

핵심 개념 체크

정답과 해설 25쪽

1. 생명체의 유전 정보를 담고 있는 분자로, 2중 나선 구조를 가진 물질은 (　　　)이다.

2. 다음 중 옳은 것은 ○표, 옳지 않은 것은 ×표 하시오.

　(1) DNA를 구성하는 기본 단위는 뉴클레오타이드이다.

　　　　　　　　　　　　　　　　　(　　)

　(2) DNA의 모든 부위가 유전자이다.　(　　)

3. DNA로 연결된 뉴클레오솜이 원통 모양으로 감겨서 실 모양의 (　　　)를 형성하고, (　　　)가 더 응축되어 (　　　)를 형성한다.

4. 그림은 어떤 세포의 염색체를 모두 나타낸 것이다. 이 세포의 핵상을 표시하시오.

　　　　　　　　　　　　　　　　　(　　)

③ 핵형 분석
  • 어떤 생물의 핵형을 분석하는 것으로, 세포 분열 중 염색체 관찰이 쉬운 세포를 사용한다.
  • 상동 염색체 쌍을 염색체의 길이가 긴 것부터 짧은 것 순으로 배열하여 1번부터 번호를 매긴다.
  • 핵형 분석을 통해 염색체의 수, 모양, 크기 등 특징을 알 수 있다.
  • 같은 종이고 성별이 같으면 핵형 분석 결과가 같다.

(2) 상동 염색체와 대립유전자

① 상동 염색체
  • 체세포에 들어 있는 크기와 모양이 같은 한 쌍의 염색체이다.
  • 상동 염색체에서 한 염색체는 부계에서, 다른 염색체는 모계에서 물려받은 것이다. 사람의 체세포에는 상동 염색체 23쌍, 즉 염색체 46개가 있다.

② 대립유전자
  • 한 가지 형질 발현에 관여하는 유전자 쌍으로, 상동 염색체에서 같은 위치에 존재한다.
  • 대립유전자 쌍은 유전자 구성이 같을 수도 있고, 다를 수도 있다.

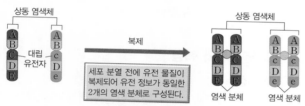

상동 염색체와 대립유전자

(3) 사람의 염색체

① 상염색체: 사람의 체세포에 존재하는 염색체 중 X 염색체와 Y 염색체를 제외하고 남녀에 공통으로 존재하는 염색체이다.
  • 사람의 각 체세포가 가지는 46개의 염색체 중 44개(22쌍, 1번~22번)의 염색체가 상염색체이다.

② 성염색체: 성을 결정하는 염색체로, 남녀에서 염색체 구성이 다르다.

③ 남자와 여자의 염색체 구성

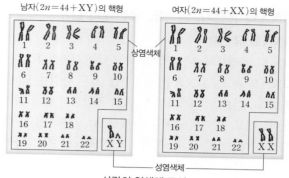

사람의 염색체 구성

  • 남자의 염색체 구성: $2n = 44 + XY$
  • 여자의 염색체 구성: $2n = 44 + XX$
  • 남녀 모두 체세포 1개당 상염색체 22쌍을 가진다.
  • 남자의 성염색체는 XY, 여자의 성염색체는 XX이다.

3 염색 분체의 형성과 분리

① 염색 분체의 형성: 세포 분열이 일어나기 전에 DNA가 복제된 후 DNA는 히스톤 단백질과 결합하여 응축된다. 그 결과 세포 분열이 시작될 때 염색체는 염색 분체 2개가 붙어 있는 상태로 관찰된다.

② 염색 분체의 분리: 염색 분체는 서로 붙어 있다가 세포 분열이 진행됨에 따라 분리되어 각각 다른 딸세포로 들어간다.

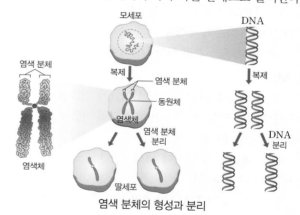

염색 분체의 형성과 분리

③ 돌연변이를 고려하지 않는다면 딸세포와 모세포의 유전 정보는 서로 같다.

핵심 개념 체크

정답과 해설 25쪽

5. 체세포에 들어 있는 크기와 모양이 같은 한 쌍의 염색체를 (   )라고 한다.

6. 상동 염색체에서 같은 위치에 존재하면서 한 가지 형질에 대해 대립 형질이 나타나게 하는 유전자를 (   )라고 한다.

7. 사람의 체세포에는 상동 염색체 (   )쌍, 즉 염색체가 (   )개 있다.

8. 다음 중 옳은 것은 ○표, 옳지 않은 것은 ×표 하시오.
  (1) 상염색체는 남녀에 공통으로 존재하는 염색체이다.
  (   )
  (2) 남자는 성염색체로 XX를 갖는다.   (   )
  (3) 체세포 분열이 일어날 때 한 염색체를 구성했던 염색 분체 2개는 하나의 딸세포로만 이동한다.   (   )

01 [8712-0224] 그림 (가)는 DNA의 구조를, (나)는 DNA를 구성하는 뉴클레오타이드의 구조를 나타낸 것이다.

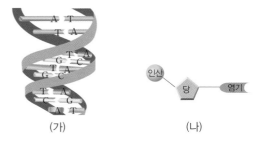

(가)   (나)

이에 대한 설명으로 옳은 것만을 〈보기〉에서 있는 대로 고른 것은?

┌ 보기 ┌
ㄱ. (가)는 2중 나선 구조이다.
ㄴ. (나)에서 당은 디옥시리보스이다.
ㄷ. (가)에 존재하는 (나)의 종류는 4가지이다.

① ㄱ   ② ㄷ   ③ ㄱ, ㄴ
④ ㄴ, ㄷ   ⑤ ㄱ, ㄴ, ㄷ

02 [8712-0225] 표는 여러 생물의 체세포 1개에 들어 있는 염색체 수를 나타낸 것이다.

생물 종	염색체 수
침팬지	48
감자	48
사람	46
토끼	44
초파리	8

이에 대한 설명으로 옳은 것만을 〈보기〉에서 있는 대로 고른 것은?

┌ 보기 ┌
ㄱ. 몸의 크기가 클수록 염색체 수가 많다.
ㄴ. 침팬지와 감자의 핵형은 동일하다.
ㄷ. 감자의 체세포 1개에 들어 있는 염색체 수는 사람의 생식세포(n) 1개에 들어 있는 염색체 수보다 많다.

① ㄱ   ② ㄷ   ③ ㄱ, ㄴ
④ ㄱ, ㄷ   ⑤ ㄴ, ㄷ

03 [8712-0226] 그림은 어떤 형질에 대한 유전자형으로 AaBbDd를 갖는 어떤 생물의 감수 분열 중인 세포 X에 들어 있는 염색체 한 쌍과 유전자를 나타낸 것이다. A와 a, B와 b, D와 d는 각각 대립유전자이다.

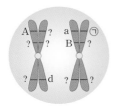

이에 대한 설명으로 옳은 것만을 〈보기〉에서 있는 대로 고른 것은? (단, 돌연변이는 고려하지 않는다.)

┌ 보기 ┌
ㄱ. ㉠은 a이다.
ㄴ. X의 핵상은 $2n$이다.
ㄷ. 염색 분체가 분리될 때 b와 D는 항상 같은 딸세포로 이동한다.

① ㄱ   ② ㄷ   ③ ㄱ, ㄴ
④ ㄴ, ㄷ   ⑤ ㄱ, ㄴ, ㄷ

04 [8712-0227] 그림은 어떤 사람의 혈액에 존재하는 세포 ⓐ를 이용한 핵형 분석 결과를 나타낸 것이다.

세포 ⓐ에 대한 설명으로 옳은 것만을 〈보기〉에서 있는 대로 고른 것은? (단, 제시된 염색체 이외의 염색체는 고려하지 않는다.)

┌ 보기 ┌
ㄱ. 유전 물질이 존재한다.
ㄴ. $\dfrac{상염색체\ 수}{성염색체\ 수}=44$이다.
ㄷ. 염색 분체 수는 96이다.

① ㄱ   ② ㄷ   ③ ㄱ, ㄴ
④ ㄴ, ㄷ   ⑤ ㄱ, ㄴ, ㄷ

05 [8712-0228]

그림 (가)와 (나)는 어떤 동물의 암컷과 수컷의 체세포 각각에 들어 있는 모든 염색체와 일부 유전자를 순서 없이 나타낸 것이다. 이 동물 암컷의 성염색체는 XX이고, 수컷의 성염색체는 XY이다.

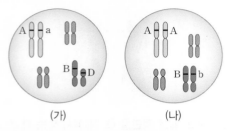

(가)   (나)

이에 대한 설명으로 옳은 것만을 〈보기〉에서 있는 대로 고른 것은? (단, 돌연변이와 교차는 고려하지 않으며, A, a, B, b, D는 유전자이다.)

┌─ 보기 ┐
ㄱ. (가)는 Y 염색체에 D를 갖는다.
ㄴ. B와 b는 대립유전자이다.
ㄷ. (가)와 (나)에 존재하는 B의 양은 서로 같다.
└─────┘

① ㄱ   ② ㄷ   ③ ㄱ, ㄴ   ④ ㄴ, ㄷ   ⑤ ㄱ, ㄴ, ㄷ

06 [8712-0229]

그림은 염색체의 구조를 나타낸 것이고, A와 B의 기본 단위는 각각 뉴클레오타이드와 아미노산 중 하나이다.

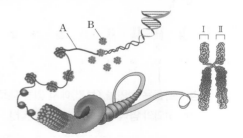

이에 대한 설명으로 옳은 것만을 〈보기〉에서 있는 대로 고른 것은?

┌─ 보기 ┐
ㄱ. A를 구성하는 원소에 인(P)이 있다.
ㄴ. Ⅰ과 Ⅱ는 상동 염색체이다.
ㄷ. B는 히스톤 단백질이다.
└─────┘

① ㄱ   ② ㄷ   ③ ㄱ, ㄴ   ④ ㄱ, ㄷ   ⑤ ㄴ, ㄷ

07 [8712-0230]

그림 (가)와 (나)는 동물 $A(2n=8)$와 $B(2n=?)$의 어떤 세포에 들어 있는 모든 염색체를 각각 나타낸 것이다. A의 성염색체는 XY이다.

(가)   (나)

이에 대한 설명으로 옳은 것만을 〈보기〉에서 있는 대로 고른 것은?

┌─ 보기 ┐
ㄱ. ㉠은 상염색체이다.
ㄴ. B의 체세포 1개당 염색체 수는 10이다.
ㄷ. $\dfrac{(가)의\ 염색\ 분체\ 수}{(나)의\ 염색체\ 수} > 3$이다.
└─────┘

① ㄱ   ② ㄴ   ③ ㄱ, ㄷ
④ ㄴ, ㄷ   ⑤ ㄱ, ㄴ, ㄷ

08 [8712-0231]

그림 (가)는 어떤 사람의 체세포 X에 존재하는 염색체 2개를, (나)는 뉴클레오솜의 구성 성분을 나타낸 것이다. A와 b는 유전자이다.

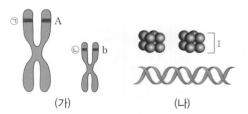

(가)   (나)

이에 대한 설명으로 옳은 것만을 〈보기〉에서 있는 대로 고른 것은? (단, 돌연변이와 교차는 고려하지 않는다.)

┌─ 보기 ┐
ㄱ. ㉠은 A이다.
ㄴ. Ⅰ에 유전 정보가 저장되어 있다.
ㄷ. X의 염색체를 구성하던 2개의 염색 분체가 분리되어 형성된 딸세포는 A와 b를 갖는다.
└─────┘

① ㄱ   ② ㄴ   ③ ㄱ, ㄷ
④ ㄴ, ㄷ   ⑤ ㄱ, ㄴ, ㄷ

09 [8712-0232]
그림은 어떤 세포($2n=4$)의 세포 분열 과정을 나타낸 것이다.

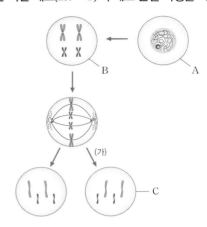

이에 대한 설명으로 옳은 것만을 〈보기〉에서 있는 대로 고른 것은? (단, 돌연변이와 교차는 고려하지 않는다.)

┌─ 보기 ┐
ㄱ. (가) 과정에서 염색 분체가 분리된다.
ㄴ. 세포 B에서 $\dfrac{\text{염색 분체 수}}{\text{염색체 수}}=2$이다.
ㄷ. 세포 A가 가진 유전 정보는 세포 C가 가진 유전 정보와 같다.
└──────┘

① ㄴ   ② ㄷ   ③ ㄱ, ㄴ   ④ ㄱ, ㄷ   ⑤ ㄱ, ㄴ, ㄷ

10 [8712-0233]
그림은 어떤 사람의 체세포에서 핵형 분석 결과를 나타낸 것이다.

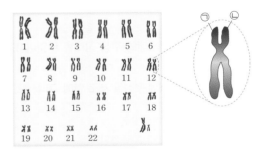

이에 대한 설명으로 옳은 것만을 〈보기〉에서 있는 대로 고른 것은?

┌─ 보기 ┐
ㄱ. 이 사람의 성별은 남자이다.
ㄴ. ㉠과 ㉡의 유전자 구성은 다르다.
ㄷ. 염색체 번호가 1번에서 22번으로 갈수록 염색체의 크기가 커진다.
└──────┘

① ㄱ   ② ㄷ   ③ ㄱ, ㄴ   ④ ㄴ, ㄷ   ⑤ ㄱ, ㄴ, ㄷ

11 [8712-0234]
그림은 어떤 생물의 암컷과 수컷에 대한 핵형 분석 결과를 나타낸 것이다. A와 B는 각각 암컷과 수컷의 핵형 분석 결과 중 하나이고, 암컷의 성염색체는 XX, 수컷의 성염색체는 XY이다.

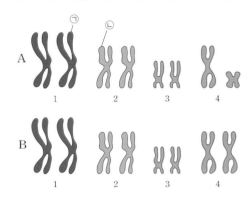

이에 대한 설명으로 옳은 것만을 〈보기〉에서 있는 대로 고른 것은?

┌─ 보기 ┐
ㄱ. ㉠과 ㉡은 상동 염색체이다.
ㄴ. A에서 $\dfrac{\text{상염색체 수}}{\text{X 염색체 수}}=6$이다.
ㄷ. B를 갖는 세포의 핵상은 $2n$이다.
└──────┘

① ㄱ   ② ㄷ   ③ ㄱ, ㄴ   ④ ㄴ, ㄷ   ⑤ ㄱ, ㄴ, ㄷ

12 [8712-0235]
그림은 어떤 동물에서 관찰된 세포 A~C의 염색체를 모두 나타낸 것이다.

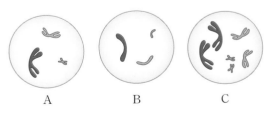

이에 대한 설명으로 옳은 것만을 〈보기〉에서 있는 대로 고른 것은?

┌─ 보기 ┐
ㄱ. 핵상은 A와 B가 같다.
ㄴ. C에서 염색 분체 수는 12이다.
ㄷ. 염색체 수는 A가 C의 2배이다.
└──────┘

① ㄱ   ② ㄴ   ③ ㄱ, ㄴ   ④ ㄴ, ㄷ   ⑤ ㄴ, ㄷ

01 [8712-0236]
그림은 세포 (가)와 (나)에 각각 들어 있는 모든 염색체를 나타낸 것이다. (가)와 (나)는 각각 수컷 A와 암컷 B의 세포 중 하나이다. A와 B는 같은 종이고, 성염색체는 수컷이 XY, 암컷이 XX이다.

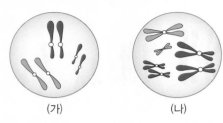

(가)   (나)

다음 물음에 답하시오.

(1) (가)와 (나)의 핵상을 각각 쓰시오.
(2) (가)는 A와 B 중 어떤 개체의 세포인가?
(3) (나)에서 $\dfrac{\text{상염색체 수}}{\text{X 염색체 수}}$는 얼마인가?

02 [8712-0237]
다음에서 설명하는 것은 무엇인지 쓰시오.

> • 체세포에 들어 있는 크기와 모양이 같은 한 쌍의 염색체이다.
> • 사람은 부계와 모계로부터 이것을 하나씩 물려받는다.
> • 사람은 체세포 1개당 23쌍의 이것을 갖는다.

03 [8712-0238]
그림은 염색체의 구조를 나타낸 것이다. (나)~(라) 각각은 DNA, 히스톤 단백질, 뉴클레오솜 중 하나이고, ㉠과 ㉡은 각각 유전자 A와 B 중 하나이다.

다음 물음에 답하시오.

(1) ㉠과 ㉡은 각각 어떤 유전자인지 쓰시오.
(2) (나)~(라) 각각은 무엇인지 쓰시오.
(3) (나)의 기본 단위는 어떻게 구성되어 있는지 서술하시오.

04 [8712-0239]
그림은 어떤 태아의 핵형 분석 결과를 나타낸 것이다.

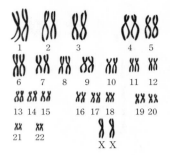

다음 물음에 답하시오.

(1) 이 태아의 성별은 무엇인가?
(2) 이 핵형 분석 결과에서 알 수 있는 사실을 2가지만 서술하시오.

05 [8712-0240]
다음은 사람의 염색체에 대한 설명이다.

> • 사람의 체세포 1개당 염색체 수는 ⓐ이다.
> • 사람의 체세포 1개당 상염색체 수는 ⓑ이고, 성염색체 수는 ⓒ이다.
> • 여자의 체세포 1개가 갖는 핵상과 염색체 수는 $2n=44+XX$이고, 남자의 체세포 1개가 갖는 핵상과 염색체 수는 (㉮)이다.

다음 물음에 답하시오.

(1) ⓐ+ⓑ+ⓒ는 얼마인가?
(2) ㉮에 해당하는 핵상과 염색체 수를 쓰시오.

06 [8712-0241]
다음 물음에 답하시오.

(1) 한 세포에 들어 있는 염색체의 구성 상태를 무엇이라고 하는지 쓰시오.
(2) 다음의 조건에 맞는 염색체 구성을 세포 안에 그리시오.

> • 핵상과 염색체 수가 $2n=4$이다.
> • 한 염색체는 염색 분체 2개로 구성된다.
> • 성염색체로 XX를 갖는다.

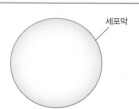

세포막

12 세포 주기와 세포 분열

1 세포 주기

(1) 세포 주기 세포 분열 결과 형성된 딸세포가 생장하여 다시 분열을 마칠 때까지의 기간이다.

(2) 세포 주기의 구분 간기와 분열기로 구분할 수 있다.

① 간기: 분열기와 분열기 사이의 기간으로, 세포 주기의 대부분을 차지한다.
- G_1기 → S기 → G_2기의 순서로 진행된다.
- DNA가 복제되며, 세포 분열을 위해 필요한 물질이 합성된다.
- 유전 물질은 염색사 형태로 존재한다.

② 분열기(M기): 세포가 분열하는 시기로, 간기에 비해 짧다. 핵분열에 이어 세포질 분열이 일어난다.
- 핵분열: 염색체를 관찰할 수 있는 시기로, 염색체의 특징에 따라 전기, 중기, 후기, 말기로 구성된다.
- 세포질 분열: 세포질이 분리되어 딸세포가 형성된다.

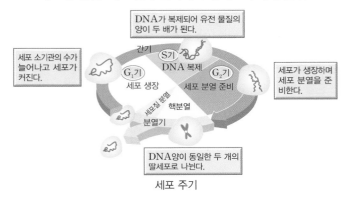

세포 주기

(3) 세포 주기 조절의 이상 세포 주기 조절 기능에 이상이 생기면 정상 세포는 암세포로 변할 수 있다.

구분	배양 중인 세포의 특징
정상 세포	접촉 저해 있음 • 특정 세포로 분화된다. • 한 층으로만 분열한다. • 주변 환경에 따라 세포 주기 진행 여부가 조절된다.
암세포	접촉 저해 없음 • 특정 세포로 분화되지 않는다. • 여러 층으로 분열한다. • 세포 주기 조절 기능에 이상이 생기면 비정상적으로 계속 분열한다.

2 체세포 분열

(1) 체세포 분열 생물의 발생과 생장, 조직의 재생 등을 위하여 모세포와 동일한 DNA를 가진 2개의 딸세포를 형성하는 과정이다.

① 간기: 핵막과 인이 뚜렷이 관찰되며, 유전 물질은 염색사 형태로 존재한다.

② 핵분열: 염색 분체가 형성·분리되어 2개의 딸핵이 생성되는 과정이다.

전기	• 염색사가 응축하여 염색체가 형성된다.
중기	• 염색체가 세포 중앙 적도면에 배열한다.
후기	• 하나의 염색체를 구성하던 염색 분체가 서로 분리되어 양극으로 이동한다.
말기	• 양극으로 이동한 염색체는 염색사로 풀어진다. • 핵막과 인이 다시 나타나 2개의 딸핵이 만들어진다.

③ 세포질 분열: 핵분열에 이어 세포질 분열이 일어나 2개의 딸세포가 만들어진다.

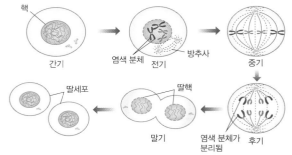

체세포 분열

(2) 체세포 분열의 의의

① 1개의 모세포로부터 2개의 딸세포가 생성된다.

② 모세포와 딸세포의 유전 정보는 동일하다.

③ 체세포 분열 과정에서 핵 1개당 DNA양은 간기의 S기에 2배로 증가하고, 핵분열 말기에 2개의 딸핵이 만들어지면서 절반으로 감소하여 모세포와 같아진다.

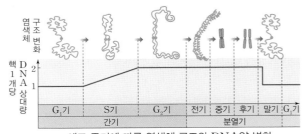

세포 주기에 따른 염색체 구조와 DNA양 변화

정답과 해설 27쪽

1. 세포 분열 결과 형성된 딸세포가 생장하여 다시 분열을 마칠 때까지의 기간이 ( )이다.

2. 분열기의 핵분열 시기는 염색체의 특징에 따라 전기, 중기, ( ), 말기로 구분된다.

3. 1개의 모세포가 체세포 분열을 1회 거치면 ( )개의 딸세포가 생성된다.

❸ 생식세포 분열

(1) 생식세포 분열(감수 분열)

① 유성 생식을 하는 생물이 생식세포를 형성할 때 딸세포의 염색체 수가 반으로 줄어드는 생식세포 분열(감수 분열)이 일어난다.

② 감수 분열 과정은 감수 1분열과 감수 2분열로 구분된다.

③ 세포 분열이 2회 연속으로 일어나 1개의 모세포($2n$)로부터 4개의 딸세포(n)가 만들어진다.

(2) 생식세포 분열(감수 분열)의 구분

① 감수 1분열: 상동 염색체가 분리되어 DNA양과 염색체 수가 절반으로 감소한다. 핵상은 $2n$에서 n으로 변한다.

• 2가 염색체: 감수 1분열 전기에 상동 염색체가 접합하여 형성된다. 4개의 염색 분체로 이루어져 있으므로 4분 염색체라고도 한다. 성염색체인 X 염색체와 Y 염색체도 감수 1분열 전기에 접합한다.

② 감수 2분열: 염색 분체가 분리되어 DNA양은 절반으로 감소하고, 염색체 수는 유지된다. 핵상은 n에서 n으로 변함없다.

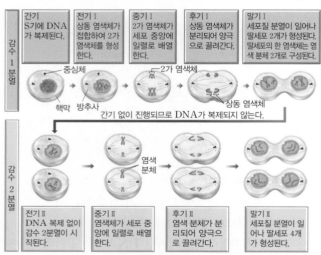

생식세포 분열

❹ 생식세포 분열의 의의

(1) 각 세대에서 염색체 수와 DNA양이 일정하게 유지

① 생식세포 분열을 통해 만들어진 생식세포의 염색체 수와 DNA양은 G_1기 체세포의 절반이다.

② 생식세포의 수정으로 만들어진 수정란의 염색체 수는 모체의 체세포 염색체 수와 같다.

(2) 자손의 유전적 다양성 획득

① 상동 염색체의 무작위적인 분리: 감수 1분열 중기에서 후기로 진행될 때, 여러 개의 상동 염색체 쌍은 2가 염색체로 세포 중앙에 배열되었다가 무작위적으로 각각의 염색체가 서로 다른 딸세포로 들어간다.

② 생식세포의 무작위적인 수정: 사람은 23쌍의 상동 염색체가 있으므로 정자와 난자의 수정에 의해 생길 수 있는 수정란의 종류는 $2^{23} \times 2^{23} = 2^{46}$(약 70조)가지이다.

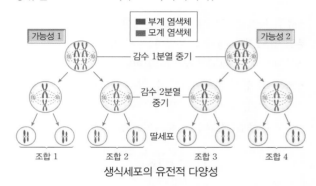

생식세포의 유전적 다양성

❺ 체세포 분열과 생식세포 분열의 비교

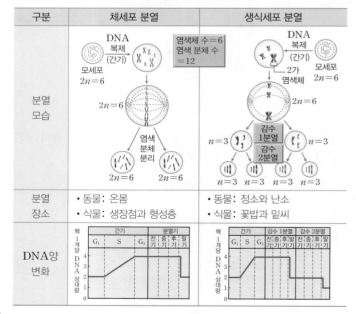

구분	체세포 분열	생식세포 분열
분열 모습		
분열 장소	• 동물: 온몸 • 식물: 생장점과 형성층	• 동물: 정소와 난소 • 식물: 꽃밥과 밑씨
DNA양 변화		

정답과 해설 27쪽

핵심 개념 체크

4. 유성 생식을 하는 생물이 생식세포를 형성할 때 일어나는 분열은 (   )이다.

5. 감수 1분열 결과 핵상은 $2n$에서 (   )으로 감소하고, 감수 2분열 결과 핵상은 (   )에서 (   )으로 유지된다.

6. 체세포 분열에서 핵분열은 (   )회 일어나고, 생식세포 분열에서 핵분열은 연속 (   )회 일어난다.

7. 다음 중 옳은 것은 〇표, 옳지 않은 것은 ×표 하시오.

(1) 감수 1분열 중기 세포에서 2가 염색체가 존재한다. (   )

(2) 생식세포 분열을 통해 만들어진 생식세포의 DNA양은 G_1기 체세포의 절반이다. (   )

(3) 감수 1분열 후기 세포에서 염색 분체가 분리된다. (   )

01 [8712-0242]
그림 (가)는 어떤 동물에서 체세포의 세포 주기를, (나)는 이 세포 주기 중 특정 시기에 관찰된 세포 내 염색체를 모두 나타낸 것이다. ⓐ~ⓒ는 각각 G_1기, G_2기, M기 중 하나이다.

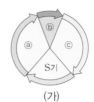

(가)   (나)

이에 대한 설명으로 옳은 것만을 〈보기〉에서 있는 대로 고른 것은? (단, 돌연변이는 고려하지 않는다.)

┌─ 보기 ┐
ㄱ. 세포당 DNA양은 ⓐ 시기 세포가 ⓒ 시기 세포의 2배이다.
ㄴ. (나)의 핵상은 $2n$이다.
ㄷ. (나)의 세포는 ⓑ에서 관찰된다.
└────────┘

① ㄱ   ② ㄷ   ③ ㄱ, ㄴ
④ ㄴ, ㄷ   ⑤ ㄱ, ㄴ, ㄷ

02 [8712-0243]
그림 (가)와 (나)는 어떤 동물($2n=4$)에서 일어나는 서로 다른 세포 분열 과정 중 일부를 각각 나타낸 것이다.

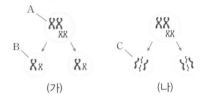

(가)   (나)

이에 대한 설명으로 옳은 것만을 〈보기〉에서 있는 대로 고른 것은? (단, 돌연변이는 고려하지 않는다.)

┌─ 보기 ┐
ㄱ. A의 핵상은 $2n$이다.
ㄴ. $\dfrac{\text{염색체 수}}{\text{세포당 DNA양}}$ 는 B가 C의 2배이다.
ㄷ. 감수 1분열 과정에서 (가)가 일어난다.
└────────┘

① ㄴ   ② ㄷ   ③ ㄱ, ㄴ   ④ ㄱ, ㄷ   ⑤ ㄴ, ㄷ

03 [8712-0244]
그림은 세포 (가)~(라) 각각에 들어 있는 모든 염색체를 나타낸 것이다. (가)~(라)는 각각 서로 다른 개체 A~C의 세포 중 하나이다. A와 B는 같은 종이고, A는 수컷이다. A~C에서 성염색체는 암컷이 XX, 수컷이 XY이다.

(가)   (나)   (다)   (라)

이에 대한 설명으로 옳은 것만을 〈보기〉에서 있는 대로 고른 것은? (단, 돌연변이는 고려하지 않는다.)

┌─ 보기 ┐
ㄱ. (나)는 A의 세포이다.
ㄴ. (가)와 (라)는 같은 종의 세포이다.
ㄷ. 세포 1개당 $\dfrac{\text{상염색체 수}}{\text{X 염색체 수}}$ 는 (가)가 (다)의 2배이다.
└────────┘

① ㄱ   ② ㄴ   ③ ㄱ, ㄴ   ④ ㄱ, ㄷ   ⑤ ㄴ, ㄷ

04 [8712-0245]
그림은 철수의 상염색체 일부와 성염색체를, 표는 철수네 가족에서 유전자 A, B, D의 존재 유무를 나타낸 것이다. A는 a와, B는 b와, D는 d와 각각 서로 대립유전자이다.

구분	A	B	D
아버지	○	?	?
어머니	×	×	○
여동생	×	○	×

(○: 있음, ×: 없음)

이에 대한 설명으로 옳은 것만을 〈보기〉에서 있는 대로 고른 것은? (단, 돌연변이와 교차는 고려하지 않는다.)

┌─ 보기 ┐
ㄱ. ㉠은 b이다.
ㄴ. 어머니는 D와 d를 모두 갖는다.
ㄷ. 아버지는 B와 D를 모두 갖는다.
└────────┘

① ㄱ   ② ㄷ   ③ ㄱ, ㄴ   ④ ㄴ, ㄷ   ⑤ ㄱ, ㄴ, ㄷ

05 [8712-0246] 표는 아버지를 제외한 영희네 가족 구성원에서 체세포 1개당 유전자 A, a, B, b, D, d의 DNA 상대량을 나타낸 것이다. A는 a와, B는 b와, D는 d와 각각 서로 대립유전자이고, A, a, B, b, D, d 각각의 1개당 DNA 상대량은 같다.

구성원	DNA 상대량					
	A	a	B	b	D	d
어머니	1	1	2	0	0	2
오빠	2	0	1	0	0	1
영희	2	0	2	0	1	1
남동생	0	ⓐ	?	ⓑ	?	ⓒ

이에 대한 설명으로 옳은 것만을 〈보기〉에서 있는 대로 고른 것은? (단, 돌연변이와 교차는 고려하지 않는다.)

┌─ 보기 ─────────────────────────────┐
ㄱ. ⓐ+ⓑ+ⓒ=3이다.
ㄴ. A와 a는 상염색체에 존재한다.
ㄷ. 아버지는 B와 D가 함께 존재하는 X 염색체를 갖는다.
└────────────────────────────────────┘

① ㄱ ② ㄷ ③ ㄱ, ㄴ ④ ㄴ, ㄷ ⑤ ㄱ, ㄴ, ㄷ

06 [8712-0247] 그림 (가)는 핵상이 $2n$인 동물 P의 세포 분열 과정 중 일부에서 세포 1개당 DNA양을, (나)는 t_1, t_2, t_3 중 한 시점의 세포를 나타낸 것이다. t_3 시점의 세포는 염색체를 갖는다.

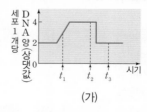 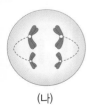
(가)　　　　(나)

이에 대한 설명으로 옳은 것만을 〈보기〉에서 있는 대로 고른 것은? (단, 돌연변이와 교차는 고려하지 않는다.)

┌─ 보기 ─────────────────────────────┐
ㄱ. t_1 시점의 세포는 핵막을 갖는다.
ㄴ. (나)는 t_2일 때의 세포이다.
ㄷ. t_3 시점의 세포에서 $\dfrac{\text{세포 1개당 염색 분체 수}}{\text{세포 1개당 염색체 수}}=1$이다.
└────────────────────────────────────┘

① ㄴ ② ㄷ ③ ㄱ, ㄴ ④ ㄱ, ㄷ ⑤ ㄴ, ㄷ

07 [8712-0248] 그림 (가)는 어떤 식물 P에서 체세포의 세포 주기를, (나)는 P의 체세포 분열 과정 중에 있는 세포들을 나타낸 것이다. ㉠~㉤은 각각 전기, 중기, 후기, 말기, G_1기, G_2기 중 하나이다.

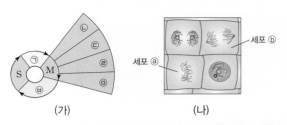
(가)　　　　(나)

이에 대한 설명으로 옳은 것만을 〈보기〉에서 있는 대로 고른 것은? (단, 돌연변이는 고려하지 않는다.)

┌─ 보기 ─────────────────────────────┐
ㄱ. ㉢ 시기 세포는 염색체가 적도면에 배열되어 있다.
ㄴ. ⓑ는 ㉣ 시기 세포에 속한다.
ㄷ. ⓐ의 DNA양은 ㉤ 시기 세포의 DNA양과 같다.
└────────────────────────────────────┘

① ㄱ ② ㄴ ③ ㄱ, ㄴ ④ ㄱ, ㄷ ⑤ ㄴ, ㄷ

08 [8712-0249] 표는 유전자 A, a, B, b를 갖는 어떤 사람에서 1개의 모세포로부터 세포가 분열되는 과정에서 생성되는 세포 ㉠~㉣의 핵상과 유전자 A와 B의 DNA 상대량을 나타낸 것이다. A와 a, B와 b는 각각 서로 대립유전자이고, A, a, B, b 각각의 1개당 DNA 상대량은 같다.

세포	핵상	DNA 상대량	
		A	B
㉠	$2n$	2	2
㉡	n	1	0
㉢	?	2	0
㉣	$2n$	1	1

이에 대한 설명으로 옳은 것만을 〈보기〉에서 있는 대로 고른 것은? (단, 돌연변이와 교차는 고려하지 않는다.)

┌─ 보기 ─────────────────────────────┐
ㄱ. 핵상은 ㉠과 ㉢이 같다.
ㄴ. 세포당 a의 DNA 상대량은 ㉠과 ㉣이 같다.
ㄷ. b의 DNA 상대량은 ㉢이 ㉡의 2배이다.
└────────────────────────────────────┘

① ㄱ ② ㄷ ③ ㄱ, ㄴ ④ ㄴ, ㄷ ⑤ ㄱ, ㄴ, ㄷ

[8712–0250]
09 그림은 어떤 동물에서 체세포 Q의 세포 주기를, 표는 Q를 배양한 후 세포당 DNA양에 따른 세포 수를 나타낸 것이다. A~C는 각각 G_1기, G_2기, S기 중 하나이다.

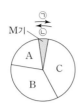

세포당 DNA양 (상댓값)	세포 수
1	200개
1~2	180개
2	ⓐ120개

이에 대한 설명으로 옳은 것만을 〈보기〉에서 있는 대로 고른 것은? (단, 돌연변이는 고려하지 않는다.)

┌ 보기 ┐
ㄱ. B 시기에 염색체가 형성된다.

ㄴ. ⓐ의 세포 중 $\dfrac{\text{핵막이 있는 세포 수}}{\text{핵막이 없는 세포 수}} > 1$이다.

ㄷ. 세포 주기는 ㉡ 방향으로 진행된다.

① ㄱ   ② ㄴ   ③ ㄱ, ㄴ

④ ㄱ, ㄷ   ⑤ ㄴ, ㄷ

[8712–0251]
10 그림은 핵상이 $2n$인 어떤 동물에서 G_1기의 세포 ㉠으로부터 정자가 형성되는 과정을, 표는 세포 ㉠~㉤에 대한 자료이다. A는 a와, B는 b와 각각 대립유전자이다.

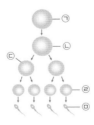

세포 ㉠~㉤의 특징
• ㉠은 a와 B를 가지며, a와 B는 같은 염색체에 존재한다.
• ㉠~㉤ 중 A와 b를 모두 갖는 세포의 수는 3이다.
• ㉡과 ㉢은 중기의 세포이다.

이에 대한 설명으로 옳은 것만을 〈보기〉에서 있는 대로 고른 것은? (단, 돌연변이와 교차는 고려하지 않는다.)

┌ 보기 ┐
ㄱ. ㉠은 A, a, B, b를 모두 갖는다.

ㄴ. 세포 1개당 DNA양은 $\dfrac{㉡}{㉢} = 2$이다.

ㄷ. ㉠~㉤ 중 a와 B를 모두 갖는 세포의 수는 4이다.

① ㄱ   ② ㄷ   ③ ㄱ, ㄴ

④ ㄴ, ㄷ   ⑤ ㄱ, ㄴ, ㄷ

[8712–0252]
11 그림 (가)는 핵분열 중인 어떤 세포 X에서 시간에 따른 염색 분체 사이의 거리를, (나)는 (가)의 t_1에서 관찰된 염색체와 방추사를 나타낸 것이다.

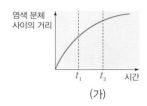 

               (가)   (나)

이에 대한 설명으로 옳은 것만을 〈보기〉에서 있는 대로 고른 것은? (단, 돌연변이는 고려하지 않는다.)

┌ 보기 ┐
ㄱ. (나)는 체세포 분열 중이다.

ㄴ. (나)의 핵분열 결과 생성된 딸세포의 핵상은 $2n$이다.

ㄷ. 세포당 DNA양은 t_1에서와 t_2에서가 같다.

① ㄱ   ② ㄷ   ③ ㄱ, ㄴ   ④ ㄴ, ㄷ   ⑤ ㄱ, ㄴ, ㄷ

[8712–0253]
12 다음은 세포 주기에 대한 실험이다.

[실험 과정]
(가) 어떤 동물의 체세포를 영양 물질이 풍부한 조건에서 배양하여 집단 A~C로 나눈다.
(나) B에는 방추사 구성 물질의 합성을 억제하는 물질을, C에는 DNA가 복제되는 중간 과정을 억제하는 물질을 각각 처리하고, A~C를 일정 시간 동안 배양한다.
(다) 세 집단에서 같은 수의 세포를 동시에 고정한 후, 세포당 DNA양에 따른 세포 수를 그래프로 나타낸다.

[실험 결과]
집단 ㉠~㉢은 각각 A~C 중 하나이다.

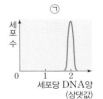 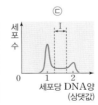

이에 대한 설명으로 옳은 것만을 〈보기〉에서 있는 대로 고른 것은? (단, 돌연변이는 고려하지 않는다.)

┌ 보기 ┐
ㄱ. ㉠은 B이다.

ㄴ. ㉡의 세포는 모두 분열기의 세포이다.

ㄷ. 구간 Ⅰ의 세포에는 염색체가 존재한다.

① ㄱ   ② ㄴ   ③ ㄷ   ④ ㄱ, ㄴ   ⑤ ㄴ, ㄷ

01 [8712-0254]
그림은 세포 A와 B를 각각 배양한 결과를 나타낸 것이다. A와 B는 각각 암세포와 정상 세포 중 하나이다.

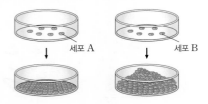

다음 물음에 답하시오.
(1) A와 B 중 세포 주기가 정상적으로 조절되는 세포는 무엇인가?
(2) 그림을 참고하여 암세포와 정상 세포의 차이점을 1가지만 서술하시오.

02 [8712-0255]
어떤 동물의 핵상과 염색체 수는 $2n=4$이다. 이 동물의 세포가 분열할 때 나타나는 감수 1분열 중기 세포와 체세포 분열 중기 세포의 염색체 구성을 그리시오. (단, 돌연변이는 고려하지 않는다.)

감수 1분열 중기   체세포 분열 중기

03 [8712-0256]
그림은 어떤 식물 P에서 감수 분열 과정의 세포를 같은 배율로 관찰한 결과를 나타낸 것이다.

A   B   C   D

세포 A~D가 관찰되는 순서를 순서대로 쓰시오.

04 [8712-0257]
그림은 어떤 동물 체세포의 세포 주기를 나타낸 것이다. ㉠~㉢은 각각 G_1기, G_2기, S기 중 하나이다.

다음 물음에 답하시오. (단, 돌연변이는 고려하지 않는다.)
(1) ㉠~㉢은 각각 세포 주기 중 어떤 단계인지 쓰시오.
(2) ㉠ 시기 세포와 ㉢ 시기 세포에서 핵 1개당 DNA양을 비교하고, 그렇게 판단한 까닭을 서술하시오.

05 [8712-0258]
그림은 어떤 동물 세포 P를 배양한 후 세포당 DNA양에 따른 세포 수를 나타낸 것이다. DNA양을 측정한 세포 수는 2,000개이고, P는 분열하여 딸세포를 형성한다.

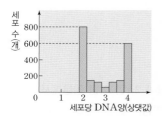

다음 물음에 답하시오.
(1) P는 체세포 분열과 감수 분열 중 어떤 분열을 하였는가?
(2) G_1기에 해당하는 세포는 몇 개인가?
(3) S기에 해당하는 세포는 몇 개인가?

06 [8712-0259]
다음에서 설명하는 것은 무엇인지 쓰시오.

- 감수 1분열 전기에 관찰된다.
- 염색 분체 4개로 구성된다.
- 상동 염색체가 접합하여 형성된다.

13 사람의 유전

1 사람의 유전 연구

(1) 사람의 유전 연구의 특징
① 한 세대가 길어 유전 현상을 직접 관찰하기 어렵다.
② 한 부모로부터 태어나는 자손의 수가 적어 통계 결과를 신뢰하기 어렵다.
③ 형질이 복잡하고 유전자의 수가 많아 결과 분석이 어렵다.
④ 임의 교배가 불가능하여 특정 형질의 유전 결과를 확인하기 어렵다.
⑤ 환경의 영향을 많이 받아 형질 발현의 원인을 분석하기 어렵다.

(2) 사람의 유전 연구 방법
가계도 조사, 쌍둥이 연구, 집단 조사, 염색체 및 유전자 분석 등 간접적인 방법을 이용한다.
① 가계도 조사: 특정한 유전 형질에 대한 한 가족의 표현형을 여러 세대에 걸쳐 그림으로 나타낸 가계도를 활용하면 해당 형질의 우열 관계, 유전 방식, 유전자 분포, 유전자가 전달되는 경로 등을 알 수 있다.
② 가계도에 사용되는 기호

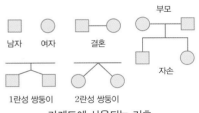

가계도에 사용되는 기호

③ 가계도 예시: 특정 형질의 발현 여부는 무늬나 색으로 구분한다.

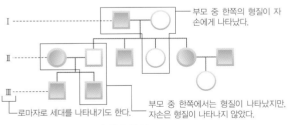

가계도 예시

2 상염색체 유전
사람의 특정 형질을 결정하는 유전자가 상염색체에 있는 경우이다.

(1) 단일 인자 유전
한 쌍의 대립유전자에 의해 형질 발현이 결정되어 대립 형질이 명확하게 구분되는 유전이다.

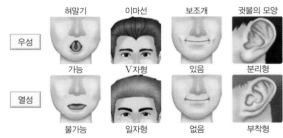

단일 인자 유전을 따르는 형질

(2) 복대립 유전
3개 이상의 대립유전자에 의해 한 형질의 발현이 결정되는 경우이다.
• ABO식 혈액형: ABO식 혈액형을 결정하는 대립유전자는 I^A, I^B, i의 세 가지이다. I^A는 적혈구 표면에 응집원 A를 만들고, I^B는 응집원 B를 만들고, i는 응집원을 만들지 못한다. 또한 I^A와 I^B는 i에 대해 우성이고, I^A와 I^B 사이에는 우열 관계가 없다.

표현형	A형	B형	AB형	O형
적혈구 표면의 응집원	응집원 A	응집원 B	응집원 응집원 A B	응집원이 없다
유전자형	$I^A I^A$ $I^A i$	$I^B I^B$ $I^B i$	$I^A I^B$	ii

3 성염색체 유전
사람의 특정 형질을 결정하는 유전자가 성염색체에 있는 경우이다.

(1) 사람의 성 결정
① 성염색체: 사람의 성염색체는 X 염색체와 Y 염색체가 있다. 성염색체에는 남녀의 성을 결정하는 유전자 외에 다른 형질을 결정하는 유전자도 들어 있다.

핵심 개념 체크

정답과 해설 29쪽

1. 가계도 기호에서 □는 (   )이고, ○는 (   )이다.

2. 상염색체 유전은 사람의 특정 형질을 결정하는 유전자가 (   )에 있는 경우이다.

3. (   ) 유전은 한 쌍의 대립유전자에 의해 형질 발현이 결정된다.

4. 다음 중 옳은 것은 ○표, 옳지 않은 것은 ×표 하시오.
  (1) 복대립 유전은 형질을 결정하는 대립유전자가 2개이다.
  (   )
  (2) 성염색체 유전을 따르는 형질의 예로 적록 색맹이 있다.
  (   )

5. ABO식 혈액형에서 유전자형이 $I^A I^B$인 사람은 표현형이 (   )이고, 유전자형이 ii인 사람은 표현형이 (   )이다.

② 사람의 염색체 구성

구분	염색체 구성
여자	$2n=44+XX$
남자	$2n=44+XY$

③ 감수 분열에 의한 생식세포 형성
- 감수 분열 시 한 쌍의 성염색체가 분리되어 서로 다른 생식세포로 들어간다.
- 남자의 생식세포인 정자는 X 염색체를 가진 것과 Y 염색체를 가진 것이 존재하고, 여자의 생식세포인 난자는 X 염색체를 가진 것만 존재한다.

④ 성 결정: 자녀의 성별은 X 염색체를 가진 난자가 어떤 성염색체를 갖는 정자와 수정하는가에 따라 결정된다.

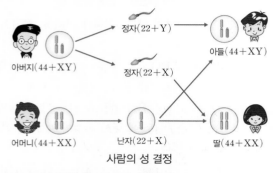

사람의 성 결정

(2) **X 염색체에 의한 유전** 특정 형질을 결정하는 유전자가 성염색체 중 X 염색체에 있는 경우이다.

① X 염색체에 의한 유전 특징: 남녀에 따라 X 염색체의 수가 다르므로 유전 형질의 발현 빈도는 남녀에 따라 다르다.

② 적록 색맹 유전
- 적록 색맹 유전자는 X 염색체에 있으며, 정상 대립유전자(X^R)는 적록 색맹 대립유전자(X^r)에 대해 우성이다.
- 여자의 경우 정상 대립유전자와 적록 색맹 대립유전자를 모두 가지고 있는 보인자($X^R X^r$)는 표현형이 정상이며, 적록 색맹 대립유전자만을 가지고 있을 때만 적록 색맹($X^r X^r$)이 된다.
- 남자의 경우에는 X 염색체가 1개이므로 이 염색체에 적록 색맹 대립유전자가 있으면 적록 색맹($X^r Y$)이 된다.

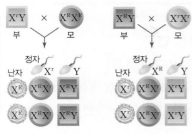

아버지가 적록 색맹($X^r Y$), 어머니가 정상($X^R X^R$)이면 딸은 보인자, 아들은 정상이다.

아버지가 정상($X^R Y$), 어머니가 적록 색맹($X^r X^r$)이면 딸은 보인자($X^R X^r$), 아들은 적록 색맹($X^r Y$)이다.

■ 정상 남자 ● 정상 여자 ■ 적록 색맹 남자 ● 적록 색맹 여자
X^R : 정상 대립유전자, X^r : 적록 색맹 대립유전자

X 염색체에 의한 적록 색맹 유전

4 다인자 유전

한 가지 형질에 대해 여러 쌍의 대립유전자가 영향을 미쳐 유전되는 현상이다.

① 여러 개의 유전자가 하나의 유전 형질의 발현에 관여한다.
② 여러 개의 유전자에 의한 다양한 유전자 조합이 다양한 표현형을 만든다.
③ 유전 형질의 발현이 환경의 영향을 받는다.
④ 대립 형질의 우열 관계가 뚜렷하지 않으므로 형질에 따른 개체 수 분포는 정규 분포 곡선 형태이다.

예 사람의 피부색에 관여하는 유전자로 세 쌍의 대립유전자가 있고, 피부색은 대립유전자 A, B, C가 많을수록 짙어지며, a, b, c가 많을수록 옅어진다고 가정하자. 유전자형이 AaBbCc인 부모 사이에서 태어난 자손에서 나타날 수 있는 피부색에 따른 개체 수는 정규 분포 곡선의 형태를 보인다.

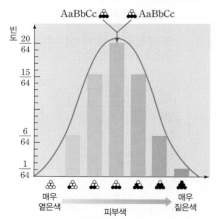

다인자 유전을 따르는 피부색 형질

핵심 개념 체크

정답과 해설 29쪽

6. X 염색체 유전을 따르는 형질은 남녀에 따라 형질의 발현 빈도가 (　　　　).

7. 정상 대립유전자를 X^R, 적록 색맹 대립유전자를 X^r라 할 때 적록 색맹인 여자의 유전자형은 (　　　　)이고, 적록 색맹인 남자의 유전자형은 (　　　　)이다.

8. 적록 색맹에 대해 보인자인 여자($X^R X^r$)와 정상인 남자($X^R Y$) 사이에서 태어난 자녀가 적록 색맹일 확률은 (　　　　)이다.

9. 다음 중 옳은 것은 ○표, 옳지 않은 것은 ×표 하시오.
   (1) 다인자 유전은 환경의 영향을 받지 않는다. (　　　)
   (2) 사람의 피부색 형질은 한 쌍의 대립유전자에 의해 결정된다. (　　　)
   (3) 성염색체 유전을 따르는 형질은 남녀에 따라 형질 발현 빈도가 다르다. (　　　)

01 [8712–0260]
그림은 영희네 가족의 PTC 미맹에 대한 가계도를 나타낸 것이다. PTC 미맹은 대립유전자 T와 t에 의해 결정되고, T는 t에 대해 완전 우성이다.

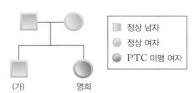

■ 정상 남자	
● 정상 여자	
◉ PTC 미맹 여자	

이에 대한 설명으로 옳은 것만을 〈보기〉에서 있는 대로 고른 것은? (단, 돌연변이는 고려하지 않는다.)

┌─ 보기 ┌
ㄱ. T는 정상 대립유전자이다.
ㄴ. (가)의 유전자형이 TT일 확률은 $\frac{1}{3}$이다.
ㄷ. PTC 미맹은 성염색체 유전 형질이다.

① ㄱ ② ㄴ ③ ㄱ, ㄴ ④ ㄱ, ㄷ ⑤ ㄴ, ㄷ

02 [8712–0261]
표는 사람의 유전병 ㉠~㉢의 특성을 나타낸 것이다. ㉠~㉢ 모두 서로 다른 한 쌍의 대립유전자에 의해 결정되고, 각 형질을 결정하는 대립유전자 사이의 우열 관계는 분명하다.

유전병	특성
㉠	아버지가 ㉠을 나타낼 때 태어나는 딸은 모두 ㉠을 나타낸다.
㉡	정상인 부모 사이에서 ㉡을 나타내는 딸과 아들이 모두 태어날 수 있다.
㉢	㉢을 나타내는 부모 사이에서 정상인 아들이 태어날 수 있다.

이에 대한 설명으로 옳은 것만을 〈보기〉에서 있는 대로 고른 것은? (단, 돌연변이는 고려하지 않는다.)

┌─ 보기 ┌
ㄱ. ㉠은 상염색체에 의한 유전이다.
ㄴ. ㉡은 성염색체에 의한 유전이다.
ㄷ. ㉢ 발현 유전자는 정상 유전자에 대해 우성이다.

① ㄴ ② ㄷ ③ ㄱ, ㄴ ④ ㄱ, ㄷ ⑤ ㄴ, ㄷ

03 [8712–0262]
다음은 유전병 (가)에 대한 자료이다.

- (가)는 한 쌍의 대립유전자 A와 a에 의해 결정되며, (가)를 결정하는 대립유전자 사이의 우열 관계는 분명하다.
- ㉠ (가)를 가진 남자와 정상인 여자 사이에서 태어난 딸은 모두 (가)를 가진다.
- ㉡ (가)를 가진 여자와 정상인 남자 사이에서 태어난 자녀에는 (가)를 가진 자녀와 정상인 자녀가 모두 있다.

이에 대한 설명으로 옳은 것만을 〈보기〉에서 있는 대로 고른 것은? (단, 돌연변이는 고려하지 않는다.)

┌─ 보기 ┌
ㄱ. ㉠은 X 염색체에 A를 갖는다.
ㄴ. ㉠과 ㉡ 사이에서 자녀가 태어날 때, 이 자녀가 (가)를 가질 확률은 $\frac{3}{4}$이다.
ㄷ. (가)를 가진 남자와 정상인 여자 사이에서 태어난 아들은 모두 정상이다.

① ㄱ ② ㄷ ③ ㄱ, ㄴ ④ ㄴ, ㄷ ⑤ ㄱ, ㄴ, ㄷ

04 [8712–0263]
그림은 유전병 ㉠에 대한 어느 집안의 가계도를 나타낸 것이다. ㉠은 대립유전자 A와 A*에 의해 결정되며, A는 A*에 대해 완전 우성이다.

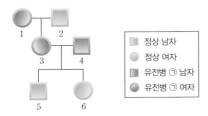

■ 정상 남자	
● 정상 여자	
▨ 유전병 ㉠ 남자	
◉ 유전병 ㉠ 여자	

이에 대한 설명으로 옳은 것만을 〈보기〉에서 있는 대로 고른 것은? (단, 돌연변이는 고려하지 않는다.)

┌─ 보기 ┌
ㄱ. A와 A*는 모두 상염색체에 존재한다.
ㄴ. 3이 가진 A는 1로부터 물려받았다.
ㄷ. 이 가계도에서 A*를 갖는 사람의 수는 4이다.

① ㄱ ② ㄴ ③ ㄷ ④ ㄱ, ㄴ ⑤ ㄱ, ㄴ, ㄷ

05 [8712-0264]

표는 철수네 가족 구성원의 G_1기 체세포 1개당 대립유전자 A와 A^*의 DNA 상대량을 나타낸 것이다. A와 A^* 각각의 1개당 DNA 상대량은 같다.

구성원	DNA 상대량	
	A	A^*
아버지	1	㉠
누나	0	㉡
철수	0	2
남동생	㉢	0

이에 대한 설명으로 옳은 것만을 〈보기〉에서 있는 대로 고른 것은? (단, 돌연변이는 고려하지 않는다.)

┌ 보기 ┐
ㄱ. ㉠+㉡+㉢=5이다.
ㄴ. 어머니는 A와 A^*를 모두 갖는다.
ㄷ. 철수의 A^*는 X 염색체에 존재한다.
└────┘

① ㄱ   ② ㄷ   ③ ㄱ, ㄴ   ④ ㄴ, ㄷ   ⑤ ㄱ, ㄴ, ㄷ

06 [8712-0265]

표는 미맹과 적록 색맹에 대한 우열 관계와 이 유전 형질에 대한 어떤 부모의 상염색체와 성염색체를 나타낸 것이다. A는 a와, B는 b와 각각 대립유전자이다.

구분	부	모
미맹	정상(우성 유전자 A)>미맹(열성 유전자 a)	
적록 색맹	정상(우성 유전자 B)>적록 색맹(열성 유전자 b)	
염색체와 유전자		

이에 대한 설명으로 옳은 것만을 〈보기〉에서 있는 대로 고른 것은? (단, 돌연변이는 고려하지 않는다.)

┌ 보기 ┐
ㄱ. A와 a는 모두 성염색체에 존재한다.
ㄴ. 이 부모 사이에서 태어난 아들은 모두 적록 색맹이다.
ㄷ. 이 부모 사이에서 자녀가 태어날 때, 이 자녀가 미맹이면서, 적록 색맹일 확률은 $\frac{1}{8}$이다.
└────┘

① ㄱ   ② ㄷ   ③ ㄱ, ㄴ   ④ ㄴ, ㄷ   ⑤ ㄱ, ㄴ, ㄷ

07 [8712-0266]

다음은 어떤 동물의 유전 형질 (가)에 대한 자료이다.

• 형질 (가)는 한 쌍의 대립유전자에 의해 표현된다.
• 대립유전자는 A, B, C이며 모두 상염색체에 있다.
• 우열 관계는 A>B>C이며, 이형 접합성은 우성 형질만 표현된다.
• 유전자형 AA의 표현형은 다른 어떤 유전자형의 표현형과도 다르다.

이에 대한 설명으로 옳은 것만을 〈보기〉에서 있는 대로 고른 것은? (단, 돌연변이는 고려하지 않는다.)

┌ 보기 ┐
ㄱ. (가)의 유전자형은 6가지이다.
ㄴ. (가)의 표현형은 4가지이다.
ㄷ. 유전자형이 각각 AB와 AC인 부모 사이에서 아이가 태어날 때, 이 아이에게서 나타날 수 있는 (가)의 표현형 수는 최대 2이다.
└────┘

① ㄱ   ② ㄷ   ③ ㄱ, ㄴ   ④ ㄴ, ㄷ   ⑤ ㄱ, ㄴ, ㄷ

08 [8712-0267]

다음은 어떤 동물의 피부색 유전에 대한 자료이다.

• 피부색은 서로 다른 염색체에 존재하는 4쌍의 대립유전자 A와 a, B와 b, D와 d, E와 e에 의해 결정된다.
• 유전자 A, B, D, E는 피부색을 어둡게 하며, 종류에 상관없이 그 개수가 같으면 피부색은 동일하다.
• 유전자 a, b, d, e는 피부색을 밝게 하며, 종류에 상관없이 개수가 같으면 피부색은 동일하다.
• ㉠ 유전자형이 AaBbDdEe인 두 개체 사이에서 자손이 태어날 경우 자손에서 다양한 피부색이 나타날 수 있다.

이 자료에 대한 설명으로 옳은 것만을 〈보기〉에서 있는 대로 고른 것은? (단, 돌연변이와 환경의 영향은 고려하지 않는다.)

┌ 보기 ┐
ㄱ. 피부색 유전은 복대립 유전이다.
ㄴ. 유전자형이 AABBddee인 개체와 유전자형이 aabbDDEE인 개체의 피부색 형질은 같다.
ㄷ. ㉠에서 aabbddee인 개체의 피부색과 동일한 피부색을 가진 자손이 태어날 확률은 $\frac{1}{256}$이다.
└────┘

① ㄴ   ② ㄷ   ③ ㄱ, ㄴ   ④ ㄱ, ㄷ   ⑤ ㄴ, ㄷ

09 [8712-0268]
다음은 사람의 유전 형질 ㉠과 ㉡에 대한 자료이다.

- ㉠과 ㉡을 결정하는 유전자는 각각 서로 다른 상염색체에 존재하고, ㉠과 ㉡은 한 쌍의 대립유전자에 의해 결정되며, 대립유전자 사이의 우열 관계는 분명하다.
- ㉠의 대립유전자에는 A, B, C가 있고, ㉡의 대립유전자에는 D와 D*가 있다.
- ㉠에서 유전자형이 AB, BB, BC인 사람의 표현형이 같고, 유전자형이 AA와 AC인 사람의 표현형이 같다.
- 그림 (가)는 대립유전자 D와 D*에 의해 결정되는 ㉡의 가계도를, (나)는 ⓐ와 ⓑ의 G₁기 체세포 1개당 유전자 D의 DNA 상대량을 나타낸 것이다.

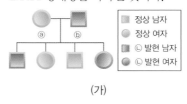
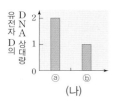

(가)　　　　(나)

이에 대한 설명으로 옳은 것만을 〈보기〉에서 있는 대로 고른 것은? (단, 돌연변이는 고려하지 않는다.)

보기
ㄱ. D*는 ㉡ 발현 유전자이다.
ㄴ. 유전자형이 ACDD*인 여자와 ABDD*인 남자 사이에서 아이가 태어날 때, 이 아이에게서 나타날 수 있는 표현형은 최대 4가지이다.
ㄷ. 유전자형이 ABDD*인 부모 사이에서 아이가 태어날 때, 이 아이가 부모와 표현형이 같을 확률은 $\frac{9}{16}$이다.

① ㄱ　② ㄷ　③ ㄱ, ㄴ　④ ㄴ, ㄷ　⑤ ㄱ, ㄴ, ㄷ

10 [8712-0269]
그림은 어떤 집안의 ABO식 혈액형과 유전 형질 ㉠의 가계도를 나타낸 것이다. ㉠은 성염색체에 존재하는 대립유전자 D와 d에 의해 결정되고, D는 d에 대해 완전 우성이다.

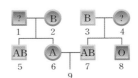

정상 남자 / ㉠ 발현 남자 / ㉠ 발현 여자

이에 대한 설명으로 옳은 것만을 〈보기〉에서 있는 대로 고른 것은? (단, 돌연변이는 고려하지 않는다.)

보기
ㄱ. 1과 4는 모두 응집원 A를 만드는 I^A유전자를 갖는다.
ㄴ. D는 ㉠ 발현 유전자이다.
ㄷ. 9가 B형이면서, ㉠이 발현될 확률은 $\frac{1}{16}$이다.

① ㄱ　② ㄷ　③ ㄱ, ㄴ　④ ㄴ, ㄷ　⑤ ㄱ, ㄴ, ㄷ

11 [8712-0270]
다음은 유전병 (가)에 대한 설명이다.

- (가)의 유전자는 성염색체에 있고, 한 쌍의 대립유전자에 의해 결정되며, 각 대립유전자 사이의 우열 관계는 분명하다.
- 정상인 여자에게서 (가)를 가진 아들과 정상 아들이 모두 태어났다.
- 정상 남자와 ㉠ (가)를 가진 여자 사이에서 태어난 ㉡ 딸은 정상이고, 아들은 (가)를 가진다.

이에 대한 설명으로 옳은 것만을 〈보기〉에서 있는 대로 고른 것은? (단, 돌연변이는 고려하지 않는다.)

보기
ㄱ. (가)는 열성 형질이다.
ㄴ. ㉠의 (가)에 대한 유전자형은 이형 접합성이다.
ㄷ. G₁기 체세포 1개당 존재하는 (가) 발현 유전자의 수는 ㉠이 ㉡의 2배이다.

① ㄱ　② ㄴ　③ ㄱ, ㄷ　④ ㄴ, ㄷ　⑤ ㄱ, ㄴ, ㄷ

12 [8712-0271]
다음은 유전 형질 ㉠과 ㉡에 대한 자료이다.

- ㉠과 ㉡을 결정하는 유전자는 모두 X 염색체에 존재한다.
- ㉠은 대립유전자 A와 a에 의해, ㉡은 대립유전자 B와 b에 의해 결정된다. A는 a에 대해, B는 b에 대해 각각 완전 우성이다.
- 그림은 어떤 가족의 ㉠과 ㉡에 대한 가계도를 나타낸 것이다.

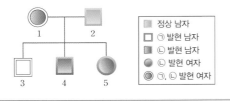

정상 남자 / ㉠ 발현 남자 / ㉡ 발현 남자 / ㉡ 발현 여자 / ㉠, ㉡ 발현 여자

이에 대한 설명으로 옳은 것만을 〈보기〉에서 있는 대로 고른 것은? (단, 돌연변이와 교차는 고려하지 않는다.)

보기
ㄱ. A는 ㉠에 대해 정상 유전자이다.
ㄴ. 1~5 중 a와 B가 함께 존재하는 X 염색체를 가진 사람은 3명이다.
ㄷ. 5의 동생이 태어날 때, 이 동생에게서 ㉠과 ㉡이 모두 발현될 확률은 $\frac{1}{4}$이다.

① ㄴ　② ㄷ　③ ㄱ, ㄴ　④ ㄱ, ㄷ　⑤ ㄴ, ㄷ

13 그림은 어떤 가족의 가계도를, 표는 이 가족 구성원의 형질을 나타낸 것이다. 형질 ⊙과 ⓒ은 서로 다른 한 쌍의 대립유전자에 의해 결정되며, 각 대립유전자의 우열 관계는 분명하다. ABO식 혈액형 유전자와 ⊙, ⓒ의 유전자는 모두 서로 다른 상염색체에 존재한다.

[8712-0272]

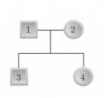

구성원	혈액형	⊙	ⓒ
1	?	+	−
2	?	+	−
3	AB형	−	?
4	O형	+	+

(+ : 발현됨, − : 발현 안 됨)

이에 대한 설명으로 옳은 것만을 〈보기〉에서 있는 대로 고른 것은? (단, 돌연변이는 고려하지 않는다.)

┌ 보기 ┐
ㄱ. ⊙에 대한 유전자형은 1과 2가 서로 같다.
ㄴ. 1~4 중 응집원 A를 만드는 유전자를 가진 사람은 2명이다.
ㄷ. 4의 동생이 태어날 때, 이 아이가 A형, ⊙ 미발현, ⓒ 발현일 확률은 $\frac{1}{64}$이다.

① ㄱ ② ㄷ ③ ㄱ, ㄴ ④ ㄴ, ㄷ ⑤ ㄱ, ㄴ, ㄷ

14 다음은 유전 형질 ⊙과 ⓒ에 대한 자료이다.

[8712-0273]

- ⊙을 결정하는 유전자는 상염색체에 존재한다.
- ⓒ을 결정하는 유전자는 X 염색체에 존재한다.
- ⊙과 ⓒ은 서로 다른 한 쌍의 대립유전자에 의해 결정되며, 각 대립유전자의 우열 관계는 분명하다.
- 그림은 어떤 가족의 유전 형질 ⓐ와 ⓑ에 대한 가계도이다. ⓐ와 ⓑ는 ⊙과 ⓒ을 순서 없이 나타낸 것이다.

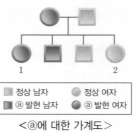
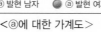
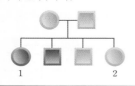

〈ⓐ에 대한 가계도〉 〈ⓑ에 대한 가계도〉

이에 대한 설명으로 옳은 것만을 〈보기〉에서 있는 대로 고른 것은? (단, 돌연변이는 고려하지 않는다.)

┌ 보기 ┐
ㄱ. ⊙은 정상 형질에 대해 열성 형질이다.
ㄴ. 1은 ⓒ에 대한 유전자형이 이형 접합성이다.
ㄷ. 2의 동생이 태어날 때, 이 아이에게서 ⊙과 ⓒ이 모두 발현될 확률은 $\frac{1}{8}$이다.

① ㄱ ② ㄷ ③ ㄱ, ㄴ ④ ㄴ, ㄷ ⑤ ㄱ, ㄴ, ㄷ

15 그림은 대립유전자 A와 A*에 의해 결정되는 어떤 유전병에 대한 가계도를, 표는 ⊙~ⓒ에서 체세포 1개당 A와 A*의 DNA 상대량을 나타낸 것이다. A와 A* 각각의 1개당 DNA 상대량은 같다.

[8712-0274]

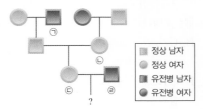

□ 정상 남자
○ 정상 여자
■ 유전병 남자
● 유전병 여자

구분	DNA 상대량	
	A	A*
⊙	ⓐ	1
ⓒ	?	1
ⓒ	ⓑ	0

이에 대한 설명으로 옳은 것만을 〈보기〉에서 있는 대로 고른 것은? (단, 돌연변이는 고려하지 않는다.)

┌ 보기 ┐
ㄱ. A는 A*에 대해 우성이다.
ㄴ. ⓐ+ⓑ=2이다.
ㄷ. ⓒ과 ⓔ 사이에서 아이가 태어날 때, 이 아이가 정상인 아들일 확률은 $\frac{1}{4}$이다.

① ㄱ ② ㄷ ③ ㄱ, ㄴ ④ ㄴ, ㄷ ⑤ ㄱ, ㄴ, ㄷ

16 다음은 어떤 집안의 유전 형질 ⊙과 ⓒ에 대한 자료이다.

[8712-0275]

- ⊙은 대립유전자 A와 A*에 의해, ⓒ은 대립유전자 B와 B*에 의해 결정되며, 각 대립유전자 사이의 우열 관계는 분명하다.
- ⊙과 ⓒ을 결정하는 유전자는 서로 다른 염색체에 존재한다.
- 그림은 어떤 가족의 ⊙과 ⓒ에 대한 가계도를 나타낸 것이다.

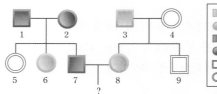

□ 정상 남자
○ 정상 여자
■ ⊙ 발현 남자
● ⓒ 발현 여자
□ ⊙, ⓒ 발현 남자
○ ⊙, ⓒ 발현 여자

- 2와 7은 A*의 DNA 상대량이 같으며, 1에는 B*가 없다.

이에 대한 설명으로 옳은 것만을 〈보기〉에서 있는 대로 고른 것은? (단, 돌연변이는 고려하지 않는다.)

┌ 보기 ┐
ㄱ. B는 B*에 대해 열성이다.
ㄴ. 8이 가진 A*는 4로부터 물려받았다.
ㄷ. 7과 8 사이에서 아이가 태어날 때, 이 아이에게서 ⊙은 발현되고, ⓒ이 발현되지 않을 확률은 $\frac{1}{4}$이다.

① ㄱ ② ㄷ ③ ㄱ, ㄴ ④ ㄴ, ㄷ ⑤ ㄱ, ㄴ, ㄷ

서답형 문제

01 [8712-0276]
다음은 사람의 유전병 ㉠에 대한 자료이다.

- ㉠은 대립유전자 A와 a에 의해 결정되며, A는 a에 대해 완전 우성이다.
- ㉠을 나타내는 남녀의 발현 비율은 비슷하다.
- 정상인 부모 사이에서 ㉠을 가진 자녀가 태어났다.

다음 물음에 답하시오. (단, 돌연변이는 고려하지 않는다.)

(1) ㉠이 상염색체 유전 형질인지, 성염색체 유전 형질인지 선택하고, 그렇게 선택한 까닭을 서술하시오.
(2) 그림은 어느 가족의 ㉠에 대한 가계도를 나타낸 것이다.

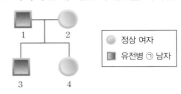

○ 정상 여자
■ 유전병 ㉠ 남자

4의 동생이 태어날 때, 이 아이가 ㉠을 나타낼 확률을 구하고, 풀이 과정을 서술하시오.

02 [8712-0277]
그림은 어떤 집안의 ABO식 혈액형에 대한 가계도를 나타낸 것이다. 대립유전자 I^A는 적혈구 표면에 응집원 A를 만들고, 대립유전자 I^B는 응집원 B를 만들고, 대립유전자 i는 응집원을 만들지 못한다.

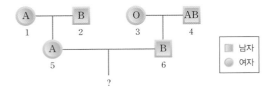

□ 남자
○ 여자

다음 물음에 답하시오. (단, 돌연변이는 고려하지 않는다.)

(1) 이 가계도의 구성원 1~6 중 ABO식 혈액형에 대한 유전자형을 확실하게 알 수 없는 구성원은 누구인가?
(2) 5와 6 사이에서 자녀가 태어날 때, 이 아이가 O형일 확률을 구하고, 풀이 과정을 서술하시오.

03 [8712-0278]
다음은 사람의 유전에 대한 설명이다. ㉠~㉢은 각각 단일 인자 유전, 복대립 유전, 다인자 유전 중 하나이다.

- (㉠)은 한 쌍의 대립유전자에 의해 형질 발현이 결정되어 대립 형질이 명확하게 구분되는 현상이다.
- (㉡)은 한 가지 형질에 대해 여러 쌍의 대립유전자가 영향을 미쳐 유전되는 현상이다.
- (㉢)은 3개 이상의 대립유전자가 한 형질의 발현에 관여하는 경우이다.

다음 물음에 답하시오. (단, 돌연변이는 고려하지 않는다.)

(1) ㉠~㉢이 무엇인지 각각 쓰시오.
(2) ㉠~㉢ 중 환경의 영향을 가장 많이 받는 유전은 무엇인가?
(3) 사람에게서 ㉠에 해당하는 형질의 예를 2가지만 서술하시오.

04 [8712-0279]
사람의 유전 연구가 어려운 까닭을 구체적으로 1가지만 서술하시오.

05 [8712-0280]
표는 어떤 가족 구성원의 성별과 적록 색맹 발현 여부를 나타낸 것이다.

구분	성별	적록 색맹
아버지	남자	×
어머니	여자	○
자녀 1	남자	?
자녀 2	여자	?

(○:발현됨, ×:발현 안 됨)

이 집안의 적록 색맹에 대한 가계도를 그리시오. (단, 돌연변이는 고려하지 않는다.)

□ 정상 남자
○ 정상 여자
▨ 적록 색맹 남자
◎ 적록 색맹 여자

14 염색체 이상과 유전자 이상

1 돌연변이

염색체의 구조나 수 또는 유전자에 이상이 생겨 부모에게 없던 형질이 자손에게 나타나는 현상이다.

(1) 돌연변이의 원인 DNA 복제 과정이나 유전자 발현 과정에서의 오류, 세포 분열 중 특정 단백질이 변성되거나 염색체 분리가 일어나지 않는 경우, 방사선이나 환경 호르몬, 화학 물질의 영향 등 물리·화학적 원인 등이 있다.

(2) 돌연변이의 특징 돌연변이 형질은 다음 세대로 전달될 수 있으며, 돌연변이 형질이 생존에 불리한 유전병일 수도 있다. 돌연변이는 염색체 이상에 의한 것과 유전자 이상에 의한 것으로 구분할 수 있다.

2 염색체 돌연변이

염색체 이상에 의해 나타나는 돌연변이로, 염색체 구조나 수에 이상이 생겨 나타난다.

(1) 염색체 구조 이상 염색체 수가 정상이어도 염색체 구조에 이상이 생기면 유전병이 나타날 수 있다.

① 염색체 구조 이상에는 결실, 중복, 역위, 전좌가 있다.

- 결실: 염색체의 일부가 없어진 경우
- 중복: 염색체의 일부가 복제된 후 첨가되어 특정 유전자가 반복된 경우

결실

- 역위: 염색체의 일부가 끊어진 후 거꾸로 뒤집혀 한 염색체 내에서 유전자의 위치가 뒤집힌 경우
- 전좌: 상동 염색체가 아닌 다른 염색체와 염색체의 일부가 교환된 경우

역위

중복

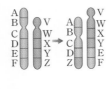

전좌

② 염색체 구조 이상에 의한 유전 질환의 예

고양이 울음 증후군	5번 염색체의 일부가 결실되어 나타나며, 머리가 작고 지적 장애를 보인다.
만성 골수성 백혈병	9번 염색체와 22번 염색체 사이에 전좌가 일어나 정상 세포가 암세포로 변한다.

(2) 염색체 수의 이상 생식세포 형성 과정에서 감수 분열이 진행되면서 상동 염색체의 분리와 염색 분체의 분리가 일어난다. 이때 염색체가 분리되지 않고 한쪽으로 이동하는 염색체 비분리 현상에 의해 염색체 수의 이상이 나타난다.

① **이수성 돌연변이**: 특정 염색체의 수가 정상과 달라져서 $2n+1$, $2n-1$과 같이 $2n$보다 많거나 적은 경우의 돌연변이이다.

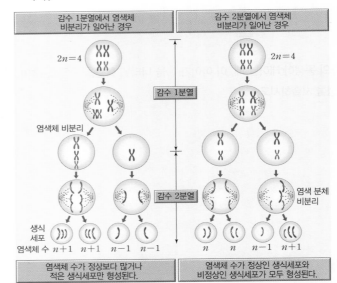

염색체 비분리 시기에 따른 생식세포의 염색체 수

- 감수 1분열에서는 상동 염색체의 비분리가 일어난다. 이때 형성된 모든 생식세포의 염색체 수는 비정상이다. 염색체 수가 정상보다 많은 생식세포($n+1$) : 염색체 수가 정상보다 적은 생식세포($n-1$)=1 : 1의 비율로 만들어진다.
- 감수 2분열에서는 염색 분체의 비분리가 일어난다. 이때 형성된 생식세포에는 염색체 수가 정상인 세포와 비정상인 세

핵심 개념 체크

정답과 해설 33쪽

1. 염색체의 구조나 수 또는 유전자에 이상이 생겨 부모에게 없던 형질이 자손에게 나타나는 현상은 (   )이다.

2. 염색체 구조 이상에는 (   ), (   ), (   ), (   ) 가 있다.

3. 특정 염색체의 수가 정상과 달라져서 $2n+1$, $2n-1$과 같이 $2n$보다 많거나 적은 경우의 돌연변이를 (   ) 돌연변이라고 한다.

4. 다음 중 옳은 것은 ○표, 옳지 **않은** 것은 ×표 하시오.

(1) 고양이 울음 증후군 여부는 핵형 분석을 통해 알 수 있다.

(   )

(2) 염색체 수의 이상은 핵형 분석을 통해 알 수 있다. (   )

포가 모두 존재한다. 염색체 수가 정상인 생식세포(n) : 염색체 수가 정상보다 많은 생식세포(n+1) : 염색체 수가 정상보다 적은 생식세포(n-1)=2 : 1 : 1의 비율로 만들어진다.

- 염색체가 비분리된 정자나 난자(n+1 또는 n-1)가 정상 난자나 정자(n)와 수정하면 2n+1 또는 2n-1의 수정란이 만들어진다.

- 성염색체 비분리 시점 파악하기: 생식세포의 성염색체 구성을 통해 염색체 비분리 시점을 추론할 수 있다.

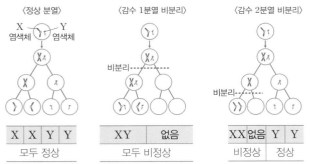

X X Y Y	XY	없음	XX 없음	Y Y
모두 정상	모두 비정상		비정상	정상

성염색체 비분리에 의한 생식세포의 염색체 구성

- 이수성 돌연변이의 종류

유전 질환	염색체 구성 및 특징
다운 증후군	• 2n+1=47개(45+XX, 45+XY) • 21번 염색체가 3개이다.
에드워드 증후군	• 2n+1=47개(45+XX, 45+XY) • 18번 염색체가 3개이다.
클라인펠터 증후군	• 2n+1=47개(44+XXY) • 성염색체가 XXY이다.
터너 증후군	• 2n-1=45개(44+X) • 성염색체가 X 염색체 1개뿐이다.

② 배수성 돌연변이: 보통 생물체의 세포가 가지는 핵상(2n)과 달리 세포가 한 세트 이상의 염색체(예 3n, 4n, 5n 등)를 추가로 가지는 경우를 배수성이라고 한다. 동물보다는 식물에서 주로 나타난다. 예 씨 없는 수박(3n), 감자(4n), 토마토(4n) 등

3 유전자 돌연변이

DNA 염기 서열의 일부가 변해서 나타나는 돌연변이이다. 염색체 구조와 수가 정상과 동일하여 핵형 분석으로는 돌연변이 여부를 파악할 수 없다.

① 낫 모양 적혈구 빈혈증: 열성 형질 유전병이다.
- 헤모글로빈은 α와 β 글로빈 각 2개씩으로 이루어진 단백질이다. 이 중 β 글로빈 유전자의 염기 하나가 T에서 A으로 바뀌어, 6번째 아미노산인 글루탐산이 발린으로 바뀐 결과 비정상적인 헤모글로빈이 생성된다.

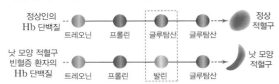

- 증상: 산소가 부족할 때 비정상적인 헤모글로빈이 서로 결합하여 막대 모양을 만들어 적혈구가 낫 모양으로 변하고 산소 운반 능력이 떨어져 악성 빈혈증이 나타난다.

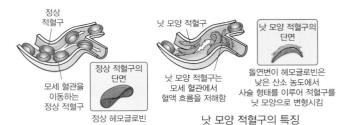

낫 모양 적혈구의 특징

② 알비노증: 멜라닌 색소 합성 효소 유전자에 돌연변이가 생겨 멜라닌 색소의 합성이 잘 일어나지 않는 열성 형질 유전병이다.

③ 페닐케톤뇨증: 페닐알라닌을 타이로신으로 전환시키는 효소 유전자에 돌연변이가 일어나 페닐알라닌 대사에 장애가 발생하는 유전병이다.

4 유전병의 진단

(1) **양수 검사** 임신 후 14~16주 경에 양수를 채취하여 생화학적 검사를 하거나 양수 속 태아 세포를 채취하여 핵형 분석을 한다.

(2) **태반 융모막 돌기 검사** 임신 후 8주~10주 경에 태반의 융모막 돌기 조직의 일부를 채취하여 생화학적 검사 및 핵형 분석을 한다.

(3) **기타** 이외에도 초음파를 이용하여 태아의 외적 형태를 관찰할 수 있고, 태어난 이후에도 생화학적 검사를 통해 유전병 유무를 판별할 수 있다.

핵심 개념 체크

정답과 해설 33쪽

5. 감수 (   )에서 성염색체 비분리가 일어나 형성된 생식세포는 모두 비정상적인 염색체 수를 갖는다.

6. 유전 질환과 염색체 구성을 연결하시오.
- (1) 다운 증후군 •
- (2) 에드워드 증후군 •
- (3) 터너 증후군 •

- • ㉠ 18번 염색체 3개
- • ㉡ 21번 염색체 3개
- • ㉢ 성염색체가 X 염색체 1개

7. 다음 중 옳은 것은 ○표, 옳지 않은 것은 ×표 하시오.
- (1) 배수성 돌연변이인 식물은 정상보다 염색체 수가 1개 혹은 2개 많다. (   )
- (2) 낫 모양 적혈구 빈혈증은 유전자 돌연변이의 예에 해당한다. (   )

8. 헤모글로빈의 돌연변이로 인해 낫 모양 적혈구가 생성되고, 산소 운반 능력이 떨어져 나타나는 유전병은 (   )이다.

[8712-0281]

01 그림 (가)는 정상인 사람의 핵형 분석 결과이고, (나)와 (다)는 돌연변이가 일어난 두 사람의 21번 염색체와 성염색체만을 각각 나타낸 것이다.

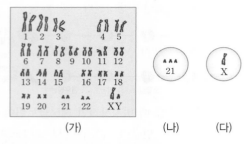

(가)   (나)   (다)

이에 대한 설명으로 옳은 것만을 〈보기〉에서 있는 대로 고른 것은?
(단, 제시된 돌연변이 이외의 돌연변이는 고려하지 않는다.)

┌ 보기 ┐
ㄱ. (가)는 남자의 핵형 분석 결과이다.
ㄴ. (나)는 여자에게만 나타난다.
ㄷ. (다)는 터너 증후군을 가진 사람의 염색체이다.
└────────┘

① ㄱ   ② ㄴ   ③ ㄱ, ㄴ   ④ ㄱ, ㄷ   ⑤ ㄴ, ㄷ

[8712-0282]

02 그림은 어떤 사람의 난자 형성 과정에서 염색체 비분리 현상을 나타낸 것이다.

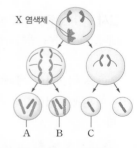

이에 대한 설명으로 옳은 것만을 〈보기〉에서 있는 대로 고른 것은?
(단, 염색체는 일부만 나타냈고, 제시된 염색체 비분리 이외의 돌연변이는 고려하지 않는다.)

┌ 보기 ┐
ㄱ. 염색체 비분리 현상은 감수 1분열에서 일어났다.
ㄴ. X 염색체의 수는 A와 B가 같다.
ㄷ. 세포 1개당 DNA양은 A가 C의 3배이다.
└────────┘

① ㄱ   ② ㄷ   ③ ㄱ, ㄴ   ④ ㄴ, ㄷ   ⑤ ㄱ, ㄴ, ㄷ

[8712-0283]

03 그림은 어떤 사람의 정자 형성 과정을 나타낸 것이다. 정자 형성 과정에서 염색체 비분리는 1회 일어났고, ㉠~㉣의 총 염색체 수는 ㉡>㉢=㉣>㉠이다.

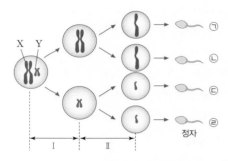

이에 대한 설명으로 옳은 것만을 〈보기〉에서 있는 대로 고른 것은?
(단, 염색체는 일부만 나타내었고, 제시된 염색체 비분리 이외의 돌연변이는 고려하지 않는다.)

┌ 보기 ┐
ㄱ. 염색체 비분리가 일어난 시기는 과정 Ⅰ이다.
ㄴ. ㉠과 정상 난자가 수정되어 태어난 아이는 터너 증후군을 나타낸다.
ㄷ. ㉡의 염색체 수는 24이다.
└────────┘

① ㄱ   ② ㄷ   ③ ㄱ, ㄴ   ④ ㄴ, ㄷ   ⑤ ㄱ, ㄴ, ㄷ

[8712-0284]

04 그림은 어떤 집안의 유전 형질 ㉠에 대한 가계도이다. ㉠은 성염색체 유전을 따른다.

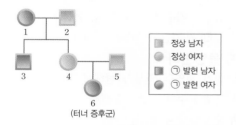

(터너 증후군)

┌──────────────┐
│ ■ 정상 남자 │
│ ● 정상 여자 │
│ ▨ ㉠ 발현 남자 │
│ ◑ ㉠ 발현 여자 │
└──────────────┘

이에 대한 설명으로 옳은 것만을 〈보기〉에서 있는 대로 고른 것은?
(단, 4와 5의 생식세포 형성 과정에서 염색체의 비분리는 총 1회 일어났으며, 다른 돌연변이는 고려하지 않는다.)

┌ 보기 ┐
ㄱ. 6의 ㉠ 발현 유전자는 1로부터 전해졌다.
ㄴ. 6은 정상 난자와 염색체 비분리가 일어나 형성된 정자의 수정에 의해 태어났다.
ㄷ. G_1기 체세포 1개당 ㉠ 발현 유전자의 양은 3과 4가 서로 같다.
└────────┘

① ㄱ   ② ㄴ   ③ ㄷ   ④ ㄱ, ㄴ   ⑤ ㄱ, ㄴ, ㄷ

05 [8712-0285]
그림은 어떤 사람 ㉠의 성염색체 구성을 나타낸 것이고, 자료는 ㉠의 가족에 대한 설명이다.

- ㉠의 어머니와 아버지는 모두 적록 색맹에 대해 정상이고, ㉠은 보인자이다.
- ㉠의 어머니와 아버지의 생식세포 형성 과정 중 염색체의 비분리는 총 1회 일어났다.

이에 대한 설명으로 옳은 것만을 〈보기〉에서 있는 대로 고른 것은? (단, 제시된 염색체 비분리 이외의 돌연변이는 고려하지 않는다.)

┌ 보기 ┌
ㄱ. ⓐ는 어머니로부터 물려받은 것이다.
ㄴ. ㉠의 어머니는 적록 색맹에 대해 보인자이다.
ㄷ. ㉠의 동생이 태어날 때, 이 아이가 적록 색맹일 확률은 $\frac{3}{4}$이다.

① ㄱ   ② ㄴ   ③ ㄱ, ㄴ   ④ ㄱ, ㄷ   ⑤ ㄴ, ㄷ

06 [8712-0286]
그림 (가)와 (나)는 두 사람의 핵형 분석 결과 중 일부를 각각 나타낸 것이다.

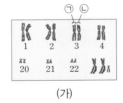

(가)   (나)

이에 대한 설명으로 옳은 것만을 〈보기〉에서 있는 대로 고른 것은? (단, 그림에 제시되지 않은 염색체는 고려하지 않는다.)

┌ 보기 ┌
ㄱ. ㉠은 ㉡의 상동 염색체이다.
ㄴ. (가)에서 낫 모양 적혈구 빈혈증 여부를 확인할 수 있다.
ㄷ. (나)의 핵형을 가지는 사람은 클라인펠터 증후군이 나타난다.

① ㄱ   ② ㄴ   ③ ㄱ, ㄴ   ④ ㄱ, ㄷ   ⑤ ㄴ, ㄷ

07 [8712-0287]
다음은 유전병 (가)에 대한 자료이다.

- (가)는 대립유전자 A와 A^*에 의해 결정되며, 우열 관계는 분명하다.
- 표는 어느 가족 구성원에서 체세포 1개당 염색체 수, A와 A^*의 DNA 상대량을 나타낸 것이다.

구성원	성별	염색체 수	DNA 상대량	
			A	A^*
부	남	46	1	0
모	여	46	0	2
자녀 1	여	47	2	1
자녀 2	여	46	1	1
자녀 3	남	46	0	1

- 이 가족 구성원에서 (가)가 발현된 사람은 3명이다.
- 자녀 1이 태어날 때에만 부모의 생식세포 형성 과정 중 염색체 비분리가 총 1회 일어났다.

이에 대한 설명으로 옳은 것만을 〈보기〉에서 있는 대로 고른 것은? (단, A, A^* 각각의 1개당 DNA 상대량은 같고, 제시된 염색체 비분리 이외의 돌연변이는 고려하지 않는다.)

┌ 보기 ┌
ㄱ. A와 A^*는 성염색체에 있다.
ㄴ. 자녀 3은 (가)가 발현된 사람이다.
ㄷ. 자녀 1은 감수 2분열에서 염색체 비분리가 일어나 형성된 정자와 정상 난자가 수정되어 태어났다.

① ㄱ   ② ㄴ   ③ ㄱ, ㄴ   ④ ㄱ, ㄷ   ⑤ ㄴ, ㄷ

08 [8712-0288]
그림 (가)는 어떤 동물($2n=4$)의 정상 생식세포를, (나)~(라)는 이 동물에서 염색체 이상이 일어난 생식세포를 나타낸 것이다. A~E, K~M은 유전자이다.

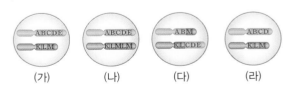

(가)   (나)   (다)   (라)

이에 대한 설명으로 옳은 것만을 〈보기〉에서 있는 대로 고른 것은? (단, 제시된 돌연변이 이외의 돌연변이는 고려하지 않는다.)

┌ 보기 ┌
ㄱ. (나)에서 A의 대립유전자는 K이다.
ㄴ. (다)에는 전좌가 일어난 염색체가 있다.
ㄷ. (라)에는 결실이 일어난 염색체가 있다.

① ㄱ   ② ㄷ   ③ ㄱ, ㄴ   ④ ㄴ, ㄷ   ⑤ ㄱ, ㄴ, ㄷ

09 [8712–0289] 그림은 낫 모양 적혈구 빈혈증을 가진 사람의 모세 혈관과 적혈구를, 표는 이 사람의 특징을 나타낸 것이다. ㉠과 ㉡은 각각 낫 모양 적혈구와 정상 적혈구 중 하나이다.

특징
• 상염색체에 존재하는 유전자에 이상이 있다.
• 염색체 수와 모양이 정상이다.
• 산소 운반에 관여하는 비정상 헤모글로빈 단백질을 갖는다.

이에 대한 설명으로 옳은 것만을 〈보기〉에서 있는 대로 고른 것은? (단, 제시된 특징 이외의 돌연변이는 고려하지 않는다.)

┌ 보기 ┌
ㄱ. 산소 운반 능력은 ㉡이 ㉠보다 뛰어나다.
ㄴ. 핵형 분석으로 ㉡의 존재 유무를 알 수 있다.
ㄷ. 낫 모양 적혈구 빈혈증은 남녀 모두에게서 나타날 수 있다.

① ㄴ   ② ㄷ   ③ ㄱ, ㄴ   ④ ㄱ, ㄷ   ⑤ ㄴ, ㄷ

10 [8712–0290] 그림은 어떤 동물(2n=4)의 G_1기 세포 Ⅰ로부터 정자가 형성되는 과정을, 표는 이 과정의 서로 다른 시기에 있는 세포 ㉠~㉣의 염색체 수와 유전자 A, a, B, b의 DNA 상대량을 나타낸 것이다. A는 a와 대립유전자이며, B는 b와 대립유전자이다. 그림의 감수 1분열에서 상염색체 비분리가 1회, 감수 2분열에서 성염색체 비분리가 1회 일어났다. Ⅰ~Ⅳ는 각각 ㉠~㉣ 중 하나이고, 이 동물의 성염색체는 XY이며, Ⅱ~Ⅳ는 모두 염색체를 갖는다.

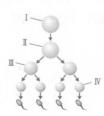

세포	염색체 수	DNA 상대량			
		A	a	B	b
㉠	ⓐ	2	2	0	0
㉡	?	1	?	1	0
㉢	ⓑ	2	2	2	?
㉣	ⓒ	0	0	2	0

이에 대한 설명으로 옳은 것만을 〈보기〉에서 있는 대로 고른 것은? (단, 교차와 제시된 염색체 비분리 이외의 돌연변이는 고려하지 않으며, A, a, B, b 각각의 1개당 DNA 상대량은 같다.)

┌ 보기 ┌
ㄱ. ㉠은 Ⅲ이다.
ㄴ. ⓐ+ⓑ+ⓒ=9이다.
ㄷ. ㉣은 성염색체를 1개 갖는다.

① ㄱ   ② ㄷ   ③ ㄱ, ㄴ   ④ ㄴ, ㄷ   ⑤ ㄱ, ㄴ, ㄷ

11 [8712–0291] 다음은 어떤 가족의 유전병 ㉠과 ㉡에 대한 자료이다.

• ㉠은 대립유전자 A와 A*에 의해, ㉡은 대립유전자 B와 B*에 의해 결정되며, 각 대립유전자 사이의 우열 관계는 분명하다.
• 아버지는 21번 염색체에 A*와 B*가 함께 존재한다.
• 표는 이 가족에서 성별과 ㉠과 ㉡의 발현 여부, 체세포 1개당 A*와 B의 DNA 상대량을 나타낸 것이다.

구성원		아버지	자녀 1	자녀 2	자녀 3
성별		남자	여자	남자	남자
유전병	㉠	○	×	×	×
	㉡	○	×	○	○
DNA 상대량	A*	2	1	1	ⓐ
	B	1	0	2	?

(○ : 발현됨, × : 발현 안 됨)

• 생식세포가 형성될 때 감수 1분열에서 21번 염색체의 비분리가 1회 일어난 난자와 정상 정자가 수정되어 자녀 3이 태어났다.

이에 대한 설명으로 옳은 것만을 〈보기〉에서 있는 대로 고른 것은? (단, 제시된 염색체 비분리 이외의 돌연변이는 고려하지 않으며, A, A*, B, B* 각각의 1개당 DNA 상대량은 같다.)

┌ 보기 ┌
ㄱ. ⓐ는 1이다.
ㄴ. 자녀 1의 어머니는 A와 B가 함께 존재하는 염색체를 갖는다.
ㄷ. A는 우성 대립유전자이다.

① ㄱ   ② ㄷ   ③ ㄱ, ㄴ   ④ ㄴ, ㄷ   ⑤ ㄱ, ㄴ, ㄷ

12 [8712–0292] 다음은 사람의 어떤 유전병 ㉠에 대한 자료이다.

• ㉠은 한 쌍의 대립유전자에 의해 결정된다.
• ㉠을 가진 사람의 핵형은 정상이다.
• 정상 부모 사이에서는 항상 정상 아이만 태어난다.
• 남자와 여자에서 발병 빈도가 같다.
• ㉠ 발현 유전자는 정상 유전자에서 특정 염기 서열이 바뀌어 있다.

이에 대한 설명으로 옳은 것만을 〈보기〉에서 있는 대로 고른 것은? (단, 제시된 돌연변이 이외의 돌연변이는 고려하지 않는다.)

┌ 보기 ┌
ㄱ. ㉠ 발현 유전자는 성염색체에 존재한다.
ㄴ. ㉠을 가진 사람의 체세포 1개당 염색체 수는 45이다.
ㄷ. ㉠ 발현 유전자를 가진 사람은 모두 ㉠이 나타난다.

① ㄴ   ② ㄷ   ③ ㄱ, ㄴ   ④ ㄱ, ㄷ   ⑤ ㄴ, ㄷ

13 [8712-0293]
다음은 페닐케톤뇨증에 대한 자료이다.

- 페닐케톤뇨증은 상염색체에 존재하는 대립유전자 A와 a에 의해 결정되며, 열성 형질이다.
- 유전자형으로 aa를 가진 사람은 페닐알라닌이 타이로신으로 전환되지 못해 체내에 페닐피루브산이 축적되어 페닐케톤뇨증이 나타난다.
- 그림 (가)는 식사를 통해 공급된 페닐알라닌의 전환 과정을, (나)는 어떤 가족의 페닐케톤뇨증에 대한 가계도를 나타낸 것이다.

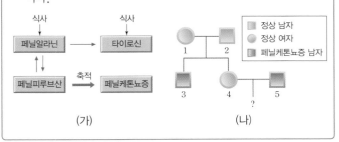

이에 대한 설명으로 옳은 것만을 〈보기〉에서 있는 대로 고른 것은? (단, 제시된 돌연변이 이외의 돌연변이는 고려하지 않는다.)

┌─ 보기 ┐
ㄱ. 핵형 분석을 통해 페닐케톤뇨증 여부를 알 수 있다.
ㄴ. 식사 요법을 통해 페닐케톤뇨증 증상을 완화할 수 있다.
ㄷ. (나)에서 4와 5의 자녀가 태어날 때, 이 자녀가 페닐케톤뇨증을 가질 확률은 $\frac{1}{3}$이다.
└─────────┘

① ㄱ ② ㄷ ③ ㄱ, ㄴ ④ ㄴ, ㄷ ⑤ ㄱ, ㄴ, ㄷ

14 [8712-0294]
다음은 어떤 집안의 유전 형질 ㉠과 ㉡에 대한 자료이다.

- ㉠은 대립유전자 A와 A*에 의해, ㉡은 대립유전자 B와 B*에 의해 결정되며, 각 대립유전자 사이의 우열 관계는 분명하다.

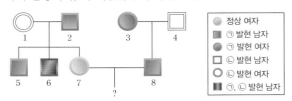

- 표는 구성원 1~4에서 체세포 1개당 A*와 B*의 DNA 상대량을 나타낸 것이다.

구성원		1	2	3	4
DNA 상대량	A*	0	1	2	0
	B*	2	0	1	1

- 염색체 비분리가 1회 일어난 ⓐ정자와 정상 난자가 수정되어 5가 태어났고, 5는 클라인펠터 증후군을 나타낸다.

이에 대한 설명으로 옳은 것만을 〈보기〉에서 있는 대로 고른 것은? (단, 교차와 제시된 염색체 비분리 이외의 돌연변이는 고려하지 않으며, A, A*, B, B* 각각의 1개당 DNA 상대량은 같다.)

┌─ 보기 ┐
ㄱ. A는 성염색체에 존재한다.
ㄴ. ⓐ는 감수 1분열에서 염색체 비분리가 일어나 형성된 것이다.
ㄷ. 7과 8 사이에서 아이가 태어날 때, 이 아이에게서 ㉠이 발현되면서 ㉡이 발현되지 않을 확률은 $\frac{3}{8}$이다.
└─────────┘

① ㄱ ② ㄷ ③ ㄱ, ㄴ ④ ㄴ, ㄷ ⑤ ㄱ, ㄴ, ㄷ

01 [8712-0295]
그림은 사람의 정자 형성 과정을 나타낸 것이다. 그림에는 성염색체만을 표시하였다.

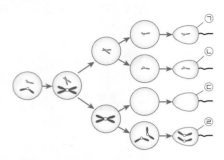

다음 물음에 답하시오. (단, 제시된 염색체 비분리 이외의 돌연변이는 고려하지 않는다.)

(1) 염색체 비분리는 감수 1분열과 감수 2분열 중 어떤 단계에서 일어났는가?

(2) 정자 ㉠~㉣이 가진 성염색체 구성을 모두 서술하시오.

(3) 정자 ㉢과 정상 난자가 수정되어 태어난 아이는 어떤 증후군을 나타낼지 쓰시오.

02 [8712-0296]
그림은 어떤 태아의 ⓐ 핵형 분석 결과이다.

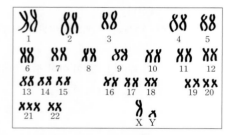

다음 물음에 답하시오. (단, 제시된 돌연변이 이외의 돌연변이는 고려하지 않는다.)

(1) ⓐ를 통해 알 수 있는 사실은 무엇인지 서술하시오.

(2) 이 태아는 어떤 증후군을 나타낼지 그림을 근거로 서술하시오.

03 [8712-0297]
그림은 정자 ㉠이 만들어질 때 어떤 상염색체에서 일어난 돌연변이를 나타낸 것이다.

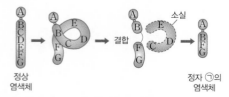

㉠의 형성 과정에서 일어난 염색체 구조 이상 돌연변이의 종류는 무엇인지 쓰시오.

04 [8712-0298]
다음은 어떤 가족의 적록 색맹 유전에 대한 자료이다.

- 적록 색맹은 대립유전자 R와 r에 의해 결정되며, R는 r에 대해 완전 우성이다.
- 그림은 어떤 가족의 적록 색맹에 대한 가계도를 나타낸 것이다. 3은 염색체 비분리가 일어나 형성된 정자 ㉠과 정상 난자 ㉡의 수정에 의해 태어났다.

○ 정상 여자
■ 적록 색맹 남자

3
(클라인펠터 증후군)

- 1과 2의 생식세포 형성 과정에서 성염색체 비분리는 총 1회 일어났다.

다음 물음에 답하시오. (단, 제시된 염색체 비분리 이외의 돌연변이는 고려하지 않는다.)

(1) 적록 색맹에 대한 2의 유전자형을 쓰시오.

(2) ㉠과 ㉡이 가진 염색체 수를 각각 쓰시오.

(3) ㉠이 형성될 때 어떤 과정에서 어느 염색체가 비분리되었는지 서술하시오.

05 [8712-0299]
표는 유전 질환에 따른 염색체 구성을 나타낸 것이다. (가)~(다)는 각각 다운 증후군, 터너 증후군, 클라인펠터 증후군 중 하나이다.

유전 질환	염색체 구성
(가)	21번 염색체가 3개이다.
에드워드 증후군	18번 염색체가 3개이다.
(나)	성염색체가 XXY이다.
(다)	성염색체가 X 염색체 1개뿐이다.

다음 물음에 답하시오. (단, 제시된 돌연변이 이외의 돌연변이는 고려하지 않는다.)

(1) (가)~(다)가 무엇인지 각각 쓰시오.

(2) (가)~(다) 중 남녀 모두에게서 나타날 수 있는 유전 질환은 무엇인지 기호를 쓰시오.

(3) 다음은 어떤 사람 P에 대한 자료이다.

- (다)를 가진다.
- 정자 ㉠과 난자 ㉡이 수정되어 태어났다.
- 아버지는 적록 색맹에 대해 정상이고, 어머니와 P는 적록 색맹이다.
- 아버지와 어머니의 핵형은 정상이다.

㉠과 ㉡이 가진 성염색체 구성을 서술하시오.

01 [8712-0300]

그림 (가)~(다)는 DNA, DNA를 구성하는 뉴클레오타이드, 어떤 사람의 성염색체 한 쌍을 순서 없이 나타낸 것이다. R와 r는 유전자이다.

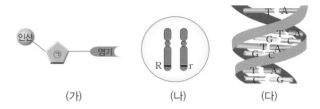

(가)   (나)   (다)

이에 대한 설명으로 옳은 것만을 〈보기〉에서 있는 대로 고른 것은?

┌─ 보기 ┐
ㄱ. ㉠은 디옥시리보스이다.
ㄴ. R는 r의 대립유전자이다.
ㄷ. (가)는 (다)의 기본 단위이다.
└─────┘

① ㄱ   ② ㄷ   ③ ㄱ, ㄴ   ④ ㄴ, ㄷ   ⑤ ㄱ, ㄴ, ㄷ

02 [8712-0301]

다음은 같은 종의 동물($2n=6$) I~III에 대한 자료이다.

┌──────────────────────────────┐
• I과 II가 교배하여 III이 태어났다.
• 대립유전자 H가 있으면 형질 ㉠이 발현되고, 대립유전자 R가 있으면 형질 ㉡이 발현된다. H와 R는 각각 대립유전자 h와 r에 대해 완전 우성이다.
• 표는 I~III의 성과 ㉠, ㉡의 발현 여부를 나타낸 것이다.

구분	I	II	III
성	수컷	암컷	수컷
㉠	○	○	×
㉡	×	○	○

(○ : 발현됨, × : 발현 안 됨)

• (가)~(다)는 각각 I~III의 세포 중 하나이며, 암컷의 성염색체는 XX, 수컷의 성염색체는 XY이다.

(가)   (나)   (다)
└──────────────────────────────┘

이에 대한 설명으로 옳은 것만을 〈보기〉에서 있는 대로 고른 것은? (단, 교차와 돌연변이는 고려하지 않는다.)

┌─ 보기 ┐
ㄱ. ⓐ는 r이다.
ㄴ. (가)는 II의 세포이다.
ㄷ. I과 II가 교배하여 자손(F₁)이 태어날 때, 이 자손(F₁)에게서 ㉠과 ㉡이 모두 발현될 확률은 $\frac{3}{8}$이다.
└─────┘

① ㄱ   ② ㄴ   ③ ㄱ, ㄴ   ④ ㄱ, ㄷ   ⑤ ㄴ, ㄷ

03 [8712-0302]

그림은 어떤 사람의 체세포에 있는 염색체의 구조를 나타낸 것이다. 이 사람의 어떤 형질에 대한 유전자형은 Bb이다.

이에 대한 설명으로 옳은 것만을 〈보기〉에서 있는 대로 고른 것은?

┌─ 보기 ┐
ㄱ. I은 2가 염색체이다.
ㄴ. ㉠은 b이다.
ㄷ. ㉡과 ㉢에는 모두 뉴클레오타이드가 존재한다.
└─────┘

① ㄴ   ② ㄷ   ③ ㄱ, ㄴ   ④ ㄱ, ㄷ   ⑤ ㄴ, ㄷ

04 [8712-0303]

그림은 2가지 종으로 구분되는 서로 다른 개체 A~C의 세포 (가)~(마) 각각에 들어 있는 모든 염색체를 나타낸 것이다. A~C의 핵상과 염색체 모두 $2n=8$이다. (가)는 A의 세포이고, (나)는 B의 세포이며, (다)~(마)는 A~C의 세포를 순서 없이 나타낸 것이다. A~C의 성염색체는 암컷이 XX, 수컷이 XY이다.

(가)   (나)   (다)   (라)   (마)

이에 대한 설명으로 옳은 것만을 〈보기〉에서 있는 대로 고른 것은? (단, 돌연변이는 고려하지 않는다.)

┌─ 보기 ┐
ㄱ. (라)는 A의 세포이다.
ㄴ. (가)와 (마)는 같은 종의 세포이다.
ㄷ. 세포 1개당 DNA양은 (나)와 (다)가 같다.
└─────┘

① ㄱ   ② ㄴ   ③ ㄱ, ㄴ   ④ ㄱ, ㄷ   ⑤ ㄴ, ㄷ

05 [8712-0304]
그림 (가)와 (나)는 각각 어떤 동물($2n=4$)에서 일어나는 세포 분열 과정의 일부를, 표는 세포 A~D의 핵상과 핵 1개당 DNA 상대량을 나타낸 것이다. (가)와 (나)는 감수 분열 일부와 체세포 분열을 순서 없이 나타낸 것이다.

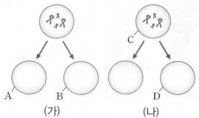

구분	핵상	DNA 상대량
A	$2n$	㉠
B	?	4
C	$2n$	㉡
D	?	4

(가)   (나)

이에 대한 설명으로 옳은 것만을 〈보기〉에서 있는 대로 고른 것은? (단, 돌연변이는 고려하지 않는다.)

┌─ 보기 ┐
ㄱ. (가) 과정에서 염색 분체가 분리된다.
ㄴ. (나)는 감수 1분열 과정이다.
ㄷ. ㉠+㉡=8이다.
└──────┘

① ㄱ   ② ㄷ   ③ ㄱ, ㄴ   ④ ㄴ, ㄷ   ⑤ ㄱ, ㄴ, ㄷ

06 [8712-0305]
그림 (가)는 어떤 세포의 체세포 분열 과정에서 핵 1개당 DNA 상대량을, (나)는 이 세포의 세포 주기를 나타낸 것이다. ㉠~㉢은 각각 M기, S기, G_2기 중 하나이다.

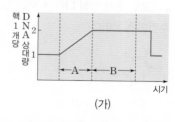 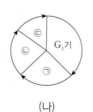

(가)   (나)

이에 대한 설명으로 옳은 것만을 〈보기〉에서 있는 대로 고른 것은?

┌─ 보기 ┐
ㄱ. 구간 A에는 ㉢ 시기의 세포가 있다.
ㄴ. 구간 B에서 2가 염색체가 관찰된다.
ㄷ. 구간 A에서와 같은 DNA 상대량 변화는 ㉠ 시기의 세포에서 나타난다.
└──────┘

① ㄴ   ② ㄷ   ③ ㄱ, ㄴ   ④ ㄱ, ㄷ   ⑤ ㄴ, ㄷ

07 [8712-0306]
그림 (가)는 감수 분열이 진행 중인 어떤 세포에서 상동 염색체 사이의 거리 변화를, (나)와 (다)는 t_1과 t_2에서 관찰된 세포를 순서 없이 나타낸 것이다.

(가)   (나)   (다)

이에 대한 설명으로 옳은 것만을 〈보기〉에서 있는 대로 고른 것은?

┌─ 보기 ┐
ㄱ. (나)는 t_2에서 관찰된 세포이다.
ㄴ. ㉠의 길이는 t_2에서보다 t_3에서 짧다.
ㄷ. (나)와 (다)는 모두 감수 2분열 과정의 세포이다.
└──────┘

① ㄱ   ② ㄷ   ③ ㄱ, ㄴ   ④ ㄴ, ㄷ   ⑤ ㄱ, ㄴ, ㄷ

08 [8712-0307]
다음은 어떤 생물 P의 유전 형질 ㉠과 ㉡에 대한 자료이다.

- ㉠은 하나의 상염색체에 존재하는 2쌍의 대립유전자 A와 a, B와 b에 의해 결정되고, ㉡은 서로 다른 상염색체에 존재하는 3쌍의 대립유전자 E와 e, F와 f, G와 g에 의해 결정된다.
- 그림 (가)는 P의 상염색체 일부를, (나)는 P가 속한 개체군에서 ㉡의 표현형에 따른 개체 수를 나타낸 것이다.

 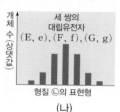

(가)   (나)

- ㉠과 ㉡의 표현형은 각각의 유전자형에서 대문자로 표시되는 대립유전자의 수에 의해서만 결정되며, ㉠의 발현과 ㉡의 발현에 관여하는 유전자는 서로 다른 염색체에 존재한다.

이에 대한 설명으로 옳은 것만을 〈보기〉에서 있는 대로 고른 것은? (단, 교차와 돌연변이는 고려하지 않으며, 그림에 제시된 표현형만 고려한다.)

┌─ 보기 ┐
ㄱ. ㉠의 유전은 복대립 유전이다.
ㄴ. ㉠의 유전자형이 aabb인 개체와 P 사이에서 자손이 태어날 때, 이 자손에게서 나타날 수 있는 ㉠에 대한 표현형은 최대 2가지이다.
ㄷ. ㉡의 유전자형이 EeFfGg인 개체에서 생식세포가 형성될 때, 이 생식세포가 유전자 E, f, G를 모두 가질 확률은 $\frac{1}{8}$이다.
└──────┘

① ㄴ   ② ㄷ   ③ ㄱ, ㄴ   ④ ㄱ, ㄷ   ⑤ ㄴ, ㄷ

09 [8712–0308]
그림은 배양 중인 동물 조직 X를 구성하는 세포의 세포 주기를, 표는 X에 처리한 물질 ⓐ와 ⓑ의 특징과 물질 처리 결과를 나타낸 것이다. ㉠~㉣은 G_1기, S기, G_2기, M기를 순서 없이 나타낸 것이다.

물질	특징	물질 처리 결과
ⓐ	G_1기에서 S기로의 진행을 억제한다.	㉣ 시기의 세포가 증가한다.
ⓑ	방추사 분해를 억제한다.	㉠ 시기의 세포가 증가한다.

이에 대한 설명으로 옳은 것만을 〈보기〉에서 있는 대로 고른 것은?

┌ 보기 ┐
ㄱ. 세포 주기는 I 방향으로 진행된다.
ㄴ. DNA의 복제가 일어나는 시기는 ㉢이다.
ㄷ. ⓐ와 ⓑ를 처리하지 않고 X를 배양할 때, 분열기(M기)의 세포가 G_1기의 세포보다 많다.

① ㄴ　　② ㄷ　　③ ㄱ, ㄴ　　④ ㄱ, ㄷ　　⑤ ㄴ, ㄷ

10 [8712–0309]
다음은 어떤 집안의 ABO식 혈액형과 유전병 ㉠에 대한 자료이다.

• ㉠은 대립유전자 T와 T*에 의해 결정되며, 각 대립유전자 사이의 우열 관계는 분명하다.
• 그림은 어떤 집안의 ABO식 혈액형과 ㉠에 대한 가계도를, 표는 구성원 1~3이 가진 체세포 1개당 T와 T*의 DNA 상대량을 나타낸 것이다.

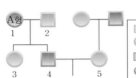

구성원	DNA 상대량	
	T	T*
1	0	2
2	1	0
3	1	1

□ 정상 남자　○ 정상 여자　■ 유전병 ㉠ 남자　● 유전병 ㉠ 여자

• 구성원 1~4의 ABO식 혈액형은 각각 다르고, 4는 I^A 유전자를 갖는다.
• 구성원 3과 5의 ABO식 혈액형의 유전자형은 같다.

이에 대한 설명으로 옳은 것만을 〈보기〉에서 있는 대로 고른 것은? (단, 돌연변이는 고려하지 않으며, T와 T* 각각의 1개당 DNA 상대량은 같다.)

┌ 보기 ┐
ㄱ. T는 T*에 대해 우성이다.
ㄴ. 체세포 1개당 T의 양은 3과 5가 같다.
ㄷ. 4와 5 사이에서 아이가 태어날 때, 이 아이가 B형이면서 ㉠이 발현된 아들일 확률은 $\frac{1}{8}$이다.

① ㄱ　　② ㄷ　　③ ㄱ, ㄴ　　④ ㄴ, ㄷ　　⑤ ㄱ, ㄴ, ㄷ

11 [8712–0310]
그림은 어떤 가족의 유전병 ㉠에 대한 가계도를, 표는 이 가족의 ㉠ 발현에 관여하는 대립유전자 A와 A*의 체세포 1개당 DNA 상대량을 나타낸 것이다.

□ 정상 남자　○ 정상 여자　● 유전병 ㉠ 여자

구성원	DNA 상대량	
	A	A*
1	1	1
2	0	2
3	1	ⓐ
4	ⓑ	ⓒ

이에 대한 설명으로 옳은 것만을 〈보기〉에서 있는 대로 고른 것은? (단, 돌연변이는 고려하지 않으며, A와 A* 각각의 1개당 DNA 상대량은 같다.)

┌ 보기 ┐
ㄱ. A는 A*에 대해 우성이다.
ㄴ. ⓐ+ⓑ+ⓒ=3이다.
ㄷ. 구성원 1은 X 염색체에 A가 존재한다.

① ㄱ　　② ㄴ　　③ ㄱ, ㄴ　　④ ㄱ, ㄷ　　⑤ ㄴ, ㄷ

12 [8712–0311]
표는 사람의 성별과 유전자형에 따른 유전 형질 ㉠의 발현 여부를 나타낸 것이다. ㉠의 발현 여부는 상염색체에 있는 대립유전자 A와 A*에 의해 결정된다.

남자		여자	
유전자형	㉠의 발현 여부	유전자형	㉠의 발현 여부
AA	○	AA	○
AA*	○	AA*	×
A*A*	×	A*A*	×

(○:발현됨, ×:발현 안 됨)

이에 대한 설명으로 옳은 것만을 〈보기〉에서 있는 대로 고른 것은? (단, 돌연변이는 고려하지 않으며, 자녀 중 남자와 여자는 동일한 비율로 태어난다.)

┌ 보기 ┐
ㄱ. ㉠이 발현된 여자가 낳은 자녀는 모두 ㉠이 발현된다.
ㄴ. ㉠이 발현되지 않은 남자와 ㉠이 발현된 여자 사이에서 태어난 자녀의 유전자형은 모두 동일하다.
ㄷ. 유전자형으로 AA*를 가진 부모 사이에서 아이가 태어날 때, 이 아이가 ㉠ 발현 남자일 확률은 ㉠ 발현 여자일 확률의 3배이다.

① ㄱ　　② ㄷ　　③ ㄱ, ㄴ　　④ ㄱ, ㄷ　　⑤ ㄴ, ㄷ

13 [8712-0312]
다음은 어떤 가족의 유전 형질 ㉠과 ㉡에 대한 자료이다.

- ㉠은 대립유전자 A와 A*에 의해, ㉡은 대립유전자 B와 B*에 의해 결정되며, 각 대립유전자 사이의 우열 관계는 분명하다.
- 표는 이 가족 구성원의 성별과 ㉠과 ㉡의 발현 여부를, 그림은 이 가족 구성원 일부에서 체세포 1개당 A*와 B의 DNA 상대량을 나타낸 것이다.

구성원	성별	유전 형질 ㉠	유전 형질 ㉡
부	남자	×	?
모	여자	×	○
자녀 1	남자	○	?
자녀 2	여자	?	×
자녀 3	?	○	×

(○ : 발현됨, × : 발현 안 됨)

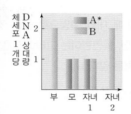

- 정상 정자와 감수 분열 시 성염색체 비분리가 1회 일어나 형성된 난자 ⓐ가 수정되어 자녀 3이 태어났다. 자녀 3의 체세포 1개당 염색체 수는 47이다.

이에 대한 설명으로 옳은 것만을 〈보기〉에서 있는 대로 고른 것은? (단, 교차와 제시된 염색체 비분리 이외의 다른 돌연변이는 고려하지 않으며, A*, B 각각의 1개당 DNA 상대량은 같다.)

〈보기〉
ㄱ. ㉠의 유전자는 상염색체에 있다.
ㄴ. B는 B*에 대해 열성이다.
ㄷ. ⓐ가 형성될 때 염색체 비분리는 감수 1분열에서 일어났다.

① ㄱ   ② ㄴ   ③ ㄱ, ㄴ   ④ ㄱ, ㄷ   ⑤ ㄴ, ㄷ

14 [8712-0313]
그림은 대립유전자 H와 H*에 의해 결정되는 어떤 유전병에 대한 가계도를, 표는 구성원 1~5에서 체세포 1개당 H*의 수와 적록 색맹 발현 여부를 나타낸 것이다. H와 H* 사이의 우열 관계는 분명하고, 구성원 5는 염색체 수가 정상인 생식세포 ㉠과 염색체 수에 이상이 있는 생식세포 ㉡의 수정에 의해 태어났다.

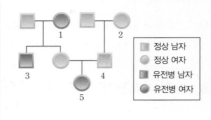

구성원	H*의 수	적록 색맹
1	ⓐ	○
2	1	×
3	1	×
4	ⓑ	×
5	1	○

(○ : 발현됨, × : 발현 안 됨)

이에 대한 설명으로 옳은 것만을 〈보기〉에서 있는 대로 고른 것은? (단, 교차와 제시된 돌연변이 이외의 돌연변이는 고려하지 않는다.)

〈보기〉
ㄱ. ⓐ+ⓑ=2이다.
ㄴ. ㉡은 X 염색체를 갖는다.
ㄷ. 1과 4는 모두 H*와 적록 색맹에 대한 정상 유전자가 함께 존재하는 염색체를 갖는다.

① ㄱ   ② ㄷ   ③ ㄱ, ㄴ   ④ ㄴ, ㄷ   ⑤ ㄱ, ㄴ, ㄷ

15 [8712-0314]
그림 (가)와 (나)는 각각 사람의 난자와 정자 형성 과정을, 표는 세포 ⓐ~ⓓ의 핵상과 X 염색체 수를 나타낸 것이다. (가)의 감수 분열 과정에서는 상염색체 비분리가, (나)의 감수 분열 과정에서는 성염색체 비분리가 각각 1회씩 일어났다. ⓐ~ⓓ는 ㉠~㉣을 순서 없이 나타낸 것이며, 세포 1개당 DNA 상대량은 ⓑ가 ⓒ보다 많다.

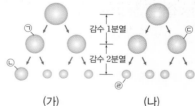

(가)   (나)

세포	핵상	X 염색체 수
ⓐ	$n+1$	2
ⓑ	n	1
ⓒ	$n+1$	1
ⓓ	n	0

이에 대한 설명으로 옳은 것만을 〈보기〉에서 있는 대로 고른 것은? (단, 제시된 염색체 비분리 이외의 돌연변이는 고려하지 않으며, ㉠과 ㉢은 중기의 세포이다.)

〈보기〉
ㄱ. ⓑ는 ㉠이다.
ㄴ. (가)는 감수 1분열에서 염색체 비분리가 일어났다.
ㄷ. $\dfrac{상염색체 수}{성염색체 수}$ 는 ⓓ에서가 ⓐ에서의 $\dfrac{1}{2}$배이다.

① ㄱ   ② ㄴ   ③ ㄱ, ㄴ   ④ ㄱ, ㄷ   ⑤ ㄴ, ㄷ

고난도 문제

[8712–0315]

16 표는 성염색체로 XY를 갖는 어떤 생물 P(2*n*=6)에 존재하는 세포 (가)~(라)에서 서로 다른 염색체 ㉠~㉢의 유무를 나타낸 것이다. ㉢은 Y 염색체이다.

세포	㉠	㉡	㉢	㉣	㉤	㉥
(가)	○	○	○	○	○	○
(나)	×	○	○	×	×	○
(다)	○	○	×	×	○	×
(라)	×	×	○	○	○	×

(○ : 있음, × : 없음)

이에 대한 설명으로 옳은 것만을 〈보기〉에서 있는 대로 고른 것은? (단, 돌연변이는 고려하지 않는다.)

보기
ㄱ. ㉡은 ㉢의 상동 염색체이다.
ㄴ. ㉤은 X 염색체이다.
ㄷ. (나)와 (라)의 핵상은 서로 같다.

① ㄱ　　② ㄷ　　③ ㄱ, ㄴ　　④ ㄴ, ㄷ　　⑤ ㄱ, ㄴ, ㄷ

[8712–0316]

17 다음은 어떤 동물(2*n*=4)의 세포 분열에 대한 자료이다.

- 세포 ㉠에서 DNA 복제 후 세포 ㉡이 형성되었다.
- 세포 ㉡에서 첫번째 세포질 분열이 1회 일어난 후 세포 ㉢이 형성되었다.
- 그림 (가)는 ㉠~㉢ 중 하나에 들어 있는 모든 염색체를, (나)는 ㉡의 세포 분열 과정 중 핵 1개당 DNA양 변화의 일부를 나타낸 것이다. ㉢은 t_1에서 관찰된 세포이다.

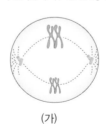
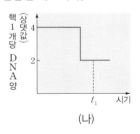

(가)　　　　　　　(나)

이에 대한 설명으로 옳은 것만을 〈보기〉에서 있는 대로 고른 것은? (단, 돌연변이는 고려하지 않는다.)

보기
ㄱ. 핵 1개당 DNA 상대량은 ㉠과 ㉢에서 같다.
ㄴ. (나)는 감수 2분열 과정에서의 DNA양 변화이다.
ㄷ. ㉡에 존재하는 $\dfrac{염색체\ 수}{염색\ 분체\ 수}=\dfrac{1}{2}$이다.

① ㄱ　　② ㄷ　　③ ㄱ, ㄷ　　④ ㄴ, ㄷ　　⑤ ㄱ, ㄴ, ㄷ

[8712–0317]

18 다음은 어떤 사람의 혈액으로부터 핵형을 분석하는 실험이다. ㉠과 ㉡은 각각 세포 분열을 억제하는 물질과 세포 분열을 촉진하는 물질 중 하나이다.

[실험 과정]
(가) 혈액을 채취하여 혈액 응고 방지 물질을 넣고 원심 분리한다.
(나) 특정 세포만을 분리하여 물질 ㉠을 처리한다.
(다) 이 세포에서 물질 ㉡을 처리한 후 염색액으로 염색한다.
(라) 염색된 세포를 광학 현미경으로 관찰한 후 핵형을 분석한다.

[실험 결과]

```
  ⓐ ⓑ
1  2  3  4  5  6  7  8  9  10  11  12
13 14 15 16 17 18 19 20 21 22
```

이에 대한 설명으로 옳은 것만을 〈보기〉에서 있는 대로 고른 것은? (단, 자료에 제시된 염색체만을 고려한다.)

보기
ㄱ. ㉠은 세포 분열을 촉진하는 물질이다.
ㄴ. 이 사람은 터너 증후군을 나타낸다.
ㄷ. ⓐ와 ⓑ는 각각 부모로부터 1개씩 물려받았다.

① ㄱ　　② ㄷ　　③ ㄱ, ㄴ　　④ ㄴ, ㄷ　　⑤ ㄱ, ㄴ, ㄷ

[8712–0318]

19 다음은 어떤 가족이 가지는 유전자에 대한 자료이다.

- 이 가족은 아버지, 어머니, 자녀 1~3으로 구성된다.
- 표는 이 가족의 G_1기 체세포 1개당 유전자 H와 h, T와 t의 DNA 상대량을 나타낸 것이며, H는 h와 대립유전자이며, T는 t와 대립유전자이다.

구성원	유전자			
	H	h	T	t
아버지	2	0	1	ⓐ
어머니	0	ⓑ	1	1
자녀 1	ⓒ	1	2	0
자녀 2	1	ⓓ	0	1
자녀 3	1	?	1	1

이에 대한 설명으로 옳은 것만을 〈보기〉에서 있는 대로 고른 것은? (단, H, h, T, t 각각의 1개당 DNA 상대량은 같으며, 돌연변이와 교차는 고려하지 않는다.)

보기
ㄱ. ⓐ+ⓑ+ⓒ+ⓓ=4이다.
ㄴ. 자녀 2는 남자이다.
ㄷ. 자녀 3이 가진 T는 아버지로부터 물려받은 것이다.

① ㄴ　　② ㄷ　　③ ㄱ, ㄴ　　④ ㄱ, ㄷ　　⑤ ㄱ, ㄴ, ㄷ

20 [8712-0319]

다음은 어떤 동물 종($2n$)의 피부색 유전에 대한 자료이다.

- 피부색은 서로 다른 상염색체에 있는 3쌍의 대립유전자에 의해 결정된다.
- 각 대립유전자 쌍에는 2가지 대립유전자가 있으며, 하나는 대문자로, 다른 하나는 소문자로 표시된다.
- 피부색은 유전자형에서 대문자로 표시되는 유전자의 수에 의해서만 결정되며, 대문자 유전자의 수가 다르면 피부색이 다르다.
- 표는 이 동물에서 유전자형이 각각 (가)~(다)인 개체가 갖는 대문자 유전자의 수를 나타낸 것이다.

유전자형	(가)	(나)	(다)
대문자 유전자의 수	㉠	㉡	㉢

- 유전자형이 각각 (가)인 개체와 (나)인 개체 사이에서 태어난 자손의 유전자형은 1가지이고, 표현형은 (다)와 같다.
- (다)에서 생성된 생식세포가 가질 수 있는 유전자형의 종류는 최대 8가지이다.
- $\dfrac{㉠}{㉡+㉢}=2$이다.

이에 대한 설명으로 옳은 것만을 〈보기〉에서 있는 대로 고른 것은? (단, 돌연변이는 고려하지 않는다.)

┌─ 보기 ┐
ㄱ. ㉠+㉡+㉢=9이다.
ㄴ. (나)와 (다) 사이에서 자손(F_1)이 태어날 때, 이 자손에게서 나타날 수 있는 피부색은 최대 3가지이다.
ㄷ. (다)와 같은 유전자형을 가진 부모 사이에서 자손(F_1)이 태어날 때, 이 자손의 피부색이 (가)와 같을 확률은 $\dfrac{1}{8}$이다.
└──────┘

① ㄱ ② ㄷ ③ ㄱ, ㄴ ④ ㄴ, ㄷ ⑤ ㄱ, ㄴ, ㄷ

21 [8712-0320]

다음은 유전병 (가)에 대한 자료이다.

- (가)는 대립유전자 R와 r에 의해 결정되며, R는 r에 대해 완전 우성이다.
- 그림은 (가)에 대한 어떤 집안의 가계도를 나타낸 것이다. ㉠과 ㉡은 각각 '정상'과 '유전병 (가)' 중 하나이다.

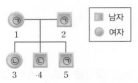

□ 남자
○ 여자

- 아버지와 어머니 중 한 사람은 한 가지 대립유전자만 갖는다.
- 구성원 3~5 중 염색체 수 이상을 가진 자녀가 1명 있고, 나머지 자녀의 핵형은 모두 정상이다.
- 염색체 수 이상인 자녀는 정자 ⓐ와 난자 ⓑ의 수정에 의해 태어났고, 감수 분열 시 부모 중 한 사람에게서만 염색체 비분리가 1회 일어났다.
- 5의 동생이 태어날 때, 이 아이가 정상일 확률은 $\dfrac{3}{4}$이다.

이에 대한 설명으로 옳은 것만을 〈보기〉에서 있는 대로 고른 것은? (단, 제시된 염색체 비분리 이외의 다른 돌연변이는 고려하지 않는다.)

┌─ 보기 ┐
ㄱ. ⓐ는 r를 갖는다.
ㄴ. ㉠은 '정상'이다.
ㄷ. 체세포 1개당 R의 DNA 상대량은 1, 2, 5에서 서로 같다.
└──────┘

① ㄱ ② ㄷ ③ ㄱ, ㄴ ④ ㄱ, ㄷ ⑤ ㄴ, ㄷ

15 생태계의 구성 및 개체군

1 생태계의 구성

(1) 생태계 생물이 주변 환경 및 다른 생물과 서로 밀접한 관계를 맺으며 조화를 이루고 있는 하나의 유기적인 체제이다.

(2) 생태계의 구성 요인

① 생물적 요인: 생산자, 소비자, 분해자

② 비생물적 요인(무기 환경): 빛, 온도, 공기, 물, 토양 등

③ 생태계 구성 요인 사이의 관계

- 작용: 비생물적 요인이 생물적 요인에 영향을 주는 것
- 반작용: 생물적 요인이 비생물적 요인에 영향을 주는 것
- 상호 작용: 생물과 생물 사이에서 서로 영향을 주고 받는 것

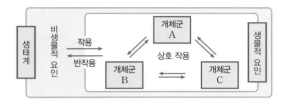

(3) 생물과 환경 요인의 관계

① 빛과 생물

- 강한 세기의 빛에 적응한 양지 식물은 약한 세기의 빛에 적응한 음지 식물보다 호흡량이 많고, 보상점과 광포화점이 높다.
- 바다의 깊이에 따라 투과되는 빛의 파장과 양이 달라, 해조류의 종류에 따라 최대 서식 깊이가 다르다.
- 계절에 따른 일조 시간의 변화는 식물의 개화와 동물의 산란에 영향을 준다.

② 온도와 생물

- 동물: 정온 동물 중 추운 곳에 사는 동물일수록 몸집이 커지고, 귀, 꼬리 등 몸의 말단부가 작아 열 손실이 작다.
- 식물: 기온이 내려가면 녹말을 포도당으로 분해하여 세포액의 삼투압을 높여 세포가 어는 것을 방지한다.

③ 물과 생물: 물이 부족한 곳에 사는 식물은 뿌리와 저수 조직이 발달하며, 물속과 물 위에 사는 식물은 통기 조직이 발달한다.

(4) 생물적 요인의 구성 단계 같은 종인 개체끼리 모여 개체군을 구성하며, 서로 다른 개체군이 모여 군집을 구성한다.

2 개체군

(1) 개체군의 특성

① 개체군의 밀도 $= \dfrac{\text{개체군을 구성하는 개체 수}}{\text{개체군이 생활하는 공간의 면적}}$

② 개체군의 생장 곡선: 시간에 따른 개체군의 개체 수 변화를 나타낸 그래프로, 환경 저항(먹이와 서식지 부족)에 의해 실제 환경에서는 S자형으로 나타난다.

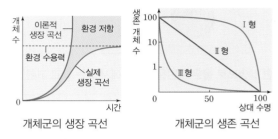

개체군의 생장 곡선   개체군의 생존 곡선

③ 개체군의 생존 곡선: 동시에 출생한 개체들의 상대 연령에 따른 생존 개체 수를 그래프로 나타낸 것이다.

④ 개체군의 주기적 변동

- 계절적 변동(단기적 변동): 계절에 따른 환경 요인의 변화에 따라 1년 주기로 개체군의 크기가 변한다. 예 돌말
- 먹이 관계에 의한 변동(장기적 변동): 포식과 피식에 의해 두 개체군의 개체 수가 수년을 주기로 변한다. 예 눈신토끼와 스라소니

(2) 개체군 내의 상호 작용

① 텃세: 일정한 생활 공간에 다른 개체가 접근하는 것을 막는 상호 작용 예 까치, 은어 등

② 순위제: 개체들 사이에서 힘의 서열에 의해 순위가 정해지는 상호 작용 예 닭, 큰뿔양 등

③ 리더제: 한 개체가 리더가 되어 개체군을 이끄는 상호 작용 예 기러기, 늑대 등

④ 사회생활: 개체들이 역할을 분담하고 서로 협력하는 상호 작용 예 꿀벌, 개미 등

⑤ 가족생활: 새끼가 독립할 때까지 가족이 함께 생활하는 상호 작용 예 사자, 제비 등

핵심 개념 체크

정답과 해설 39쪽

1. 생물적 요인에는 (   ), (   ), (   )가 있다.

2. 일정한 생활 공간에 다른 개체가 접근하는 것을 막는 것을 (   ), 새끼가 독립할 때까지 가족이 함께 생활하는 것을 (   )이라고 한다.

3. 식물이 겨울에 녹말을 포도당으로 분해하여 세포가 어는 것을 방지하는 것은 환경 요인 중 (   )와 관련이 있다.

4. 다음 중 옳은 것은 ○표, 옳지 않은 것은 ×표 하시오.

(1) 생물적 요인이 무기 환경인 비생물적 요인에 영향을 주는 것을 작용이라고 한다. (   )

(2) 계절에 따른 환경 요인이 변화하여 1년을 주기로 개체군의 크기가 변하는 것을 장기적 변동이라고 한다. (   )

(3) 리더제의 예에는 기러기가 있고, 순위제의 예에는 닭, 큰뿔양이 있다. (   )

01 [8712–0321]
그림은 생태계를 구성하는 요인 사이의 상호 관계를 나타낸 것이다.

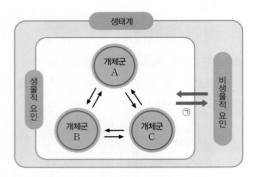

이에 대한 설명으로 옳은 것만을 〈보기〉에서 있는 대로 고른 것은?

┌ 보기 ┐
ㄱ. 개체군 A는 동일한 종으로 구성된다.
ㄴ. 개체군 C가 토양을 비옥하게 만드는 것은 작용에 해당한다.
ㄷ. 식물의 광합성이 공기 중의 산소 농도를 변화시키는 것은 ㉠에 해당한다.

① ㄱ   ② ㄷ   ③ ㄱ, ㄴ   ④ ㄱ, ㄷ   ⑤ ㄴ, ㄷ

02 [8712–0322]
그림은 개체군 (가)의 주기적 변동을 나타낸 것이다.

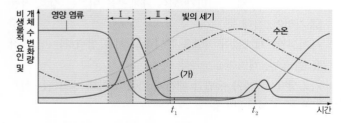

이에 대한 설명으로 옳은 것만을 〈보기〉에서 있는 대로 고른 것은? (단, (가)의 생활 공간 면적은 변화가 없으며, 제시된 비생물적 요인만 고려한다.)

┌ 보기 ┐
ㄱ. (가)는 구간 Ⅰ에서 환경 저항을 받지 않는다.
ㄴ. 구간 Ⅱ에서 (가)의 개체 수가 감소한 까닭은 반작용의 예에 해당한다.
ㄷ. (가)의 개체군 밀도는 t_1에서가 t_2에서보다 작다.

① ㄱ   ② ㄷ   ③ ㄱ, ㄴ   ④ ㄱ, ㄷ   ⑤ ㄴ, ㄷ

03 [8712–0323]
그림의 ⓐ와 ⓑ는 각각 어떤 개체군의 이론적 생장 곡선과 실제 생장 곡선 중 하나를 나타낸 것이다.

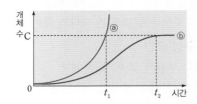

이에 대한 설명으로 옳은 것만을 〈보기〉에서 있는 대로 고른 것은? (단, 이 개체군에서 이입과 이출은 없다.)

┌ 보기 ┐
ㄱ. ⓐ는 이론적 생장 곡선이다.
ㄴ. C는 환경 수용력이다.
ㄷ. ⓐ에서 t_1일 때의 $\dfrac{출생률}{사망률}$과 ⓑ에서 t_2일 때의 $\dfrac{출생률}{사망률}$은 같다.

① ㄱ   ② ㄷ   ③ ㄱ, ㄴ   ④ ㄴ, ㄷ   ⑤ ㄱ, ㄴ, ㄷ

04 [8712–0324]
개체군 내 상호 작용에 대한 설명으로 옳은 것만을 〈보기〉에서 있는 대로 고른 것은?

┌ 보기 ┐
ㄱ. 사자는 사회생활을 하는 종에 해당한다.
ㄴ. 리더제에서는 리더 이외의 개체에 순위가 없다.
ㄷ. 텃세는 개체를 분산시켜 개체군의 밀도를 조절한다.

① ㄱ   ② ㄴ   ③ ㄱ, ㄴ   ④ ㄱ, ㄷ   ⑤ ㄴ, ㄷ

05 [8712–0325]
표는 개체군 내 상호 작용과 그 예를 나타낸 것이다.

상호 작용	예
(가)	호랑이는 자신의 영역에 다른 개체가 침입하지 못하도록 막는다.
(나)	닭은 모이를 먹는 순서가 정해져 있다.

(가)와 (나)에 해당하는 것을 옳게 짝지은 것은?

	(가)	(나)
①	텃세	순위제
②	텃세	리더제
③	리더제	사회생활
④	리더제	순위제
⑤	사회생활	리더제

06 [8712-0326] 그림 (가)는 생태계 구성 요인 사이의 상호 관계 중 일부를, (나)는 개체군의 생존 곡선의 3가지 유형을 나타낸 것이다. 개체군 A는 Ⅰ형, 개체군 B는 Ⅲ형에 해당한다.

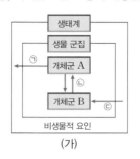 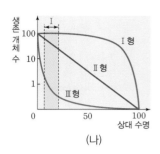

(가)   (나)

이에 대한 설명으로 옳은 것만을 〈보기〉에서 있는 대로 고른 것은?

보기
ㄱ. 구간 Ⅰ에서 사망률은 A가 B보다 높다.
ㄴ. 사람의 활동에 의해 지구 평균 기온이 상승한 것은 ㉠의 예에 해당한다.
ㄷ. 어류가 집단으로 죽어 물속 산소의 양이 줄어드는 것은 ㉢의 예에 해당한다.

① ㄴ ② ㄷ ③ ㄱ, ㄴ ④ ㄱ, ㄷ ⑤ ㄴ, ㄷ

07 [8712-0327] 그림 (가)는 어떤 나무를, (나)는 이 나무에 있는 잎 ㉠과 ㉡의 단면을 나타낸 것이다. ㉠과 ㉡은 A에 주로 있는 잎과 B에 주로 있는 잎을 순서 없이 나타낸 것이고, A에 주로 있는 잎과 B에 주로 있는 잎은 각각 양엽과 음엽 중 하나이다.

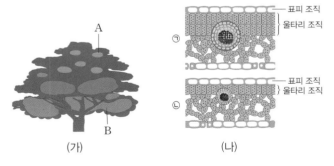

(가)   (나)

이에 대한 설명으로 옳은 것만을 〈보기〉에서 있는 대로 고른 것은?

보기
ㄱ. A에 주로 있는 잎은 ㉠이다.
ㄴ. 온도의 영향으로 ㉠과 ㉡의 차이가 나타난다.
ㄷ. 잎의 평균 넓이는 ㉡이 ㉠보다 넓다.

① ㄴ ② ㄷ ③ ㄱ, ㄴ ④ ㄱ, ㄷ ⑤ ㄴ, ㄷ

08 [8712-0328] 다음은 생태계 구성 요인 사이의 상호 관계에 대한 사례이다.

(가) 가을이 되면 ㉠ 은행나무는 잎이 낙엽으로 떨어진다.
(나) 사막에 사는 여우는 몸집이 작고, 귀와 주둥이 등 몸의 말단부가 크다.
(다) 물 위에 떠서 사는 ㉡ 부레옥잠은 뿌리가 잘 발달하지 않고, 통기 조직이 발달되어 있다.

이에 대한 설명으로 옳은 것만을 〈보기〉에서 있는 대로 고른 것은?

보기
ㄱ. ㉠과 ㉡은 모두 생산자에 해당한다.
ㄴ. (가)~(다)는 모두 작용의 사례에 해당한다.
ㄷ. (가)와 가장 관련이 깊은 비생물적 요인은 빛이다.

① ㄱ ② ㄷ ③ ㄱ, ㄴ ④ ㄴ, ㄷ ⑤ ㄱ, ㄴ, ㄷ

09 [8712-0329] 그림은 생태계를 구성하는 요인 사이의 상호 관계 중 일부를 나타낸 것이다. 개체군 A와 B는 각각 늑대와 큰뿔양 개체군 중 하나이다.

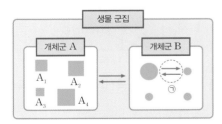

이에 대한 설명으로 옳은 것만을 〈보기〉에서 있는 대로 고른 것은? (단, 각 도형은 하나의 개체를 의미하며, 도형의 크기가 클수록 개체군 내에서 서열이 높은 것을 의미한다.)

보기
ㄱ. A는 큰뿔양 개체군이다.
ㄴ. ㉠은 리더제에 해당한다.
ㄷ. 개체의 순위는 A_4가 A_1보다 높다.

① ㄱ ② ㄷ ③ ㄱ, ㄷ ④ ㄴ, ㄷ ⑤ ㄱ, ㄴ, ㄷ

[01~02] 그림은 생태계에서 비생물적 요인 X가 생산자에 영향을 주는 것을 나타낸 것이다.

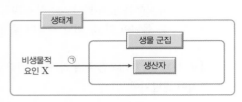

[8712-0330]
01 비생물적 요인 X에 해당하는 것을 3가지만 쓰시오.

[8712-0331]
02 생산자가 광합성을 할 때, ㉠에 해당하는 예를 2가지만 서술하시오. (단, X는 서로 다른 요인을 이용하시오.)

[03~04] 그림은 어떤 개체군의 실제 생장 곡선과 이론적 생장 곡선을 나타낸 것이다.

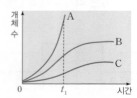

[8712-0332]
03 A~C를 각각 실제 생장 곡선과 이론적 생장 곡선으로 구분하시오.

[8712-0333]
04 t_1일 때, A와 B의 개체 수가 차이 나는 까닭을 2가지만 서술하시오.

[8712-0334]
05 그림 (가)는 어떤 하천에서 은어가 일정 공간을 차지한 모습을, (나)는 바다에서 해조류의 수심에 따른 분포 모습을 나타낸 것이다.

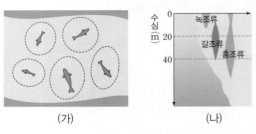

(가)   (나)

은어와 해조류가 (가), (나)와 같이 서식하는 까닭을 각각 서술하시오.

[8712-0335]
06 그림은 서로 다른 지역에 서식하는 성체 곰의 크기를 나타낸 것이다.

곰의 크기가 지역마다 다른 까닭을 생태계 구성 요인과 관련지어 서술하시오.

[8712-0336]
07 표 (가)는 지역 A~D에서 어떤 생물 ㉠의 개체 수를, (나)는 지역 A~D의 특징을 나타낸 것이다.

지역	개체 수
A	80
B	40
C	100
D	60

(가)

특징
• A와 C의 면적은 같다.
• B의 면적은 D의 $\frac{1}{3}$이다.
• D의 면적은 C의 1.5배이다.

(나)

지역 A~D에서 ㉠의 개체군 밀도를 비교하여 서술하시오. (단, 계산 과정을 포함하시오.)

16 군집

1 군집의 특성

(1) 군집 일정한 지역 내에 서식하는 여러 개체군들의 집합

(2) 군집의 구성 군집을 이루는 개체군은 영양 단계와 역할에 따라 생산자, 소비자, 분해자로 구분된다.

(3) 먹이 그물 개체군 사이에는 먹고 먹히는 관계인 먹이 사슬이 형성되며, 먹이 사슬이 복잡하게 얽혀 먹이 그물을 이룬다.

(4) 생태적 지위 각 개체군이 군집 내에서 차지하는 위치

① 먹이 지위: 개체군이 먹이 사슬에서 차지하는 위치

② 공간 지위: 개체군이 차지하는 서식 공간

(5) 식물 군집의 조사 방법 ➡ 방형구법 이용

① 중요치(상대 밀도＋상대 빈도＋상대 피도)가 가장 큰 종이 우점종이다. 우점종은 군집을 대표하는 종이다.

- 상대 밀도$(\%)=\dfrac{\text{특정 종의 밀도}}{\text{조사한 모든 종의 밀도의 합}}\times100$

- 상대 빈도$(\%)=\dfrac{\text{특정 종의 빈도}}{\text{조사한 모든 종의 빈도의 합}}\times100$

- 상대 피도$(\%)=\dfrac{\text{특정 종의 피도}}{\text{조사한 모든 종의 피도의 합}}\times100$

② 핵심종: 개체 수는 적어도 군집에 미치는 영향이 큰 종

③ 지표종: 특정 환경에서만 서식하여 군집의 환경을 알려주는 종

(6) 군집의 종류

① 육상 군집: 기온과 강수량에 따라 구분

- 삼림: 기온이 높고 강수량이 많은 지역에 발달하며, 많은 목본과 초본이 서식한다.
- 초원: 기온이 높고 강수량이 적어 주로 초본이 서식한다.
- 사막: 강수량이 적거나 기온이 낮아 일부 생물만 서식한다.

② 수생 군집: 담수 군집(하천, 호수, 강)과 해수 군집(바다)

2 군집의 천이

생물 군집의 구성과 구조가 오랜 세월에 걸쳐 바뀌는 과정이다.

(1) 1차 천이 생물이 살지 않았던 곳에서 시작한다.

① 건성 천이: 토양이 척박한 지역(용암 대지, 사막 등)에서 시작

- 용암 대지 → 지의류(개척자) → 초원 → 관목림 → 양수림 → 혼합림 → 음수림(극상)

② 습성 천이: 습한 지역(호수, 연못 등)에서 시작

- 빈영양호 → 부영양호 → 습원(개척자는 습생 식물) → 초원 → 관목림 → 양수림 → 혼합림 → 음수림(극상)

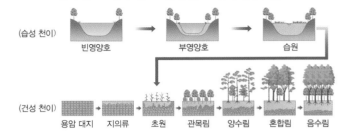

(습성 천이) 빈영양호 부영양호 습원

(건성 천이) 용암 대지 지의류 초원 관목림 양수림 혼합림 음수림

(2) 2차 천이 산불, 홍수, 산사태, 개간 등에 의해 기존의 식물 군집이 사라진 지역에서 시작하며, 2차 천이의 개척자는 주로 초본이다. 2차 천이는 1차 천이에 비해 진행 속도가 빠르다.

3 군집 내 개체군 사이의 상호 작용

(1) 종간 경쟁 생태적 지위가 비슷한 두 개체군 사이에서 먹이와 생활 공간을 서로 차지하기 위한 상호 작용

- 경쟁·배타 원리: 두 개체군의 경쟁 결과, 한 개체군이 그 지역에서 사라지는 경우이다. 예 짚신벌레와 애기짚신벌레

(2) 분서(생태 지위 분화) 두 개체군의 생태적 지위가 비슷할 때, 먹이, 생활 공간, 활동 시기, 산란 시기 등을 다르게 하여 경쟁을 피하는 상호 작용 예 피라미와 은어

(3) 포식과 피식 두 개체군 사이의 먹고 먹히는 관계

- 먹는 종을 포식자, 먹히는 종을 피식자라고 하며, 두 개체군의 크기는 주기적으로 변동한다. 예 눈신토끼와 스라소니

(4) 상리 공생 두 개체군이 모두 이익을 얻는다. 예 흰동가리와 말미잘

(5) 편리공생 한 개체군은 이익을 얻고, 다른 개체군은 이익과 손해가 없다. 예 빨판상어와 거북

(6) 기생 한 개체군(기생자)은 이익을 얻고, 다른 개체군(숙주)은 손해를 본다. 예 사람과 기생충

핵심 개념 체크

정답과 해설 41쪽

1. 육상 군집을 기온과 강수량에 따라 (   ), (   ), (   )으로 구분한다.

2. 생태적 지위가 비슷한 두 개체군 사이에서 먹이와 생활 공간 등을 차지하기 위해 (   )이 일어나며, (   )는 두 개체군의 상호 작용 결과 한 개체군이 사라지는 경우이다.

3. 토양이 척박한 지역에서 시작하는 천이의 개척자는 (   )이며, 천이의 마지막 단계인 (   )은 극상을 이룬다.

4. 다음 중 옳은 것은 ○표, 옳지 않은 것은 ×표 하시오.

(1) 중요치가 가장 큰 종을 핵심종이라고 한다. (   )

(2) 1차 천이의 진행 속도는 2차 천이의 진행 속도보다 느리다. (   )

5. 군집 내 개체군 사이의 상호 작용과 그 예를 연결하시오.

(1) 편리공생 •   • ㉠ 눈신토끼와 스라소니

(2) 포식과 피식 •   • ㉡ 빨판상어와 거북

01 [8712-0337]
그림은 어떤 지역의 식물 군집에서 산불이 일어나기 전과 후의 천이 과정 일부를 나타낸 것이다. A~C는 각각 양수림, 음수림, 초원 중 하나이다.

이에 대한 설명으로 옳은 것만을 〈보기〉에서 있는 대로 고른 것은?

┌─ 보기 ┐
ㄱ. A는 초원이다.
ㄴ. 산불이 일어난 후에는 2차 천이가 일어난다.
ㄷ. 혼합림 단계에서 B의 우점종과 C의 우점종 사이에 종간 경쟁이 일어난다.
└────────┘

① ㄱ　　② ㄷ　　③ ㄱ, ㄴ　　④ ㄴ, ㄷ　　⑤ ㄱ, ㄴ, ㄷ

02 [8712-0338]
그림은 종 A와 B를 단독 배양했을 때와 혼합 배양했을 때의 시간에 따른 개체 수를 나타낸 것이다.

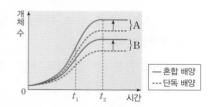

이에 대한 설명으로 옳은 것만을 〈보기〉에서 있는 대로 고른 것은? (단, 단독 배양했을 때와 혼합 배양했을 때 배양 조건은 동일하며, 이입과 이출은 없다.)

┌─ 보기 ┐
ㄱ. 단독 배양 시 A가 받는 환경 저항은 t_1에서가 t_2에서보다 크다.
ㄴ. A와 B는 상리 공생 관계이다.
ㄷ. 혼합 배양 시 t_1일 때 B의 $\dfrac{출생률}{사망률}$은 1보다 크다.
└────────┘

① ㄱ　　② ㄷ　　③ ㄱ, ㄴ　　④ ㄱ, ㄷ　　⑤ ㄴ, ㄷ

03 [8712-0339]
그림은 군집 내 개체군 사이의 상호 작용을 나타낸 것이다. A~D는 각각 상리 공생, 종간 경쟁, 포식과 피식 중 하나이다.

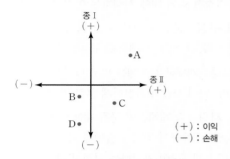

이에 대한 설명으로 옳은 것만을 〈보기〉에서 있는 대로 고른 것은? (단, 손해가 증가할수록 개체 수는 감소한다.)

┌─ 보기 ┐
ㄱ. 콩과식물과 뿌리혹박테리아는 A의 예에 해당한다.
ㄴ. C에서 종Ⅱ가 종Ⅰ보다 하위 영양 단계이다.
ㄷ. A~D 중 D가 경쟁 · 배타 원리가 적용될 가능성이 가장 높다.
└────────┘

① ㄴ　　② ㄷ　　③ ㄱ, ㄴ　　④ ㄱ, ㄷ　　⑤ ㄱ, ㄴ, ㄷ

04 [8712-0340]
표 (가)는 상호 작용 A~C의 특징 ㉠~㉢의 유무를 나타낸 것이고, (나)는 ㉠~㉢을 순서 없이 나타낸 것이다. A~C는 종간 경쟁, 포식과 피식, 상리 공생을 순서 없이 나타낸 것이다.

구분	㉠	㉡	㉢
A	×	ⓐ	○
B	×	○	○
C	○	○	×

(○: 있음, ×: 없음)

(가)

특징 (㉠~㉢)
• 상호 작용을 통해 이익을 얻는 개체군이 있다.
• 군집 내 개체군 사이의 상호 작용이다.
• 두 개체군의 생태적 지위가 비슷하다.

(나)

이에 대한 설명으로 옳은 것만을 〈보기〉에서 있는 대로 고른 것은?

┌─ 보기 ┐
ㄱ. ⓐ는 '○'이다.
ㄴ. ㉢은 '상호 작용을 통해 이익을 얻는 개체군이 있다.' 이다.
ㄷ. 눈신토끼와 스라소니의 관계는 C에 해당한다.
└────────┘

① ㄱ　　② ㄷ　　③ ㄱ, ㄴ　　④ ㄱ, ㄷ　　⑤ ㄴ, ㄷ

05 [8712-0341]
군집의 천이에 대한 설명으로 옳은 것만을 〈보기〉에서 있는 대로 고른 것은?

┌ 보기 ┌
ㄱ. 지의류는 척박한 환경에 들어와 토양을 만든다.
ㄴ. 산사태 이후 시작되는 천이는 1차 천이이다.
ㄷ. 천이가 진행될수록 지표면에 도달하는 빛의 세기는 증가한다.

① ㄱ   ② ㄴ   ③ ㄱ, ㄴ   ④ ㄱ, ㄷ   ⑤ ㄴ, ㄷ

06 [8712-0342]
표는 군집 내 개체군 사이의 상호 작용과 그 예를 나타낸 것이다.

상호 작용	예
(가)	⊙ 콩과식물은 뿌리혹박테리아에게 유기물을 제공하고, 뿌리혹박테리아는 콩과식물에게 질소 화합물을 제공한다.
(나)	피라미는 ⓛ 은어가 없는 하천에서는 조류를 먹고, ⓒ 은어가 있는 하천에서는 수서 곤충을 먹는다.

이에 대한 설명으로 옳지 <u>않은</u> 것은?

① (가)는 상리 공생이다.
② (나)는 분서(생태 지위 분화)이다.
③ ⊙은 생산자이다.
④ 피라미는 ⓛ과 ⓒ에서 먹이 지위가 같다.
⑤ 말미잘과 흰동가리의 관계는 (가)에 해당한다.

07 [8712-0343]
그림은 종 A와 종 B에서 종자 크기에 따른 섭취량을 나타낸 것이다. (가) 시기는 A와 B가 중간 크기 종자에 대해 종간 경쟁이 일어나기 전이며, (나) 시기는 종간 경쟁이 일어난 후이다. a, a′은 A가 섭취하는 평균 종자 크기이고, b, b′은 B가 섭취하는 평균 종자 크기이다.

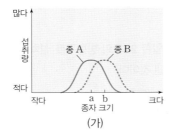 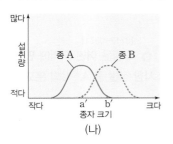

이에 대한 설명으로 옳은 것만을 〈보기〉에서 있는 대로 고른 것은? (단, (가)와 (나)에서 서식지 면적은 같고, 종간 경쟁이 일어나면 개체군 밀도는 감소하며, 제시된 조건 외에 다른 요인은 고려하지 않는다.)

┌ 보기 ┌
ㄱ. (나) 시기에서 A와 B 사이에 경쟁 · 배타 원리가 적용된다.
ㄴ. a는 a′ 보다 크다.
ㄷ. A의 개체 수는 (가) 시기에서가 (나) 시기에서보다 많다.

① ㄱ   ② ㄷ   ③ ㄱ, ㄴ   ④ ㄴ, ㄷ   ⑤ ㄱ, ㄴ, ㄷ

08 [8712-0344]
그림은 식물 군집의 수평 분포를 나타낸 것이다. ⊙~ⓔ은 많음, 적음, 높음, 낮음을 순서 없이 나타낸 것이다.

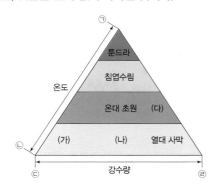

이에 대한 설명으로 옳은 것만을 〈보기〉에서 있는 대로 고른 것은?

┌ 보기 ┌
ㄱ. ⊙은 '낮음', ⓒ은 '많음' 이다.
ㄴ. (가)에서는 삼림의 층상 구조가 나타난다.
ㄷ. (나) 지역이 (다) 지역보다 평균 강수량이 많다.

① ㄴ   ② ㄷ   ③ ㄱ, ㄴ   ④ ㄱ, ㄷ   ⑤ ㄱ, ㄴ, ㄷ

09 [8712-0345]
그림은 어떤 지역에 면적이 동일한 25개의 방형구를 설치하여 조사한 식물 종 A~C의 분포를 나타낸 것이다. 피도는 A가 2, B가 2, C가 1이다.

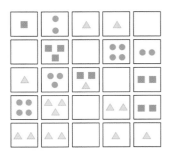

■ 종 A
△ 종 B
● 종 C

이에 대한 설명으로 옳은 것만을 〈보기〉에서 있는 대로 고른 것은? (단, 방형구에 나타낸 각 도형은 식물 1개체를 의미하며, 제시된 종 이외의 종은 고려하지 않는다.)

┌ 보기 ┌
ㄱ. A의 상대 밀도와 상대 빈도는 같다.
ㄴ. B의 빈도는 C의 빈도의 2배이다.
ㄷ. A~C 중 우점종은 B이다.

① ㄱ   ② ㄴ   ③ ㄱ, ㄷ   ④ ㄴ, ㄷ   ⑤ ㄱ, ㄴ, ㄷ

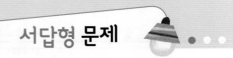
[01~02] 그림은 군집의 천이 과정을 나타낸 것이다.

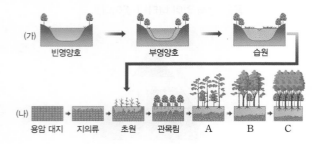

01 [8712-0346]

(가)와 (나)에 해당하는 천이의 종류를 각각 쓰시오.

02 [8712-0347]

A → B → C로 천이가 진행되는 동안 A의 우점종의 개체 수 변화 과정을 쓰고, 그 까닭을 지표면에 도달하는 빛의 세기 측면에서 서술하시오.

[03~04] 표는 개체군 A와 B 사이의 거리에 따라 군집 내 개체군 사이의 상호 작용 (가)와 (나)에 의해 각 개체군이 받는 영향을 나타낸 것이다. 각 개체군이 받는 영향은 A와 B 사이의 상호 작용만 고려한다.

상호 작용	A와 B가 떨어져 있음		A와 B가 인접해 있음	
	A가 받는 영향	B가 받는 영향	A가 받는 영향	B가 받는 영향
(가)	?	0	+	0
(나)	−	+	+	−

(+ : 이익, − : 손해, 0 : 이익과 손해 없음)

03 [8712-0348]

(가)와 (나)에 해당하는 상호 작용을 각각 쓰시오.

04 [8712-0349]

(나)에서 A와 B 중 먹이 사슬의 상위 단계를 쓰고, 까닭을 서술하시오.

05 [8712-0350]

그림은 두 종의 따개비 (가)와 (나)의 서식 분포를, 표는 (가)와 (나)의 특징을 나타낸 것이다.

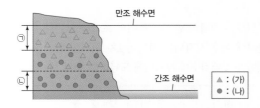

특징
• (가)를 제거할 경우, (나)의 서식 범위는 그대로이다.
• (나)를 제거할 경우, (가)는 ⓛ까지 서식한다.

위 그림에서 ㉠에 (가)만 서식하는 까닭과 ⓛ에 (나)만 서식하는 까닭을 각각 서술하시오. (단, 서식지의 높이가 만조 해수면 쪽에 가까울수록 건조하며, 다른 환경 조건은 서식지의 높이와 관계없이 동일하다.)

06 [8712-0351]

그림은 어떤 지역에 면적이 동일한 25개의 방형구를 설치하여 조사한 식물 종 A~C의 분포를 나타낸 것이다.

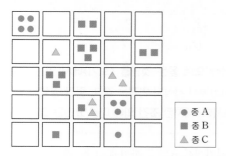

● 종 A
■ 종 B
▲ 종 C

A~C의 상대 밀도와 상대 빈도를 계산하여 이 지역의 우점종을 판단하시오. (단, A~C 이외의 종은 고려하지 않으며, A~C의 피도는 서로 같다.)

17 에너지 흐름과 물질 순환

1 물질의 생산과 소비

(1) 식물 군집(생산자)에서 물질의 생산과 소비

① 총생산량: 생산자가 광합성을 통해 합성한 유기물의 총량

② 순생산량: 총생산량 − 호흡량 (총생산량에서 호흡량을 제외하고 생산자에 저장되는 유기물의 양)

③ 호흡량: 세포 호흡에 사용된 유기물의 총량

④ 생장량: 생물의 생장에 이용된 유기물의 총량

⑤ 피식량: 식물이 초식 동물에게 먹히는 유기물의 총량

⑥ 고사량 · 낙엽량: 잎, 줄기 등이 식물로부터 떨어져 나가는 유기물의 총량

(2) 소비자에서 물질의 생산과 소비

① 섭식량: 1차 소비자가 섭취한 유기물의 총량으로 생산자의 피식량과 같다.

② 동화량: 섭식량에서 배출량을 제외한 유기물의 총량

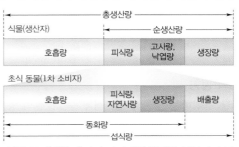

식물 군집(생산자)과 소비자에서 물질의 생산과 소비

(3) 군집의 생산량

① 생체량(생물량, 현존량): 현재 식물 군집이 가지고 있는 유기물의 총량

② 일반적으로 육상 생태계의 순생산량이 해양 생태계의 순생산량보다 많다.

③ 천이가 활발히 진행 중인 초기 군집은 생체량은 적지만 순생산량은 많다. 천이 후기로 진행되어 극상에 도달하게 되면 생체량은 많아지고 순생산량은 감소한다.

2 물질 순환

(1) 탄소 순환

① 대기와 수중의 CO_2는 생산자(녹색 식물, 조류 등)의 광합성을 통해 유기물로 합성된 후, 먹이 사슬을 따라 소비자(초식, 육식 동물)에게로 이동한다.

② 생산자와 소비자의 유기물 중 일부는 세포 호흡을 통해 CO_2로 분해되어 대기로 돌아가며, 나머지 유기물은 사체나 배설물의 형태로 분해자에게로 이동한다.

③ 사체나 배설물 속의 유기물 중 일부는 분해자의 세포 호흡에 의해 CO_2로 분해되어 대기로 돌아간다. 나머지 유기물은 오랜 기간을 거쳐 화석 연료(석탄, 석유 등)가 된 후 인간의 활동 등으로 연소될 때 CO_2로 분해되어 대기로 돌아간다.

(2) 질소 순환

① 질소 고정: 대기 중의 질소 기체(N_2)는 질소 고정 세균에 의해 암모늄 이온(NH_4^+)으로, 공중 방전에 의해 질산 이온(NO_3^-)으로 고정된 후 생물에 이용된다.

② 질산화 작용: 암모늄 이온은 질산화 세균의 작용에 의해 아질산 이온(NO_2^-)을 거쳐 질산 이온(NO_3^-)으로 전환된다.

③ 질소 동화 작용: 식물이 암모늄 이온이나 질산 이온을 이용해 단백질, 핵산 등을 합성한다.

④ 분해자의 분해: 사체나 배설물 속의 질소 화합물은 분해자에 의해 암모늄 이온으로 분해되어 토양으로 돌아간다.

⑤ 탈질산화 작용: 토양 내 질산 이온은 탈질산화 세균에 의해 질소 기체(N_2)가 되어 대기 중으로 돌아간다.

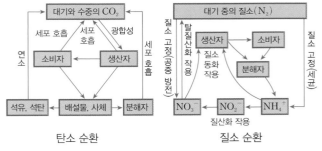

탄소 순환   질소 순환

정답과 해설 42쪽

핵심 개념 체크

1. 순생산량은 (　　　)에서 (　　　)을 뺀 값이다.

2. 질산 이온이 질소 기체가 되는 과정을 (　　　), 암모늄 이온이 질산 이온이 되는 과정을 (　　　)이라고 한다.

3. 대기 중의 CO_2는 생산자의 (　　　)에 의해 유기물로 합성되며, 생산자의 유기물 중 일부는 (　　　)에 의해 CO_2로 분해되어 대기로 돌아간다.

4. 생물의 생장에 이용된 유기물의 총량은 (　　　)이고, 현재 식물 군집이 가지고 있는 유기물의 총량은 (　　　)이다.

5. 다음 중 옳은 것은 ○표, 옳지 않은 것은 ×표 하시오.

   (1) 1차 소비자가 섭취한 유기물의 총량은 생산자의 피식량과 같다. (　　　)

   (2) 극상에 도달한 군집은 생체량이 적고, 순생산량이 많다. (　　　)

   (3) 뿌리혹박테리아는 대기 중의 질소 기체를 암모늄 이온으로 전환한다. (　　　)

   (4) 화석 연료는 세포 호흡을 통해 이산화 탄소로 분해되어 대기로 돌아간다. (　　　)

❸ 에너지 흐름

(1) 에너지 흐름 과정

① 생태계 내에서 에너지는 순환하지 않고, 한 형태에서 다른 형태로 전환되며 먹이 사슬을 따라 한 방향으로만 흐른다.
② 먹이 사슬의 상위 영양 단계로 갈수록 이동하는 에너지의 양은 줄어든다.
③ 생태계에 공급되는 에너지의 근원 ➡ 태양의 빛에너지
- 빛에너지는 생산자의 광합성에 의해 화학 에너지로 전환되어 유기물에 저장된다.
- 유기물에 저장된 화학 에너지의 일부는 생산자의 세포 호흡에 의해 생명 활동에 사용되거나 열에너지로 전환되어 환경으로 방출된다.
- 나머지 화학 에너지는 먹이 사슬을 따라 유기물의 형태로 소비자로 이동된다.
- 소비자로 이동한 화학 에너지의 일부는 소비자의 세포 호흡에 의해 생명 활동에 사용되거나 열에너지로 전환되어 환경으로 방출된다.
- 생물의 사체나 배설물에 저장된 화학 에너지는 분해자의 세포 호흡에 의해 생명 활동에 사용되거나 열에너지로 전환되어 환경으로 방출된다.

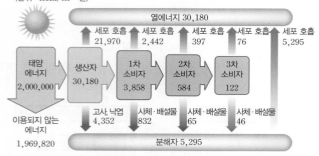

(단위 : kcal/m² ·년)

④ 생태계가 유지되려면 태양의 빛에너지가 지속적으로 유입되어야 한다.

(2) 에너지 효율

① 생태계의 한 영양 단계에서 다음 영양 단계로 이동하는 에너지의 비율이다.
② 에너지 효율(%)＝$\dfrac{\text{현 영양 단계가 보유한 에너지 총량}}{\text{전 영양 단계가 보유한 에너지 총량}} \times 100$
③ 에너지 효율은 일반적으로 상위 영양 단계로 갈수록 증가하는 경향이 있다.

❹ 생태 피라미드와 생태계 평형

(1) 생태 피라미드

① 먹이 사슬에서 각 영양 단계에 속하는 생물의 개체 수, 생체량(생물량), 에너지양을 하위 영양 단계부터 상위 영양 단계로 순서대로 쌓아올린 것이다.
② 일반적으로 영양 단계가 높아질수록 생물의 개체 수, 생체량, 에너지양은 감소한다.

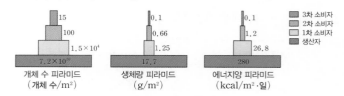

(2) 생태계의 평형

① 생태계를 구성하는 생물 군집, 개체 수, 물질의 양, 에너지의 흐름이 일정하게 유지되는 안정된 상태를 말한다.
② 먹이 사슬에 의한 평형 유지: 생태계의 어느 한 영양 단계의 개체 수가 일시적으로 증가하거나 감소하더라도 시간이 지나면 먹이 사슬에 의해 다시 평형을 유지하게 된다.

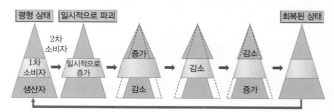

6. 생태계에 공급되는 에너지의 근원은 태양의 (　　　)이다.

7. 생산자의 에너지양이 3,000, 1차 소비자의 에너지양이 300이면, 1차 소비자의 에너지 효율은 (　　　)%이다.

8. 생태계에서 1차 소비자가 감소하면 생산자는 (　　　)하고 2차 소비자는 (　　　)하며, 1차 소비자는 다시 (　　　)한다.

9. 생산자와 소비자의 화학 에너지는 배설물의 형태로 (　　　)에게 전달되며, 세포 호흡을 통해 생명 활동에 사용되고 일부는 (　　　)에너지 형태로 방출된다.

10. 다음 중 옳은 것은 ○표, 옳지 않은 것은 ×표 하시오.
   (1) 먹이 사슬의 상위 영양 단계로 갈수록 이동하는 에너지의 양은 증가한다. (　　　)
   (2) 3차 소비자가 가지고 있는 에너지는 1차 소비자에게 전달된다. (　　　)
   (3) 먹이 사슬에서 화학 에너지는 유기물의 형태로 이동한다. (　　　)
   (4) 생체량 피라미드는 생물량을 먹이 사슬의 하위 영양 단계부터 순서대로 쌓아올린 것이다. (　　　)

출제 예상 문제

정답과 해설 42쪽

01 [8712-0352]

그림은 어떤 식물 군집의 총생산량이 각 과정으로 소비된 양을 상댓값으로 나타낸 것이다. ⊙과 ⓒ은 각각 생장량과 피식량 중 하나이다.

호흡량 (45)	⊙ (15)	고사량, 낙엽량	ⓒ (20)

이에 대한 설명으로 옳은 것만을 〈보기〉에서 있는 대로 고른 것은? (단, 총생산량의 상댓값은 100이며, ⊙에는 2차 소비자의 피식량이 포함된다.)

┌ 보기 ┌
ㄱ. ⊙은 생장량이다.
ㄴ. 생산자의 순생산량은 55이다.
ㄷ. ⓒ에는 1차 소비자의 생장량이 포함된다.

① ㄴ   ② ㄷ   ③ ㄱ, ㄴ   ④ ㄱ, ㄷ   ⑤ ㄱ, ㄴ, ㄷ

02 [8712-0353]

표는 생태계에서 일어나는 물질 순환 과정의 일부를 나타낸 것이다.

과정	물질 전환	과정	물질 전환
(가)	질산 이온 → 질소 기체	(나)	이산화 탄소 → 포도당

(가)와 (나)에 해당하는 것을 옳게 짝지은 것은?

	(가)	(나)
①	질소 고정	광합성
②	탈질산화 작용	세포 호흡
③	탈질산화 작용	광합성
④	질산화 작용	세포 호흡
⑤	질산화 작용	광합성

03 [8712-0354]

그림은 생태계의 탄소 순환 과정의 일부를 나타낸 것이다. X와 Y는 분해자와 소비자를 순서 없이 나타낸 것이다.

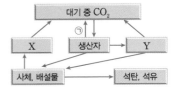

이에 대한 설명으로 옳은 것만을 〈보기〉에서 있는 대로 고른 것은?

┌ 보기 ┌
ㄱ. 광합성은 ⊙에 해당한다.
ㄴ. X는 분해자이다.
ㄷ. X가 가진 탄소는 Y로 이동할 수 있다.

① ㄱ   ② ㄷ   ③ ㄱ, ㄴ   ④ ㄴ, ㄷ   ⑤ ㄱ, ㄴ, ㄷ

04 [8712-0355]

그림은 생태계 내 질소 순환 과정의 일부와 식물체 내의 물질 대사 과정의 일부를 나타낸 것이다. (가)~(라)는 각각 질산화 작용, 질소 고정, 질소 동화 작용, 탈질산화 작용 중 하나이다.

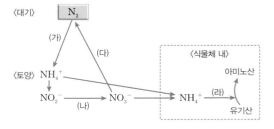

이에 대한 설명으로 옳은 것만을 〈보기〉에서 있는 대로 고른 것은?

┌ 보기 ┌
ㄱ. (가)는 공중 방전에 의해 일어난다.
ㄴ. (나)와 (다)에 모두 세균이 관여한다.
ㄷ. (라)는 질소 동화 작용이다.

① ㄱ   ② ㄷ   ③ ㄱ, ㄴ   ④ ㄴ, ㄷ   ⑤ ㄱ, ㄴ, ㄷ

05 [8712-0356]

그림은 평형 상태의 안정된 어떤 생태계에서 물질과 에너지의 이동을, 표는 영양 단계에 따른 에너지양의 상댓값을 나타낸 것이다. (가)와 (나)는 각각 생산자와 1차 소비자 중 하나이고, ⊙과 ⓒ은 각각 물질과 에너지 중 하나이다. A와 B는 에너지양이다.

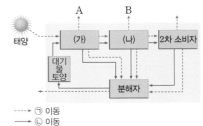

영양 단계	에너지양 (상댓값)
2차 소비자	9
(가)	200
(나)	30

이에 대한 설명으로 옳은 것만을 〈보기〉에서 있는 대로 고른 것은?

┌ 보기 ┌
ㄱ. (가)는 생산자이다.
ㄴ. A와 B의 합은 191이다.
ㄷ. (가)에서 (나)로 이동하는 ⓒ에는 유기물이 포함된다.

① ㄱ   ② ㄷ   ③ ㄱ, ㄴ   ④ ㄱ, ㄷ   ⑤ ㄴ, ㄷ

[8712-0357]

06 그림은 (가) 지역에서 나타난 서로 다른 시기의 생태계 A~E의 총생산량과 $\dfrac{순생산량}{총생산량}$ 사이의 관계를 나타낸 것이다. (가)에서 천이가 진행되는 동안 순생산량은 계속 증가하였다.

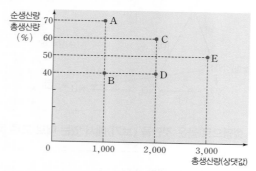

이에 대한 설명으로 옳은 것만을 〈보기〉에서 있는 대로 고른 것은?

┌─ 보기 ┐
ㄱ. (가)에서 천이 과정은 B → A → D → C → E 이다.
ㄴ. C의 순생산량과 D의 호흡량은 같다.
ㄷ. $\dfrac{D의\ 순생산량}{A의\ 호흡량 + B의\ 호흡량}$ 은 1보다 크다.
└──────────

① ㄴ   ② ㄷ   ③ ㄱ, ㄴ   ④ ㄱ, ㄷ   ⑤ ㄱ, ㄴ, ㄷ

[8712-0358]

07 그림은 식물 군집 (가)의 시간에 따른 순생산량과 총생산량을 나타낸 것이다. ㉠과 ㉡은 각각 양수림과 음수림 중 하나이다. 피식량은 순생산량의 25 %로 일정하다.

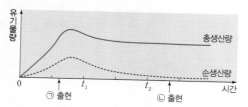

이에 대한 설명으로 옳은 것만을 〈보기〉에서 있는 대로 고른 것은?

┌─ 보기 ┐
ㄱ. ㉠의 우점종과 ㉡의 우점종은 같은 개체군을 구성한다.
ㄴ. (가)의 피식량은 t_1일 때가 t_2일 때보다 많다.
ㄷ. ㉡이 출현했을 때 (가)의 생장량은 호흡량보다 많다.
└──────────

① ㄱ   ② ㄴ   ③ ㄱ, ㄷ   ④ ㄴ, ㄷ   ⑤ ㄱ, ㄴ, ㄷ

[8712-0359]

08 그림은 어떤 안정된 생태계에서의 에너지 흐름과 물질 순환의 일부를 나타낸 것이다. (가)와 (나)는 각각 공기와 빛 중 하나이고, A와 B는 각각 생산자와 1차 소비자 중 하나이다. B의 에너지 효율은 15 %, 2차 소비자의 에너지 효율은 20 %이다.

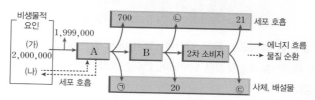

이에 대한 설명으로 옳은 것만을 〈보기〉에서 있는 대로 고른 것은? (단, 에너지양은 상댓값이다.)

┌─ 보기 ┐
ㄱ. (가)는 빛이다.
ㄴ. ㉠+㉡-㉢=241이다.
ㄷ. (나)에서 A로 이동한 탄소는 B로 이동하지 않는다.
└──────────

① ㄱ   ② ㄷ   ③ ㄱ, ㄴ   ④ ㄴ, ㄷ   ⑤ ㄱ, ㄴ, ㄷ

[8712-0360]

09 그림은 군집 (가)에서 일정 시간 t 동안 온도에 따른 총생산량과 호흡량을 나타낸 것이다.

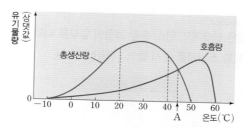

이에 대한 설명으로 옳은 것만을 〈보기〉에서 있는 대로 고른 것은? (단, 온도 이외의 조건은 동일하다.)

┌─ 보기 ┐
ㄱ. A ℃일 때 t 동안 호흡량은 순생산량과 동일하다.
ㄴ. 50 ℃일 때 t 동안 (가)의 생체량은 감소한다.
ㄷ. t 동안 $\dfrac{20\ ℃일\ 때\ 총생산량 - 40\ ℃일\ 때\ 총생산량}{20\ ℃일\ 때\ 순생산량 - 40\ ℃일\ 때\ 순생산량} > 1$이다.
└──────────

① ㄱ   ② ㄴ   ③ ㄱ, ㄷ   ④ ㄴ, ㄷ   ⑤ ㄱ, ㄴ, ㄷ

10 [8712-0361]
그림은 생태계에서 일어나는 탄소 순환과 질소 순환 과정의 일부를 나타낸 것이다.

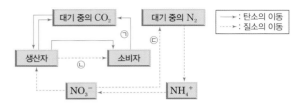

이에 대한 설명으로 옳은 것만을 〈보기〉에서 있는 대로 고른 것은?

┌─ 보기 ┌─────────────────────────────
ㄱ. ㉠에는 세포 호흡에 의한 물질의 이동이 포함된다.
ㄴ. ㉡에는 탄소 화합물의 이동이 포함된다.
ㄷ. ㉢은 탈질산화 작용이다.
└──────────────────────────────────

① ㄱ   ② ㄴ   ③ ㄱ, ㄷ   ④ ㄴ, ㄷ   ⑤ ㄱ, ㄴ, ㄷ

11 [8712-0362]
그림은 각 영양 단계의 에너지양을 상댓값으로 나타낸 생태 피라미드이다. (가)~(라)는 각각 1차 소비자, 2차 소비자, 3차 소비자, 생산자 중 하나이다. 이에 대한 설명으로 옳은 것만을 〈보기〉에서 있는 대로 고른 것은?

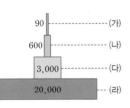

┌─ 보기 ┌─────────────────────────────
ㄱ. (나)는 1차 소비자이다.
ㄴ. (가)와 (다)의 에너지 효율은 같다.
ㄷ. (라)의 개체 수가 감소하면 (나)의 개체 수가 증가한다.
└──────────────────────────────────

① ㄴ   ② ㄷ   ③ ㄱ, ㄴ   ④ ㄱ, ㄷ   ⑤ ㄱ, ㄴ, ㄷ

12 [8712-0363]
그림은 평형 상태의 안정된 어떤 생태계에서 이동하는 에너지양을 상댓값으로 나타낸 것이다. ㉠~㉢은 각각 분해자, 생산자, 1차 소비자 중 하나이다.
이에 대한 설명으로 옳은 것만을 〈보기〉에서 있는 대로 고른 것은?

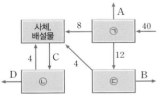

┌─ 보기 ┌─────────────────────────────
ㄱ. ㉠은 생산자, ㉡은 분해자이다.
ㄴ. ㉢의 에너지 효율은 30 %이다.
ㄷ. A+B=C+D이다.
└──────────────────────────────────

① ㄱ   ② ㄴ   ③ ㄱ, ㄷ   ④ ㄴ, ㄷ   ⑤ ㄱ, ㄴ, ㄷ

13 [8712-0364]
그림 (가)는 어떤 생태계에서 일어나는 탄소 순환 과정의 일부를, (나)는 평형 상태인 이 생태계의 먹이 그물을 나타낸 것이다.

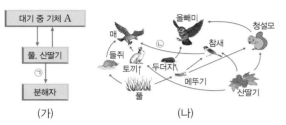

(가)   (나)

이에 대한 설명으로 옳은 것만을 〈보기〉에서 있는 대로 고른 것은?

┌─ 보기 ┌─────────────────────────────
ㄱ. CO_2는 기체 A에 해당한다.
ㄴ. 풀의 에너지양은 두더지의 에너지양보다 많다.
ㄷ. ㉠과 ㉡에서 모두 탄소는 유기물 형태로 이동한다.
└──────────────────────────────────

① ㄱ   ② ㄴ   ③ ㄱ, ㄷ   ④ ㄴ, ㄷ   ⑤ ㄱ, ㄴ, ㄷ

14 [8712-0365]
그림은 질소 순환 과정의 일부를 나타낸 것이다. (가)와 (나)는 각각 뿌리혹박테리아와 콩과식물 중 하나이다.

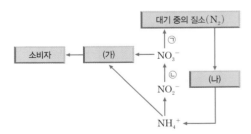

이에 대한 설명으로 옳은 것만을 〈보기〉에서 있는 대로 고른 것은?

┌─ 보기 ┌─────────────────────────────
ㄱ. (가)는 뿌리혹박테리아이다.
ㄴ. ㉠과 ㉡에는 모두 세균이 관여한다.
ㄷ. 질소는 (가)에서 (나)로 이동하지 않는다.
└──────────────────────────────────

① ㄱ   ② ㄴ   ③ ㄱ, ㄷ   ④ ㄴ, ㄷ   ⑤ ㄱ, ㄴ, ㄷ

01 [8712-0366]
그림은 어떤 식물 군집의 유기물량 변화를 나타낸 것이다. ㉠과 ㉡은 각각 생장량과 피식량 중 하나이며, ㉡에는 1차 소비자의 호흡량이 포함된다.

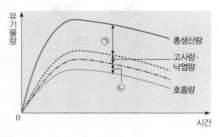

㉠과 ㉡에 해당하는 것을 각각 쓰시오.

02 [8712-0367]
그림 (가)는 어떤 생태계에서 평형 상태의 개체 수 피라미드를, (나)는 평형 상태가 일시적으로 파괴된 것을 나타낸 것이다.

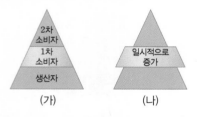

(나) 이후에 평형이 회복되는 과정을 서술하시오. (단, 개체 수 변화에 영향을 미치는 요인은 먹이 사슬에 의한 것만 고려한다.)

03 [8712-0368]
표는 일정 기간 동안 생태계 Ⅰ과 Ⅱ에서의 물질 생산과 소비를 나타낸 것이다. (가)~(다) 중 둘은 Ⅰ의 생산자와 1차 소비자이고, 나머지 하나는 Ⅱ의 생산자이다.

구분	(가)	(나)	(다)
총생산량	?	1,000	2,000
호흡량	90	550	1,050
생장량	60	150	450
피식량	10	180	200
고사량 또는 자연사량	10	80	210
낙엽량	?	40	90
배출량	30	?	?

(가)~(다)에 해당하는 것을 각각 쓰고, 그 까닭을 서술하시오.

04 [8712-0369]
그림은 어떤 안정된 생태계에서 일어나는 에너지 흐름을 나타낸 것이다.

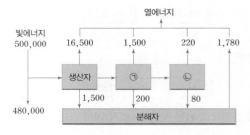

㉠과 ㉡의 에너지 효율을 풀이 과정을 포함하여 서술하시오.

05 [8712-0370]
그림은 생태계의 질소 순환 과정을 나타낸 것이다.

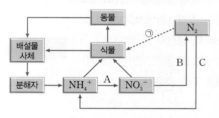

질소 순환 과정 A~C를 각각 쓰고, ㉠과 같은 질소 순환이 일어나지 않는 까닭을 서술하시오.

06 [8712-0371]
그림은 생태계의 탄소 순환 과정을 나타낸 것이다. A~C는 분해자, 생산자, 소비자를 순서 없이 나타낸 것이다.

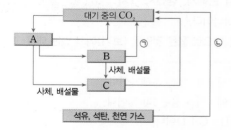

생물적 요인 A~C를 각각 쓰고, ㉠과 ㉡ 과정에 대해 각각 서술하시오.

18 생물 다양성

1 생물 다양성
생태계 내에 존재하는 생물의 다양한 정도이다.

(1) 유전적 다양성
① 같은 생물 종에서 유전자가 다양하여 모양, 크기, 색 등이 다르게 나타나는 것을 의미한다.
② 유전적 다양성이 높으면 환경 변화에 살아남을 확률이 높다.

(2) 종 다양성
① 한 생태계 내에 생물 종의 다양한 정도를 의미한다.
② 종의 수가 많을수록, 균등하게 분포할수록 종 다양성이 높다.

(3) 생태계 다양성
삼림, 사막, 습지, 바다 등 다양한 생태계를 의미하며, 비생물적 요인을 포함한다.

유전적 다양성	종 다양성	생태계 다양성

들쥐 개체군의 유전적 다양성	숲 생태계의 생물 종 다양성	넓은 지역에서 환경에 따라 분포하는 군집과 생태계의 다양성

(4) 생물 자원
① 생물 자원의 직접적 이용
  • 의식주: 생물로부터 직물, 식량, 주택 재료를 얻는다.
  • 의약품: 생물체 내 성분으로 의약품을 제조한다.
  • 에너지 자원: 화석 연료 등
② 생물 자원의 간접적 이용
  • 환경 조절자: 식물은 홍수와 산사태 등을 예방하고, 적합한 기후 조건을 만든다.
  • 자연 정화: 습지는 각종 환경 오염 물질을 정화한다.
  • 관광 자원: 인간에게 휴식처를 제공한다.

2 생물 다양성의 감소 요인
(1) 서식지 파괴
숲의 벌채, 도시 개발, 습지 매립 등으로 생물의 서식지가 감소하거나 사라진다.

(2) 서식지 단편화
도로나 철도의 건설 등으로 큰 서식지가 소규모로 나뉘어 생물의 이동을 제한한다.

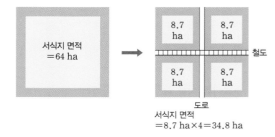

(3) 불법 포획과 남획
희귀 동식물을 불법으로 포획 및 채취하거나 과도하게 많이 잡는 남획으로 개체 수가 감소한다.

(4) 외래종의 도입
천적이 없는 외래종은 대량 번식을 통해 고유종의 생존을 위협한다. 예 블루길, 뉴트리아, 가시박 등

(5) 환경 오염과 기후 변화
수질 오염, 토양 오염, 대기 오염과 지구 온난화에 의한 기후 변화로 생물 다양성이 감소한다.

3 생물 다양성 보전
(1) 서식지 보전
한 종의 특정 서식지보다는 군집 단위의 큰 서식지를 보호하는 것이 효과적이다.

(2) 생태 통로 설치
단편화된 서식지 사이에 야생 동물의 이동 통로인 생태 통로를 설치하여 서식지를 연결시켜 줌으로써 유전자 교류가 일어나게 되고 로드킬을 예방할 수 있다.

(3) 보호 구역 지정 및 멸종 위기 종 보호
보호 구역 지정으로 희귀 생물의 불법 포획 및 남획을 방지한다.

(4) 국제 협약
국가 간 협약을 통해 생물 다양성을 보전한다.
예 생물 다양성 협약, 멸종 위기종에 관한 국제 거래 협약, 람사르 협약, 기후 변화 협약 등

(5) 종자 은행
종자를 수집하고 저장하여 종을 보존한다.

(6) 지속 가능한 발전
자연 환경과 인간이 조화를 이루며 환경 보호와 경제 발전이 병행되는 발전

핵심 개념 체크

정답과 해설 45쪽

1. 한 생태계 내에서 종의 다양한 정도를 의미하는 것은 (   )이며, 같은 종이 모양, 크기, 색 등이 다르게 나타나는 것을 의미하는 것은 (   )이다.

2. 생물 자원의 의약품으로 이용은 (   )적 이용에 해당하고, 관광 자원으로 이용은 (   )적 이용에 해당한다.

3. 도로 건설 등으로 큰 서식지가 소규모로 나뉘는 것을 (   )라 하고, (   )를 설치하여 나뉜 서식지를 연결할 수 있다.

4. 천적이 없는 (   )이 도입되면 대량으로 번식하여 (   )의 생존을 위협하고, 생물 다양성을 감소시킬 수 있다.

5. 다음 중 옳은 것은 ○표, 옳지 않은 것은 ×표 하시오.
  (1) 생태계 다양성은 생물적 요인과 비생물적 요인을 모두 포함한다. (   )
  (2) 한 종의 특정 서식지보다 군집 단위의 큰 서식지를 보호하는 것이 생물 다양성 보전에 효과적이다. (   )
  (3) 종 다양성이 높을수록 먹이 그물이 복잡하여 안정적인 생태계를 이룬다. (   )

01 [8712-0372]
표는 생물 다양성의 의미와 그 예를 나타낸 것이다.

생물 다양성	예
(가)	생물적 요인과 비생물적 요인의 영향에 의해 사막, 바다, 갯벌, 습지, 열대 우림 등 다양한 생태계가 형성된다.
(나)	기린은 털 무늬가 서로 다르며, 나비는 날개의 색과 무늬가 서로 다르다.

(가)와 (나)에 해당하는 것을 옳게 짝지은 것은?

	(가)	(나)
①	종 다양성	유전적 다양성
②	생태계 다양성	유전적 다양성
③	생태계 다양성	종 다양성
④	유전적 다양성	종 다양성
⑤	종 다양성	생태계 다양성

02 [8712-0373]
그림은 식물 군집 (가)와 (나)를 나타낸 것이다. (가)와 (나)의 면적은 같다.

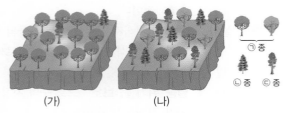

(가)   (나)

이에 대한 설명으로 옳은 것만을 〈보기〉에서 있는 대로 고른 것은? (단, 유전적 다양성은 제시된 표현형만 고려한다.)

┌─ 보기 ┐
ㄱ. 종 다양성은 (나)가 (가)보다 높다.
ㄴ. ⓒ의 개체군 밀도는 (나)가 (가)의 4배이다.
ㄷ. (나)에서 유전적 다양성은 ⊙이 ⓛ보다 높다.
└────┘

① ㄱ   ② ㄷ   ③ ㄱ, ㄴ   ④ ㄴ, ㄷ   ⑤ ㄱ, ㄴ, ㄷ

03 [8712-0374]
생물 다양성과 생물 다양성 감소 요인에 대한 설명으로 옳은 것만을 〈보기〉에서 있는 대로 고른 것은?

┌─ 보기 ┐
ㄱ. 종 다양성이 높을수록 생태계가 안정적으로 유지된다.
ㄴ. 남획에 의해 유전적 다양성이 감소할 수 있다.
ㄷ. 도로가 건설되면 서식지 면적이 감소하고 도로 건설 전보다 로드킬이 증가한다.
└────┘

① ㄴ   ② ㄷ   ③ ㄱ, ㄴ   ④ ㄱ, ㄷ   ⑤ ㄱ, ㄴ, ㄷ

04 [8712-0375]
다음은 뉴트리아에 대한 자료이다.

외국에서 무분별하게 들여온 생물들이 토종 생태계를 교란하고 있다. 이 중 1990년대 초 식용 및 모피용으로 남미에서 들여온 ⊙뉴트리아는 천적이 거의 없어 낙동강 일대에서 ⓛ개체 수가 빠른 속도로 증가하고 있는 것으로 나타났다. 뉴트리아는 저수지 등에 살면서 ⓒ수서 곤충과 수초의 뿌리까지 먹어 치우며 토종 생태계를 교란한다.

이에 대한 설명으로 옳은 것만을 〈보기〉에서 있는 대로 고른 것은?

┌─ 보기 ┐
ㄱ. ⊙은 생물 자원에 해당한다.
ㄴ. ⓛ 과정에서 환경 저항을 받지 않는다.
ㄷ. 동일한 종으로 구성된 ⓒ 개체군에서 등의 무늬가 다양한 것은 유전적 다양성의 예에 해당한다.
└────┘

① ㄱ   ② ㄴ   ③ ㄱ, ㄷ   ④ ㄴ, ㄷ   ⑤ ㄱ, ㄴ, ㄷ

05 [8712-0376]
그림 (가)와 (나)는 철도와 도로의 건설로 인한 서식지 분할 전과 분할 후를, 표는 분할 전후에 내부와 가장자리에 서식하는 종 수를 나타낸 것이다.

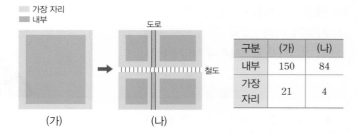

구분	(가)	(나)
내부	150	84
가장자리	21	4

이에 대한 설명으로 옳은 것만을 〈보기〉에서 있는 대로 고른 것은? (단, 개체 수의 변화는 서식지 분할에 의해서만 나타난다.)

┌─ 보기 ┐
ㄱ. 종 다양성은 (나)가 (가)보다 높다.
ㄴ. (나)에 생태 통로를 설치하여 생물 다양성을 높일 수 있다.
ㄷ. $\dfrac{\text{내부 면적}}{\text{가장자리 면적}}$ 은 (가)가 (나)보다 크다.
└────┘

① ㄱ   ② ㄷ   ③ ㄱ, ㄴ   ④ ㄱ, ㄷ   ⑤ ㄴ, ㄷ

06 [8712–0377] 그림은 어떤 생태계에서 산불이 발생하고 도로가 건설되는 과정을, 표는 (가)~(라) 시기일 때 종 A~C의 개체 수를 나타낸 것이다. A~C는 각각 양수림의 우점종, 음수림의 우점종, 동물 중 하나이며, 동물은 도로를 건널 수 없다.

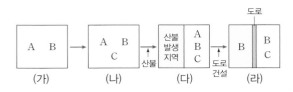

종 \ 시기	(가)	(나)	(다)	(라)
A	150	130	70	0
B	400	300	120	20
C	0	60	30	80

이에 대한 설명으로 옳지 않은 것은? (단, 제시된 종 이외는 고려하지 않으며, 동물의 이입과 이출은 없다.)

① A는 양수림의 우점종이다.
② (가)는 천이 단계 중 양수림 단계이다.
③ (다)의 산불 발생 지역에서 2차 천이가 일어난다.
④ (나)~(라) 중 종 다양성은 (라)일 때가 가장 낮다.
⑤ 산불과 도로의 건설은 생물 다양성을 감소시킨다.

07 [8712–0378] 그림은 생태계 (가)와 (나)에서의 먹이 사슬을 나타낸 것이다.

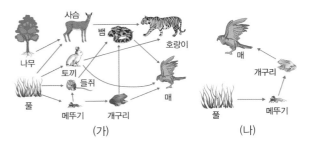

이에 대한 설명으로 옳은 것만을 〈보기〉에서 있는 대로 고른 것은? (단, 제시된 종만 고려한다.)

보기
ㄱ. (가)와 (나)에서 메뚜기는 모두 1차 소비자이다.
ㄴ. (나)에서 개구리가 사라지면 풀의 개체 수가 감소한다.
ㄷ. (가)에서 개구리가 사라지면 종 다양성은 (나)가 (가)보다 높아진다.

① ㄱ   ② ㄴ   ③ ㄱ, ㄴ   ④ ㄴ, ㄷ   ⑤ ㄱ, ㄴ, ㄷ

08 [8712–0379] 다음은 람사르 협약과 기후 변화 협약에 대한 자료이다.

ㄱ 람사르 협약은 '물새 서식지로서 국제적으로 중요한 습지에 관한 협약'으로 ㄴ 습지의 경제적, 문화적, 과학적, 여가적 가치를 국제적으로 보호하기 위한 것이다. 기후 변화 협약은 ㄷ 지구 온난화를 일으키는 온실 가스의 배출을 줄이기 위한 국제 협약으로 생물 다양성 협약과 함께 1992년 리우 회의에서 채택되었다.

이에 대한 설명으로 옳은 것만을 〈보기〉에서 있는 대로 고른 것은?

보기
ㄱ. ㄱ은 생물 다양성을 보전하기 위한 방법이다.
ㄴ. ㄴ은 사막보다 생물 다양성이 높다.
ㄷ. 화석 연료의 사용이 줄어들면 ㄷ이 감소한다.

① ㄴ   ② ㄷ   ③ ㄱ, ㄴ   ④ ㄱ, ㄷ   ⑤ ㄱ, ㄴ, ㄷ

09 [8712–0380] 그림 (가)는 어떤 지역에 살고 있는 4종의 달팽이 A~D의 개체 수 비율을 ㄱ과 ㄴ 시기에 따라, (나)는 ㄱ 시기의 서식지 중 보존되는 면적에 따라 원래 발견되었던 달팽이 종 수 중 남아있는 종 수의 비율을 나타낸 것이다. ㄱ과 ㄴ 사이에 서식지가 파괴되었으며, A~D의 개체 수 변화는 서식지 파괴에 의해서만 일어난다.

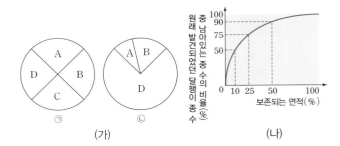

이에 대한 설명으로 옳은 것만을 〈보기〉에서 있는 대로 고른 것은? (단, ㄱ과 ㄴ 시기의 총 개체 수는 동일하며, A~D 이외의 다른 종은 고려하지 않는다.)

보기
ㄱ. 종 다양성은 ㄱ 시기에서가 ㄴ 시기에서보다 높다.
ㄴ. ㄱ 시기의 서식지 면적이 ㄴ 시기의 서식지 면적의 4배이다.
ㄷ. D의 개체군 밀도는 ㄱ 시기에서가 ㄴ 시기에서보다 크다.

① ㄱ   ② ㄷ   ③ ㄱ, ㄴ   ④ ㄴ, ㄷ   ⑤ ㄱ, ㄴ, ㄷ

[01~02] 그림 (가)와 (나)는 생물 다양성의 3가지 의미 중 2가지 의미를, 표는 생물 다양성의 특징을 나타낸 것이다.

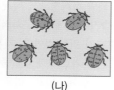

특징
개체군 내 다양성
개체군의 다양성
서식지의 다양성

(가)   (나)

[8712-0381]
01 (가)와 (나)에 해당하는 생물 다양성을 각각 쓰시오.

[8712-0382]
02 표를 이용하여 (가)와 (나)의 특징을 각각 서술하시오.

[03~04] 그림은 바위에 덮인 이끼층을 (가)~(다)로 나눈 후, 1년이 지난 뒤 (가)에서 서식하는 생물의 종 수에 대한 (나)와 (다)에서 생존한 생물의 종 수 비율을 나타낸 것이다. 제시된 조건 이외의 다른 요인은 고려하지 않으며, 이입과 이출은 없다.

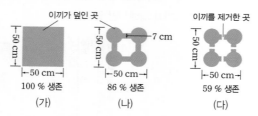

[8712-0383]
03 (가)와 (나)를 비교하여 알 수 있는 생물 다양성 감소 원인에 대해 서술하시오.

[8712-0384]
04 (나)와 (다)를 비교하여 알 수 있는 생물 다양성 보전 방법에 대해 서술하시오.

[8712-0385]
05 표는 서로 다른 지역 (가)~(다)에 서식하는 종 A~E의 개체 수를 나타낸 것이다.

구분	A	B	C	D	E
(가)	8	10	0	14	8
(나)	0	10	11	9	10
(다)	19	9	0	0	12

(가)~(다)를 종 다양성이 높은 순서대로 나열하고, 그 까닭을 서술하시오. (단, A~E 이외의 종은 고려하지 않는다.)

[06~07] 그림 (가)와 (나)는 위도에 따른 ㉠의 종 수와 ㉡의 종 수를 각각 나타낸 것이다. ㉠의 먹이는 ㉡이다.

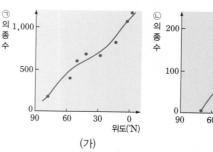
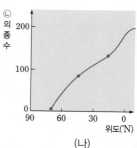

(가)   (나)

[8712-0386]
06 ㉠과 ㉡ 사이에서 일어나는 상호 작용을 쓰시오.

[8712-0387]
07 위도가 30 °N인 지역과 60 °N인 지역 중 안정성이 높은 생태계를 쓰고, 그 까닭을 서술하시오. (단, 생태계의 안정성은 ㉠과 ㉡의 종 수에 의해서만 결정된다.)

대단원 종합 문제

01 [8712-0388]
그림은 생태계를 구성하는 요인 사이의 상호 관계를 나타낸 것이다.

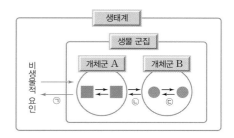

이에 대한 설명으로 옳은 것만을 〈보기〉에서 있는 대로 고른 것은?

┌─ 보기 ┐
ㄱ. ⊙은 반작용이다.
ㄴ. 닭이 먹이를 먼저 먹기 위해 서로 싸우는 것은 ⊙에 해당한다.
ㄷ. 혼합림에서 소나무와 신갈나무가 빛을 더 받기 위해 서로 경쟁하는 것은 ⓒ에 해당한다.
└──────────┘

① ㄱ　　② ㄴ　　③ ㄱ, ㄷ　　④ ㄴ, ㄷ　　⑤ ㄱ, ㄴ, ㄷ

02 [8712-0389]
표는 빛의 세기에 따른 식물 (가)와 (나)의 순생산량을 나타낸 것이다. (가)와 (나)는 양수림의 우점종과 음수림의 우점종을 순서 없이 나타낸 것이다.

빛의 세기 (lx)	0	500	1,000	1,500	2,000	2,500	3,000
순생산량 (상댓값) (가)	−25	0	+5	+15	+30	+50	+50
(나)	−50	−20	−5	+15	+40	+70	+105

이에 대한 설명으로 옳은 것만을 〈보기〉에서 있는 대로 고른 것은? (단, 빛의 세기 이외의 다른 요인은 동일하다.)

┌─ 보기 ┐
ㄱ. 호흡량은 (가)가 (나)보다 많다.
ㄴ. 1차 천이 과정에서 (나)가 (가)보다 먼저 출현한다.
ㄷ. 빛의 세기가 500 lx일 때 (나)의 총생산량은 20이다.
└──────────┘

① ㄱ　　② ㄴ　　③ ㄱ, ㄷ　　④ ㄴ, ㄷ　　⑤ ㄱ, ㄴ, ㄷ

03 [8712-0390]
그림 (가)는 종 A와 종 B를 각각 단독 배양했을 때, (나)는 A와 B를 혼합 배양했을 때 시간에 따른 개체 수 변화를 나타낸 것이다.

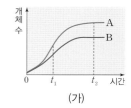
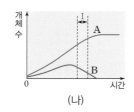

이에 대한 설명으로 옳은 것만을 〈보기〉에서 있는 대로 고른 것은? (단, (가)와 (나)에서 초기 개체 수와 배양 조건은 동일하며, 이입과 이출은 없다.)

┌─ 보기 ┐
ㄱ. (나)에서 A와 B의 생태적 지위는 중복된다.
ㄴ. (가)에서 A의 $\frac{출생률}{사망률}$ 은 t_1일 때가 t_2일 때보다 크다.
ㄷ. (나)의 구간 I에서 A와 B의 개체군 밀도 차이는 증가한다.
└──────────┘

① ㄱ　　② ㄴ　　③ ㄷ　　④ ㄱ, ㄴ　　⑤ ㄱ, ㄴ, ㄷ

04 [8712-0391]
그림 (가)는 상호 작용하는 개체군 A와 B의 시간에 따른 개체 수 변화를, (나)는 3가지 생존 곡선의 유형을 나타낸 것이다. B의 초기 사망률은 후기 사망률보다 낮다.

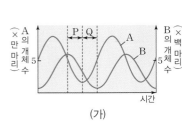
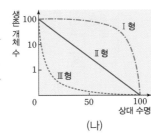

이에 대한 설명으로 옳은 것만을 〈보기〉에서 있는 대로 고른 것은? (단, A와 B의 서식지 면적은 동일하다.)

┌─ 보기 ┐
ㄱ. B의 생존 곡선은 I형에 해당한다.
ㄴ. 구간 P에서 개체군 밀도는 B가 A보다 높다.
ㄷ. 구간 Q에서 A와 B가 상호 작용할 때 A는 이익을 얻는다.
└──────────┘

① ㄱ　　② ㄴ　　③ ㄱ, ㄷ　　④ ㄴ, ㄷ　　⑤ ㄱ, ㄴ, ㄷ

05 [8712-0392] 그림은 어떤 안정된 육상 생태계에서 개체군 A~C의 생물량 변화를 나타낸 것이다. A~C는 먹이 사슬을 이루며, A~C 중 하나는 생산자이다.

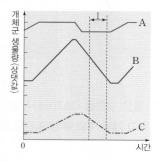

이에 대한 설명으로 옳은 것만을 〈보기〉에서 있는 대로 고른 것은? (단, 이 지역에서 이입과 이출은 없다.)

┌─ 보기 ┐
ㄱ. A는 생산자이다.
ㄴ. A와 B 사이의 상호 작용은 포식과 피식이다.
ㄷ. 구간 Ⅰ에서 C의 개체 수 감소로 인하여 B의 개체 수가 감소한다.
└─────┘

① ㄱ   ② ㄷ   ③ ㄱ, ㄴ   ④ ㄴ, ㄷ   ⑤ ㄱ, ㄴ, ㄷ

06 [8712-0393] 그림은 서로 다른 두 시점 (가)와 (나)에서 종 A~C의 서식지의 범위와 먹이의 범위를 나타낸 것이다. (가)에서 (나)로 변하였다.

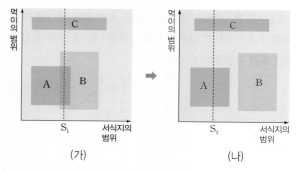

이에 대한 설명으로 옳은 것만을 〈보기〉에서 있는 대로 고른 것은? (단, 서식지와 먹이의 범위 변화는 A~C 사이의 상호 작용만 고려한다.)

┌─ 보기 ┐
ㄱ. S_1에 A~C가 모두 존재한다.
ㄴ. S_2에서 A와 C는 먹이의 범위가 다르다.
ㄷ. (나)에서 A와 B 사이에 서식지에 대한 분서(생태 지위 분화)가 일어났다.
└─────┘

① ㄱ   ② ㄷ   ③ ㄱ, ㄴ   ④ ㄴ, ㄷ   ⑤ ㄱ, ㄴ, ㄷ

07 [8712-0394] 그림은 어떤 지역에 면적이 동일한 25개의 방형구를 설치하여 조사한 식물 종 A~C의 분포를 나타낸 것이다. 군집은 (가)에서 (나)로 변하였으며, (가)와 (나) 각각에서 모든 식물 종의 피도는 서로 같다.

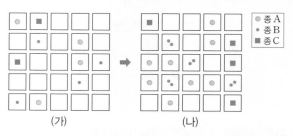

이에 대한 설명으로 옳은 것만을 〈보기〉에서 있는 대로 고른 것은? (단, 방형구에 나타낸 각 도형은 식물 1개체를 의미하며, 제시된 종 이외의 종은 고려하지 않는다.)

┌─ 보기 ┐
ㄱ. A~C의 개체군 밀도는 모두 (나)에서가 (가)에서보다 크다.
ㄴ. A의 중요치는 (가)에서가 (나)에서보다 크다.
ㄷ. (가)일 때 $\dfrac{\text{A의 상대 밀도}}{\text{B의 상대 밀도}}$와 (나)일 때 $\dfrac{\text{C의 상대 빈도}}{\text{B의 상대 빈도}}$는 같다.
└─────┘

① ㄱ   ② ㄴ   ③ ㄱ, ㄷ   ④ ㄴ, ㄷ   ⑤ ㄱ, ㄴ, ㄷ

08 [8712-0395] 그림 (가)는 북반구의 온대 지방에 서식하는 어떤 식물 ㉠의 계절에 따른 세포 내 탄수화물 함량과 삼투압을, (나)는 고도가 같고 위도가 서로 다른 지역에 살고 있는 여우의 모습을 나타낸 것이다. A와 B는 각각 녹말과 포도당 중 하나이고, C와 D는 각각 북극여우와 사막여우 중 하나이다.

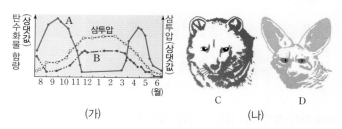

이에 대한 설명으로 옳은 것만을 〈보기〉에서 있는 대로 고른 것은?

┌─ 보기 ┐
ㄱ. (가)와 (나)에 영향을 주는 비생물적 요인은 모두 온도이다.
ㄴ. ㉠에서 1차 소비자로의 탄소 이동에는 A가 포함된다.
ㄷ. 몸의 말단부의 크기는 C가 D보다 크다.
└─────┘

① ㄱ   ② ㄷ   ③ ㄱ, ㄴ   ④ ㄴ, ㄷ   ⑤ ㄱ, ㄴ, ㄷ

09 [8712–0396]
그림 (가)는 어떤 군집의 천이 과정을, (나)는 생태계 구성 요인 사이의 상호 관계 중 일부를 나타낸 것이다. A~D는 각각 양수림, 음수림, 지의류, 초원 중 하나이다.

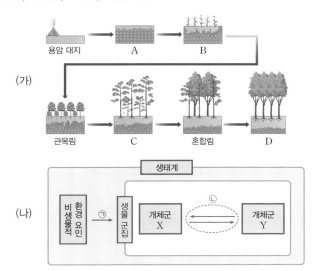

(가)

(나)

이에 대한 설명으로 옳은 것만을 〈보기〉에서 있는 대로 고른 것은?

```
보기
ㄱ. A는 초원이다.
ㄴ. (가)에서 군집의 천이가 일어나는 동안 ㉠이 나타난다.
ㄷ. 혼합림 단계에서 C의 우점종과 D의 우점종 사이의 상호 작
   용은 ㉡에 해당한다.
```

① ㄱ   ② ㄴ   ③ ㄱ, ㄷ   ④ ㄴ, ㄷ   ⑤ ㄱ, ㄴ, ㄷ

10 [8712–0397]
그림 (가)는 어떤 식물 군집에서 총생산량, 순생산량, 호흡량의 관계를, (나)는 이 식물 군집에서 시간에 따른 유기물량을 나타낸 것이다. ㉠~㉢은 각각 생장량, 순생산량, 총생산량 중 하나이며, A~C는 ㉠~㉢을 순서 없이 나타낸 것이다.

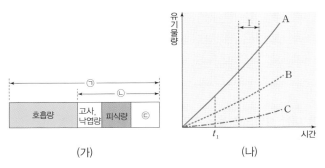

(가)   (나)

이에 대한 설명으로 옳은 것만을 〈보기〉에서 있는 대로 고른 것은?

```
보기
ㄱ. B는 순생산량이다.
ㄴ. $t_1$일 때 호흡량은 피식량보다 많다.
ㄷ. 구간 Ⅰ에서 생장량과 호흡량은 모두 일정하다.
```

① ㄱ   ② ㄴ   ③ ㄷ   ④ ㄱ, ㄴ   ⑤ ㄱ, ㄷ

11 [8712–0398]
그림은 생태계 내에서 일어나는 탄소 순환과 질소 순환 과정 중 일부를 나타낸 것이다. A~C는 뿌리혹박테리아, 콩과식물, 사람을 순서 없이 나타낸 것이다.

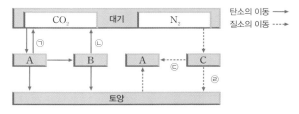

이에 대한 설명으로 옳은 것만을 〈보기〉에서 있는 대로 고른 것은?

```
보기
ㄱ. A는 소비자에 해당한다.
ㄴ. 세포 호흡은 ㉠과 ㉡에 모두 해당한다.
ㄷ. ㉢과 ㉣에는 모두 암모늄 이온($NH_4^+$)의 이동이 포함된다.
```

① ㄱ   ② ㄷ   ③ ㄱ, ㄴ   ④ ㄴ, ㄷ   ⑤ ㄱ, ㄴ, ㄷ

12 [8712–0399]
그림은 생태계 (가)에 외래종 X를 도입하기 전과 후에 생물 종 A~E의 개체군 밀도 변화를 나타낸 것이다. (가)의 면적은 변화가 없으며, X 도입 후 X의 개체군 밀도는 55이다. 개체군 밀도는 상댓값이다.

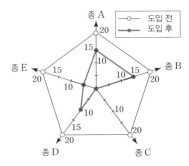

이에 대한 설명으로 옳은 것만을 〈보기〉에서 있는 대로 고른 것은? (단, X를 도입하기 전 (가)에는 종 A~E만 있으며, 제시된 종만 고려한다.)

```
보기
ㄱ. (가)의 생물 종 수는 X 도입 전과 도입 후가 같다.
ㄴ. 종 다양성은 X 도입 전이 도입 후보다 높다.
ㄷ. A~E의 개체 수의 합은 X 도입 후가 도입 전보다 많다.
```

① ㄴ   ② ㄷ   ③ ㄱ, ㄴ   ④ ㄱ, ㄷ   ⑤ ㄱ, ㄴ, ㄷ

13 [8712-0400] 그림 (가)는 수심에 따라 분포하는 ㉠과 ㉡의 종 수를, (나)는 하루 중 낮의 길이에 따른 식물 A와 B의 개화율을 나타낸 것이다. ㉠과 ㉡은 각각 녹조류와 갈조류 중 하나이다.

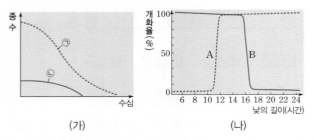

(가)   (나)

이에 대한 설명으로 옳은 것만을 〈보기〉에서 있는 대로 고른 것은? (단, (가)에서 ㉠과 ㉡의 종 수만 고려한다.)

┌─ 보기 ┌
ㄱ. ㉠과 ㉡의 종 수 차이와 A와 B의 개화율 차이는 모두 작용의 예에 해당한다.
ㄴ. (가)에서 수심이 깊어질수록 종 다양성이 증가한다.
ㄷ. 하루 중 밤의 길이가 7시간일 때 A의 개화율이 B의 개화율보다 높다.

① ㄱ   ② ㄴ   ③ ㄱ, ㄷ   ④ ㄴ, ㄷ   ⑤ ㄱ, ㄴ, ㄷ

14 [8712-0401] 그림은 어떤 군집의 천이 과정 중에서 지표면에 도달하는 빛의 세기 변화를 나타낸 것이다. ㉠과 ㉡은 각각 관목림과 음수림 중 하나이다.

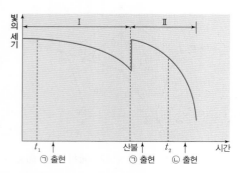

이에 대한 설명으로 옳은 것만을 〈보기〉에서 있는 대로 고른 것은?

┌─ 보기 ┌
ㄱ. ㉠은 관목림이다.
ㄴ. 식물 군집의 평균 높이는 t_1에서가 t_2에서보다 높게 나타난다.
ㄷ. 천이의 속도는 구간 Ⅱ에서가 구간 Ⅰ에서보다 빠르다.

① ㄱ   ② ㄴ   ③ ㄱ, ㄷ   ④ ㄴ, ㄷ   ⑤ ㄱ, ㄴ, ㄷ

15 [8712-0402] 그림은 어떤 안정된 생태계에서 일어나는 에너지 흐름을 나타낸 것이다. ㉠~㉣은 각각 1차 소비자와 2차 소비자, 3차 소비자, 생산자 중 하나이며, 이 생태계에서 먹이 사슬을 이루고 있다.

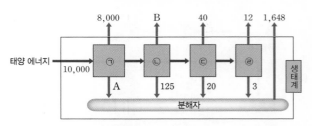

이에 대한 설명으로 옳은 것만을 〈보기〉에서 있는 대로 고른 것은? (단, 에너지양은 상댓값이다.)

┌─ 보기 ┌
ㄱ. A－B=1,200이다.
ㄴ. 에너지 효율은 ㉣이 ㉡의 4배이다.
ㄷ. $\dfrac{㉡의\ 피식량}{㉠의\ 피식량}=0.15$이다.

① ㄴ   ② ㄷ   ③ ㄱ, ㄴ   ④ ㄱ, ㄷ   ⑤ ㄱ, ㄴ, ㄷ

16 [8712-0403] 그림은 서로 다른 지역 (가)와 (나)에 면적이 동일한 25개의 방형구를 설치하여 조사한 식물 종 A~D의 분포를 나타낸 것이다. (가)와 (나) 각각에서 모든 식물 종의 피도는 서로 같다.

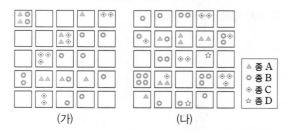

▲ 종 A
◯ 종 B
◈ 종 C
☆ 종 D

(가)   (나)

이에 대한 설명으로 옳은 것만을 〈보기〉에서 있는 대로 고른 것은? (단, 방형구에서 나타낸 각 도형은 식물 1개체를 의미하며, 제시된 종 이외의 종은 고려하지 않는다.)

┌─ 보기 ┌
ㄱ. 종 다양성은 (가)가 (나)보다 높다.
ㄴ. A의 상대 빈도는 (가)에서가 (나)에서보다 크다.
ㄷ. (가)와 (나)의 우점종은 모두 B이다.

① ㄱ   ② ㄴ   ③ ㄱ, ㄴ   ④ ㄱ, ㄷ   ⑤ ㄴ, ㄷ

작품 감상과 지문 해석, **6개** 원리로 모두 정리됩니다!

EBS가 만든 수능·내신 대비 국어 기본서

국어 독해의 원리 시리즈

수능
신경향
반영

현대시
- 화자와 대상
- 정서와 태도
- 시어와 심상
- 발상 및 표현
- 시상 전개 방식
- 소통 구조와 맥락

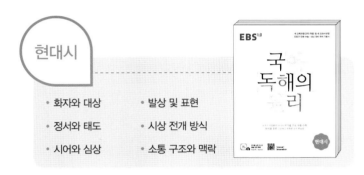

고전 시가
- 출제 과정
- 정확한 해독
- 시적 상황
- 화자
- 시적 대상
- 표현 방식

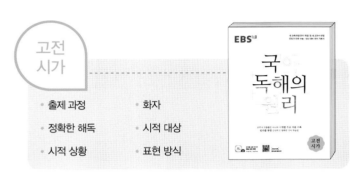

현대 소설
- 소설의 인물
- 사건의 구성 방식
- 갈등의 양상
- 배경과 소재의 기능
- 서술 방식
- 주제와 감상

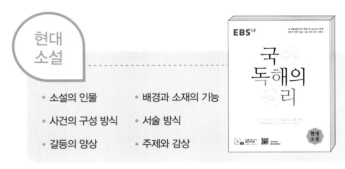

고전 산문
- 인물
- 갈등과 전개 양상
- 사건과 구성 방식
- 배경과 소재
- 시점과 서술 방식
- 주제와 감상

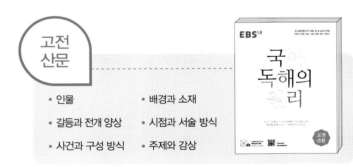

독서　비문학
- 핵심 정보 짚기
- 관계로 읽기
- 구조로 읽기
- 정보 추리하기
- 관점(입장) 따지기
- 사례 적용하기

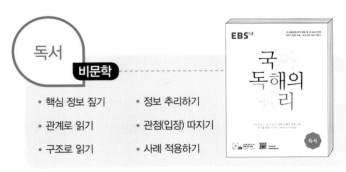

올림포스

[국어, 영어, 수학의 EBS 대표 교재, 올림포스]

2015 개정 교육과정에 따른 모든 교과서의 기본 개념 정리

내신과 수능을 대비하는 다양한 평가 문항

수행평가 대비 코너 제공

국어, 영어, 수학은 EBS 올림포스로 끝낸다.

[올림포스 16책]

국어 영역 : 국어, 현대문학, 고전문학, 독서, 언어와 매체, 화법과 작문

영어 영역 : 독해의 기본1, 독해의 기본2, 구문 연습 300

수학 영역 : 수학(상), 수학(하), 수학Ⅰ, 수학Ⅱ, 미적분, 확률과 통계, 기하

EBS

개념
완성
문항편

과학탐구영역

정답과 해설 | 기본 개념부터 실전 연습, 수능 + 내신까지
한 번에 다 끝낼 수 있는 **탐구영역 문항집**

생명과학 Ⅰ

2015
개정
교육과정

내신에서 수능으로
수능의 시작, 감부터 잡자!

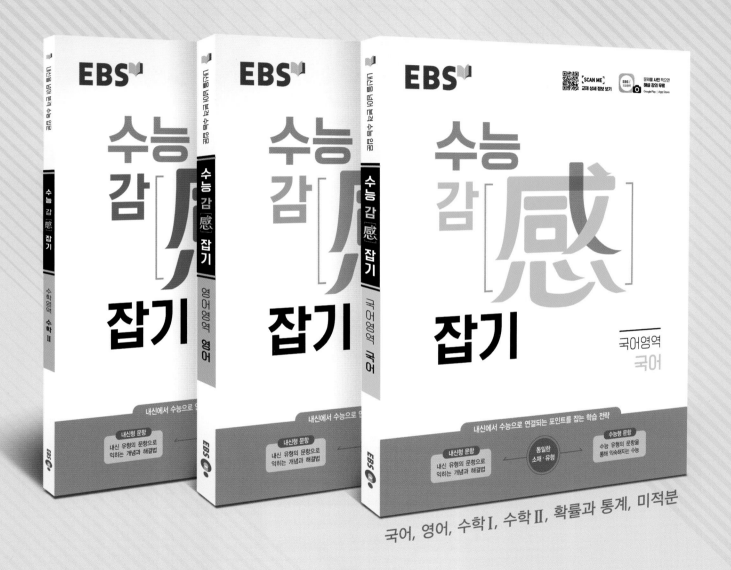

EBS 개념완성 문항편

정답과 해설

생명과학 Ⅰ

정답과 해설

Ⅰ. 생명 과학의 이해

01 생물의 특성과 생명 과학의 특성

01
바다에 사는 야광충이 몸 속에 있는 발광 물질을 산화시켜 빛에너지를 방출하는 것은 생물의 특성 중 물질대사와 가장 관련이 깊다.
① : 물질대사는 생명체 내에서 일어나는 모든 화학 반응이다.
② : 자신과 같은 종의 자손을 남기는 현상을 생식이라 하고, 자손이 어버이의 형질을 이어받는 것을 유전이라 한다.
③ : 생물이 서식 환경에 알맞은 몸의 형태나 기능 등을 갖게 되는 과정이나 결과를 적응이라 하고, 생물이 여러 세대를 거치면서 집단 내의 유전자 구성이 변화하는 과정이나 결과를 진화라 한다.
④ : 다세포 생물에서 생식세포의 수정으로 생성된 수정란이 개체가 되는 과정을 발생이라 하고, 발생한 개체가 세포 분열을 통해 세포 수를 늘려감으로써 자라는 과정을 생장이라 한다.
⑤ : 자극에 대한 반응은 생명체 내외에서 생명체에 주어지는 환경 변화에 대해 생명체에서 일어나는 상태 변화이다.

02
자료에 제시된 예는 공통적으로 생물의 특성 중 자극에 대한 반응과 가장 관련이 깊다.
① : 효모가 포도당을 분해하여 알코올을 만드는 것은 물질대사에 해당한다.
② : 지렁이에게 빛을 비추면 어두운 곳으로 이동하는 것은 자극에 대한 반응에 해당한다.
③ : 부채선인장의 잎이 가시로 변해 물의 손실을 최소화하는 것은 적응과 진화에 해당한다.
④ : 올챙이가 자라는 동안 뒷다리가 먼저 생긴 후 앞다리가 생기는 것은 발생과 생장에 해당한다.
⑤ : 식물의 엽록체에서 흡수된 빛에너지를 이용하여 포도당을 합성하는 것은 물질대사에 해당한다.

03
Ⓐ : 혈당량이 높아지면 인슐린의 분비량이 증가하는 것은 항상성에 해당한다.
Ⓑ : 메뚜기가 변태와 탈피를 하면서 성충이 되는 것은 발생과 생장에 해당한다.

Ⓒ : 갈라파고스 군도에 사는 핀치의 부리 모양이 먹이의 종류에 따라 다양하게 나타나는 것은 적응과 진화에 해당한다.

04
(가) 엄마가 적록 색맹이면 아들도 적록 색맹인 것은 생식과 유전에 해당한다.
(나) 얼굴을 향해 날아오는 농구공을 피하는 것은 자극에 대한 반응에 해당한다.
(다) 갈라파고스 군도 거북은 목이 길고 안장형의 등껍질이 있어 키가 큰 선인장을 먹는 데 유리한 것은 적응과 진화에 해당한다.

05
ⓐ는 반응물보다 생성물의 에너지 수준이 높아지는 반응으로 에너지가 흡수되는 동화 작용이고, ⓑ는 반응물보다 생성물의 에너지 수준이 낮아지는 반응으로 에너지가 방출되는 이화 작용이다.
㉠ : ⓐ는 동화 작용이다.
㉡ : 발아 중인 콩에서는 이화 작용의 하나인 세포 호흡이 일어나며 ⓑ와 같은 에너지 변화가 일어난다.
㉢ : 동화 작용(ⓐ)과 이화 작용(ⓑ)은 물질대사에 해당하며, 물질대사에는 효소가 관여한다.

06
생물의 특성 중 생식, 유전, 진화와 같은 특성은 종족 유지 현상((가))에 속하고, 세포로 구성(A), 물질대사(B), 자극에 대한 반응과 같은 특성은 개체 유지 현상((나))에 속한다.
㉠ : (가)는 종족 유지 현상이다.
㉡ : 박테리오파지는 세포로 구성되어 있지 않아 A의 특징을 가지지 않는다.
㉢ : 줄박각시나방이 지방을 분해하여 비행에 필요한 에너지를 얻는 것은 물질대사(B)에 해당한다.

07
A는 박테리오파지, B는 대장균이다.
㉠ : 박테리오파지(A)는 단백질을 가진다.
㉡ : 박테리오파지(A)는 세포로 구성되어 있지 않기 때문에 숙주인 대장균(B)의 체내에서 세포 분열을 통해 증식할 수 없다.
㉢ : 박테리오파지(A)와 대장균(B)은 모두 유전 물질을 가진다.

08
㉠ : '유전 물질인 핵산을 가지고 있다.'는 바이러스의 생물적 특성에 해당한다.
㉡ : '살아 있는 숙주 세포 내에서 물질대사를 한다.'는 바이러스의 생물적 특성에 해당한다.
㉢ : '증식 과정에서 돌연변이가 일어나 많은 변종 바이러스가 형성된다.'는 바이러스의 생물적 특성에 해당한다.

09
㉠ : '생식과 발생을 한다.'는 ㉡에 해당한다.
㉡ : '세포로 구성되어 있다.'는 ㉢에 해당한다.
㉢ : '유전 물질을 가진다.'는 강아지와 바이러스의 공통점에 해당한다.

10
㉠ : 구제역 바이러스는 유전 물질을 가진다.
㉡ : 구제역 바이러스의 크기는 세균보다 작아 세균 여과기를 통과한다.
㉢ : 구제역 바이러스는 발굽이 2개인 가축을 숙주로 한다.

본문 009쪽

01 (가): 적응과 진화 (나): 발생 (다): 생식과 유전
02 해설 참조   **03** 해설 참조   **04** 해설 참조
05 해설 참조   **06** 해설 참조

01

(가) 아프리카펭귄이 남극펭귄에 비해 몸집이 작고 땀샘이 발달한 것은 적응과 진화에 해당한다.
(나) 민들레 씨앗이 발아하여 뿌리, 줄기, 잎으로 분화하는 것은 발생에 해당한다.
(다) 혈액형이 O형인 부모에게서 태어난 자손의 혈액형이 O형인 것은 생식과 유전에 해당한다.

02

효모가 포도당을 이용하여 세포 호흡을 하면 알코올과 이산화 탄소가 생성되고, 열이 발생한다. 발생한 이산화 탄소에 의해 석회수가 뿌옇게 흐려진다. 효모의 세포 호흡은 생물의 특성 중 물질대사의 이화 작용에 해당한다.

모범답안 효모의 세포 호흡에 의해 병 안의 온도가 높아지고, 발생한 이산화 탄소에 의해 석회수가 뿌옇게 흐려진 것은 물질대사 중 이화 작용에 의한 결과이다. 따라서 물질대사의 예에 해당한다.

채점 기준	배점
세포 호흡, 이화 작용, 물질대사의 용어를 사용하여 서술한 경우	100 %
세포 호흡, 물질대사의 용어를 사용하여 서술한 경우	70 %

03

모범답안 생물이라 할 수 없다. 이 돌이 비를 맞아 모양이나 크기가 바뀌는 것은 일종의 화학 반응이다. 이 돌은 세포 구조가 아니고, 물질대사가 일어나지 않아 생물이라고 할 수 없다.

채점 기준	배점
세포, 물질대사의 용어를 사용하여 생물이 아니라고 서술한 경우	100 %
생물의 특성 중 1가지 이상을 들어 생물이 아니라고 서술한 경우	70 %

04

모범답안 이 자료에 나타난 생물의 특성은 항상성이다. 항상성은 생물이 주변 환경과 생물체 내부의 변화를 자극으로 받아들이고 적절히 반응하여 몸 안의 상태를 일정하게 유지하는 데 큰 도움이 된다.

채점 기준	배점
항상성과 그 이점을 옳게 서술한 경우	100 %
항상성의 의미에 대한 서술 없이 이점에 대해서만 서술한 경우	50 %

05

모범답안 공통점: '유전 물질을 가진다.', '단백질을 가진다.' 등
차이점: '(가)는 세포 구조가 아니고, (나)는 세포 구조이다.', '(가)는 스스로 물질대사를 할 수 없고, (나)는 스스로 물질대사를 할 수 있다.' 등

채점 기준	배점
공통점과 차이점이 모두 맞은 경우	100 %
공통점과 차이점 중 하나만 맞은 경우	50 %

06

모범답안 주변 환경의 온도에 적응하여 살기 위해 귀와 몸집의 크기를 달리한 것은 적응과 진화의 특성과 가장 관련이 깊다.

채점 기준	배점
주변 환경의 온도, 귀와 몸집의 크기를 연관지어 서술한 경우	100 %
위 내용 중 일부만 서술한 경우	70 %

02 생명 과학의 탐구 방법

본문 010쪽

1 귀납적 탐구 방법   **2** 대조 실험   **3** 가설
4 조작 변인, 통제 변인   **5** 일반화
6 변인 통제

본문 011~012쪽

01 ③   **02** ④   **03** ⑤   **04** ③   **05** ⑤
06 ②   **07** ③   **08** ④

01

관찰 주제를 선정하여 관찰을 하고 그 결과를 해석하여 결론을 도출하는 탐구 방법을 귀납적 탐구 방법이라 한다.
ㄱ : 변인을 통제하는 단계는 연역적 탐구 방법에 있고, 귀납적 탐구 방법에는 없다.
ㄴ : 관찰에 의해 인식된 문제에 대한 잠정적인 답을 설정하는 단계는 가설 설정 단계이며, 연역적 탐구 방법에 있다.
ㄷ : 귀납적 탐구 방법은 구체적인 관찰 사실을 종합하여 일반적인 법칙이나 원리를 도출하는 탐구 방법이다.

02

침팬지 연구 실험(A)은 귀납적 탐구 방법에 해당하는 탐구 사례이고, 각기병 연구(B)와 탄저병 예방 백신 연구(C)는 연역적 탐구 방법에 해당하는 탐구 사례이다.
A : 귀납적 탐구 방법에 해당하는 탐구 사례이다.
B, C : B와 C는 가설을 설정하고 검증하는 과정이 있으므로 연역적 탐구 방법에 해당하는 탐구 사례이다.

03

㉠ : 조작 변인은 실험에서 의도적으로 변화시키는 변인이다. 이 실험은 배즙의 유무에 따른 단백질의 분해 정도를 알아보기 위한 실험이므로 배즙의 유무는 조작 변인에 해당한다.
㉡ : 제시된 실험은 37 ℃에서 일정 시간 동안 진행하였으므로 온도는 통제 변인에 해당한다.
㉢ : 제시된 탐구 과정은 가설을 설정하고 실험을 통해 검증하는 연역적 탐구이다.

04

(가)는 실험의 결과를 분석하는 단계에 해당한다. (나)는 의문에 대한 잠

정적인 답을 설정하므로 가설 설정 단계에 해당한다. (다)는 탐구 수행 단계에 해당한다. (라)는 관찰을 통해 의문을 갖는 문제 인식 단계에 해당한다. (마)는 실험을 통해 얻은 결과를 이용해 결론을 내리는 단계에 해당한다. 제시되어 있는 (가)~(마)를 탐구 과정의 순서대로 배열하면 (라) → (나) → (다) → (가) → (마)이다.

05
자연 현상을 관찰하면서 인식한 문제를 해결하기 위해 잠정적인 답인 가설을 세우고 그 가설의 옳고 그름을 검증하는 탐구 과정을 연역적 탐구 방법이라 한다.
㉠ : 탐구 설계 및 수행 단계에서 대조 실험을 수행한다.
㉡ : 탐구 결과가 가설과 일치하지 않을 때는 가설을 수정하여 새로운 탐구를 설계하고 수행한다.
㉢ : 연역적 탐구 방법은 자연 현상을 관찰하면서 생긴 의문의 답을 찾기 위해 검증을 통해 결론을 얻는 탐구 방법이다.

06
㉠ : 아메바의 핵을 제거한 집단 A는 실험군이다.
㉡ : '아메바의 생명 활동에 핵이 중요할 것이다.' 등의 가설을 설정하는 단계가 빠져 있다.
㉢ : 아메바의 생존 여부는 종속변인이다.

07
㉠ : 실험을 통해 알게 된 것이 탄수화물과 지방을 뺀 사료를 먹인 집단이 정상적인 사료를 먹인 집단보다 체중이 감소했다는 것이므로 가설로 '탄수화물이나 지방을 적게 먹으면 체중이 감소할 것이다.'가 적절하다.
㉡ : 체중 변화는 종속변인에 해당한다.
㉢ : 집단 A는 대조군이다.

08
㉠ : 귀납적 탐구 방법은 대조 실험을 수행하지 않는다. 대조 실험은 연역적 탐구 방법에서 수행한다.
㉡ : 가젤영양의 뜀뛰기 행동은 같은 상황에서 반복적으로 나타난다는 것을 여러 번의 관찰을 통해 알게 되었으므로 ㉡에 '포식자가 주변에 나타나면 가젤영양은 엉덩이를 치켜드는 뜀뛰기 행동을 한다.'가 적절하다.
㉢ : 가젤영양의 뜀뛰기 행동 연구는 생명 현상에 대한 관찰 결과를 바탕으로 규칙성을 발견하고 결론을 얻어냈으므로 귀납적 탐구 방법이다.

서답형 문제
본문 013쪽

01 해설 참조　　**02** 관찰 → 문제 인식 → 가설 설정 → 탐구 설계 → 탐구 수행 → 결과 분석 → 결론 도출 → 일반화
03 ⓐ 조작 변인, ⓑ 통제 변인, ⓒ 종속변인　　**04** 해설 참조
05 해설 참조　　**06** 실험군: 배양 접시 A, 대조군: 배양 접시 B

01
모범답안 귀납적 탐구 방법, 관찰 내용이 잘못된 경우 잘못된 결론을 내릴 수 있다. 예를 들어 현미경으로 세포를 관찰할 때 물방울을 세포라고 할 수 있다. 또는 관찰 사례의 수에 따라 잘못된 결론을 내릴 수 있다. 예를 들어 까마귀를 여러 번 관찰한 결과 까마귀는 검은색이라고 결론을 내릴 수 있다. 하지만 계속 관찰한 결과 흰색의 까마귀를 관찰하게 된다면 결론이 틀릴 수 있다.

채점 기준	배점
탐구 방법을 제대로 쓰고, 문제점을 예를 들어 옳게 서술한 경우	100 %
탐구 방법과 문제점의 예 중 하나만 옳게 서술한 경우	50 %

02
연역적 탐구 방법의 단계는 관찰 → 문제 인식 → 가설 설정 → 탐구 설계 → 탐구 수행 → 결과 분석 → 결론 도출 → 일반화 → 학설 순이다.

03
실험에서 의도적으로 변화시키는 변인은 조작 변인(ⓐ), 실험에서 일정하게 유지시키는 변인은 통제 변인(ⓑ), 실험 결과에 해당하는 변인은 종속변인(ⓒ)이다.

04
모범답안 이 실험의 조작 변인은 효소 X의 유무이다. 효소 X의 유무를 제외한 나머지 변인은 두 시험관에서 동일해야 한다. 현재 실험 설계에서는 온도가 두 시험관에서 다르므로 효소 반응이 잘 일어나는 온도로 같게 변인 통제해야 한다.

채점 기준	배점
조작 변인과 통제 변인을 모두 언급하여 서술한 경우	100 %
한 변인만 언급하여 서술한 경우	70 %

05
모범답안 '푸른곰팡이는 세균의 증식을 억제할 것이다.', '푸른곰팡이는 세균의 증식을 억제하는 물질을 만들 것이다.' 등

채점 기준	배점
가설로 적절한 경우	100 %
실험과 관련이 없는 가설인 경우	0 %

06
실험군은 검증하려는 요인을 변화시키는 집단이고, 대조군은 실험군과 비교하기 위해 검증하려는 요인을 변화시키지 않은 집단이다.

본문 014~016쪽

대단원 종합 문제　Ⅰ. 생명 과학의 이해

01 ⑤	02 ⑤	03 ⑤	04 ①	05 ⑤
06 ④	07 ②	08 ④	09 ③	10 ①

고난도 문제
11 ⑤	12 ④	13 ②	14 ⑤

01
제시된 예는 생물의 특성 중 적응과 진화에 해당한다.
① : 나비 애벌레가 번데기를 거쳐 성충이 되는 것은 발생과 생장에 해당한다.
② : 사람의 간에서 암모니아가 요소로 전환되는 것은 물질대사에 해당한다.
③ : 적록 색맹인 어머니로부터 적록 색맹인 아들이 태어나는 것은 생식과 유전에 해당한다.
④ : 운동할 때 증가한 심장 박동수가 휴식을 취하면 정상으로 되돌아오는 것은 항상성에 해당한다.
⑤ : 살충제를 살포한 후 살충제에 저항성을 갖는 모기가 증가하는 것은 적응과 진화에 해당한다.

02

(가)는 의문에 대한 잠정적인 답을 설정하므로 가설 설정 단계에 해당한다. (나)는 관찰을 통해 의문을 갖는 문제 인식 단계에 해당한다. (다)는 관찰 단계에 해당한다. (라)는 실험을 통해 얻은 결과를 이용해 결론을 내리는 결론 도출 단계에 해당한다. (마)는 탐구 수행을 통해 얻은 결과를 분석하는 결과 분석 단계에 해당한다. (바)는 가설이 맞는지 검증하는 탐구 수행 단계에 해당한다. 제시되어 있는 (가)~(바)를 탐구 과정의 순서대로 배열하면 (다) → (나) → (가) → (바) → (마) → (라)이다.

03

㉠ : 파리지옥은 여러 개의 세포로 구성된 다세포 생물이다.

㉡ : 파리지옥의 잎에 벌레가 앉으면 잎이 접히는 것은 자극에 대한 반응에 해당한다.

㉢ : 파리지옥이 잎 안쪽에서 분비한 소화액으로 곤충을 소화시켜 에너지를 얻는 것은 물질대사에 해당한다. 효모가 포도당을 분해하여 알코올을 만드는 것도 물질대사에 해당한다.

04

Ⓐ : 조작 변인은 실험에서 의도적으로 변화시키는 변인이다.

Ⓑ : 통제 변인은 실험에서 일정하게 유지시키는 변인이다.

Ⓒ : 종속변인은 실험 결과에 해당하는 변인이다.

05

㉠ : 감자즙을 시험관 A에만 넣고, 시험관 B에는 넣지 않은 조건에서 산소 발생 유무를 확인하는 실험을 했기 때문에 감자즙의 유무는 조작 변인에 해당한다.

㉡ : 대조군은 실험군과 비교하기 위해 검증하려는 요인을 변화시키지 않은 집단이다. 감자즙을 넣은 시험관 A가 실험군에 해당하고, 증류수를 넣은 시험관 B는 대조군에 해당한다. 따라서 이 실험에는 대조군이 설정되어 있다.

㉢ : 카탈레이스는 과산화 수소를 물과 산소로 분해하는 효소이다. 감자즙을 넣은 시험관에서 산소가 발생한 것으로 보아 감자즙에는 카탈레이스가 들어 있다는 것을 확인할 수 있다.

06

갈라파고스 군도의 다양한 핀치에 대한 연구 과정은 관찰 주제를 선정하여 관찰하고 그 결과를 해석하여 결론을 도출하는 귀납적 탐구 방법이다.

㉠ : 귀납적 탐구 방법에서는 가설 설정 단계가 없다.

㉡ : 서식 지역과 먹이에 따라 핀치의 부리 모양이 달라지는 것은 적응과 진화에 해당한다.

㉢ : 이 연구 과정은 귀납적 탐구 방법이다.

07

이 실험에서는 제초제 A의 농도를 달리한 후 물벼룩의 생존율을 조사했기 때문에 조작 변인은 제초제 A의 농도이고, 종속변인은 물벼룩의 생존율이다.

08

탐구 방법 (가)는 귀납적 탐구 사례이고, (나)는 연역적 탐구 사례이다.

㉠ : (가)는 귀납적 탐구 사례이다.

㉡ : 연역적 탐구 사례인 (나)에서는 의문에 대한 잠정적인 답을 먼저 설정한다.

㉢ : 귀납적 탐구와 연역적 탐구에서는 모두 결론 도출 단계가 있다.

09

강아지 로봇은 (가)에 제시된 특징을 모두 가지지 않으므로 (나)에서 특징의 개수가 0인 C이다. 강아지 세포는 (가)에 제시된 특징을 모두 가지므로 (나)에서 특징의 개수가 2인 B이다. 박테리오파지는 (가)에 제시된 특징 중 '유전 물질이 있다.'는 특징 1개만을 가지므로 (나)에서 특징의 개수가 1인 A이다.

㉠ : A는 박테리오파지이다.

㉡ : B는 강아지 세포이므로 물질대사의 한 종류인 동화 작용이 일어난다.

㉢ : C는 강아지 로봇이므로 생식과 유전의 특징을 가지지 않는다.

10

뿌리혹박테리아와 콩과식물에 대한 자료는 물질대사에 해당한다.

11

'혈액형이 A형인 부모 사이에서 O형인 아이가 태어난다.'는 생식과 유전의 예에 해당하므로 (가)는 생식과 유전이다. (다)에 제시된 예는 적응과 진화의 예에 해당하므로 (다)는 적응과 진화이다. 따라서 (나)는 자극에 대한 반응이다.

㉠ : (가)는 생식과 유전이다.

㉡ : (나)는 자극에 대한 반응이고, '미모사의 잎을 건드리면 잎이 접힌다.'는 자극에 대한 반응의 예에 해당한다.

㉢ : 생물의 특성 중 적응과 진화는 종족 유지 현상에 해당한다.

12

이 실험은 화성 토양에 생명체가 존재한다면 물질대사를 한다라는 것을 전제로 하여, 화성 토양에서 물질대사가 일어나는지를 확인한 실험이다. (가)는 이화 작용 확인 실험이고, (나)는 동화 작용 확인 실험이다.

㉠ : (가)는 이화 작용을 하는 생명체의 존재 여부를 확인하기 위한 것이다.

㉡ : (나)의 화성 토양에 광합성을 하는 생명체가 있다면 동화 작용이 일어나 화성 토양에 방사능을 띠는 유기물이 생기고, 가열하였을 때 방사능 계측기를 통해 ^{14}C를 포함한 물질이 검출될 것이다.

㉢ : (가)와 (나)는 각각 이화 작용과 동화 작용을 확인하기 위한 실험이므로 생물의 특성 중 물질대사가 일어나는지를 확인하기 위한 것이다.

13

박테리오파지는 유전 물질을 가지고 있고, 살아 있는 세포 안에서만 물질대사를 한다. 짚신벌레는 단세포 진핵생물이며 세포 분열을 통해 증식하고, 유전 물질을 가지고 있다.

㉠ : '세포 분열을 통해 증식한다.'는 ㉢에 해당한다.

㉡ : 박테리오파지와 짚신벌레는 모두 유전 물질을 가지므로 '유전 물질을 가지고 있다.'는 ㉡에 해당한다.

㉢ : '살아 있는 세포 안에서만 물질대사를 한다.'는 ㉠에 해당한다.

14

㉠ : 철수는 의문점에 대해 가설을 세우고 실험을 통해 검증하고 결론을 도출했기 때문에 연역적 탐구를 수행하였다.

㉡ : 빛의 파장이 광합성에 미치는 영향을 알아보기 위해 빛의 파장을 달리하여 실험을 했으므로 조작 변인은 빛의 파장이다.

㉢ : 산소를 좋아하는 세균은 빛의 파장이 450 nm에서가 550 nm에서보다 더 많이 분포한다. 따라서 조류 세포에서 광합성은 빛의 파장이 450 nm에서가 550 nm에서보다 활발하다.

Ⅱ. 사람의 물질대사

03 생명 활동과 에너지

핵심 개념 체크   본문 017쪽

1 물질대사   **2** 동화 작용, 이화 작용   **3** 세포 호흡
4 고에너지 인산   **5** ATP

출제 예상 문제   본문 018~019쪽

01 ⑤	**02** ⑤	**03** ④	**04** ①	**05** ①
06 ④	**07** ③	**08** ⑤	**09** ⑤	**10** ⑤

01

생명체 내에서 일어나는 모든 화학 반응을 물질대사라고 한다.
ㄱ : (가)는 저분자 물질이 고분자 물질로 합성되는 동화 작용이다.
ㄴ : (나)는 고분자 물질이 저분자 물질로 분해되는 이화 작용으로, 에너지가 방출된다.
ㄷ : 동화 작용과 이화 작용은 물질대사에 해당하며, 물질대사에는 효소가 관여한다.

02

ㄱ : ATP는 아데노신에 3개의 인산이 결합한 구조이다. 아데노신은 아데닌과 리보스가 결합한 것이다. ㉠은 리보스이다.
ㄴ : ATP는 3개의 인산이 결합한 구조이다. 인산과 인산 사이에 고에너지 인산 결합을 통해 에너지가 저장되며, ATP에는 2개의 고에너지 인산 결합이 있다. ㉡은 고에너지 인산 결합이다.
ㄷ : ATP에 저장된 에너지는 물질 합성, 발전, 발광 등 다양한 생명 활동에 사용된다.

03

ㄱ : ㉠은 O_2이고, ㉡은 CO_2이다.
ㄴ : 미토콘드리아((가))에서 세포 호흡이 일어난다.
ㄷ : 세포 호흡은 이화 작용의 예로, 물질대사에 해당한다.

04

ⓐ는 반응 물질보다 생성 물질의 에너지 수준이 높아지는 반응으로, 저분자 물질인 반응 물질이 고분자 물질인 생성 물질로 합성되는 동화 작용이다. 이때 에너지가 흡수된다. ⓑ는 반응 물질보다 생성 물질의 에너지 수준이 낮아지는 반응으로, 고분자 물질인 반응 물질이 저분자 물질인 생성 물질로 분해되는 이화 작용이다. 이때 에너지가 방출된다.
ㄱ : ⓐ는 반응 물질보다 생성 물질의 에너지 수준이 높은 동화 작용이다.
ㄴ : ⓑ는 에너지가 방출되는 반응이다.
ㄷ : ⓐ가 일어날 때 반응 물질보다 생성 물질의 에너지가 많고, ⓑ가 일어날 때 생성 물질보다 반응 물질의 에너지가 많다.

05

연소, 산소 호흡, 무산소 호흡 중 물질대사가 아닌 것은 연소(C)이다. 산소 호흡과 무산소 호흡 중 산소를 소모하는 것은 산소 호흡(A)이고,

산소를 소모하지 않는 것은 무산소 호흡(B)이다.

06

ㄱ : (나)는 자동차의 휘발유 연소 과정으로, 물질대사가 아니다.
ㄴ : 세포 호흡과 연소에 모두 산소가 필요하다.
ㄷ : 에너지 효율은 (가)에서는 40 %이고, (나)에서는 20 %이다.

07

(가)는 포도당이 분해되어 에너지를 얻는 세포 호흡 과정이다.
ㄱ : (가) 과정은 세포 호흡이므로 이화 작용에 해당한다.
ㄴ : ATP는 인산과 인산 사이에 고에너지 인산 결합을 통해 에너지가 저장되어 있고, 이 결합이 끊어지면서 에너지가 방출된다.
ㄷ : 포도당이 분해될 때 방출되는 에너지의 일부는 ATP의 화학 에너지로 저장되고, 일부는 열에너지로 방출된다.

08

ㄱ : A는 동화 작용이다.
ㄴ : 미토콘드리아에서 세포 호흡이 일어난다.
ㄷ : 물질대사가 일어날 때는 에너지 출입이 따르므로 에너지 대사라고도 한다.

09

A와 B는 이화 작용이고, C는 동화 작용이다.
ㄱ : A 과정은 이화 작용으로, 물질대사이므로 효소가 관여한다.
ㄴ : B 과정은 세포 호흡으로, 산소가 소모된다.
ㄷ : C 과정은 동화 작용으로, 저분자 물질인 아미노산이 고분자 물질인 단백질로 합성될 때 에너지가 소모된다.

10

ㄱ : (가)는 동화 작용으로 생성물인 녹말이 반응물인 포도당보다 1분자당 저장된 에너지양이 많다.
ㄴ : (나)는 세포 호흡으로, 방출된 에너지의 일부는 ATP에 저장되고 다양한 생명 활동에 이용된다.
ㄷ : (가)와 (나)는 모두 물질대사에 해당하므로 효소가 관여한다.

서답형 문제   본문 020쪽

01 해설 참조   **02** 해설 참조   **03** ㉠: 세포 호흡, ㉡: 광합성, ㉠이 일어나는 세포 소기관: 미토콘드리아, ㉡이 일어나는 세포 소기관: 엽록체   **04** 리보스, 에너지가 방출된다.
05 해설 참조   **06** 해설 참조

01

모범답안 A: 동화 작용, B: 이화 작용, 저분자 물질인 아미노산이 고분자 물질인 단백질로 합성되므로 A는 동화 작용이다. 고분자 물질인 포도당이 저분자 물질인 물과 이산화 탄소로 분해되므로 B는 이화 작용이다.

채점 기준	배점
A와 B가 모두 맞고, 저분자 물질과 고분자 물질이란 용어를 사용하여 옳게 서술한 경우	100 %
위 내용 중 절반만 맞은 경우	50 %

02

모범답안 A: 이화 작용, B: 동화 작용, 차이점: 이화 작용은 에너지가

방출되고, 동화 작용은 에너지가 흡수된다. 이화 작용은 반응 물질이 가지고 있는 에너지가 생성 물질이 가지고 있는 에너지보다 많고, 동화 작용은 생성 물질이 가지고 있는 에너지가 반응 물질이 가지고 있는 에너지보다 많다. 등, 공통점: 효소가 관여한다. 물질대사이다. 등

채점 기준	배점
A와 B가 모두 맞고, 차이점과 공통점이 모두 맞은 경우	100 %
위 내용 중 절반만 맞은 경우	50 %

03

채점 기준	배점
㉠과 ㉡이 모두 맞고, ㉠과 ㉡이 일어나는 세포 소기관이 모두 맞은 경우	100 %
위 내용 중 절반만 맞은 경우	50 %

04

ATP는 아데노신(아데닌＋리보스)에 3개의 인산이 결합한 구조이다. 인산과 인산 사이에 고에너지 인산 결합이 끊어질 때 에너지가 방출된다.

채점 기준	배점
㉠의 이름이 맞고, 에너지가 방출된다고 쓴 경우	100 %
위 내용 중 절반만 맞은 경우	50 %

05

모범답안 (가)는 포도당을 이용한 세포 호흡 과정이고, (나)는 포도당의 연소 과정이다.

차이점: (가)는 물질대사이고, (나)는 연소이다. (가)에는 효소가 관여하고 (나)에는 효소가 관여하지 않는다. 등

채점 기준	배점
(가)와 (나)가 모두 맞고, 차이점을 옳게 쓴 경우	100 %
위 내용 중 절반만 맞은 경우	50 %

06

모범답안 포도당이 가지고 있는 에너지는 동일하나 물질대사를 통해 나오는 에너지는 조금씩 방출되고, 연소를 통해 나오는 에너지는 한꺼번에 모두 방출되므로 E_1보다 E_2의 에너지가 더 많다.

채점 기준	배점
에너지의 크기 비교가 맞고, 에너지 방출에 차이가 있다는 점을 언급하여 서술한 경우	100 %
위 내용 중 절반만 맞은 경우	50 %

04 소화 · 순환 · 호흡 · 배설과 기관계의 통합적 작용

핵심 개념 체크
본문 021~022쪽

1 기계적 소화   2 아미노산, 지방산, 모노글리세리드
3 모세 혈관, 암죽관, 심장   4 동맥혈
5 온몸 순환(체순환)   6 ATP, 분압 차에 의한 확산
7 콩팥, 오줌관, 방광   8 탄소(C), 수소(H), 산소(O), 질소(N)
9 H_2O, CO_2 10 네프론   11 여과, 원뇨
12 100 %   13 소화계, 순환계

출제 예상 문제
본문 023~025쪽

01 ③   02 ①   03 ⑤   04 ①   05 ③
06 ⑤   07 ④   08 ③   09 ②   10 ②
11 ①   12 ②   13 ⑤

01
㉠ : 소화는 영양소를 흡수 가능한 상태로 잘게 부수는 과정이다.
㉡ : 기계적 소화는 물질의 크기만 작게 하여 소화액과 잘 섞이도록 하는 과정이다. 소화 효소가 작용하는 소화는 화학적 소화이다.
㉢ : 화학적 소화는 소화 효소의 작용에 의해 고분자 물질이 저분자 물질로 분해된다. 이때 물질의 화학적 성질이 변한다.

02
㉠ : (가)는 소화계이다. 소화계는 음식물 속의 영양소를 분해하고 흡수하는 역할을 하며 흡수되지 않은 물질은 체외로 배출한다.
② : (나)는 호흡계이다. 호흡계는 공기의 이동 통로인 기도와 기체 교환 장소인 폐로 구성된다.
③ : (다)는 순환계이다. 순환계는 영양소와 산소를 온몸의 조직 세포에 운반하고, 조직 세포에서 생성된 이산화 탄소와 노폐물을 폐와 콩팥으로 운반한다.
④ : (라)는 배설계이다. 요소는 배설계를 통해 체외로 배출된다.
⑤ : (가)~(라)에서 모두 물질대사가 일어난다.

03
폐순환은 우심실에서 나온 혈액이 폐를 지나면서 산소를 공급받고 이산화 탄소를 내보내는 과정으로, 우심실 → 폐동맥 → 폐포의 모세 혈관 → 폐정맥 → 좌심방 과정을 거친다. 온몸 순환은 좌심실에서 나온 혈액이 온몸을 지나면서 조직 세포에 산소와 영양소를 공급하고, 노폐물과 이산화 탄소를 받아오는 과정으로, 좌심실 → 대동맥 → 온몸의 모세 혈관 → 대정맥 → 우심방 과정을 거친다.
㉠ : A는 우심실이고, C는 좌심실이다.
㉡ : B는 폐정맥이고, D는 대정맥이다. 폐정맥은 폐에서 산소를 받은 혈액이, 대정맥은 조직 세포에 산소를 주고 조직 세포에서 이산화 탄소를 받은 혈액이 흐르기 때문에 혈액의 단위 부피당 산소량은 폐정맥(B)에서가 대정맥(D)에서보다 많다.
㉢ : (가)는 폐순환, (나)는 온몸 순환이다.

04
㉠은 폐포에서 폐포의 모세 혈관으로 이동하는 O_2이고, ㉡은 폐포의 모세 혈관에서 폐포로 이동하는 CO_2이다.
㉠ : 혈액 속의 적혈구는 O_2(㉠) 운반에 관여한다.
㉡ : ㉡은 CO_2이다.
㉢ : 폐포와 폐포의 모세 혈관 사이에서 기체 교환은 ATP가 소모되지 않고 기체의 분압 차에 의한 확산으로 일어난다.

05
(가)는 수용성 영양소의 이동 경로인 간문맥이고, (나)는 지용성 영양소의 이동 경로인 림프관이다.
㉠ : (가)는 수용성 영양소가 흡수되는 소장 융털의 모세 혈관과 연결되어 있다.
㉡ : 소장의 암죽관에서 흡수된 지용성 영양소는 림프관을 거쳐 심장으로 이동한다.
㉢ : ⓐ는 소장으로, 소화계에 속한다.

06

㉠ : A는 간이며, 암모니아를 요소로 전환하는 기관이다.

㉡ : B는 이자이며, 영양소의 소화를 담당하는 소화 효소를 만들어 분비하는 기관이다.

㉢ : C는 소장으로, 영양소가 분해되는 장소이면서 흡수 가능한 상태로 잘게 부서진 영양소가 흡수되는 장소이다.

07

ㅈ : 혈액의 단위 부피당 요소량은 ㉠에서가 ㉡에서보다 많고, ㉢에서는 포도당이 없기 때문에 ㉠은 콩팥 동맥이고, ㉡은 콩팥 정맥이다.

㉡ : 콩팥 동맥(㉠)에 있는 포도당은 콩팥에서 일부 여과되고, 100 % 재흡수되므로 콩팥 정맥(㉡)에도 포도당이 있다.

㉢ : ㉢은 오줌관으로, 네프론에서 여과, 재흡수, 분비 과정을 거쳐 만들어진 오줌이 지나간다. 오줌관은 방광과 연결되어 있다.

08

㉠ : X는 콩팥에서 분비되지 않고, 여과와 재흡수만 일어나기 때문에 X의 배설량은 '여과량−재흡수량'이다.

㉡ : 구간 Ⅰ에서 X의 여과량과 재흡수량이 같기 때문에 X는 100 % 재흡수된다.

ㅈ : X의 혈중 농도가 400 mg/100 mL일 때 재흡수량보다 여과량이 많기 때문에 X는 오줌에서 검출된다.

09

A는 오줌이 생성되는 동안 여과만 되는 물질의 이동 방식이다. B는 오줌이 생성되는 동안 여과된 후 일부는 재흡수되는 물질의 이동 방식이다. C는 오줌이 생성되는 동안 여과된 후 100 % 재흡수되는 물질의 이동 방식이다.

ㅈ : 오줌 생성 과정에서 포도당은 여과된 후 100 % 재흡수되기 때문에 C 방식으로 이동한다.

㉡ : 오줌 생성 과정에서 물은 여과된 후 일부는 재흡수되기 때문에 B 방식으로 이동한다.

ㅈ : 오줌 생성 과정에서 요소는 여과된 후 일부는 재흡수되고, 일부는 분비되는 방식으로 이동한다.

10

A는 포도당이고, B는 아미노산이고, C는 지방산과 모노글리세리드이다. ㉠은 암죽관이고, ㉡은 모세 혈관이다.

ㅈ : 포도당(A)과 아미노산(B)은 모두 수용성 영양소로, 소장 융털의 모세 혈관을 통해 흡수된다.

ㅈ : C의 구성 원소에 탄소(C), 수소(H), 산소(O)가 있다.

㉢ : ㉡은 소장 융털의 모세 혈관이다.

11

A는 폐동맥, B는 폐정맥, C는 간정맥, D는 간문맥, E는 콩팥 정맥, F는 콩팥 동맥이다.

㉠ : 혈액의 단위 부피당 산소량은 폐에서 산소를 받은 혈액이 지나는 폐정맥(B)에서가 폐동맥(A)에서보다 많다.

ㅈ : 식사 전과 후의 혈당량 변화는 간문맥(D)에서가 간정맥(C)에서보다 크다. 간에서 혈당량을 일정하게 조절하기 때문에 간정맥(C)에서는 혈당량 변화가 크지 않다.

ㅈ : 혈액의 단위 부피당 요소량은 콩팥에서 노폐물이 걸러진 혈액이 흐르는 콩팥 정맥(E)에서가 노폐물이 많은 혈액이 흐르는 콩팥 동맥(F)

에서보다 적다.

12

동맥혈은 산소와 영양소가 많고, 이산화 탄소와 노폐물이 적은 혈액이다. 정맥혈은 산소와 영양소가 적고, 이산화 탄소와 노폐물이 많은 혈액이다. ㉠은 CO_2이고, ㉡은 O_2이다.

ㅈ : A에는 정맥혈이, B에는 동맥혈이 흐른다.

ㅈ : CO_2(㉠)의 이동에 ATP가 사용되지 않고 기체의 분압 차에 의한 확산으로 일어난다.

㉢ : O_2(㉡)의 분압은 폐포에서가 폐포의 모세 혈관에서보다 높다.

13

(가)는 호흡계, (나)는 순환계, (다)는 소화계, (라)는 배설계이다.

㉠ : 호흡계((가))에서 흡수된 물질은 순환계((나))를 통해 조직 세포로 운반된다.

㉡ : 소화되지 않은 찌꺼기는 소화계((다))를 통해 몸 밖으로 배출된다.

㉢ : 소화계((다))에서 생성된 질소성 노폐물인 요소는 배설계((라))를 통해 배설된다.

서답형 문제
본문 026쪽

01 A: 암모니아, B: 요소, C: 물, D: 이산화 탄소
02 해설 참조 **03** 해설 참조 **04** 해설 참조
05 해설 참조 **06** 해설 참조 **07** 해설 참조

01

아미노산 분해 과정에서 생성된 암모니아(A)는 독성이 강하기 때문에 간에서 독성이 약한 요소(B)로 전환된 후 오줌으로 배출된다. C는 물이고, 배설계와 호흡계를 통해 체외로 배출된다. 폐를 통해 배출되는 D는 이산화 탄소이다.

02

모범답안 B, 폐에서 기체 교환을 통해 이산화 탄소는 제거되고, 산소를 받은 혈액이 지나는 혈관이기 때문이다.

채점 기준	배점
혈관과 까닭을 모두 옳게 서술한 경우	100 %
혈관과 까닭 중 하나만 옳게 서술한 경우	50 %

03

모범답안 D, 콩팥에서 요소의 일부가 체외로 배설되기 때문이다.

채점 기준	배점
혈관과 까닭을 모두 옳게 서술한 경우	100 %
혈관과 까닭 중 하나만 옳게 서술한 경우	50 %

04

모범답안 (가): 입, 식도, 위, 소장, 대장 등 (나): 기도, 기관지, 폐 등 (다): 콩팥, 방광, 오줌관 등

채점 기준	배점
(가)~(다)가 모두 맞은 경우	100 %
(가)~(다) 중 2개만 맞은 경우	70 %

05

모범답안 포도당과 아미노산은 원뇨에는 있지만 오줌에는 없다. 즉, 여

과는 되지만 100 % 재흡수되기 때문에 오줌에서 검출되지 않는다.

채점 기준	배점
여과가 된 후 100 % 재흡수되었다는 내용으로 서술한 경우	100 %
위 내용 중 일부만 서술한 경우	50 %

06

모범답안 요소는 여과된 후 50 %만 재흡수되지만, 물은 99 % 재흡수되기 때문에 오줌 속의 요소는 농축된다.

채점 기준	배점
요소의 여과, 재흡수와 물의 재흡수를 모두 언급하여 서술한 경우	100 %
위 내용 중 일부만 서술한 경우	50 %

07

모범답안 단백질과 같은 고분자 물질은 여과와 분비가 되지 않기 때문이다.

채점 기준	배점
여과와 분비가 되지 않는다고 서술한 경우	100 %
위 내용 중 일부만 서술한 경우	50 %

05 물질대사와 질병

핵심 개념 체크   본문 027쪽

1 대사성 질환   **2** 당뇨병   **3** 대사 증후군
4 탄수화물, 단백질, 지방   **5** 단당류, 아미노산
6 기초 대사량   **7** 1일 대사량, 기초 대사량, 활동 대사량
8 탄수화물

출제 예상 문제   본문 028쪽

01 ⑤   **02** ③   **03** ④   **04** ②   **05** ③

01

당뇨병(A)은 혈당량이 비정상적으로 높은 상태가 지속되는 질환이다. 고지혈증(B)은 혈액에 콜레스테롤이나 중성 지방이 많은 상태이다.
㉠ : 당뇨병은 인슐린 분비량이 적어 혈당량이 높아지면 발병할 수 있다.
㉡ : 고지혈증 상태가 지속되면 동맥경화증이 발생할 수 있다.
㉢ : 당뇨병과 고지혈증은 모두 대사성 질환에 해당한다.

02

㉠ : 에너지 섭취량이 에너지 소비량보다 많으면 남은 에너지를 저장하기 때문에 비만이 될 가능성이 높다.
㉡ : 에너지 소비량이 에너지 섭취량보다 많으면 저장되어 있던 에너지를 소비하므로 체중이 감소한다.
✗ : 대사성 질환은 에너지가 과도하게 축적될 때 발생할 확률이 높다. 따라서 (나) 상태보다 (가) 상태가 지속되면 대사성 질환에 걸릴 확률이 높아진다.

03

① : 담배, 과음, 과식을 피한다.
② : 유산소, 근력 운동을 규칙적으로 한다.
③ : 지나친 탄수화물, 지방 섭취를 피한다.
④ : 채소, 과일, 견과류를 적당량 섭취한다.
⑤ : 가공 식품, 탄산 음료는 되도록 먹지 않는다.

04

구성 원소 중 질소(N)가 있는 영양소는 단백질이다. 따라서 B는 단백질이고, ⓐ와 ⓑ는 모두 'ⅹ'이다. 1 g당 4 kcal의 열량을 내는 영양소는 탄수화물과 단백질이므로 A는 탄수화물, C는 지방이다.
✗ : A는 탄수화물이다.
㉡ : 단백질(B)은 항체와 호르몬의 주성분이다.
✗ : ⓐ와 ⓑ는 모두 'ⅹ'이다.

05

㉠ : 1 g당 발생하는 열량은 ㉠보다 ㉡이 높기 때문에 ㉠은 단백질, ㉡은 지방이다.
㉡ : 1일 대사량은 기초 대사량＋활동 대사량이므로 2,700 kcal이다.
✗ : 탄수화물을 통해 섭취한 에너지양은 450×4＝1,800 kcal이고, 단백질을 통해 섭취한 에너지양은 100×4＝400 kcal이고, 지방을 통해 섭취한 에너지양은 100×9＝900 kcal이다. 모두 더하면 3,100 kcal이므로 1일 대사량인 2,700 kcal보다 많아 (나)만큼 지속적으로 섭취하게 되면 체중이 증가할 것이다.

서답형 문제   본문 029쪽

01 해설 참조   **02** A: 탄수화물, B: 단백질, C: 지방
03 통풍   **04** 해설 참조   **05** 해설 참조
06 해설 참조

01

모범답안 혈액에 콜레스테롤이나 중성 지방이 많은 상태를 고지혈증이라 한다. 콜레스테롤이 혈관 벽에 쌓이게 되면서 혈관 벽이 점점 좁아져 혈액의 흐름이 약해지고 더욱 악화되면 혈관 벽이 막혀 혈액의 흐름이 거의 일어나지 않게 된다.

채점 기준	배점
고지혈증과 그림의 내용을 이용하여 서술한 경우	100 %
위 내용 중 일부만 맞게 서술한 경우	50 %

02

탄수화물(A)의 구성 단위는 단당류이다. 단백질(B)은 위에서 소화 효소인 펩신에 의해 소화된다. 지방(C)은 지용성 영양소이다.

03

통풍은 혈액 속에 요산 수치가 높아져 관절에 요산이 침착되어 통증을 유발한다.

04

모범답안 1일 대사량은 기초 대사량과 활동 대사량을 더한 값이므로 2,700 kcal이다. 단백질을 통해 섭취한 에너지양이 360 kcal이다. 단백질은 1 g당 4 kcal의 열량을 내므로 섭취한 단백질의 양은 90 g이다.

채점 기준	배점
1일 대사량을 쓰고, 단백질 양을 옳게 계산한 경우	100 %
위 내용 중 절반만 맞은 경우	50 %

05

A는 탄수화물을 통해 섭취한 에너지양은 150 g × 4 kcal = 600 kcal이고, 단백질을 통해 섭취한 에너지양은 100 g × 4 kcal = 400 kcal이고, 지방을 통해 섭취한 에너지양은 200 g × 9 kcal = 1,800 kcal이다. 따라서 A가 섭취한 에너지양은 2,800 kcal이다. B와 C도 같은 방법으로 섭취한 에너지양을 구하면 B는 2,650 kcal이고, C는 2,810 kcal이다.

모범답안 C, A와 B는 하루 동안 섭취한 에너지양이 소비한 에너지양보다 같거나 적다. C는 하루 동안 섭취한 에너지양이 2,810 kcal이고, 소비한 에너지양은 2,400 kcal이다. 따라서 C는 에너지 과잉 상태이므로 대사성 질환에 걸릴 확률이 가장 높다.

채점 기준	배점
C를 고르고, 섭취한 에너지양과 소비한 에너지양을 비교하여 서술한 경우	100 %
C를 고르고, 서술한 내용 중 일부만 맞은 경우	50 %

06

모범답안 t_1, 시상 하부의 온도가 낮아지면 체온을 올리기 위해 물질대사가 촉진된다. 따라서 시상 하부의 온도가 낮은 t_1에서가 t_2에서보다 기초 대사량이 높다.

채점 기준	배점
시기와 까닭을 모두 옳게 서술한 경우	100 %
시기와 까닭 중 하나만 옳게 서술한 경우	50 %

본문 030~033쪽

대단원 종합 문제   II. 사람의 물질대사

01 ④	02 ③	03 ③	04 ⑤	05 ②
06 ①	07 ④	08 ③	09 ③	10 ①
11 ②	12 ②	13 ③	14 ⑤	

고난도 문제

15 ③	16 ④	17 ③	18 ①	19 ⑤

01

구성 원소에 질소(N)가 있는 C는 단백질이다. A와 B는 각각 탄수화물과 지방 중 하나이다. ㉠과 ㉡에 모두 탄소(C), 수소(H), 산소(O)가 있다. ㉢에 이산화 탄소(CO_2), 물(H_2O), 암모니아(NH_3)가 있다.

ㄱ : 단백질은 C이고, A와 B는 각각 탄수화물과 지방 중 하나이다.

㉡ : 노폐물에 이산화 탄소(CO_2)가 있기 때문에 ㉠과 ㉡에 모두 탄소(C)가 있다.

㉢ : 단백질의 구성 원소에 질소(N)가 있기 때문에 ㉢에 암모니아(NH_3)가 있다.

02

(가)는 소화계, (나)는 호흡계, (다)는 배설계, (라)는 순환계이다.

㉠ : 암모니아를 요소로 전환하는 기관은 간이다. 간은 소화계(가)를 구성하는 기관이다.

㉡ : 호흡계(나)에서 흡수된 물질은 순환계(라)를 통해 조직 세포로 운반된다.

ㄷ : 대장은 소화계를 구성하는 기관이다. 배설계(다)를 구성하는 기관에는 콩팥, 방광 등이 있다.

03

(가)는 이화 작용이고, (나)는 동화 작용이다.

㉠ : 미토콘드리아에서 이화 작용에 해당하는 세포 호흡 과정이 일어난다.

ㄴ : (나)는 저분자 물질인 포도당이 고분자 물질인 녹말로 되는 동화 작용이다.

㉢ : 동화 작용과 이화 작용은 물질대사에 해당하며, 모두 효소가 관여한다.

04

㉠은 모세 혈관이고, ㉡은 암죽관이다. A는 림프관이고, B는 간이다.

㉠ : 수용성 영양소는 소장 융털의 모세 혈관(㉠)을 통해 흡수된다.

㉡ : 지용성 영양소는 소장 융털의 암죽관(㉡)을 통해 흡수되어 림프관(A)을 통해 심장으로 운반되어 온몸으로 이동된다.

㉢ : 수용성 영양소는 소장 융털의 모세 혈관에서 흡수되어 간(B)으로 이동된 후 혈관을 통해 심장으로 운반되어 온몸으로 이동된다. 간은 소화계에 속한다.

05

(가)는 폐동맥, (나)는 폐정맥, (다)는 콩팥 정맥, (라)는 콩팥 동맥이다.

ㄱ : 폐동맥(가)은 산소가 적고, 이산화 탄소가 많은 혈액인 정맥혈이 흐르고, 폐정맥(나)은 산소가 많고, 이산화 탄소가 적은 혈액인 동맥혈이 흐른다.

ㄴ : 콩팥에서 요소가 걸러져 배설되므로 혈액의 단위 부피당 요소량은 콩팥 동맥(라)에서가 콩팥 정맥(다)에서보다 많다.

㉢ : 모든 기관에서 물질대사가 일어난다.

06

㉠은 여과, ㉡은 재흡수, ㉢은 분비이다.

㉠ : 포도당과 아미노산 같은 저분자 물질은 사구체에서 보먼주머니로 여과(㉠)된다.

ㄴ : 원뇨에 있는 물은 99 % 재흡수(㉡)된다.

ㄷ : ㉢은 분비이다.

07

㉠ : 세포 호흡을 통해 포도당이 분해될 때 O_2(㉠)가 필요하고, 노폐물로 H_2O과 CO_2(㉡)가 생성된다.

㉡ : 아미노산 사이의 펩타이드 결합을 통해 단백질이 합성되므로, 단백질은 아미노산보다 고분자 물질이다.

ㄷ : 포도당에 저장된 에너지의 일부는 열에너지로 방출되고, 일부는 ATP의 화학 에너지로 저장된다.

08

Ⓐ : 음식은 가능한 한 싱겁게 먹고, 담배를 피우지 않아야 대사성 질환을 예방할 수 있다.

Ⓑ : 기름기가 많은 육류와 생선을 적당량 섭취해야 대사성 질환을 예방할 수 있다.

Ⓒ : 충분한 수면과 휴식을 취하고 스트레스를 해소하는 활동을 해야 대사성 질환을 예방할 수 있다.

09

ㄱ : 원뇨에 있는 포도당은 100 % 재흡수되므로 오줌에는 존재하지 않는다. 따라서 '포도당이 있다.'는 ㉠에 해당한다.

ㄴ : 원뇨와 오줌에는 모두 물이 있기 때문에 '물이 있다.'는 ㉡에 해당한다.

ㄷ : 원뇨와 오줌에는 모두 요소가 있기 때문에 '요소가 있다.'는 ㉡에 해당한다.

10

ㄱ : 하루 동안 생활하는 데 필요한 에너지양을 1일 대사량이라 하며, 1일 대사량은 기초 대사량과 활동 대사량을 합한 값이다.

ㄴ : 밥 먹기, 책 읽기 등 다양한 생명 활동을 하면서 소모되는 에너지양을 활동 대사량이라 한다.

ㄷ : 체온 유지, 호흡, 심장 박동 등 생명 유지에 필요한 최소한의 에너지양을 기초 대사량이라 한다.

11

ㄱ 통풍은 체내에 요산이 축적되면서 발병하는 질환이다.

ㄴ 고지혈증은 혈액에 콜레스테롤이나 중성 지방이 많은 상태이다.

ㄷ 고혈압은 혈압이 정상 범위보다 높은 만성 질환이다.

12

㉠은 혈장과 원뇨에 있고, 오줌에 없는 것으로 보아 100 % 재흡수되는 물질인 포도당이다. ㉡은 혈장에만 있고, 원뇨와 오줌에는 없으므로 여과와 분비가 되지 않는 고분자 물질인 단백질이다. ㉢은 여과된 후 필요한 양만큼 재흡수가 되는 물질인 물이다. A 방식은 여과된 후 100 % 재흡수되는 이동 방식을, B 방식은 여과된 후 일부가 재흡수되는 이동 방식을 나타낸 것이다.

ㄱ : ㉠은 포도당이다.

ㄴ : ㉡은 단백질이고 A와 B 방식으로 이동하지 않는다.

ㄷ : ㉢은 물이고, B 방식으로 이동한다.

13

A는 호흡계, B는 소화계, C는 배설계이다.

ㄱ : A는 호흡계이다.

ㄴ : B는 소화계이며 영양소가 잘게 부수어지는 이화 작용이 일어난다.

ㄷ : 소장은 소화계(B)에 속한다.

14

㉠은 폐포의 모세 혈관에서 폐포로, ㉡은 폐포에서 폐포의 모세 혈관으로 이동하기 때문에 ㉠은 CO_2이고, ㉡은 O_2이다.

ㄱ : A와 B의 O_2(㉡)의 농도를 비교하면 B에서가 A에서보다 높기 때문에 혈액은 A에서 B 방향으로 흐른다.

ㄴ : ㉠은 CO_2이고, ㉡은 O_2이다.

ㄷ : 폐포와 폐포의 모세 혈관 사이에서 CO_2(㉠)와 O_2(㉡)는 ATP를 사용하지 않고 분압 차에 의한 확산을 통해 이동한다.

15

ㄱ : A의 하루 평균 섭취한 에너지양은 4,400 kcal이고, B의 하루 평균 섭취한 에너지양은 2,030 kcal이고, C의 하루 평균 섭취한 에너지양은 2,220 kcal이다. A~C의 하루 평균 소비한 에너지양은 각각 2,500 kcal이므로 비만이 될 가능성이 가장 높은 학생은 A이다.

ㄴ : A가 하루 평균 섭취한 단백질의 양은 250 g이고, 지방의 양은 200 g이다. 따라서 A는 하루 평균 섭취한 단백질의 양이 지방의 양보다 더 많다.

ㄷ : B의 하루 평균 섭취한 탄수화물의 양은 100 g이고, C의 하루 평균 섭취한 지방의 양은 100 g으로 서로 같다.

16

3대 영양소의 공통적인 구성 원소에는 탄소(C), 수소(H), 산소(O)가 있다. 그래서 3대 영양소에서 생성되는 공통적인 노폐물에는 물(H_2O), 이산화 탄소(CO_2)가 있다. 따라서 ⓐ와 ⓑ는 각각 물과 이산화 탄소 중 하나이다. 단백질의 구성 원소에 질소(N)가 있기 때문에 생성되는 노폐물에는 암모니아(NH_3)가 있다. 따라서 ⓒ는 암모니아이다. (가)는 소화계, (나)는 배설계, (다)는 호흡계이다.

ㄱ : A는 탄수화물과 지방 중 하나이고, 아미노산으로 분해되지 않는다.

ㄴ : 암모니아(ⓒ)는 간에서 요소로 전환된 후 배설계((나))를 통해 배설된다.

ㄷ : 호흡계((다))를 통해 물과 이산화 탄소가 체외로 배출된다.

17

'물질대사이다.'와 'ATP가 생성된다.'의 특성은 포도당을 이용한 세포 호흡에만 해당한다. '열에너지가 방출된다.'의 특성은 3가지 모든 반응에 해당한다. 따라서 ㉡은 '열에너지가 방출된다.'로 확정되고, A는 포도당을 이용한 세포 호흡으로 확정된다.

ㄱ : A는 ㉠~㉢의 특성을 모두 갖는 포도당을 이용한 세포 호흡이다.

ㄴ : ㉡은 3가지 반응에서 모두 갖는 특성이므로 '열에너지가 방출된다.'이다.

ㄷ : ⓐ는 '×'이다.

18

물질 A는 혈장, 원뇨, 오줌에 존재하기 때문에 여과가 일어났고, 100 % 재흡수되지 않은 물질이다. 또한 이 물질은 오줌에서 농축된 상태이기 때문에 요소가 해당한다. 물질 B는 원뇨에는 존재하고, 오줌에는 존재하지 않기 때문에 여과된 후 100 % 재흡수된 물질이다. 이 물질은 포도당이나 아미노산이 해당한다. 물질 C는 원뇨와 오줌에 존재하지 않기 때문에 여과와 분비가 일어나지 않는 물질이다. 이 물질은 고분자 물질인 단백질이나 지방이 해당한다.

ㄱ : 물질 A는 콩팥에서 여과된 후 일부가 오줌으로 배설됐기 때문에 혈액의 단위 부피당 A의 양은 콩팥 정맥에서가 콩팥 동맥에서보다 적다.

ㄴ : 물질 B는 여과된 후 100 % 재흡수되는 물질이다.

ㄷ : 물질 C는 여과되지 않았기 때문에 재흡수되지 않는다.

19

(가)는 라이페이스에 의해 지방이 지방산과 모노글리세리드로 분해되는 소화 과정을 나타낸 것이다. (나)는 단백질에서 생성되는 노폐물인 암모니아가 독성이 적은 상태인 요소로 전환되는 과정을 나타낸 것이다. (다)는 핵산의 기본 단위인 뉴클레오타이드가 DNA로 합성되는 과정을 나타낸 것이다.

ㄱ : (가) 과정은 소화 효소가 작용했기 때문에 화학적 소화이다.

ㄴ : 암모니아를 요소로 전환하는 과정은 간에서 일어난다.

ㄷ : 저분자 물질인 뉴클레오타이드가 고분자 물질인 DNA로 합성되는 것은 동화 작용에 해당한다.

Ⅲ. 항상성과 몸의 조절

06 흥분 전도와 전달

본문 034~035쪽

핵심 개념 체크

1 신경 세포체   **2** 말이집   **3** 감각, 연합, 운동
4 (1) × (2) ○ (3) ○   **5** (1) × (2) ○   **6** 재분극, K^+, Na^+
7 전도   **8** 진정제, 각성제   **9** 시냅스

출제 예상 문제 본문 036~038쪽

01 ①	02 ③	03 ①	04 ③	05 ⑤
06 ①	07 ⑤	08 ④	09 ②	10 ④
11 ④	12 ①	13 ④		

01

뉴런의 모양으로 볼 때, 뉴런 (가)는 운동 뉴런(원심성 뉴런), (나)는 연합 뉴런, (다)는 감각 뉴런(구심성 뉴런)에 해당한다.

ⓐ : (가)는 연합 뉴런의 명령을 반응기에 전달하는 원심성 뉴런이다.

ⓧ : (나)는 말이집이 없다. 따라서 흥분이 전도될 때 도약전도가 일어나지 않는다. 반면 (가)와 (다)는 말이집이 있으므로 도약전도가 일어난다.

ⓧ : 흥분은 (다) → (나) → (가)의 방향으로 전도된다. 따라서 (가)의 한 지점인 A에 자극이 주어지면 (다)의 B에서 활동 전위가 발생하지 않는다.

02

ⓧ : 그림은 휴지 전위 상태일 때의 이온 분포를 나타낸 것이다. 즉, Na^+의 농도는 세포 밖이 세포 안보다 높고, K^+의 농도는 세포 안이 세포 밖보다 높다. 따라서 $\dfrac{Na^+ \text{ 농도}}{K^+ \text{ 농도}}$ 는 세포 안보다 세포 밖에서 크다.

ⓧ : ⓛ을 통해 이온이 이동할 때는 확산에 의해 이동하므로 ATP가 소비되지 않는다.

ⓒ : ⓙ은 Na^+ 통로이다. 탈분극 시 K^+ 통로는 닫혀 있고, Na^+ 통로를 통해 Na^+의 이동이 다량 일어난다.

03

A : Na^+과 K^+은 세포막을 경계로 불균등하게 분포하고 있어 분극의 원인이 된다.

ⓑ : ATP를 소모하는 Na^+-K^+ 펌프에 의한 이온의 이동이 일어난다.

ⓒ : Na^+은 세포 밖이 세포 안보다 더 많으므로 유출되지 않는다.

04

(가)에서는 활동 전위가 발생한 지점의 막전위 변화를 나타내고 있다. t_1은 탈분극, t_2는 재분극에 해당한다. (나)는 t_1일 때 X에서 Na^+ 통로를 통한 Na^+의 이동을 나타낸 것이므로 ⓙ은 세포 외부, ⓛ은 세포 내부에 해당한다.

ⓐ : Ⅰ에서는 재분극이 일어난 이후 분극 상태로 휴지 전위가 유지되고

있다. 따라서 Na^+-K^+ 펌프에 의해 ATP의 소모를 통한 Na^+의 이동이 일어난다.

ⓛ : t_1일 때는 탈분극이 일어나고 있으므로, Na^+이 다량 이동하고 있다. 따라서 이온에 대한 막 투과도는 Na^+이 K^+보다 높다.

ⓧ : t_2일 때는 재분극이 일어나고 있으므로 K^+은 세포 내부인 ⓛ에서 세포 외부인 ⓙ으로 이동한다.

05

ⓙ : X는 말이집을 가지고 있어 도약전도가 일어난다.

ⓛ : 그림 (나)에서 ⓙ 과정은 탈분극이 진행되는 과정으로 Na^+에 대한 막 투과도가 높아져 Na^+이 세포 외부에서 내부로 이동한다.

ⓒ : ⓛ 과정은 재분극이 진행되는 과정이다. 이를 통해 막전위는 하강하여 분극 상태로 돌아오게 된다.

06

그림에서 구간 Ⅰ은 탈분극, 구간 Ⅱ는 재분극, 구간 Ⅲ은 분극 상태에 해당한다. 세포막에 있는 이온의 통로가 열리거나 닫히면 이온의 막 투과도가 달라진다. 탈분극에서 막 투과도가 증가하는 A는 Na^+, 재분극에서 막 투과도가 증가하는 B는 K^+에 해당한다.

ⓙ : 구간 Ⅰ에서 Na^+의 이동은 탈분극을 일으켜 막전위를 높인다.

ⓧ : 구간 Ⅱ에서 B는 세포 안에서 세포 밖으로 확산되어 이동한다.

ⓧ : 구간 Ⅲ에서 ATP가 소모되면서 A와 B는 세포막을 경계로 서로 반대 방향으로 이동한다. 즉, Na^+은 세포 안에서 밖으로, K^+은 세포 밖에서 안으로 이동한다.

07

약물은 진정제, 각성제, 환각제로 나눌 수 있으며, 신경에 영향을 미치는 약물은 중독성이 있으므로 주의해야 한다.

Ⓐ : 진정제는 신경 흥분을 억제하는 약물로 긴장을 완화하고 수면을 유도하는 데 사용되는 약물이다.

Ⓑ : 카페인은 시냅스에서 흥분 전달을 억제하는 약물로, 카페인이 많은 음료를 마시면 심장 두근거림, 불면증 등의 증세가 나타날 수 있다.

Ⓒ : 니코틴과 알코올 같이 시냅스에 작용하는 약물은 중독성이 있어 신경계에 이상을 가져올 수 있다.

08

ⓙ : 조건에서 N_4는 d_4이며, N_4일 때 막전위는 -80 mV이므로 휴지 전위보다 낮다. 따라서 재분극에서 분극 상태로 전환되는 때이다. 따라서 흥분의 전도는 Y에서 X로 진행되고 있다.

ⓧ : K^+ 농도는 항상 축삭 돌기 안에서가 밖에서보다 높다.

ⓒ : N_2에서 막전위는 $+30 \text{ mV}$이다. 이때 Na^+의 막 투과도는 N_1~N_4 중 가장 높다.

09

그림에서 약물 A는 흥분의 지속적인 전달을 일으키고 있으므로 시냅스 전달 촉진 약물, 약물 B는 신경 전달 물질이 수용체에 결합하는 것을 방해하므로 시냅스 전달 억제 약물이다.

ⓧ : 약물 A는 시냅스 전달 촉진 약물이다.

ⓧ : 약물 B는 시냅스 전달 억제 약물로 과도한 흥분을 막는 진정제로 사용될 수 있다.

ⓒ : 약물 A와 B는 모두 시냅스 이후 뉴런의 수용체에 결합하여 신경계의 기능에 영향을 준다.

10

시냅스 이전 뉴런에서 분비되는 물질 ㉠은 신경 전달 물질이고, 이온 통로를 통해 내부로 들어가는 이온 ㉡은 Na^+이다.

㉠ : ㉠은 시냅스 이전 뉴런 말단에서 분비되는 신경 전달 물질이다.

✕ : 흥분은 시냅스 이전 뉴런인 (나)에서 시냅스 이후 뉴런인 (가)로만 전달된다.

㉢ : 이온 ㉡은 Na^+이며, Na^+이 세포 안으로 이동하면서 막전위가 상승하는 탈분극이 일어난다.

11

(가)는 자극에 따른 막전위의 변화를 나타낸 것이다. (나)에서는 물질 X를 뉴런에 처리하면 활동 전위가 발생하지 않는 것을 알 수 있다. 따라서 물질 X는 이온 통로를 통한 Na^+의 이동을 억제하는 물질이다.

㉠ : (가)에서 구간 a는 탈분극이 진행되는 시기이다. 이 시기에는 K^+의 막 투과도보다 Na^+의 막 투과도가 더 빨리 증가한다. 따라서 $\dfrac{Na^+의\ 막\ 투과도}{K^+의\ 막\ 투과도}$ 는 구간 a에서 증가한다.

✕ : 물질 X가 처리되면 활동 전위가 발생하지 못한다. 따라서 X는 흥분의 전도를 촉진하지 않는다.

㉢ : (가)에서 구간 b일 때 확산을 통한 K^+의 유출이 일어난다. 이때 K^+의 농도는 여전히 세포 안이 세포 밖보다 높다.

12

그림을 보면 신경 세포체가 모두 왼쪽에 있다. 또한 말이집을 가지고 있다. ㉠은 축삭이 시작되는 부분, ㉡은 축삭 돌기 말단, (가)는 시냅스, ㉢은 축삭이 시작되는 부분, ㉣은 축삭 돌기 말단이다. 표의 조건에서 Ⅰ의 경우 역치 이상의 자극을 주고 약물 처리가 없으므로 활동 전위가 발생할 것이다. Ⅱ의 경우 시냅스 부분에 시냅스 전달 억제 약물을 처리했으므로 시냅스 이후 뉴런에서 흥분이 전달되지 않을 것이다.

㉠ : 조건 Ⅰ에서는 역치 이상의 자극에 의해 활동 전위가 ㉠에서 발생하여 축삭을 따라 전도되고 ㉡과 ㉣에서 신경 전달 물질이 분비된다.

✕ : 약물 A는 시냅스 이후 뉴런에만 영향을 주므로 ㉡에서 신경 전달 물질이 분비된다.

✕ : Ⅱ는 10회의 자극에 대해 시냅스 전달 억제 약물 A가 작용하여 ㉢에서 활동 전위가 발생하지 않거나 적게 발생한다.

13

그림 (가)에서 흥분 전도 속도가 3 cm/ms이므로 자극 지점에서 각 지점까지 이동하는 시간은 1 ms씩 더 걸린다. 따라서 각 지점에 흥분이 도달하는 시간은 경과 시간에서 P_1의 경우 1 ms, P_2의 경우 2 ms, P_3의 경우 3 ms를 빼야 한다. 그림 (나)에서 한 지점에서의 시간에 따른 막전위를 보면 1 ms 경과 시 탈분극 시작, 2 ms 경과 시 재분극 초반, 3 ms에서 막전위 −80 mV, 4 ms에서 다시 분극 상태가 된다.

㉠ : t가 4일 때 P_1에서 경과된 시간은 3 cm 이동하는 데 필요한 시간인 1 ms를 뺀 3 ms이다. 이때의 막전위는 (나)에서 −80 mV이다.

✕ : t가 5일 때 P_2에서 경과된 시간은 6 cm 이동에 필요한 시간인 2 ms를 뺀 3 ms이다. (나)에서 3 ms일 때는 재분극 상태이다.

㉢ : t가 6일 때 P_3에서는 이동에 3 ms가 경과된 상태이다. 이때 막전위는 3 ms에 해당하는 −80 mV이고 P_2에서는 4 ms에 해당하는 −70 mV이다. 따라서 t가 6일 때 막전위는 P_3에서보다 P_2에서 높다.

서답형 문제

01 ㉡, ㉢, ㉣   **02** B   **03** 해설 참조
04 해설 참조   **05** 해설 참조   **06** ㉠: Na^+, ㉡: K^+

01

자극이 B의 축삭 돌기에 주어졌다. 흥분은 축삭 돌기를 따라 양방향으로 이동하지만 B에서 A로는 흥분이 전달되지 못하고 C로는 흥분이 전달될 수 있다. 따라서 ㉡, ㉢, ㉣에 활동 전위가 발생한다.

02

(나)에서 K^+은 이동하지 못하지만 Na^+은 뉴런 밖에서 안으로 이동하고 있다. 이러한 이온의 이동은 탈분극인 B 구간에서 관찰될 수 있다.

03

(1) [모범답안] 그림에서 P에 자극을 주었으므로 자극은 Q_1에서 Q_3으로 이동한다. 이를 설명할 수 있는 지점 Ⅰ~Ⅲ을 정리하면 다음과 같다.

신경	t_1일 때 측정한 막전위(mV)		
	Ⅱ	Ⅲ	Ⅰ
	Q_1	Q_2	Q_3
A	−56	+30	−60
B	−80	−46	+4

따라서 Ⅰ은 Q_3, Ⅱ는 Q_1, Ⅲ은 Q_2에 해당한다.

채점 기준	배점
세 지점을 모두 옳게 연결한 경우	100 %
세 지점 중 한 가지만 옳게 연결한 경우	30 %

(2) [모범답안] 신경 B에서의 흥분의 이동 속도가 신경 A에서보다 빠르다. 따라서 Q_2를 보면 신경 A는 막전위가 +30 mV로 활동 전위 시 막전위 최댓값에 해당하고 신경 B는 재분극 상태에 해당한다.

채점 기준	배점
막전위를 바르게 비교하여 서술한 경우	100 %
막전위에 대한 비교 서술이 미흡한 경우	50 %

04

[모범답안] P로부터의 거리를 비교할 때, 일정하게 거리가 멀어짐에 따라 Ⅰ에서가 Ⅱ에서보다 시간이 더 많이 소요된다. 축삭의 두께가 같을 때 말이집으로 싸여 있는 부분은 싸여 있지 않은 부분보다 흥분의 이동 속도가 빠르다. 따라서 Ⅰ은 말이집으로 싸여 있지 않은 부분, Ⅱ는 말이집으로 싸여 있는 부분이다.

채점 기준	배점
흥분 전도 속도를 비교하여 Ⅰ과 Ⅱ를 옳게 추론한 경우	100 %
Ⅰ과 Ⅱ를 옳게 추론했지만 흥분 전도 속도에 대한 설명이 부족한 경우	50 %
흥분 전도 속도 비교는 옳게 했지만 Ⅰ과 Ⅱ를 바꾸어 설명한 경우	30 %

05

[모범답안] 자극을 P에 준 경우 A에서는 시냅스 이후 뉴런에 자극을 주었으므로 시냅스를 지나 Q로 이동하지 못한다. 따라서 A는 막전위의 변화가 없는 Ⅲ에 해당한다. B와 C는 축삭의 지름이 같은데 C는 말이집이 있으므로 도약전도가 일어나 B보다 흥분의 전도 속도가 빠르다. 따라서 B는 Ⅱ, C는 Ⅰ이다.

채점 기준	배점
A, B, C의 특징을 설명하고 Ⅰ~Ⅲ을 바르게 연결한 경우	100 %
A, B, C의 특징에 대한 설명과 Ⅰ~Ⅲ 연결이 한 가지만 바른 경우	30 %

06

활동 전위 발생 시 막 투과도가 먼저 증가하는 ㉠이 Na^+이며, 이어서 증가하는 ㉡이 K^+이다.

07 신경계의 구조와 기능

■ 핵심 개념 체크   본문 040~041쪽

1 중추, 말초
2 감각령, 연합령, 운동령, 두정엽, 측두엽, 회색질
3 (1) 소뇌 (2) 간뇌 (3) 중간뇌 (4) 뇌교 (5) 연수 (6) 연합령
4 (1) ○ (2) ×   **5** 감각, 운동
6 아세틸콜린, 노르에피네프린   **7** 아세틸콜린, 아세틸콜린

■ 출제 예상 문제   본문 042~044쪽

01 ③	**02** ①	**03** ⑤	**04** ④	**05** ③
06 ④	**07** ②	**08** ①	**09** ④	**10** ⑤
11 ①	**12** ②	**13** ④		

01

그림에서 ㉠은 말초 신경계, ㉡은 중추 신경계에 해당한다.

㉠ : 부교감 신경은 말초 신경계인 ㉠에 속한다. 말초 신경계에는 구심성 정보 전달 경로를 담당하는 감각 신경과 원심성 정보 전달 경로인 체성 신경계와 자율 신경계가 있다. 부교감 신경은 자율 신경계에 속한다.

✗ : ㉠은 중추 신경계의 명령에 따라 반응기에 명령을 전달한다.

㉢ : 안구 운동과 홍채 운동의 중추는 중간뇌로서 중추 신경계인 ㉡에 속한다.

02

사람 대뇌는 좌반구와 우반구가 있으며, 각각 몸의 반대편을 담당한다. 좌반구의 운동령은 몸의 오른쪽의 운동을, 우반구의 감각령은 몸의 왼쪽에서 전달되는 감각을 담당한다. 운동령은 운동 신경에 명령을 내려 근육을 움직이고, 감각령은 감각 신경에서 오는 감각 정보를 받아 연합령으로 전달한다.

㉠ : 입술의 운동을 담당하는 A에 역치 이상의 자극을 주면 입술이 움직이게 된다.

✗ : B 부위는 오른손 손가락의 운동을 담당하는 부분으로, 이 부분이 손상되면 오른손의 손가락을 움직이지 못한다.

✗ : C 부위가 손상되면 무릎에서 전달되는 감각 정보를 받아들이지 못한다. 하지만 무릎 반사는 대뇌와 관계없이 척수에서 일어나는 반사이므로 C 부위의 손상과 관계없이 일어난다.

03

주어진 표를 연수, 중간뇌, 척수의 특징에 따라 정리하면 다음과 같다.

특징 구조	㉠ 뇌줄기를 구성한다.	㉡ 교감 신경이 나온다.	㉢ 심장 박동을 조절한다.
A 간뇌	×	×	×
B 중간뇌	○	×	×
C 연수	○	×	○
D 척수	×	○	×

(○: 있음, ×: 없음)

㉠ : ㉠은 '뇌줄기를 구성한다.', ㉡은 '교감 신경이 나온다.', ㉢은 '심장 박동을 조절한다.'이다. 뇌줄기에는 중간뇌, 뇌교, 연수가 속한다.

㉡ : A는 간뇌이다. 간뇌는 몸의 항상성 조절에 관여하며, 시상과 시상 하부 등으로 구성된다.

㉢ : D는 척수이며, 척수의 겉질은 축삭 돌기가 모여 있는 백색질이고, 척수의 속질은 신경 세포체가 모여 있는 회색질이다.

04

그림은 중추 신경계와 이에 연결된 말초 신경계를 나타낸 것이다. 신경 A는 감각 뉴런, 신경 B는 자율 신경계에 속한 교감 또는 부교감 신경, 신경 C는 체성 신경계인 운동 뉴런에 해당한다.

㉠ : A는 감각 수용기에서 받아들인 정보를 중추 신경계로 전달하는 감각 뉴런으로서 구심성 뉴런에 해당한다.

㉡ : B에 속한 신경들은 교감 신경과 부교감 신경이 있고, 이들은 2개의 뉴런이 연결된 구조로 신경절을 가진다.

㉢ : C는 운동 뉴런으로, 말초 신경계에서 원심성 뉴런인 체성 신경계를 구성한다.

05

(가)는 대뇌 겉질을 위치와 기능에 따라 구분한 것이며, (나)는 단어를 읽을 때와 어떤 사물을 볼 때 활성화되는 부위를 나타낸 것이다. 뇌의 특정 부위가 활성화되면 해당 부위의 포도당과 산소 소모가 증가하여 간접적으로 활성화 여부를 측정할 수 있다.

㉠ : 후두엽이 손상되면 시각 부분이 손상되므로 사물을 보기가 어렵다.

㉡ : 단어를 읽는 ㉠ 조건과 사물을 보는 ㉡ 조건에서 모두 시각 영역이 활성화된다.

✗ : 단어를 들을 때는 청각 영역이 속한 측두엽이 활성화될 것이다.

06

그림에서 신경이 뻗어 나온 위치와 신경절의 위치를 고려할 때, A는 부교감 신경, B는 교감 신경이다. C는 골격근에 연결되어 있으므로 체성 운동 신경이다.

㉠ : A~C는 모두 중추 신경계의 명령을 반응기에 전달하는 원심성 뉴런에 속한다.

✗ : C는 체성 운동 신경으로, 슈반 세포가 축삭을 감고 있어 도약전도가 일어나는 말이집 신경의 하나이다.

㉢ : 자율 신경의 신경절에서는 같은 신경 전달 물질인 아세틸콜린이 분비된다. 교감 신경의 신경절 이후 뉴런 말단에서만 노르에피네프린이 분비된다.

07

자율 신경 A를 자극하면 자극 전보다 심장 박동 빈도가 감소한다. 반면 자율 신경 B를 자극하면 자극 전보다 심장 박동 빈도가 증가한다. 따라서 A는 부교감 신경, B는 교감 신경이다.

✗ : A는 부교감 신경으로 신경절 이전 뉴런이 신경절 이후 뉴런보다 길다.

㉡ : 부교감 신경인 A의 신경절 이후 뉴런 말단에서는 아세틸콜린이 분

비된다. 교감 신경인 B의 신경절 이후 뉴런 말단에서는 노르에피네프린이 분비된다.

✗ : B의 신경절에 노르에피네프린을 주입하면 신경절 이후 뉴런의 가지 돌기에 노르에피네프린에 대한 수용체가 없어 심장 박동이 빨라지지 않는다.

08

그림 (가)는 피부에서 정보가 전달되어 척수로 가고, 척수에서 골격근에 이르는 경로를, (나)는 소장에서 시작되어 척수로 가고, 척수에서 나와 소장으로 돌아오는 경로이다. A는 체성 운동 신경이고, B는 신경절의 위치와 척수에서 나온 것을 고려할 때 교감 신경의 일부이다.

㉠ : A와 B는 모두 척수 신경으로 말초 신경계에 속한다.

✗ : A는 체성 운동 신경으로 대뇌 운동령의 직접적인 명령을 받는다. 하지만 B는 대뇌의 직접적인 명령을 받지 않는다.

✗ : 교감 신경을 구성하는 B가 활성화되면 소화관 운동은 억제된다.

09

심장 박동을 조절하는 신경은 자율 신경이며, 신경절의 위치를 고려할 때, A는 교감 신경, B는 부교감 신경이다. 표에서 심장 박출량은 ㉡에서보다 ㉠에서 많다. 따라서 ㉠은 교감 신경이 더 많이 작용하는 운동 시에, ㉡은 부교감 신경이 더 많이 작용하는 평상시에 해당한다.

㉠ : A와 B는 교감 신경과 부교감 신경으로 서로 길항 작용으로 항상성을 조절한다. 길항 작용을 통해 심장 박출량에 관여한다.

✗ : A는 교감 신경이다. 교감 신경은 신경절 이전 뉴런의 신경 세포체가 척수에 있다.

㉢ : A와 B는 길항 작용을 하므로 B가 활성화되면 A는 활성화가 낮아진다. 따라서 단위 시간당 A의 신경절 이후 뉴런의 활동 전위 발생 횟수는 교감 신경이 활성화된 ㉠이 부교감 신경이 활성화된 ㉡보다 많다.

10

그림은 손으로 뜨거운 물체를 만졌을 때 일어나는 반사 경로와 대뇌로 전달되는 경로를 나타낸 것이다.

㉠ : B는 A를 통해 들어온 감각 정보를 대뇌 체감각 겉질로 전달하는 역할을 한다.

㉡ : 무의식중에 손을 떼는 반사 행동을 일으키기 위해 A를 통해 들어온 감각 정보는 D를 통해 E로 전달된다.

㉢ : 손을 식히기 위해 찬물에 담그는 의식적인 행동을 할 때, E는 대뇌의 한 부분인 대뇌 겉질에서 오는 명령을 받는다.

11

A는 골격근에 연결된 체성 운동 신경, B는 교감 신경의 신경절 이후 뉴런, C와 D는 부교감 신경이다. 교감 신경이 활성화되면 심장 박동이 빨라지고, 부교감 신경이 활성화되면 방광은 수축된다.

㉠ : 체성 운동 신경인 A와 부교감 신경의 신경절 이후 뉴런인 D는 모두 말단에서 아세틸콜린을 분비한다.

✗ : B의 흥분 발생 빈도가 증가하면 노르에피네프린의 증가로 인해 심장 박동은 빨라진다.

✗ : C는 부교감 신경으로 자율 신경계에 속한다.

12

(가)에서 A와 B는 부교감 신경, C와 D는 교감 신경이다. (나)에서 pH가 감소하는 것으로 보아 위의 소화 활동이 활성화되었다.

✗ : (나)에서 소화액의 분비량이 증가한 것으로 보아 자극을 가한 뉴런

은 부교감 신경인 A이다.

㉡ : (가)에서 A와 B의 조절 중추는 소화를 조절하는 중추인 연수이다.

✗ : B의 축삭 돌기 말단에서는 아세틸콜린이, D의 축삭 돌기 말단에서는 노르에피네프린이 분비된다.

13

ⓐ는 척수에서 뻗어 나온 것으로 보아 교감 신경의 신경절 이후 뉴런, ⓑ는 중추 ㉠에서 바로 나온 것으로 보아 부교감 신경의 신경절 이후 뉴런이다. 중추 ㉠은 동공 반사에 관여하는 중간뇌이다.

✗ : ⓐ의 축삭 돌기 말단에서는 노르에피네프린이 분비된다.

㉡ : ⓑ가 흥분하면 동공이 수축되어 눈으로 들어가는 빛의 양이 감소한다.

㉢ : 중추 ㉠은 안구 운동과 홍채 운동을 조절하는 중간뇌이다.

서답형 문제   본문 045쪽

01 중간뇌, 뇌교, 연수   **02** 해설 참조
03 (1) 해설 참조 (2) 해설 참조   **04** 해설 참조
05 ㉠: 억제, ㉡: 촉진   **06** 해설 참조

01

중추 신경계 중 뇌줄기에 해당하는 부분은 중간뇌, 뇌교, 연수이다.

02

모범답안 연수는 호흡 운동을 조절한다. 따라서 중추 X는 연수이다. ㉠은 횡격막에 연결된 신경인데, 횡격막은 골격근이라고 하였으므로 ㉠은 체성 운동 신경이다. 따라서 ㉠의 말단에서는 아세틸콜린이 분비된다.

채점 기준	배점
중추 X와 신경 전달 물질을 모두 옳게 서술한 경우	100 %
중추 X와 신경 전달 물질만 옳게 적고 추론 과정이 미흡한 경우	50 %
중추 X와 신경 전달 물질 중 하나만 옳게 쓴 경우	30 %

03

(1) **모범답안** 오른쪽 피부 감각기 중 촉각 자극은 손상된 부위를 지나지만 통각 자극은 손상된 부위를 지나지 않는다. 따라서 무의식중에 오른손을 가시에 찔린 경우 촉각의 느낌은 없지만 아픈 통각만 대뇌로 전달될 것이다.

채점 기준	배점
촉각과 통각에 대해 모두 옳게 서술한 경우	100 %
촉각과 통각 중 하나만 옳게 서술한 경우	50 %

(2) **모범답안** 이 사람은 우반구에서 왼쪽 손으로 이어지는 경로가 손상된 부위를 지나지 않는다. 따라서 왼쪽 손으로 가시를 뺄 수 있을 것이다.

채점 기준	배점
정보의 이동 경로와 왼쪽 손의 움직임을 모두 옳게 서술한 경우	100 %
정보의 이동 경로와 왼쪽 손의 움직임 중 하나만 옳게 서술한 경우	50 %

04

모범답안 통증과 불안을 느낄 때 작용하는 자율 신경 X는 교감 신경이고, 교감 신경의 활성화로 인한 몸의 변화로는 심장 박동 촉진, 기관지 확장 등이 있다.

채점 기준	배점
자율 신경 X를 옳게 추론하고 환자 몸의 변화를 2가지 이상 옳게 쓴 경우	100 %
자율 신경 X를 옳게 추론하였지만 환자 몸의 변화를 1가지만 옳게 쓴 경우	50 %
자율 신경 X를 옳게 추론하였지만 환자 몸의 변화를 쓰지 못한 경우	25 %
자율 신경 X를 옳게 추론하지 못했지만 환자 몸의 변화를 1가지만 옳게 쓴 경우	25 %

05

부교감 신경의 작용으로 심장 박동은 억제된다. 따라서 ㉠은 억제이며, 교감 신경의 작용으로 심장 박동은 촉진되므로 ㉡은 촉진이다.

06

모범답안 루게릭병 환자는 운동 관련 신경 세포만 선택적으로 사멸한다. 따라서 씹고 넘기는 활동은 근육을 사용해야 하는데 운동과 관련된 신경 세포가 사멸되면 근육을 통제하는 정보가 전달되지 못해 식사 활동을 제대로 하기 어렵다.

채점 기준	배점
근육의 움직임과 운동 신경의 역할을 옳게 연결하여 서술한 경우	100 %
근육의 움직임과 연결시키지 못하고 운동 신경의 역할만으로 서술한 경우	50 %

08 근육의 구조와 수축 원리

핵심 개념 체크   본문 046쪽

1 뼈, 체성 운동
2 ⓐ 근육 섬유 다발 ⓑ 근육 원섬유 ⓒ 마이오신
3 마이오신, ATP   4 (1) ○ (2) ×   5 없고, 짧아진다

출제 예상 문제   본문 047~048쪽

01 ③   02 ③   03 ⑤   04 ①   05 ④
06 ③   07 ②   08 ⑤   09 ③

01

① : 그림에서 근육은 여러 개의 근육 섬유 다발로 이루어져 있다.
② : 그림에서 근육 섬유는 여러 개의 근육 원섬유로 이루어져 있다.
③ : 골격근의 근육 섬유는 여러 개의 핵을 가진 다핵 세포이다.
④ : 근육 원섬유 마디는 근육이 수축할 때 액틴 필라멘트가 마이오신 필라멘트 사이로 미끄러져 들어가면서 마디의 길이가 감소한다.
⑤ : 근육 원섬유는 근육 단백질인 액틴 필라멘트와 마이오신 필라멘트로 이루어져 있다.

02

그림에서 (가)는 근육 원섬유 마디의 길이가 감소하며 수축할 때, (나)는 근육 원섬유 마디의 길이가 증가하며 이완할 때이다.
㉠ : 그림에서 ㉠은 근육 단백질 중 액틴 필라멘트이다.
㉡ : (가)와 같은 변화가 일어나면 근육 원섬유 마디의 길이가 감소하므로 근육이 수축한다.
㉢ : A대의 길이는 마이오신 필라멘트의 길이이므로 근수축과 이완에 따른 변화가 없다.

03

㉠ : 근육 ㉠은 골격근이므로 대뇌의 지배를 받아 체성 운동 신경에 의해 수축된다.
㉡ : 근육 ㉠의 길이가 짧아지면 위아래에 연결된 골격을 잡아당겨 팔이 구부려진다.
㉢ : 근육이 수축되어 H대의 길이가 m만큼 감소하면 I대의 길이도 m만큼 감소한다. 그러므로 팔을 구부려도 (나)에서 'H대의 길이−I대의 길이'는 동일하다.

04

㉠ : 척수의 겉질은 축삭 돌기가 모여 있는 백색질이고, 척수의 속질은 신경 세포체가 모여 있는 회색질이다.
㉡ : 신경에서 신경 세포체의 위치를 볼 때, 신경 A는 운동 뉴런이다. 고무망치에 의한 충격을 (가)에 전달하는 것은 감각 뉴런이다.
㉢ : ㉠에는 액틴 필라멘트가 있고 ㉡에는 액틴 필라멘트와 마이오신 필라멘트가 있다. 따라서 ㉠과 ㉡에는 서로 공통된 근육 단백질이 존재한다.

05

㉠ : 마이오신 필라멘트는 액틴 필라멘트에 비해 굵다. 또한 ㉠ 부위에서는 마이오신 필라멘트와 액틴 필라멘트가 겹쳐 있다. 즉, A는 ㉢의 횡단면에, B는 ㉡의 횡단면에, C는 ㉠의 횡단면에 해당한다.
㉡ : A대는 ㉠과 ㉡이 모두 해당된다. 따라서 A대(암대)의 횡단면은 C 또는 B와 같은 횡단면을 가진다.
㉢ : A와 같은 횡단면을 갖는 부위는 I대에 해당한다. 근육이 수축하면 수축 전보다 I대가 짧아지므로, A와 같은 횡단면을 가지는 부위의 길이가 짧아진다.

06

근육이 수축할 때 근육 원섬유 마디에서 H대와 I대의 길이는 짧아지지만 A대의 길이는 변하지 않으므로 ㉠은 액틴 필라멘트만 존재하는 부위(I대), ㉡은 A대이다. ⓐ는 액틴 필라멘트와 마이오신 필라멘트가 겹치는 부위의 절반이다. 따라서 ⓐ의 길이=(A대의 길이−H대의 길이)÷2이다.
㉠ : 근육 원섬유 마디의 길이는 t_1일 때 $1.8+0.6=2.4$ μm, t_2일 때 $1.8+0.4=2.2$ μm이다. 따라서 t_1일 때 H대의 길이는 t_2일 때보다 0.2 μm 길어지므로 0.2 μm이다.
㉡ : t_2일 때 ⓐ의 길이는 $(1.8-0)÷2=0.9$ μm이고, ㉠의 길이는 0.4 μm이다. 따라서 ⓐ의 길이는 ㉠의 길이보다 길다.
㉢ : A대(㉡)에는 마이오신 필라멘트와 액틴 필라멘트가 모두 있는 부위(A대−H대)가 있다. 마이오신 필라멘트와 액틴 필라멘트가 중첩된 부분은 ATP를 사용해 근육을 수축시킨다.

07

㉠ : 그림에서 마이오신 필라멘트는 액틴 필라멘트에 비해 굵다. H대는 마이오신 필라멘트만 존재하는 부분이므로, H대의 단면은 (나)에 해당

한다.

✗ : (나)에서 보이는 필라멘트는 마이오신 필라멘트이다. 마이오신 필라멘트의 길이는 수축 전후에 변하지 않고 일정하다.

ⓒ : ⓛ에서 ⓐ으로 될 때는 근육 원섬유 마디 X의 길이가 길어진다. 따라서 X에서 마이오신 필라멘트와 액틴 필라멘트가 겹친 부위인 (가)와 같은 단면을 갖는 부분의 길이는 감소한다.

08

근육이 수축하는 동안 A대(암대)의 길이는 변화가 없고, I대(명대), H대, Z선과 Z선 사이의 길이가 짧아진다.

ⓐ : ⓐ은 액틴 필라멘트와 마이오신 필라멘트가 겹치는 부분이다. t_1일 때 X의 길이가 2.4 μm이므로 ⓐ의 길이는 0.5 μm이다.

ⓛ : A대의 길이는 변화가 없으므로 X의 길이가 3.2 μm인 t_2일 때 H대의 길이는 1.2 μm이다.

ⓒ : 근수축 과정에서 A대의 길이는 변화가 없다. 따라서 A대의 길이는 t_1일 때와 t_2일 때가 같다.

t_1일 때

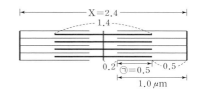

t_2일 때

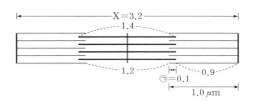

09

ⓐ : 과정 (가)는 포도당이 젖산이 되는 과정으로 근육에 산소가 부족할 때 소량의 ATP를 생산하기 위해 일어난다.

ⓛ : ATP는 근수축이 필요한 에너지를 직접 공급하는 물질이다. 포도당이나 크레아틴 인산 등은 ATP 합성에 필요한 에너지를 공급한다.

✗ : 크레아틴 인산은 운동을 시작할 때만 근수축 에너지를 공급하고 급격히 소모된다. 이후 산소 호흡과 무산소 호흡 등에 의해 ATP가 공급된다.

서답형 문제
본문 049쪽

01 해설 참조 **02** ⓐ: A대, 일정, ⓛ: H대, 감소
03 해설 참조 **04** 1.6 μm
05 a: 감소, b: 변화없음, c: 감소 **06** 해설 참조

01

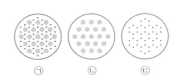
ⓐ   ⓛ   ⓒ

채점 기준	배점
단면을 구성하는 근육 단백질과 각 근육 단백질의 상대적인 크기를 옳게 나타낸 경우	100 %
단면을 구성하는 근육 단백질만을 바르게 나타낸 경우	50 %

02

골격근을 구성하는 근육 원섬유 마디 X에서 ⓐ은 A대이고 ⓛ은 H대이다. X가 수축했을 때 ⓐ의 길이는 일정하고 ⓛ의 길이는 감소한다.

03

모범답안 (가) 부분이 (나)에 비해 더 어둡게 보인다. (가) 부분은 상대적으로 굵은 마이오신 필라멘트로 이루어져 있고 액틴 필라멘트와 겹치는 부분이 존재한다. 반면 (나)는 상대적으로 가는 액틴 필라멘트로만 이루어져 있어 밝게 보인다.

채점 기준	배점
(가)와 (나)에 대해 모두 옳게 서술한 경우	100 %
(가)에 대해서만 옳게 서술한 경우	70 %

04

그림에서 ⓐ는 I대, ⓑ는 A대, ⓒ는 H대이다. 근육이 수축하면 I대와 H대의 길이는 감소하고 A대의 길이는 일정하다. 또한 (다)는 마이오신 필라멘트가 있다고 하였으므로 ⓑ 또는 ⓒ이다. 표에서 상대적인 길이를 보면 (가)가 1.6 μm로 길다. 따라서 (가)는 ⓑ, (나)는 ⓐ, (다)는 ⓒ이다. (나)가 0.2 μm 감소하면 (다)도 0.2 μm 감소한다. 표를 완성하면 다음과 같다.

구분	(가) ⓑ	(나) ⓐ	(다) ⓒ
이완	ⓐ 1.6	0.4	0.2
수축	1.6	0.2	ⓛ 0

따라서 ⓐ과 ⓛ의 길이의 합은 1.6 μm이다.

05

사진에서 a는 근육 원섬유 마디의 절반에 해당하고, b는 A대, c는 I대에 해당한다. 따라서 근육 수축 시 a와 c의 길이는 감소하고 b의 길이는 변함이 없다.

06

ⓐ은 액틴 필라멘트로만 이루어진 부위(I대의 절반), ⓛ은 액틴 필라멘트와 마이오신 필라멘트가 겹쳐 있는 부위, ⓒ은 마이오신 필라멘트로만 이루어진 부위(H대)이다. 시간이 t_1에서 t_2로 흐를 때 ⓐ~ⓒ(ⓐ~ⓒ)의 길이 합이 길어지므로 근육 원섬유 마디는 이완한다. 만약 근육 원섬유 마디가 이완해 길이가 $2d$ μm 길어질 경우, ⓐ의 길이는 d μm 길어지고, ⓛ의 길이는 d μm 짧아지며, ⓒ의 길이는 $2d$ μm만큼 길어진다. 이에 따라 비교하면 ⓐ는 ⓐ이고, ⓑ와 ⓒ는 각각 ⓛ과 ⓒ 중 하나이다.

모범답안 이 근육 원섬유 마디의 경우, 시간이 t_1에서 t_2로 흐를 때 ⓐ의 길이는 0.2 μm 길어지고, ⓛ의 길이는 0.2 μm 짧아지며, ⓒ(H대)의 길이는 0.4 μm 길어진다.

채점 기준	배점
ⓐ~ⓒ의 길이 변화를 모두 옳게 서술한 경우	100 %
ⓐ~ⓒ의 길이 변화 중 2가지를 옳게 서술한 경우	75 %
ⓐ~ⓒ의 길이 변화 중 1가지를 옳게 서술한 경우	25 %

09 호르몬과 항상성 유지

본문 050~051쪽

핵심 개념 체크

1 ①-ⓑ, ②-ⓒ, ③-ⓐ **2** 빠르, 좁다
3 갑상샘 기능 항진증, 갑상샘 기능 저하증
4 길항 작용, 음성 피드백 **5** 감소, 증가
6 증가, 증가, 감소 **7** (1) ○ (2) ○ (3) ×

출제 예상 문제

본문 052~054쪽

01 ① **02** ② **03** ① **04** ③ **05** ④
06 ⑤ **07** ② **08** ③ **09** ③ **10** ⑤
11 ③ **12** ④ **13** ⑤ **14** ②

01

ⓐ : 특정 호르몬은 해당 호르몬에 대한 수용체를 가진 표적 세포나 표적 기관에만 작용한다.
ⓧ : 뇌하수체는 체내 주요 호르몬을 분비하는 내분비샘 중 하나이다.
ⓧ : 호르몬은 신경계보다 전달 속도는 느리지만 효과는 지속적이다.

02

A는 항이뇨 호르몬, B는 티록신이다.
ⓧ : A의 내분비샘은 뇌하수체 후엽이다. 항이뇨 호르몬은 뇌하수체 후엽에서 분비된다.
ⓛ : ㉠은 항이뇨 호르몬의 분비량을 조절하는 과정이므로 혈장 삼투압에 의해 조절된다.
ⓧ : ⓛ과 ⓒ은 호르몬 B의 분비를 촉진한다. 따라서 이 과정이 촉진되면 B의 분비가 증가한다.

03

ⓛ : ⓛ은 뇌하수체 전엽의 호르몬이 자극하는 기관으로, 열 발생과 관련된 호르몬을 분비하므로 갑상샘이다.
ⓧ : ㉠은 포도당이다.
ⓧ : 혈중 포도당(㉠)의 양이 과도하게 증가하면 당뇨병이 된다.
ⓧ : 부신 겉질 자극 호르몬이 분비되는 곳은 뇌하수체 전엽이다.
ⓧ : 항이뇨 호르몬(ⓒ)의 분비량이 감소하면 혈장 삼투압이 높아진다.

04

그림에서 운동을 시작하고 나서 호르몬 X는 감소하고 호르몬 Y는 증가하고 있다. 운동을 하면 혈중 포도당의 소모량이 증가하여 세포에 포도당을 공급해야 하므로 글루카곤의 양이 증가하고 인슐린의 양이 감소해야 한다. 따라서 호르몬 X는 인슐린, 호르몬 Y는 글루카곤이다.
㉠ : X는 인슐린이며, 인슐린은 포도당을 글리코젠으로 저장하는 과정을 촉진한다. 인슐린의 분비량이 감소하면 포도당을 글리코젠으로 저장하는 과정 ㉠도 저하된다.
ⓛ : 이자의 α세포에서 분비되는 호르몬은 글루카곤으로, 글루카곤은 간의 글리코젠을 포도당으로 전환시켜 혈액에 포도당을 공급한다.
ⓧ : 호르몬 Y는 글루카곤이다. 인슐린과 글루카곤은 이자에 있는 포도당 수용체에 의해 분비가 조절된다.

05

그림 (가)는 정상인에서 식사 전후의 포도당, 인슐린, 글루카곤의 혈중 농도 변화를 나타낸 것이다. (나)는 포도당 농도가 증가해도 그에 따라 같이 증가하는 호르몬이 없으므로 당뇨병 환자이다. (가)에서 호르몬 A는 포도당 농도의 증감과 함께 증감하므로 인슐린이고, 호르몬 B는 포도당 농도가 증가한 경우 감소하므로 글루카곤이다.
ⓧ : (가)에서 혈당량의 증가로 인해 인슐린의 분비량은 증가하고, 글루카곤의 분비량은 감소한다.
ⓛ : 인슐린과 글루카곤은 길항 작용으로 혈당량을 조절한다.
ⓒ : (나)는 호르몬 A의 분비에 이상이 있어 Ⅰ형 당뇨병(인슐린 의존성 당뇨병)이 나타났다.

06

그림에서 A는 뇌하수체, B는 갑상샘, C는 부신, D는 이자에 해당한다.
㉠ : 갑상샘(B)을 자극하는 갑상샘 자극 호르몬은 뇌하수체(A)에서 분비된다.
ⓛ : 부신(C)에는 교감 신경이 연결되어 있어 자율 신경계의 영향을 받아 호르몬이 분비된다.
ⓒ : 이자(D)에서는 혈당량을 길항 작용으로 조절하는 서로 다른 호르몬인 인슐린과 글루카곤이 분비된다.

07

ⓧ : ADH가 증가하면 혈장 삼투압이 낮아지고 혈압이 증가한다. 주어진 그림에서 압력이 감소함에 따라 혈중 ADH가 증가하는 A는 동맥 혈압이고, 압력이 증가함에 따라 혈중 ADH가 증가하는 B는 혈장 삼투압이다.
ⓛ : 다량의 출혈이 발생하면 혈액량이 감소하며 혈압이 낮아진다. 따라서 ADH의 분비가 촉진된다.
ⓧ : B가 P_2에서 P_1이 되면 혈장 삼투압이 낮아진다. 따라서 생성되는 오줌의 농도가 낮아진다.

08

㉠ : 호르몬 X는 포도당의 증가에 의해 분비량이 증가하므로 X는 인슐린이다. 인슐린은 이자의 β세포에서 분비된다.
ⓛ : t_1~t_2 구간에서 인슐린의 농도가 증가하므로 혈중 글루카곤의 농도는 감소한다.
ⓧ : t_2~t_3 구간은 인슐린의 양이 감소하는 구간이다. 인슐린은 포도당의 농도가 감소함에 따라 감소하므로 포도당의 농도는 감소한다.

09

① : A는 신경 전달 물질이고, B는 호르몬이다.
② : A는 신경의 축삭 돌기 말단에서, B는 내분비샘의 내분비 세포에서 분비된다.
ⓧ : B는 특정 표적 세포나 표적 기관에만 작용한다.
④ : (가)와 (나)의 표적 세포는 각각 A와 B의 수용체를 가지고 있어 특정 신경 전달 물질이나 호르몬에만 반응한다.
⑤ : 환경 변화에 의해 발생한 신호가 표적 세포로 전달되기까지의 속도는 신경인 (가)가 호르몬인 (나)보다 빠르다. 반면 지속성은 (나)가 (가)보다 길다.

10

㉠ → ⓛ → ⓒ 과정은 간뇌의 시상 하부에서 분비되는 TRH에 의해 뇌하수체 전엽이 자극을 받아 TSH를 분비하고 이에 갑상샘에서 티록신을 분비하여 물질대사를 촉진하고 열 발생량을 증가시킨다. ⓒ은 교감 신경

에 의해 피부 근처 혈관을 수축시켜 열 발산량을 감소시켜 체온 상승에 기여한다.

㉠ : ㉣이 활성화되면 피부 근처 혈관이 수축되어 피부로 이동하는 혈액량이 감소한다. 따라서 열 발산량이 감소한다.

㉡ : 간은 갑상샘에서 분비되는 호르몬인 티록신의 표적 기관이다.

㉢ : 체온 조절 과정에서 호르몬을 통한 자극 전달 경로인 ㉠ → ㉡ → ㉢을 통한 자극 전달보다 신경을 통한 자극 전달 경로인 ㉣을 통한 자극 전달이 더 빠르다.

11

그림 (가)에서는 혈장 삼투압이 증가함에 따라 혈중 ADH 농도가 증가하고 있다. 그림 (나)에서는 물 섭취 이후 혈장 삼투압과 오줌 삼투압이 모두 감소하였다. 이 구간에서 혈중 ADH 농도는 감소하고 오줌의 양은 증가한다.

㉠ : 구간 Ⅰ보다 구간 Ⅱ에서 혈장 삼투압이 높다. 따라서 혈중 ADH 농도는 구간 Ⅱ에서가 구간 Ⅰ에서보다 높다.

㉡ : (가)에서 혈장 삼투압은 $p_2 > p_1$이므로 ADH 농도도 $p_2 > p_1$이다. ADH 농도가 높으면 오줌의 양이 감소한다. 따라서 단위 시간당 생성되는 오줌의 양은 p_2일 때보다 p_1일 때가 많다.

✗㉢ : 콩팥에서 수분 재흡수율은 ADH 농도가 높을수록 높다. 혈중 ADH 농도는 구간 Ⅱ에서가 구간 Ⅰ에서보다 높으므로 수분 재흡수율은 구간 Ⅱ에서보다 구간 Ⅰ에서 낮다.

12

✗A : 갑상샘 기능 저하증은 티록신 분비가 과도하게 적을 때 나타난다.

Ⓑ : 소인증과 거인증은 모두 생장 호르몬의 분비 이상이 원인이다.

Ⓒ : 인슐린 비의존성 당뇨병은 인슐린 분비량이 정상이어도 비만이나 생활 습관 등으로 인해 표적 세포의 이상으로 나타나는 당뇨병이다.

13

✗㉠ : (가)는 음성 피드백으로 항상성이 유지되는 과정이다. 대표적인 예로는 갑상샘에서 분비되는 티록신에 의한 음성 피드백을 들 수 있다.

㉡ : (나)는 길항 작용으로 항상성이 유지되는 과정으로, 호르몬 C와 D의 예로 인슐린과 글루카곤을 들 수 있다. 인슐린과 글루카곤은 같은 표적 기관인 간에 작용하여 혈당량을 일정하게 조절한다.

㉢ : 티록신(B)의 농도가 일시적으로 정상보다 높아지면 음성 피드백에 의해 TSH(A)의 분비량은 감소한다.

14

✗㉠ : ㉠은 중간뇌에 속하지 않는다.

㉡ : 티록신의 표적 기관에는 간과 근육이 속한다.

✗㉢ : TRH와 TSH는 ㉡에 대해 길항 작용을 하지 않는다.

서답형 문제   본문 055쪽

01 A: 에피네프린, B: 항이뇨 호르몬(ADH)

02 해설 참조   **03** 해설 참조

04 ㉠: 물질대사 촉진, ㉡: 피부 근처 혈관 수축

05 A: 인슐린-이자 β세포, B: 글루카곤-이자 α세포

06 해설 참조

01

A: 부신 속질에서 분비되며 혈당량을 증가시키는 호르몬은 에피네프린이다.

B: 뇌하수체 후엽에서 분비되며 콩팥에서 수분 재흡수를 촉진하는 호르몬은 항이뇨 호르몬(ADH)이다.

02

인슐린은 이자에서 분비되는 호르몬으로 표적 세포에 작용하여 혈당량을 낮추는 역할을 한다. 이자는 혈당량을 감지하여 적절한 수준으로 조절하는 중추 역할을 한다.

모범답안 그림에서 호르몬 A를 주사한 경우 혈당량이 감소하였으므로 호르몬 A는 인슐린이다. 또한 혈당량이 감소하였으므로 체내 인슐린의 분비량은 t_1에서보다 t_2에서 감소할 것이다.

채점 기준	배점
인슐린의 이름과 분비량을 모두 옳게 서술한 경우	100 %
인슐린의 이름과 분비량 중 하나만 옳게 서술한 경우	30 %

03

모범답안 갑상샘의 기능이 저하된 환자에게 투입된 호르몬 A는 티록신이고 티록신의 증가에 의해 농도가 감소한 호르몬 B는 뇌하수체 전엽에서 분비되는 호르몬인 갑상샘 자극 호르몬이다.

채점 기준	배점
두 호르몬의 이름을 모두 옳게 추론하여 서술한 경우	100 %
두 호르몬 중 하나만 옳게 추론하여 서술한 경우	50 %

04

저온 자극에 의해 열 발생량이 증가하는 ㉠은 물질대사 촉진, 열 발산량이 감소하는 ㉡은 피부 근처 혈관 수축이다.

05

식사 후 혈중 포도당의 농도가 증가함에 따라 증가하는 호르몬 A는 인슐린, 감소하는 호르몬 B는 글루카곤이다. 인슐린은 이자의 β세포에서, 글루카곤은 이자의 α세포에서 분비된다.

06

모범답안 그림에서 혈장 삼투압이 증가함에 따라 혈중 X의 농도가 증가하므로 X는 항이뇨 호르몬이다. 항이뇨 호르몬은 뇌하수체 후엽에서 분비된다.

채점 기준	배점
올바른 추론을 통해 호르몬의 이름과 내분비 기관을 서술한 경우	100 %
호르몬의 이름과 내분비 기관을 서술하였지만 추론 과정에 오류가 있는 경우	70 %
호르몬의 이름만 옳게 서술한 경우	30 %

10 질병과 방어 작용

핵심 개념 체크   본문 056~057쪽

1 곰팡이   **2** 비감염성   **3** 식세포(식균)

4 특이적, 세포성, 체액성   **5** (1) ○ (2) ○ (3) ×

6 형질, 항체, 2차   **7** A와 B, 가지지 않는다   **8** 알레르기

01

결핵의 병원체는 세균, 독감의 병원체는 바이러스이다.

ㄱ : (가)는 세균으로, 핵막이 없는 원핵생물에 해당한다.

ㄴ : (나)는 바이러스로서 단백질과 핵산으로 이루어져 있다. 핵산은 바이러스가 갖는 유전 물질이다.

ㄷ : (가)는 세포의 구조를 갖지만, (나)는 세포의 구조를 갖지 않는다.

02

주어진 표를 특징에 따라 구분하면 다음과 같다.

구분		질병
(가) 비감염성 질병		고혈압, 당뇨병
감염성 질병	(나) 세균에 의한 질병	결핵, 세균성 폐렴
	(다) 곰팡이에 의한 질병	무좀, 칸디다증

ㄱ : (가)는 비감염성 질병으로 고혈압이나 당뇨병은 유전 또는 생활 습관의 영향을 받는다.

ㄴ : (나)의 질병은 세균에 의한 것으로 백신에 의해 예방될 수 있다.

ㄷ : 면역 체계가 자신의 세포를 공격하여 발생하는 것에는 자가 면역 질환 등이 있다.

03

피부나 점막이 손상되어 병원체가 체내로 침입하면 열, 부어오름, 붉어짐, 통증이 나타나는 염증 반응이 일어난다. 이때, 대식세포와 같은 백혈구는 체내로 침투한 병원체를 식세포 작용을 통해 세포 내에서 분해시킨다.

ㄱ : 그림에서 A는 식세포 작용으로 병원체를 제거하는 것으로 보아 A는 대식세포와 같은 백혈구이다.

ㄴ : A의 식세포 작용은 항원의 종류에 따라 달라지지 않으므로, 1차 방어 작용에 해당한다.

ㄷ : 그림은 X에 감염된 부분에서 염증 반응이 나타난 것이다.

04

그림에서 백신 A에 사용된 병원체 A는 항원 역할을 하는 단백질이 단일한 모양을 하고 있지만 병원체 B는 3종류의 단백질이 항원 역할을 하고 있다.

ㄱ : 항체의 모양을 볼 때, 항체 I은 백신 A에 포함된 병원체의 막단백질에 결합할 수 있다. 백신 A에 의해 항체 I이 형성된다.

ㄴ : 항체 II와 항체 III의 입체 구조는 병원체 A의 막단백질과 결합할 수 있는 모양이 아니다. 따라서 병원체 A의 막단백질에 결합할 수 없다.

ㄷ : 이 쥐에 살아 있는 병원체 B를 주입하면 병원체 B의 항원에 결합할 수 있는 항체에 의해 제거될 것이다.

05

1차 방어 작용(선천성 면역, 비특이적 방어 작용)은 병원체의 종류나 감염 경험의 유무와 관계없이 감염 발생 시 신속하게 반응이 일어난다.

ㄱ : A는 대식세포에 의한 항원 제거 과정으로 비특이적 방어 작용에 해당한다.

ㄴ : B는 위산에 의한 세균 제거로서 선천성 면역에 해당한다.

ㄷ : C에서는 라이소자임에 의한 세균 제거로, 1차 방어 작용에 해당한다.

06

그림은 병원체가 2차 침입하였을 때 일어나는 방어 작용을 나타낸 것으로, 형질 세포로 분화된 ㉠은 B 림프구의 기억 세포이다.

ㄱ : 그림은 형질 세포가 만드는 항체에 의해 병원체가 제거되는 것으로 체액성 면역을 나타낸 것이다.

ㄴ : ㉠은 B 림프구의 기억 세포이다. 병원체 X가 2차 침입하였는데 이미 기억 세포가 있으므로 이 기억 세포는 1차 침입 시 형성된 것이다.

ㄷ : 기억 세포는 형질 세포로 분화된다.

07

그림에서 민수의 혈액은 항 B 혈청에는 응집하지 않지만 항 A 혈청과는 응집 반응이 일어난다. 항 A 혈청에는 응집소 α가 있으며 A형의 적혈구와 항원 항체 반응을 한다.

ㄱ : 항 B 혈청을 구성하고 있는 응집소 ㉠은 응집소 β이다.

ㄴ : 민수의 혈액은 항 B 혈청에는 응집하지 않고 항 A 혈청에서만 응집하고 있으므로, 민수의 혈액형은 A형이다.

ㄷ : 민수의 적혈구를 O형인 사람의 혈청과 섞으면 이 혈청에는 응집소 α와 β가 있으므로 A형 적혈구의 응집원과 응집 반응이 일어난다.

08

1단계는 알레르기 항원에 처음 노출되어 형질 세포가 형성한 항체가 비만 세포에 결합하는 것이고, 2단계는 알레르기 항원이 비만 세포 표면의 항체에 결합하여 비만 세포에서 히스타민이 방출된 결과 알레르기 증상이 유발되는 것이다.

ㄱ : 세포 (가)는 꽃가루 항원에 대한 항체를 생산하는 형질 세포이다.

ㄴ : 항체 A는 비만 세포의 표면에 결합하지만 비만 세포와 항원 항체 반응을 하지 않는다. 항체 A는 항원이 꽃가루이다.

ㄷ : 알레르기 증상은 면역 반응 이상에 의해 나타나는 것으로 백신으로 예방하기 어렵다.

09

그림은 어떤 사람이 항원 X에 감염되었을 때, 세포독성 T 림프구에 의한 세포성 면역과 B 림프구에 의한 항원 항체 반응이 일어나는 체액성 면역을 나타낸 것이다.

ㄱ : 세포독성 T 림프구의 직접적인 공격과 B 림프구의 분화에 의해 만들어지는 항체를 통한 공격이 모두 일어나고 있다. 즉, 체액성 면역과 세포성 면역이 모두 일어나고 있다.

ㄴ : 보조 T 림프구의 자극으로 B 림프구는 형질 세포로 분화된다.

ㄷ : 항원 X에 대한 식세포 작용을 하는 것은 대식세포이다. 세포독성 T 림프구는 항원 X에 감염된 세포를 공격하는 세포이다.

10

민수네 가족은 ABO식 혈액형이 모두 다르다고 했으므로, 조건을 만족하는 민수네 가족의 혈액형은 다음과 같다.

구분	ABO식 혈액형	응집원	응집소
아버지	AB	A, B	—
어머니	O	—	α, β
형	B	B	α
민수	A	A	β

ㄱ : 형의 ABO식 혈액형은 B형이다.

ㄴ : 아버지의 혈액에는 응집소 α가 없다.

ㄷ : 어머니의 혈장과 아버지의 적혈구를 섞으면 응집소 α, β와 응집원 A, B가 만나 응집 반응이 일어난다.

11

ㄱ : 세포 A는 세균 X를 식세포 작용으로 용해하여 항체를 생산하는 체액성 면역 반응에 전달하는 역할을 하고 있다. 백혈구 중 대식세포는 세포 A에 해당한다.

ㄴ : Ⅱ에서 B 림프구는 세균 X에 대한 항체를 생산하는 형질 세포로 분화하였다.

ㄷ : (나)의 구간 a 는 항체에 의해 세균 X를 제거하는 단계이므로, (가)의 Ⅱ 단계에 해당한다.

12

주어진 표에서 A는 세균에 의한 질병, B는 바이러스에 의한 질병으로 구분한 것이다.

ㄱ : A는 항생제(항균제)로 치료한다. 바이러스는 항바이러스제로 치료하고, 곰팡이류는 항진균제로 치료한다.

ㄴ : B의 병원체는 바이러스로서 숙주 세포 내에서 증식할 수 있으며, 숙주 세포 밖에서 스스로 증식하지 못한다.

ㄷ : A의 병원체와 B의 병원체는 모두 전염성을 가진다.

13

ABO식 혈액형에 따른 응집원과 응집소 여부에 따라 정리할 수 있다.

구분	혈액형
응집원 A를 가진 학생	AB형, A형
응집소 β를 가진 학생	A형, O형
응집원 A와 응집소 β를 함께 가진 학생	A형

A형, B형, AB형, O형의 수를 각각 미지수 A, B, AB, O라고 하면 표에서 순서대로 AB+A=43, A+O=52, A=28이다. 따라서 AB=15, O=24이고 A+B+AB+O=100이므로 B=33이다.

ㄱ : O형인 학생보다 B형인 학생의 수가 더 많다.

ㄴ : 항 A 혈청과 항 B 혈청 모두에 응집되는 혈액을 가진 학생은 AB형으로 15명이다.

ㄷ : 항 B 혈청에 응집되는 혈액을 가진 학생은 AB형과 B형이다. 또한 이에 응집되지 않는 혈액을 가진 학생은 O형과 A형이다. AB형과 B형의 수는 48이고 O형과 A형의 수는 52이다. 따라서 항 B 혈청에 응집되는 혈액을 가진 학생이 응집되지 않는 혈액을 가진 학생보다 적다.

14

HIV는 T 림프구를 파괴하여 세포성 면역과 체액성 면역을 모두 약화시킨다.

ㄱ : 구간 a에서 HIV 항체 농도가 감소하는 것으로 보아 체액성 면역 반응이 감소한다.

ㄴ : B 림프구를 형질 세포로 전환시키는 T 림프구의 수가 시간에 따라 감소하는 것과 HIV 항체 농도가 모두 감소하는 것으로 보아 형질 세포의 수는 t_2에서가 t_1에서보다 적다.

ㄷ : 감염성 질병의 발병 확률은 면역 세포의 활성이 감소함에 따라 증가한다. 따라서 t_1에서보다 t_2에서 높다.

01 A: 세균성 식중독균, B: 무좀균, C: HIV(AIDS 유발 바이러스)
02 해설 참조   **03** 항원, 기억 세포   **04** 해설 참조
05 해설 참조
06 ㉠: 보조 T 림프구, ㉡: 기억 세포, ㉢: 형질 세포

01

A: 유전 물질과 세포의 구조를 가지지만, 핵막을 가지지 않으므로 세균성 식중독균에 해당한다.

B: 유전 물질과 세포의 구조, 핵막을 모두 가지고 있으므로 무좀균에 해당한다.

C: 유전 물질은 가지지만 세포의 구조, 핵막을 모두 가지지 않으므로 바이러스인 HIV에 해당한다.

02

모범답안 | 백혈구는 항원인 세균을 식세포 작용을 통해 세포 내부에서 분해시킨다.

채점 기준	배점
식세포 작용이라는 용어를 사용하고, 세포 내부 분해를 서술한 경우	100 %
식세포 작용이라는 용어를 사용하지 않고, 세포 내부 분해를 서술한 경우	50 %

03

특정 단백질은 항원으로 작용한다. 백신이 주입되면 항원의 2차 침입에 대비할 수 있는 기억 세포가 만들어진다.

04

ABO식 혈액형에 따른 응집원과 응집소 여부에 따라 정리할 수 있다.

구분	혈액형
응집원 B가 있는 사람	AB형, B형
응집소 α가 있는 사람	B형, O형
응집원 B와 응집소 α가 함께 있는 사람	B형

모범답안 | A형, B형, AB형, O형의 수를 각각 미지수 A, B, AB, O라고 하면 표에서 순서대로 AB+B=45, B+O=47, B=35이다. 따라서 AB=10, O=12이고 A+B+AB+O=100이므로 A=43이다.

채점 기준	배점
표의 자료를 계산식으로 변환하고, 이를 토대로 A형의 수를 옳게 구한 경우	100 %
표의 자료를 계산식으로 변환하였지만 계산 과정이 틀린 경우	30 %

05

대식세포가 기능하지 못하면 대식세포가 항원에 대한 정보를 전달하지 못해 림프구의 활동도 저해된다. 반면 림프구가 결핍된 생쥐는 1차 방어 작용은 작동하고 있으므로 대식세포가 결핍된 생쥐보다 세균을 더 잘 제거할 수 있다.

모범답안 | A는 면역 기능이 모두 작용하지 못하고 있으므로 대식세포가 결핍된 생쥐, B는 세균 X가 일정 수준 이상으로는 제거되지 못하고 있으므로 림프구가 결핍된 생쥐, C는 면역 기능이 제대로 작동하고 있으므로 정상 생쥐이다.

채점 기준	배점
A, B, C를 모두 옳게 추론한 경우	100 %
A, B, C를 옳게 추론하였지만 1가지 이상 이유를 서술하지 못한 경우	70 %
A, B, C 중 1가지만 옳게 추론한 경우	30 %

06

㉠은 대식세포에서 정보를 받아 B 림프구를 활성화시키므로 보조 T 림프구, ㉡은 B 림프구가 분화된 기억 세포, ㉢은 항체를 생산하는 형질 세포이다.

본문 062~066쪽

🍎 **대단원 종합 문제**　Ⅲ. 항상성과 몸의 조절

01 ③	02 ④	03 ⑤	04 ②	05 ③
06 ④	07 ②	08 ①	09 ②	10 ①
11 ④	12 ③			

고난도 문제

13 ②	14 ①	15 ①	16 ④	17 ④
18 ③	19 ①	20 ③		

01

그림에서 자극이 주어진 후의 시점 t_1은 탈분극, t_2는 재분극에 해당한다. (나)는 t_2일 때이므로 재분극 시 이온의 변화를 나타낸 것이다. K^+은 재분극 시 이온 통로에 의해 세포 안에서 세포 밖으로 이동하므로 ⓐ는 K^+에 해당한다.

㉠ : t_2 시기에 막전위 변화에 의해 열리는 통로는 K^+ 통로이므로 ⓐ는 K^+이다.

✗ : 이온 ⓐ, 즉 K^+은 t_1일 때보다 t_2일 때 세포막을 통한 유출이 많이 일어난다. 즉 세포 안의 농도에 비해 세포 밖의 농도가 증가한다. 따라서 $\dfrac{\text{세포 안에서의 농도}}{\text{세포 밖에서의 농도}}$ 는 t_1일 때가 t_2일 때보다 크다.

㉢ : t_1일 때 세포막은 탈분극 상황이므로 Na^+은 Na^+ 통로를 통해 세포 밖인 ㉠에서 세포 안인 ㉡으로 확산된다.

02

(가)에서 자율 신경 A와 B의 신경절 위치를 볼 때, A는 부교감 신경이고 B는 교감 신경이다. 교감 신경은 심장 박동 속도를 증가시키고 부교감 신경은 심장 박동 속도를 감소시킨다. (나)에서는 자극에 의해 심장 박동수가 증가하였다. 따라서 자극한 것은 자율 신경 B, 즉 교감 신경이다.

✗ : A는 부교감 신경이므로, A의 신경절 이후 뉴런의 축삭 돌기 말단에서 분비되는 신경 전달 물질은 아세틸콜린이다.

㉡ : B는 교감 신경이다. 교감 신경은 척수에서 뻗어 나오므로 신경절 이전 뉴런의 신경 세포체는 척수에 있다.

㉢ : (나)는 자극에 의해 심장 박동 속도가 증가한 것으로 보아 교감 신경인 B를 자극했을 때의 변화이다. 교감 신경이 자극되면 신경절 이후 뉴런의 말단에서 노르에피네프린이 분비되어 심장 박동 속도가 증가한다.

03

(가)와 (나)에서 공통된 행동은 단어를 말하는 것이고 서로 구분되는 것은 (가)에서는 단어를 듣고, (나)에서는 단어를 본다는 것이다. 따라서 (가)에서 구분되는 부위 ❶은 청각에 대한 것이고 (나)에서 구분되는 부

위인 ❺는 시각에 대한 것이라고 추론할 수 있다. 이를 비교할 때 (가)에서는 청각 → 체감각 연합령 → 말하기 전두 연합령 → 운동 겉질로 이어지고 있는 것을 알 수 있고, (나)에서는 시각 → 체감각 연합령 → 말하기 전두 연합령 → 운동 겉질로 이어지고 있다.

㉠ : ❺는 시각의 중추이다. 단어를 듣고 따라 말할 때는 활성화되지 않지만 단어를 보면서 말할 때 활성화된다. 따라서 시각과 관련된 부위라는 것을 알 수 있다.

㉡ : ❶은 청각과 관련된 부위이다. 따라서 청각 부위가 손상될 경우 단어를 들을 수 없다.

㉢ : ❷, ❸, ❹는 체감각 연합령 → 말하기 전두 연합령 → 운동 겉질로 이어지는 경로이다. 따라서 말을 하기 위해 필요한 부위이다.

04

그림과 표에서의 위치를 일치시키면 다음과 같다.

신경	ⓐ Ⅰ	ⓒ Ⅱ	ⓑ Ⅲ
A (가)	−80 재분극	+20	−70 분극
B (나)	−70 분극	−80 재분극	+20

t일 때 B의 ⓒ에서는 막전위가 −80 mV이므로 재분극(과분극)이 일어나지만, A의 ⓒ에서는 막전위가 +20 mV이므로 시간이 더 지나야 막전위가 −80 mV가 된다. 따라서 ⓒ로의 흥분 전도 속도는 A에서보다 B에서 빠르다.

✗ : (가)보다 (나)는 축삭 돌기의 지름이 커 흥분 전도 속도가 빠르다. 따라서 B는 (나), A는 (가)이다.

㉡ : 흥분 전도 속도가 B에서보다 A에서 느리며, t일 때 B의 ⓑ는 막전위가 +20 mV이므로 A의 ⓑ는 흥분이 아직 전도되지 않은 분극 상태이다. 반면 t일 때 A의 ⓐ는 재분극(과분극) 중이고, A의 ⓒ는 시간이 더 지나야 막전위가 −80 mV가 된다. 따라서 흥분은 ⓐ(Ⅰ) → ⓒ(Ⅱ) → ⓑ(Ⅲ)로 전도된다.

✗ : t일 때 (나)의 Ⅰ(B의 ⓐ)은 흥분이 이미 지나간 분극 상태이고, (나)의 Ⅱ(B의 ⓒ)는 재분극(과분극) 상태이다.

05

그림은 손이 압정에 찔려 팔을 구부리는 척수 반사가 일어나는 경로를 나타낸 것이다. ⓐ는 팔의 위쪽 근육으로 수축이 되면 팔이 구부려진다. 손에서 연결된 감각 뉴런으로 흥분이 전도되어 오면 ㉠과 같은 연합 뉴런을 지나 각 근육에 연결된 운동 뉴런으로 이어진다.

㉠ : ㉠이 흥분하면 ⓐ에는 수축 신호가 전달된다.

㉡ : ㉡은 운동 뉴런으로 사람의 운동 뉴런은 말이집 신경이다. 따라서 ㉡에서는 도약전도가 일어난다.

✗ : 근육 원섬유 마디에서 I대의 길이가 줄어드는 만큼 H대의 길이도 감소한다. 따라서 ⓐ의 근육 원섬유 마디에서 'I대의 길이−H대의 길이'는 일정하다.

06

조건에서 구간 ⓐ에는 액틴 필라멘트가 속한다고 하였으므로 ⓐ는 ㉠ 또는 ㉡이다. 또한 ⓐ+ⓒ는 수축 전후에 길이가 변하지 않으므로 ⓐ+ⓒ는 ㉠+㉢이다. 반면 ⓐ+ⓑ는 길이가 변하므로 ㉡+㉢이 아니라 ㉠+㉡이다. 따라서 ⓐ는 ㉠, ⓑ는 ㉡, ⓒ는 ㉢이다.

✗ : ⓒ는 ㉢이므로 근육 단백질 중 액틴 필라멘트와 마이오신 필라멘트가 모두 있다.

ⓒ : ⓑ와 ⓒ의 길이 합은 마이오신 필라멘트 길이의 절반이다. 따라서 t_1일 때와 t_2일 때가 같다.

ⓒ : ⓒ과 ⓒ의 길이의 차는 ⓐ+ⓒ에서 ⓐ+ⓑ를 뺀 값과 같다. 따라서 t_1일 때 $0.8\ \mu\text{m}(=2.0-1.2)$이고 t_2일 때 $0.6\ \mu\text{m}(2.0-1.4)$이다. ⓒ과 ⓒ의 길이의 차는 t_1일 때보다 t_2일 때 $0.2\ \mu\text{m}$ 짧다.

07

그림에서 혈당량이 증가하면서 같이 인슐린 농도가 증가하고 이에 혈당량이 정상으로 돌아오는 (가)는 정상인, (나)는 혈당량이 증가해도 인슐린 농도 증가가 없으므로 인슐린 분비에 문제가 있는 Ⅰ형 당뇨병 환자, (다)는 인슐린이 분비되어도 혈당량이 정상보다 현저히 높고 정상으로 돌아오지 않는 것으로 보아 Ⅱ형 당뇨병 환자이다.

ㄱ : (가)는 혈당량 증가에 의해 인슐린 농도가 증가하였다. 인슐린 농도가 증가하면 혈당량이 감소한다.

ㄴ : (나)는 인슐린 분비에 문제가 있는 것으로 보아 Ⅰ형 당뇨병 환자이다.

ㄷ : (다)는 혈당량 증가에 따라 인슐린 농도가 증가해도 혈당량이 낮아지지 않는다. 따라서 (다)는 인슐린 수용체에 이상이 있는 Ⅱ형 당뇨병 환자이다.

08

민수는 B형이므로 응집 반응이 일어난 경수의 ABO식 혈액형은 A형이다. 만약 경수의 적혈구가 AB형이라면 그림에 응집소가 1종류만 나타나야 하지만 그림에 두 종류가 제시된 것으로 보아 경수는 A형이다. 이를 토대로 표를 다시 정리하면 다음과 같다.

ABO식 혈액형	경수의 혈액		인원 (명)
	혈구 응집원 A	혈장 응집소 β	
(가) AB형	−	+	9
(나) A형	−	−	33
(다) B형	+	+	27
(라) O형	+	−	21

(+: 응집함. −: 응집 안 함)

ㄱ : 민수의 혈액형은 B형이므로 (다)이다.

ㄴ : ⓒ은 민수의 적혈구에 결합하므로 응집소 β이다. 응집소 β를 가진 학생은 A형과 O형이다. 따라서 90명의 학생 중 ⓒ을 가진 학생은 54명 ($=33+21$)이다.

ㄷ : 경수의 응집원과 같은 응집원을 가진 학생은 A형과 AB형이다. 따라서 42명이다.

09

항원에 대한 방어 과정을 볼 때, 세포 ⓒ은 보조 T 림프구, 세포 ⓒ은 B 림프구이다.

ㄱ : 세포 ⓒ과 ⓒ은 보조 T 림프구와 B 림프구이다. T 림프구는 가슴샘에서, B 림프구는 골수에서 성숙한다.

ㄴ : (나)는 대식세포에 의한 식세포 작용으로 항원에 대한 1차 방어 작용 중 하나이다.

ㄷ : 방어 작용이 일어나는 순서는 (나) → (다) → (가) → (라)이다.

10

그림 (가)에서 정상과 비교해 ⓒ은 같은 삼투압일 때 혈중 X의 농도가 낮다. 혈장 삼투압과 관련된 호르몬은 항이뇨 호르몬으로 혈액량 또는

혈압이 증가하면 항이뇨 호르몬이 감소하여 오줌으로 수분 배출량이 증가한다. (나)는 정상일 때 1 L의 물을 섭취한 후 구간 Ⅰ에서는 오줌의 삼투압은 감소하고 오줌의 양은 증가하였으며, 구간 Ⅱ에서는 오줌의 삼투압은 증가하고 오줌의 양은 감소한다.

ㄱ : ⓒ은 정상 상태일 때보다 혈액량이 증가한 상태로 항이뇨 호르몬의 분비가 정상보다 감소하여 수분 재흡수량이 감소하였다.

ㄴ : ⓒ일 때 항이뇨 호르몬의 농도는 p_1일 때가 p_2일 때보다 적다. 항이뇨 호르몬의 농도가 증가하면 콩팥에서 단위 시간당 수분 재흡수량이 증가한다. 따라서 콩팥에서 단위 시간당 수분 재흡수량은 p_1일 때가 p_2일 때보다 적다.

ㄷ : 항이뇨 호르몬인 호르몬 X의 혈중 농도는 혈장의 삼투압에 비례한다. 혈장 삼투압은 Ⅰ일 때가 Ⅱ일 때보다 낮다. 따라서 항이뇨 호르몬의 농도는 Ⅰ일 때가 Ⅱ일 때보다 낮다.

11

A에서 혈청과 기억 세포를 모두 B에게 주사하였으므로 B에서는 항체 농도가 증가 후 감소하였다. B에 X를 1차 주사한 경우 이미 기억 세포가 있으므로 2차 면역 반응이 일어난다. 그림에서 항체 농도는 형질 세포의 수에 비례한다.

ㄱ : ⓒ에는 혈청과 X에 대한 기억 세포가 포함되며, 형질 세포는 없다.

ㄴ : 구간 Ⅰ에서 B에는 이미 X에 대한 기억 세포가 있으므로 X에 대한 2차 면역 반응이 일어났다.

ㄷ : 항체 농도를 보면 구간 Ⅰ에서보다 구간 Ⅱ에서 높으므로, 구간 Ⅰ에서보다 구간 Ⅱ에서 X에 대한 형질 세포의 수가 많다.

12

표에서 A~C를 완성하면 다음과 같다.

질병	특징
A 낫 모양 적혈구 빈혈증	비감염성 질병이다.
B 결핵	병원체는 세포 구조로 되어 있다.
C 후천성 면역 결핍 증후군	병원체는 스스로 물질대사를 하지 못한다.

ㄱ : A는 낫 모양 적혈구 빈혈증으로 염기 서열이 정상과 달라지는 유전자 돌연변이가 원인이다.

ㄴ : B의 병원체는 결핵균으로, 핵막을 가지고 있지 않다.

ㄷ : C의 병원체는 바이러스의 하나이므로, 단백질과 핵산을 가지고 있다.

13

Ⅲ은 d_4라고 하였으므로 흥분은 Q에서 P 방향으로 이동하고 있다. 활동 전위가 발생할 때 막전위 변화 그래프를 바탕으로 막전위 위치를 표시하면 다음과 같다.

신경	t_1일 때 측정한 막전위(mV)			
	Ⅳd_1	Ⅰd_2	Ⅱd_3	Ⅲd_4
A	−65	−55	+30	−80
B	−55	−20	−10	−70

ㄱ : Ⅱ는 d_3에서 측정한 막전위이다.

ㄴ : t_1일 때 Ⅰ의 A와 B는 모두 d_2 지점에서 탈분극이 진행 중이다.

ㄷ : t_1일 때, B의 d_3에서는 재분극이 진행되고 있다. 따라서 K^+이 세포 밖으로 확산된다.

14

응집원 ⓒ과 ⓒ은 각각 응집원 A와 응집원 B 중 하나이고 응집소 ⓒ과

@은 각각 응집소 α와 β 중 하나이다. 표에서 응집원 ⓒ과 응집소 @을 함께 가진 학생이 있으므로 이 학생은 A형 또는 B형이다. 만약 이 학생이 A형이라면 응집원 ⓒ과 응집소 @를 가진 학생은 B형이다.

각 혈액형을 미지수 A, B, AB, O라 하고, 가정에 따라 표를 정리하면 다음과 같다.

구분	학생 수(명)
응집원 ⓒ을 가진 학생=B+AB	37
응집소 ⓒ을 가진 학생=B+O	56
응집원 ⓒ과 응집소 @을 함께 가진 학생=A	34

또한 A+B+AB+O=100이므로 O형 29명, A형 34명, B형 27명, AB형 10명을 구할 수 있다. 이 경우 A형인 학생이 O형인 학생보다 수가 많다는 조건을 만족시킨다.

ㄱ : O형인 학생 수는 29이므로 B형인 학생 수보다 많다.

ㄴ : AB형인 학생 수는 10이다.

ㄷ : 항 A 혈청에 응집되는 혈액을 가진 학생은 A형과 AB형이므로 44명이다. 항 A 혈청에 응집되지 않는 혈액을 가진 학생은 B형과 O형이므로 56명이다. 따라서 항 A 혈청에 응집되는 혈액을 가진 학생 수가 항 A 혈청에 응집되지 않는 혈액을 가진 학생 수보다 적다.

15

주어진 자료를 정리하면 다음과 같다.

(가) 중간뇌 반사: 무조건 반사
(나) 척수 반사: 무조건 반사
(다) 의식적인 반응

ㄱ : (가) 반응은 중간뇌 반사로서 ⓒ → 뇌 → A의 경로를 거친다.

ㄴ : (나) 반응의 경로는 척수 반사이므로 뇌를 거치지 않는다.

ㄷ : (다) 반응은 의식적인 반응으로 손의 감각을 이용하였으므로 뇌를 거치는 ⓒ → 척수 → 뇌 → 척수 → B의 경로를 따른다.

16

그림 (가)에서 ⓒ 구간은 탈분극, ⓒ 구간은 재분극이 일어나고 있다. (나)에서 속도는 단위 시간당 이동 거리이다. 따라서 속도를 해석할 때는 세로 축의 변화에 따라 가로 축의 변화량을 보아야 한다. 따라서 A로부터의 거리에 따라 I에서는 속도가 느리고 II에서는 속도가 빠르다.

ㄱ : ⓒ 구간에서 탈분극이 일어나 Na^+ 막 투과도는 급격히 증가하고 K^+의 막 투과도는 거의 증가하지 않는다. 따라서 $\dfrac{Na^+의\ 막\ 투과도\ 평균}{K^+의\ 막\ 투과도\ 평균}$ 은 1보다 크다.

ㄴ : I은 이동 속도가 느린 것으로 보아 말이집으로 싸여 있지 않은 부분으로 ⓒ과 같은 막전위 변화가 측정되는 랑비에 결절 부분이다.

ㄷ : II는 흥분의 이동 속도가 빠른 것으로 보아 말이집으로 싸여 있는 부분이다.

17

ⓒ은 H대, ⓒ은 I대의 절반이다. 근육 원섬유 마디가 짧아질 때 H대와 I대는 같은 길이만큼 감소한다. t_1일 때보다 t_2일 때 ⓐ의 길이는 0.4 μm 짧아지고, ⓑ의 길이는 0.2 μm(즉, 0.4 μm의 절반) 짧아지므로 ⓐ는 ⓒ, ⓑ는 ⓒ에 해당한다.

ㄱ : t_2일 때 A대의 길이는 0+(0.6×2)=1.2 μm이다. t_1일 때와 t_2일 때 A대의 길이는 같으므로, t_1일 때와 t_2일 때 A대의 길이는 모두 1.2 μm이다.

ㄴ : t_1일 때 X의 길이를 x라고 하면, H대가 0.4(μm) 감소하므로 t_2일 때 X의 길이는 $x-0.4$(μm)이다. 따라서 $\dfrac{t_1일\ 때\ 길이}{t_2일\ 때\ 길이}=\dfrac{x}{x-0.4}$ $=\dfrac{6}{5}$이며, 이 식을 풀면 $x=2.4$(μm)이다. 따라서 t_2일 때 X의 길이는 2.0 μm이며, H대(ⓐ)의 길이는 0 μm, I대(ⓑ)의 길이는 0.4×2 =0.8 μm이므로 ⓒ의 길이는 (2.0-0-0.8)/2=0.6 μm이다.

ㄷ : t_1일 때보다 t_2일 때 X는 더 수축된 상태이다.

18

자료에서 혈중 ADH 농도는 ⓒ의 삼투압에 대한 ⓒ의 삼투압 비가 증가하면서 같이 증가하고 있다.

혈장의 삼투압은 변화량이 적지만 오줌의 삼투압은 변화량이 크다. 이때 정상인에서는 혈장에 대해 오줌의 삼투압이 증가하는 구간에서 항이뇨 호르몬의 양이 증가한다. 즉 삼투압에서 ⓒ은 오줌, ⓒ은 혈장이다.

ㄱ : 혈중 ADH 농도가 증가함에 따라 ⓒ의 삼투압에 대한 ⓒ의 삼투압 비가 같이 증가하는 것으로 보아 ⓒ은 오줌, ⓒ은 혈장이다.

ㄴ : 간뇌는 항이뇨 호르몬(ADH)의 분비를 조절한다.

ㄷ : 그림 (가)에서 ⓒ(혈장)의 삼투압에 대한 ⓒ(오줌)의 삼투압 비는 ADH의 혈중 농도로 알 수 있다. 물을 먹은 직후인 t_1에서가 ADH의 농도가 낮고 소금물을 먹은 t_2에서는 ADH의 농도가 높다.

19

주어진 표를 특징과 연결하면 다음과 같다.

특징\호르몬	ⓒ 표적 세포에서 포도당 흡수와 소모를 조절한다.	ⓒ 오줌 생성량을 직접 조절한다.	ⓒ 뇌하수체 전엽에서 분비되는 호르몬에 의해 분비량이 조절된다.
A 티록신	○	×	○
B 항이뇨 호르몬	×	○	×
C 인슐린	○	×	×

(○: 있음, ×: 없음)

ㄱ : 저온 자극에 의해 티록신의 분비량이 증가하면 물질대사율이 높아져 체온이 높아진다.

ㄴ : B는 항이뇨 호르몬으로, 조절 중추가 간뇌이다.

ㄷ : C는 인슐린이므로 분비량이 증가하면 혈당량이 감소한다.

20

생쥐 B에서 항체 농도가 ⓒ 주사 시 높은 것으로 보아 ⓒ은 항체가 포함된 혈청, ⓒ은 X에 대한 기억 세포이다. 따라서 생쥐 B에서는 1차 면역 반응이, 생쥐 C에서는 2차 면역 반응이 나타난다. 생쥐 D는 형질 세포를 주사하였으므로 기억 세포가 없어 2차 면역 반응이 일어나지 못한다. 따라서 X를 주사하면 1차 면역 반응이 일어난다.

ㄱ : 구간 III에서 항체 농도 변화는 1차 면역 반응인 구간 I에 가깝다.

ㄴ : 구간 IV에서 항체 농도 변화는 2차 면역 반응인 구간 II에 가깝다.

ㄷ : 생쥐 D에서의 항체 농도 변화는 1차 면역 반응이다. 따라서 2차 면역 반응을 보이는 생쥐 C와 같지 않다.

Ⅳ. 유전

11 염색체와 유전 물질

핵심 개념 체크 본문 067~068쪽

1 DNA **2** (1) ○ (2) × **3** 염색사, 염색사, 염색체
4 n **5** 상동 염색체 **6** 대립유전자
7 23, 46 **8** (1) ○ (2) × (3) ×

출제 예상 문제 본문 069~071쪽

01 ⑤ **02** ② **03** ③ **04** ③ **05** ⑤
06 ④ **07** ④ **08** ③ **09** ⑤ **10** ①
11 ④ **12** ③

01

(가)는 DNA, (나)는 당 : 인산 : 염기가 1 : 1 : 1로 구성된 뉴클레오타이드이다.

㉠ : (가)는 2중 나선 구조의 DNA이다. DNA는 당, 인산, 염기로 구성된 뉴클레오타이드가 중합체를 형성한 후, 폴리뉴클레오타이드가 2중 나선 구조로 꼬여 있다.

㉡ : (나)에서 뉴클레오타이드를 구성하는 당은 5탄당으로, 2번 탄소에 −H, 3번 탄소에 −OH기를 가진 디옥시리보스이다.

㉢ : (가)에 존재하는 염기의 종류는 아데닌(A), 타이민(T), 구아닌(G), 사이토신(C)의 4가지이다. 따라서 (가)에는 4가지 종류의 염기로 구성된 4가지 종류의 (나)(뉴클레오타이드)가 존재한다.

02

염색체 수가 같더라도 서로 다른 종은 핵형이 다르다.

㉠ : 감자의 염색체 수는 48이고, 사람의 염색체 수는 46이다. 몸의 크기가 크다고 염색체 수가 많은 것은 아니다.

㉡ : 침팬지와 감자에서 체세포 1개에 들어 있는 염색체 수는 같지만 서로 다른 종이므로 핵형은 서로 다르다.

㉢ : 감자의 체세포 1개에 들어 있는 염색체 수는 48이고, 사람의 생식세포(n) 1개에 들어 있는 염색체 수는 23이다. 따라서 감자의 체세포 1개에 들어 있는 염색체 수는 사람의 생식세포 1개에 들어 있는 염색체 수보다 많다.

03

㉠은 a이다.

㉠ : 한 염색체를 구성하는 염색 분체에 존재하는 유전자는 동일하므로 ㉠은 a이다.

㉡ : X에는 크기와 모양이 같은 상동 염색체 쌍이 있으므로 핵상은 $2n$이다.

㉢ : 이 생물은 유전자형으로 AaBbDd를 가진다. 그림의 우측 염색체에 B가 존재하므로 그림의 좌측 염색체에는 b가 존재한다. 그림의 좌측 염색체에 d가 존재하므로 그림의 우측 염색체에는 D가 존재한다. b와 D는 서로 다른 염색체를 구성하는 염색 분체에 존재하므로 염색 분체가 분리될 때 항상 같은 딸세포로 이동하지 않는다.

04

이 사람은 성염색체로 X 염색체 1개만을 갖는 여성이고, ⓐ에 존재하는 염색체 수는 45이다.

㉠ : ⓐ의 핵형 분석 결과 염색체 45개가 존재하고, 염색체에는 유전 물질인 DNA가 존재하므로 ⓐ에는 유전 물질이 있다.

㉡ : ⓐ에 존재하는 상염색체 수는 44이고, 성염색체 수는 1이다. ⓐ에 존재하는 $\dfrac{\text{상염색체 수}}{\text{성염색체 수}}$=44이다.

㉢ : ⓐ에 존재하는 염색 분체 수는 90이다.

05

(가)는 상염색체 6개와 성염색체 XY를 갖는 수컷의 체세포이고, (나)는 상염색체 6개와 성염색체 XX를 갖는 암컷의 체세포이다.

㉠ : (가)에서 B는 X 염색체에, D는 Y 염색체에 존재하고, (나)에서 B와 b는 각각 서로 다른 X 염색체에 존재한다.

㉡ : B와 b는 서로 다른 X 염색체의 같은 위치에 존재하는 대립유전자이다.

㉢ : (가)에 존재하는 B는 1개이고, (나)에 존재하는 B도 1개이다. (가)와 (나)에 존재하는 B의 양은 서로 같다.

06

A는 DNA, B는 히스톤 단백질이고, Ⅰ과 Ⅱ는 염색체를 구성하는 염색 분체이다.

㉠ : A는 기본 단위가 뉴클레오타이드인 DNA이다. DNA는 당, 인산, 염기로 구성되며, 인산을 구성하는 원소에 인(P)이 있으므로 A(DNA)를 구성하는 원소에 인(P)이 있다.

㉡ : Ⅰ과 Ⅱ는 염색체를 구성하는 염색 분체로 유전 정보가 서로 같다. 상동 염색체는 크기와 모양이 같은 염색체 쌍을 의미한다.

㉢ : B는 기본 단위가 아미노산인 히스톤 단백질이다.

07

(가)는 A의 세포이고 핵상과 염색체 수는 $2n$=8이며, 성염색체 XY를 갖는다. (나)는 B의 생식세포이고 핵상과 염색체 수는 n=5이다.

㉠ : (가)는 A의 세포이고, A의 성염색체는 XY이다. (가)에서 회색 염색체의 크기가 다르므로 회색 염색체가 성염색체임을 알 수 있고, 나머지 염색체는 상염색체이다.

㉡ : (나)는 B의 세포이고, 핵상과 염색체 수는 n=5이다. 따라서 B에 존재하는 체세포 1개당 핵상과 염색체 수는 $2n$=10이다.

㉢ : (가)의 염색 분체 수는 16이고, (나)의 염색체 수는 5이다.
$\dfrac{\text{(가)의 염색 분체 수}}{\text{(나)의 염색체 수}}$=3.2이므로 3보다 크다.

08

㉠은 A, ㉡은 b, Ⅰ은 히스톤 단백질이다.

㉠ : 염색체를 구성하는 염색 분체의 유전 정보는 같기 때문에 ㉠은 A, ㉡은 b이다.

㉡ : (나)의 Ⅰ은 뉴클레오솜을 구성하는 히스톤 단백질이다.

㉢ : X가 세포 분열할 때 염색 분체가 분리되어 형성된 딸세포는 (가)의 염색체를 구성하던 염색 분체를 1개씩 가지므로 A와 b를 갖는다.

09

세포 분열 과정에서 DNA가 복제된 후, 응축되어 염색체가 형성된다.

세포 분열을 통해 염색체를 구성하던 염색 분체가 분리된다.

㉠: (가) 과정에서 염색체를 구성하던 염색 분체가 각각의 딸세포로 분리되었음을 알 수 있다.

㉡: 세포 B에서 염색체 수는 4, 염색 분체 수는 8이므로 $\dfrac{\text{염색 분체 수}}{\text{염색체 수}}$ =2이다.

㉢: 세포 분열 과정에서 염색 분체가 형성되고 분리되는 과정을 통해 딸세포가 형성된다. 이때 모세포와 딸세포가 가진 유전 정보는 서로 같다.

10

핵형 분석은 한 세포에 들어 있는 염색체의 수, 모양, 크기와 같은 염색체의 외형적 특성을 분석하는 것이다.

㉠: 이 사람은 핵형 분석 결과 성염색체 XY를 가지므로 성별은 남자이다.

✗: ㉠과 ㉡은 DNA 복제 후 응축되어 형성된 염색체를 구성하는 염색 분체이고, 각 염색 분체의 유전자 구성은 같다.

✗: 핵형 분석 결과 1번 염색체의 크기가 가장 크고, 22번 염색체의 크기가 가장 작다. 1번에서 22번으로 갈수록 염색체의 크기가 작아진다.

11

A의 핵형 분석 결과 크기와 모양이 같은 염색체 2개가 쌍을 이룬 것이 3쌍 존재하고, 나머지 2개는 크기가 다르므로 성염색체 XY가 존재함을 알 수 있다. 따라서 A는 수컷의 핵형 분석 결과이고, B는 암컷의 핵형 분석 결과이다.

✗: ㉠과 ㉡은 염색체의 크기와 모양이 다르므로 상동 염색체가 아니다. 1번 염색체를 구성하는 2개의 염색체와 같이 크기와 모양이 같은 염색체가 상동 염색체이다.

㉡: A에서는 성염색체 XY가 존재하고, B에서는 성염색체 XX가 존재한다. A에서는 상염색체 6개와 X 염색체 1개가 존재하므로 $\dfrac{\text{상염색체 수}}{\text{X 염색체 수}}$ =6이다.

㉢: B에 존재하는 8개의 염색체는 크기와 모양이 같은 염색체 2개가 쌍을 형성하고 있으므로 B를 갖는 세포의 핵상은 2n이다.

12

핵상은 A와 B가 각각 n이고, C는 2n이다. 염색체 수는 A와 B가 각각 3이고, C는 6이다.

㉠: A에서 핵상과 염색체 수는 n=3이고, B에서 핵상과 염색체 수는 n=3이다. 핵상은 A와 B가 n으로 서로 같다.

㉡: C에서 염색 분체 수는 12이다.

✗: A의 염색체 수는 3이고, C의 염색체 수는 6이다. 염색체 수는 A가 C의 $\dfrac{1}{2}$배이다.

서답형 문제

본문 072쪽

01 (1) (가)의 핵상은 2n, (나)의 핵상은 2n이다. (2) B (3) 4
02 상동 염색체　　　**03** (1) ㉠: A, ㉡: B (2) (나): DNA, (다): 뉴클레오솜, (라): 히스톤 단백질 (3) 해설 참조
04 (1) 여자 (2) 해설 참조　　　　　**05** (1) 92 (2) 2n=44+XY
06 (1) 핵상 (2) 해설 참조

01

(가)는 성염색체 XX를 갖고, 크기와 모양이 같은 염색체 쌍이 존재하므로 핵상과 염색체 수는 2n=6이다. (나)는 성염색체 XY를 갖고, 크기

와 모양이 같은 염색체가 존재하므로 핵상과 염색체 수는 2n=6이다. 그림에서 (가)는 암컷이고, 암컷은 B로 제시되었으므로 (가)는 B이다. 따라서 (나)에서 상염색체 수는 4이고, X 염색체 수는 1이다. (나)에서 $\dfrac{\text{상염색체 수}}{\text{X 염색체 수}}$ 는 4이다.

02

상동 염색체는 체세포에 들어 있는 크기와 모양이 같은 한 쌍의 염색체이다. 사람은 부계와 모계로부터 상동 염색체를 하나씩 물려받고, 체세포 1개당 46개의 염색체를 갖는다.

03

염색체를 구성하는 각 염색 분체에 존재하는 유전 정보는 동일하므로 ㉠은 A이고, ㉡은 B이다. (나)는 DNA, (다)는 뉴클레오솜, (라)는 히스톤 단백질이다.

(3) 모범답안 (나)(DNA)의 기본 단위는 뉴클레오타이드이다. 뉴클레오타이드는 당 : 인산 : 염기가 1 : 1 : 1의 비율로 존재하고, 당은 5탄당인 디옥시리보스이다.

채점 기준	배점
뉴클레오타이드를 구성하는 당, 인산, 염기를 언급하고 논리적으로 서술한 경우	100 %
뉴클레오타이드라고만 쓴 경우	30 %

04

핵형 분석 결과 염색체 번호는 상동 염색체 쌍을 염색체 길이가 긴 것부터 짧은 것 순으로 배열하여 1번부터 번호를 매긴다.

(2) 모범답안 염색체의 모양이 X자 모양이다. 염색체의 수가 46개이다. 염색체의 크기는 번호가 증가함에 따라 점점 작아진다. 성별은 여자이다. 등

채점 기준	배점
핵형 분석을 통해 알 수 있는 사실(예: 염색체 모양, 염색체의 수, 염색체의 크기, 성별 등)을 2가지 모두 옳게 서술한 경우	100 %
핵형 분석을 통해 알 수 있는 사실(예: 염색체 모양, 염색체의 수, 염색체의 크기, 성별 등)을 1가지만 옳게 서술한 경우	50 %

05

사람의 체세포 1개가 가지는 염색체 수는 46이고, 상염색체 수는 44, 성염색체 수는 2이다. ⓐ는 46, ⓑ는 44, ⓒ는 2이므로 ⓐ+ⓑ+ⓒ=92이다. 여자는 성염색체로 XX를 갖고, 남자는 성염색체로 XY를 갖는다.

06

핵상과 염색체 수가 2n=4이면 크기와 모양이 같은 상동 염색체 쌍이 존재하고, 염색체 4개가 존재한다. 조건에서 성염색체로 XX를 갖는다고 했으므로 성염색체의 크기와 모양도 동일하다.

(2) 모범답안

채점 기준	배점
염색체 모양과 염색체 수를 옳게 그린 경우	100 %
염색체 모양 혹은 염색체 수 중 하나만 옳게 그리거나 모두 틀린 경우	0 %

12 세포 주기와 세포 분열

본문 073~074쪽

핵심 개념 체크

1 세포 주기　　**2** 후기　　**3** 2
4 생식세포 분열(감수 분열)　　**5** n, n, n
6 1, 2　　**7** (1) ○ (2) ○ (3) ×

출제 예상 문제

본문 075~077쪽

01 ⑤	**02** ④	**03** ②	**04** ③	**05** ⑤
06 ③	**07** ③	**08** ②	**09** ②	**10** ⑤
11 ②	**12** ①			

01

(가)에서 ⓐ는 세포 분열을 준비하는 시기인 G_2기, ⓑ는 핵분열이 일어나는 M기, ⓒ는 세포의 생장이 일어나는 G_1기이다. (나)는 체세포 분열 중기에 관찰되는 세포이다.

㉠ : ⓐ는 G_2기, ⓑ는 M기, ⓒ는 G_1기이다. S기 세포에서 DNA 복제가 일어나므로 세포당 DNA양은 ⓐ(G_2기) 시기 세포가 ⓒ(G_1기) 시기 세포의 2배이다.

㉡ : (나)에서 크기와 모양이 같은 상동 염색체 쌍이 존재하므로 핵상은 $2n$이다.

㉢ : (나)의 세포는 체세포 분열 중기의 세포이고, 이 세포는 ⓑ(M기)에서 관찰된다.

02

A와 C의 핵상은 $2n$이고, B의 핵상은 n이다. A와 C의 염색체 수는 4이고, B의 염색체 수는 2이다.

㉠ : A는 상동 염색체 쌍이 존재하므로 핵상은 $2n$이다.

㉡ : B와 C의 세포당 DNA양은 같지만, B에서 염색체 수는 2이고, C에서 염색체 수는 4이다. $\frac{\text{염색체 수}}{\text{세포당 DNA양}}$는 B가 C의 $\frac{1}{2}$배이다.

㉢ : (가)에서 상동 염색체가 분리되므로 감수 1분열 과정에서 (가)가 일어나고, (나)에서는 $2n$인 세포에서 염색 분체가 분리되므로 체세포 분열 과정의 일부이다.

03

(가)는 B의 세포, (나)는 C의 세포, (다)와 (라)는 A의 세포이다.

㉠ : (가)와 (다)는 상염색체의 크기와 색이 같으므로 같은 종이고, 검은색 염색체가 성염색체이며, 각각 A와 B의 세포 중 하나이다. A는 수컷이므로 (다)이고, B는 암컷인 (가)이다. (라)는 A에서 생성된 감수 2분열 중인 세포이고, 나머지 세포인 (나)는 C의 세포이다.

㉡ : (가)는 B의 세포, (라)는 A의 세포이므로, 서로 같은 종의 세포이다.

㉢ : (가)에서 상염색체 수는 6, X 염색체 수는 2이고, (다)에서 상염색체 수는 6, X 염색체 수는 1이다. 따라서 세포 1개당 $\frac{\text{상염색체 수}}{\text{X 염색체 수}}$는 (가)에서 3, (다)에서 6이다.

04

철수네 가족이 갖는 유전자는 표와 같다.

구성원	유전자
아버지	$AaB\_,\ X^dY$
어머니	$aabb,\ X^DX^d$
철수	$AaBb,\ X^DY$
여동생	$aaBb,\ X^dX^d$

㉠ : 철수의 ㉠은 어머니로부터 물려받은 b이다.

㉡ : 철수의 어머니는 D와 d를 모두 갖는다.

㉢ : 아버지는 B가 존재하는 상염색체와 d가 존재하는 X 염색체를 갖는다.

05

영희네 가족이 갖는 유전자는 표와 같다.

구성원	유전자
아버지	$Aa,\ X^{BD}Y$
어머니	$Aa,\ X^{Bd}X^{Bd}$
오빠	$AA,\ X^{Bd}Y$
영희	$AA,\ X^{BD}X^{Bd}$
남동생	$aa,\ X^{Bd}Y$

㉠ : 어머니, 오빠는 성별이 다름에도 A와 a의 DNA 상대량의 합이 같으므로 A와 a는 상염색체에 존재한다. 표의 구성원에서 여자의 B와 b의 DNA 상대량 합과 D와 d의 DNA 상대량 합은 남자의 2배이므로 B, b, D, d는 X 염색체에 존재한다. 표에서 남동생은 A를 갖지 않으므로 aa를 갖고, 남동생의 X 염색체는 어머니로부터만 물려받으므로 남동생은 B와 d가 함께 존재하는 X 염색체를 갖는다. ⓐ=2, ⓑ=0, ⓒ=1이므로 ⓐ+ⓑ+ⓒ=3이다.

㉡ : A와 a는 상염색체에 존재하고, 나머지 유전자인 B, b, D, d는 X 염색체에 존재한다.

㉢ : 어머니는 $X^{Bd}X^{Bd}$이고, 어머니의 딸인 영희는 $X^{BD}X^{Bd}$이므로 영희의 X^{BD}는 아버지로부터 물려받았음을 알 수 있다. 아버지는 B와 D가 함께 존재하는 X 염색체를 갖는다.

06

(가)는 감수 분열 과정에서의 세포 1개당 DNA양 변화의 일부이다. t_1 시점의 세포는 DNA가 복제되고 있는 간기 중 S기의 세포이다. (나)는 상동 염색체가 분리되고 있는 감수 1분열 후기의 세포이다.

㉠ : t_1 시점의 세포는 DNA가 복제되는 S기의 세포이다. S기는 간기의 일부이고, 간기의 세포에는 핵막이 존재한다. 따라서 t_1 시점의 세포는 핵막을 갖는다.

㉡ : (나)는 상동 염색체가 분리되고 있는 감수 1분열 후기의 세포이다. t_1 시점의 세포는 간기 중 S기의 세포이고, t_2 시점의 세포는 감수 1분열 중인 세포이며, t_3 시점의 세포는 감수 1분열이 끝난 세포이다.

㉢ : t_3 시점의 세포는 상동 염색체가 분리되어 형성된 것으로 모세포에 비해 염색체 수와 세포당 DNA양이 반감되어 있다. 그러나 세포의 염색체에는 2개의 염색 분체가 존재하므로 $\frac{\text{세포 1개당 염색 분체 수}}{\text{세포 1개당 염색체 수}}=2$이다.

07

㉠은 G_2기, ㉡은 전기, ㉢은 중기, ㉣은 후기, ㉤은 말기, ㉥은 G_1기이다.

㉠ : ㉢(중기) 시기 세포는 염색체가 적도면에 배열되어 있다.

㉡ : ⓑ는 염색 분체가 양극으로 분리되고 있으므로 ㉣(후기) 시기 세포에 속한다.

✗ : ⓐ는 체세포 분열 중기의 세포로 DNA가 복제된 상태이다. ㉿(G₁기) 시기 세포는 DNA가 복제되기 전의 상태이므로 ⓐ의 DNA양은 ㉿ 시기 세포 DNA양의 2배이다.

08

세포 ㉠~㉣에서 B의 DNA 상대량이 0인 세포가 있으므로 ㉠~㉣ 과정은 감수 분열 과정이고, 각 세포가 가지는 핵상과 DNA 상대량은 표와 같으며, 감수 분열 과정은 ㉣ → ㉠ → ㉢ → ㉡ 순으로 일어난다.

세포	핵상	DNA 상대량			
		A	a	B	b
㉠	$2n$	2	2	2	2
㉡	n	1	0	0	1
㉢	n	2	0	0	2
㉣	$2n$	1	1	1	1

✗ : 핵상은 ㉠이 $2n$, ㉡이 n으로 서로 다르다.
✗ : 세포당 a의 DNA 상대량은 ㉠이 2, ㉣이 1로 서로 다르다.
㉢ : b의 DNA 상대량은 ㉢이 2, ㉡이 1이다.

09

A는 G₂기, B는 S기, C는 G₁기이고, 세포 주기는 ㉠ 방향으로 진행된다.
✗ : B는 간기 중 S기이다. S기는 DNA가 복제되는 시기로 염색체가 형성되지 않는다. 염색체가 형성되는 시기는 분열기(M기) 중 전기이다.
㉡ : ⓐ의 세포는 세포당 DNA양이 2인 시기로 DNA가 복제된 상태이다. 간기 중 G₂기와 분열기(M기)가 ⓐ의 세포에 해당하고, G₂기의 세포는 핵막이 존재하며, 분열기(M기)의 일부 세포는 핵막이 존재하지 않는다. 그림에서 G₂기가 분열기(M기)보다 구간이 넓으므로 ⓐ의 세포 중
$\dfrac{핵막이 있는 세포 수}{핵막이 없는 세포 수} > 1$이다.

✗ : 표에서 세포당 DNA양이 1인 세포가 세포당 DNA양이 2인 세포보다 많으므로 G₁기의 세포 수가 G₂기의 세포와 분열기(M기)의 세포 수의 합보다 많다. 따라서 C는 G₁기, B는 S기, A는 G₂기이고, 세포 주기는 ㉠ 방향으로 진행된다.

10

㉠은 a와 B를 가지며, a와 B는 같은 염색체에 존재한다. ㉠~㉫ 중 A와 b를 모두 갖는 세포의 수가 3이 되기 위해서는 ㉠, ㉡, ㉢이 A와 b를 가져야 한다. 자료를 종합하면 세포 ㉠~㉫이 갖는 유전자는 오른쪽과 같다.
㉠ : ㉠은 A, a, B, b를 모두 갖는다.
㉡ : ㉡에서 ㉢이 형성되는 과정에서 상동 염색체가 분리되므로 세포 1개당 DNA양은 $\dfrac{㉡}{㉢}=2$이다.
㉢ : ㉠~㉫ 중 a와 B를 모두 갖는 세포는 ㉠, ㉡, ㉣, ㉫으로 4개이다.

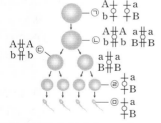

11

t_1과 t_2에서 염색 분체가 분리되고 있으므로 t_1과 t_2는 모두 체세포 분열 후기 과정 혹은 감수 2분열 후기 과정 중 하나이다. (나)는 핵상이 n인 세포에서 염색 분체가 분리되는 과정을 나타낸 것이므로 감수 2분열 후기 과정임을 알 수 있다.
✗ : (나)는 t_1에서 관찰된 세포이고, 핵상이 n이며 염색 분체가 분리되고 있으므로 감수 2분열 후기 과정임을 알 수 있다.

✗ : (나)에서 염색 분체가 분리되는 핵분열 결과 생성된 딸세포는 크기와 모양이 같은 염색체를 갖지 않으므로 핵상은 n이다.
㉢ : 염색 분체가 분리되고 있는 감수 2분열 후기의 시점 t_1과 t_2에서의 세포당 DNA양은 변함없다.

12

집단 ㉠은 B, 집단 ㉡은 C, 집단 ㉢은 A이다.
㉠ : 방추사 구성 물질의 합성을 억제하면 G₂기에서 분열기(M기)로의 전환이 억제되므로 세포당 DNA양이 2인 세포가 증가하게 된다. 따라서 집단 ㉠은 B이다. 집단 ㉡은 DNA가 복제되는 중간 과정을 억제하는 물질이 처리되었을 때 나타나므로 C이고, 집단 ㉢은 A이다.
✗ : 집단 ㉡의 세포는 DNA가 복제되는 중간 과정을 억제하는 물질을 처리했을 때 나타나는 세포로, 세포당 DNA양이 1~2 사이인 간기의 세포가 증가하였다.
✗ : I은 DNA가 복제 중인 S기의 세포로, 염색체가 존재하지 않는다. 염색체는 분열기(M기)에 존재한다.

본문 078쪽

서답형 문제

01 (1) A (2) 해설 참조   **02** 해설 참조
03 A → D → B → C
04 (1) ㉠은 G₁기, ㉡은 S기, ㉢은 G₂기이다. (2) 해설 참조
05 (1) 체세포 분열 (2) 800개 (3) 600개
06 2가 염색체(4분 염색체)

01

A는 정상 세포, B는 암세포이다.
(1) A는 세포 주기가 정상적으로 조절되는 정상 세포, B는 세포 주기가 정상적으로 조절되지 않는 암세포이다.
(2) 모범답안 '정상 세포인 A는 접촉 저해 현상이 있지만, 암세포인 B는 접촉 저해 현상이 없다'. 혹은 '정상 세포는 세포 주기가 조절되지만 암세포는 세포 주기가 조절되지 않는다.'

채점 기준	배점
정상 세포와 암세포를 비교하면서 '접촉 저해 현상의 유무' 혹은 '세포 주기 조절 가능 여부'를 언급하여 서술한 경우	100 %
정상 세포와 암세포의 비교 없이 단순히 '접촉 저해 현상의 유무' 혹은 '세포 주기 조절 가능 여부'에 대해서만 서술한 경우	50 %

02

핵상과 염색체 수가 $2n=4$인 세포가 분열하여 감수 1분열 중기 상태일 때 2가 염색체(4분 염색체)는 적도면에 배열하고, 체세포 분열 중기 상태일 때 상동 염색체는 쌍을 이루지 않은 상태로 적도면에 배열한다.

모범답안

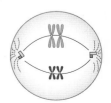

감수 1분열 중기

체세포 분열 중기

채점 기준	배점
감수 1분열 중기 세포와 체세포 분열 중기 세포를 모두 옳게 그린 경우	100 %
감수 1분열 중기 세포와 체세포 분열 중기 세포 중 1가지만 옳게 그린 경우	50 %

03

감수 1분열에서는 상동 염색체가 분리되어 DNA양과 염색체 수가 절반으로 감소하고, 감수 2분열에서는 염색 분체가 분리되어 DNA양은 절반으로 감소하지만, 염색체 수는 변화없다. A는 감수 1분열 전기 세포, B는 감수 2분열 중기 세포, C는 감수 2분열 말기 세포, D는 감수 1분열 후기 세포이다. 따라서 P에서 감수 분열이 일어날 때 세포 A~D가 관찰되는 순서는 A → D → B → C이다.

04

세포 주기는 간기와 분열기로 구분되고, 간기는 G_1기, S기, G_2기로 구분된다.

(2) **모범답안** ㉠은 G_1기로 DNA 복제 전 시기이고, ㉢은 G_2기로 DNA 복제 후 시기이기 때문이다. 핵 1개당 DNA양은 ㉢ 시기 세포가 ㉠ 시기 세포의 2배이다.

채점 기준	배점
㉢ 시기 세포가 ㉠ 시기 세포보다 핵 1개당 DNA양이 2배라는 사실을 그렇게 판단한 까닭과 함께 서술한 경우	100 %
㉢ 시기 세포가 ㉠ 시기 세포보다 핵 1개당 DNA양이 2배라는 사실을 그렇게 판단한 까닭이 없이 서술한 경우	50 %

05

그림에서 세포당 DNA양이 2부터 4까지만 존재하므로 체세포 분열임을 알 수 있다. 세포당 DNA양이 2인 세포는 DNA 복제 전으로 G_1기 세포이고, 세포당 DNA양이 4인 세포는 DNA 복제 후로 G_2기와 M기 세포이다. 세포당 DNA양이 2부터 4까지의 범위에 해당하는 세포는 DNA가 복제되는 S기 세포이다. 따라서 G_1기에 해당하는 세포는 800개이고, G_2기와 M기에 해당하는 세포의 합은 600개이다. 따라서 S기에 해당하는 세포는 2,000−800−600=600개이다.

06

2가 염색체는 감수 1분열 전기에 상동 염색체가 접합하여 형성되며, DNA 복제가 일어난 이후이므로 각 상동 염색체마다 2개의 염색 분체를 가지고 있어 2가 염색체는 4개의 염색 분체를 가진다.

13 사람의 유전

1 남자, 여자   **2** 상염색체   **3** 단일 인자

4 (1) × (2) ○   **5** AB형, O형   **6** 다르다

7 X^rX^r, X^rY **8** $\frac{1}{4}$ **9** (1) × (2) × (3) ○

01 ③	**02** ②	**03** ⑤	**04** ④	**05** ③
06 ④	**07** ③	**08** ⑤	**09** ⑤	**10** ③
11 ③	**12** ①	**13** ⑤	**14** ⑤	**15** ③
16 ③				

01

정상 부모 사이에서 PTC 미맹을 가진 딸인 영희가 태어났으므로, PTC 미맹은 상염색체 유전 형질이고 정상은 PTC 미맹에 대해 우성 형질(T), PTC 미맹은 정상에 대해 열성 형질(t)이다. PTC 미맹이 성염색체 유전 형질이라면 영희의 아버지는 PTC 미맹을 가져야 하지만, 영희의 아버지는 정상이다.

㉠ : T(우성)는 정상 대립유전자이고, t(열성)는 PTC 미맹 대립유전자이다.

㉡ : 유전자형으로 Tt를 가진 부모 사이에서 태어난 자녀가 가질 수 있는 유전자형은 TT, Tt, Tt, tt이다. (가)는 정상이므로 (가)의 유전자형이 TT일 확률은 $\frac{1}{3}$이다.

✕ : PTC 미맹은 상염색체 열성 유전 형질이다.

02

㉠은 성염색체 우성 유전 형질이며, ㉡은 상염색체 열성 유전 형질이고, ㉢은 우성 유전 형질이다.

✕ : ㉠이 성염색체 우성 유전 형질이면 ㉠의 특성인 '아버지가 ㉠을 나타낼 때 태어나는 딸은 모두 ㉠을 나타낸다.'가 나타난다. ㉠이 상염색체 유전 형질이라면 딸과 아들에 따른 표현형의 발현 비율이 같다.

✕ : 정상인 부모 사이에서 ㉡을 나타내는 자녀가 태어났으므로 정상이 ㉡에 대해 우성이다. ㉡이 성염색체 유전 형질이라면 정상인 아버지로부터 태어난 딸은 모두 정상이어야 하지만, 표에서 ㉡을 나타내는 딸이 태어날 수 있다고 했으므로 ㉡은 상염색체에 의한 유전 형질이다.

㉢ : ㉢을 나타내는 부모 사이에서 정상인 아들이 태어날 수 있으므로 ㉢ 발현 유전자는 우성, 정상 유전자는 열성이다.

03

(가)는 성염색체 우성 유전 형질이고, A는 우성인 (가) 발현 유전자, a는 열성인 정상 유전자이다. 성별에 따라 표현형 비율이 같으면 상염색체 유전이고, 성별에 따라 표현형 비율이 다르면 성염색체 유전이다.

㉠ : 두 번째 자료에서 (가)를 가진 남자와 정상인 여자 사이에서 태어난 딸은 모두 (가)를 가진다고 하였으므로 (가)는 성염색체 우성 유전 형질임을 알 수 있다. A는 (가)를 발현시키는 유전자이고, a는 정상 유전자이다. ㉠((가)를 가진 남자)의 유전자형은 X 염색체에 A를 갖는 X^AY이다.

㉡ : ㉡((가)를 가진 여자)과 정상 남자(X^aY) 사이에서 태어난 자녀 중 (가)를 가진 사람과 정상인 사람이 모두 존재하므로 ㉡의 유전자형은 X^AX^a임을 알 수 있다. 만약 ㉡의 유전자형이 X^AX^A이면, 태어난 자녀 모두 (가)를 가지므로 조건에 맞지 않다. ㉠(X^AY)과 ㉡(X^AX^a) 사이에서 자녀가 태어날 때, 이 자녀가 가질 수 있는 유전자형은 X^AX^A, X^AX^a, X^AY, X^aY 이고, 이 중 (가)를 가질 확률은 $\frac{3}{4}$이다.

㉢ : (가)를 가진 남자의 유전자형은 X^AY, 정상인 여자의 유전자형은 X^aX^a이므로, 이들 사이에서 태어난 아들은 모두 유전자형으로 X^aY를 갖는 정상이다.

04

유전병 ㉠을 가진 3과 4로부터 정상인 5와 6이 태어났으므로 ㉠(A)은 정상(A*)에 대해 우성이고, 상염색체 유전임을 알 수 있다. ㉠이 성염색체 유전이라면 ㉠을 가진 4로부터 정상인 6이 태어날 수 없다.

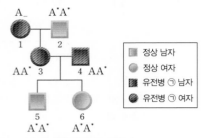

- 정상 남자
- 정상 여자
- 유전병 남자
- 유전병 ㉠ 여자

㉠ : A와 A*는 모두 상염색체에 존재한다.
㉡ : 3의 유전자형은 AA*이다. 3이 가진 A는 1로부터 물려받았고, A*는 2로부터 물려받았다.
✗ : 이 가계도에서 A*를 갖는 사람은 2, 3, 4, 5, 6으로 최소 5명이다.

05

표에서 철수의 A*의 DNA 상대량이 2이므로 A와 A*는 상염색체에 있음을 알 수 있다.

구성원	DNA 상대량	
	A	A*
아버지	1	1(㉠)
어머니	1	1
누나	0	2(㉡)
철수	0	2
남동생	2(㉢)	0

㉠ : ㉠=1, ㉡=2, ㉢=2이므로 ㉠+㉡+㉢=5이다.
㉡ : 어머니는 A와 A*를 모두 갖는다.
✗ : 철수의 A*는 상염색체에 존재한다. A*가 성염색체인 X 염색체에 존재한다면 철수의 G1기 체세포가 가진 A*의 DNA 상대량은 2가 될 수 없다.

06

미맹은 상염색체 열성 유전 형질이고, 적록 색맹은 성염색체 열성 유전 형질이다.

✗ : A와 a는 상염색체에 존재하고, B와 b는 성염색체인 X 염색체에 존재한다.
㉡ : 이 부모 사이에서 태어난 아들의 적록 색맹 유전자형은 모두 X^bY이므로 적록 색맹이다.
㉢ : 이 부모 사이에서 자녀가 태어날 때, 이 자녀가 미맹일 확률은 $\frac{1}{4}$이고, 적록 색맹일 확률은 $\frac{1}{2}$이다. 따라서 자녀가 미맹이면서, 적록 색맹일 확률은 $\frac{1}{4} \times \frac{1}{2} = \frac{1}{8}$이다.

07

(가)의 유전자형으로는 AA, AB, AC, BB, BC, CC가 있고, 표현형으로는 AA, A_, B_, C_가 있다.
㉠ : (가)의 유전자형은 6가지이다.
㉡ : (가)의 표현형은 4가지이다.
✗ : AB와 AC인 부모 사이에서 아이가 태어날 때, 이 아이가 가질 수 있는 유전자형으로는 AA, AC, AB, BC가 있고, 표현형으로는 AA, A_, B_의 3가지가 있다.

08

다인자 유전은 한 가지 형질에 대해 여러 쌍의 대립유전자가 누적으로 영향을 미쳐 형질이 발현되는 유전 현상이다.

✗ : 피부색 유전은 다인자 유전이다. 복대립 유전은 세 개 이상의 대립유전자가 하나의 형질을 결정하는 경우이다.
㉡ : 유전자형이 AABBddee인 사람과 유전자형이 aabbDDEE인 사람은 대문자인 대립유전자의 수가 4개로 같으므로 피부색 형질이 같다.
㉢ : 유전자형이 AaBbDdEe인 두 사람이 결혼하여 자손을 낳을 경우, 이 자손이 aabbddee를 가질 확률은 $\left(\frac{1}{4}\right)^4 = \frac{1}{256}$이다.

09

㉠은 복대립 유전 형질이고, ㉠ 발현 여부에 관여하는 유전자는 A, B, C의 3가지이다. ㉡은 상염색체 유전 형질이고, ⓑ의 유전자형은 D*D이며 ㉡이 발현되므로 D*(우성)는 ㉡ 발현 유전자, D(열성)는 정상 유전자이다.

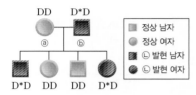

- 정상 남자
- 정상 여자
- ㉡ 발현 남자
- ㉡ 발현 여자

㉠ : 가계도 그림의 ⓑ를 통해 D*(우성)는 ㉡ 발현 유전자임을 알 수 있다.
㉡ : 유전자형이 AC인 여자와 AB인 남자 사이에서 아이가 태어날 때, 이 아이가 가질 수 있는 유전자형은 AA, AB, AC, BC의 4가지이고, 표현형은 A_, B_의 2가지이다. 유전자형이 DD*인 여자와 DD*인 남자 사이에서 아이가 태어날 때, 이 아이가 가질 수 있는 유전자형은 DD, D*D, D*D*의 3가지이고, 표현형은 D*_, DD의 2가지이다. 따라서 유전자형이 ACDD*인 여자와 ABDD*인 남자 사이에서 아이가 태어날 때, 이 아이에게서 나타날 수 있는 표현형은 최대 2×2=4가지이다.
㉢ : 유전자형이 ABDD*인 부모 사이에서 표현형이 부모와 같은 B_가 태어날 확률은 $\frac{3}{4}$, D*_가 태어날 확률도 $\frac{3}{4}$이다. 따라서 유전자형이 ABDD*인 부모 사이에서 아이가 태어날 때, 이 아이가 부모와 표현형이 같을 확률은 $\frac{3}{4} \times \frac{3}{4} = \frac{9}{16}$이다.

10

㉠을 가진 1과 2로부터 정상인 5가 태어났으므로 ㉠은 우성(D), 정상은 열성(d)이다. 5와 6이 AB형과 A형이므로 1은 A형 혹은 AB형이고, 7과 8이 AB형과 O형이므로 4는 A형이다.

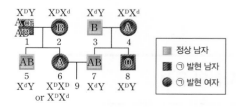

- 정상 남자
- ㉠ 발현 남자
- ㉠ 발현 여자

㉠ : 1과 4는 모두 응집원 A를 만드는 I^A 유전자를 갖는다.
㉡ : D는 우성인 ㉠ 발현 유전자이고, d는 열성인 정상 유전자이다.
✗ : 9의 혈액형이 B형일 확률은 $\frac{1}{4}$이다. 9에서 ㉠이 발현되기 위해서는 6의 유전자형이 X^DX^D일 때와 X^DX^d일 때 모두 가능하다. 첫째, 6의 유전자형이 X^DX^D일 확률은 $\frac{1}{2}$이다. X^DX^D인 6과 X^dY인 7 사이에서 태어난 자손이 ㉠이 발현될 확률은 1이다. 둘째, 6의 유전자형이 X^DX^d일

확률은 $\frac{1}{2}$이다. $X^D X^d$인 6과 $X^d Y$인 7 사이에서 태어난 자손이 ㉠이 발현($X^D X^d$, $X^D Y$)될 확률은 $\frac{1}{2}$이다. 따라서 9의 ABO식 혈액형이 B형이고, ㉠이 발현될 확률은 $\frac{1}{4} \times \left(\frac{1}{2} + \frac{1}{4} \right) = \frac{3}{16}$이다.

11

(가)는 성염색체 열성 유전 형질이고, ㉠은 (가)에 대한 유전자형이 동형 접합성이며, ㉡은 (가)에 대해 이형 접합성이다.

㉠ : 아들의 X 염색체는 어머니로부터 받는다. 자료의 두 번째 문장에서 정상인 여자로부터 (가)를 가진 아들과 정상인 아들이 모두 태어났다고 제시되었으므로 정상인 여자의 (가)에 대한 유전자형은 이형 접합성이다. 따라서 정상 형질이 (가)에 대해 우성이고, (가)는 정상에 대해 열성이다.

✗ : 정상 유전자를 A, (가) 발현 유전자를 a라 하면, 세 번째 문장에서 정상 남자의 유전자형은 $X^A Y$이고, (가)를 가진 여자 ㉠의 유전자형은 $X^a X^a$이다. 따라서 ㉠의 (가)에 대한 유전자형은 동형 접합성이다.

㉢ : ㉠의 유전자형은 $X^a X^a$, 딸 ㉡의 유전자형은 $X^A X^a$이다. 따라서 G_1기 체세포 1개당 존재하는 (가) 발현 유전자(a)의 수는 ㉠이 ㉡의 2배이다.

12

1은 ㉠을 갖고, 3과 4의 ㉠에 대한 표현형이 다르므로 1의 ㉠에 대한 유전자형은 이형 접합성인 Aa이다. 1이 ㉠을 발현하므로 A는 ㉠ 발현 유전자이고, a는 정상 유전자이다. 또, 1은 ㉡을 갖고, 3과 4의 ㉡에 대한 표현형이 다르므로 1은 ㉡에 대한 유전자형으로 이형 접합성인 Bb를 갖는다. 1이 ㉡을 발현하므로 B는 ㉡ 발현 유전자이고, b는 정상 유전자이다.

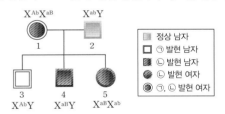

✗ : A는 ㉠ 발현 유전자, a는 정상 유전자이다.

㉡ : 1~5 중 a와 B가 함께 존재하는 X 염색체를 가진 사람은 1, 4, 5로 3명이다.

✗ : 5의 동생이 태어날 때, 이 동생에게서 ㉠과 ㉡이 모두 나타날 확률은 0이다.

13

3은 AB형, 4는 O형이므로 1과 2는 각각 A형과 B형 중 하나이다. ㉠ 발현 유전자를 P, ㉠ 미발현 유전자를 P^*라 하면, 1과 2는 ㉠이 발현되었고, 자녀 3은 ㉠이 발현되지 않았으므로 ㉠ 발현(P)은 ㉠ 미발현(P^*)에 대해 우성 형질이다. ㉡ 발현 유전자를 Q, ㉡ 미발현 유전자를 Q^*라 하면, 1과 2는 ㉡이 미발현되었고, 4는 ㉡이 발현되었으므로 ㉡ 발현(Q)은 ㉡ 미발현(Q^*)에 대해 열성 형질이다.

구성원	혈액형	㉠	㉡
1	A형 or B형	$+(PP^*)$	$-(Q^*Q)$
2	B형 or A형	$+(PP^*)$	$-(Q^*Q)$
3	AB형	$-(P^*P^*)$	?(Q^*Q^* or Q^*Q or QQ)
4	O형	$+(P\_)$	$+(QQ)$

(+: 발현됨. −: 발현 안 됨)

㉠ : ㉠에 대한 유전자형으로 1은 PP^*, 2는 PP^*를 가지므로 유전자형이 서로 같다.

㉡ : 1~4 중 ABO식 혈액형에서 응집원 A를 만드는 유전자인 I^A를 갖는 사람은 1과 2 중 1명과 3으로 총 2명이다.

㉢ : 4의 동생이 A형일 확률은 $\frac{1}{4}$, ㉠ 미발현(P^*P^*)일 확률은 $\frac{1}{4}$, ㉡ 발현(QQ)일 확률은 $\frac{1}{4}$이다. 따라서 4의 동생이 A형, ㉠ 미발현, ㉡ 발현일 확률은 $\frac{1}{4} \times \frac{1}{4} \times \frac{1}{4} = \frac{1}{64}$이다.

14

ⓑ에 대한 가계도에서 정상은 우성 형질이고, ⓑ 발현은 열성 형질이다. ⓑ에 대한 가계도에서 정상인 부모 사이에 ⓑ 발현 여자가 태어났으므로 ⓑ에 대한 가계도는 상염색체 유전이고, ⓑ는 ㉡임을 알 수 있다. 따라서 ⓐ는 ㉠이다. ㉡ 발현 유전자를 A, ㉡에 대해 정상 유전자를 a, ㉠ 발현 유전자를 b, ㉠에 대해 정상 유전자를 B라 하면 가계도에서 유전자형은 그림과 같다.

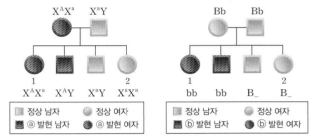

㉠ : ㉠에 대한 가계도에서 정상인 부모 사이에 ㉠인 자녀가 태어났으므로 ㉠은 정상 형질에 대해 열성 형질이다.

㉡ : 1은 ㉡에 대한 유전자형이 이형 접합성($X^A X^a$)이다.

㉢ : 2의 동생이 태어날 때 ㉠이 발현될 확률(bb)은 $\frac{1}{4}$이고, ㉡이 발현될 확률($X^A X^a$, $X^A Y$)은 $\frac{1}{2}$이다. 따라서 2의 동생이 태어날 때, 이 아이에게서 ㉠과 ㉡이 모두 발현될 확률은 $\frac{1}{4} \times \frac{1}{2} = \frac{1}{8}$이다.

15

㉡의 유전자형은 AA^*이고, 정상 형질을 갖는다. ㉠의 유전자형이 AA^*이면 ㉠과 ㉡의 표현형이 같아야 하지만 ㉠의 표현형이 ㉡의 표현형과 다르기 때문에 A를 갖지 않는다. 따라서 유전병은 성염색체 유전 형질이다. A^*는 유전병 발현 유전자이고, ㉡을 통해 A^*가 열성 유전자임을 알 수 있다.

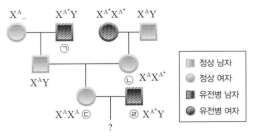

㉠ : ㉡의 아버지는 정상이고 유전자형이 $X^A Y$이다. ㉡의 유전자형은 $X^A X^{A^*}$이고 정상이므로 A(정상 유전자)는 A^*(유전병 유전자)에 대해 우성이다.

㉡ : ⓐ=0, ⓑ=2이므로 ⓐ+ⓑ=2이다.

✗ : ㉢과 ㉣ 사이에서 아이가 태어날 때, 이 아이가 정상($X^A\_$, $X^A Y$)일 확률은 1이고, 아들일 확률은 $\frac{1}{2}$이다. 따라서 ㉢과 ㉣ 사이에서 아이가 태어날 때, 이 아이가 정상인 아들일 확률은 $\frac{1}{2}$이다.

16

2와 7은 A*의 DNA 상대량이 같지만 표현형이 다르므로 ㉠은 성염색체 유전임을 알 수 있고, ㉠과 ㉡의 대립 유전자는 서로 다른 염색체에 존재하므로 ㉡은 상염색체 유전이다.

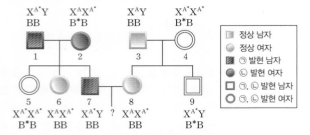

㉠ : 1은 BB를 갖고, ㉡을 발현하지 않으므로 B는 정상 유전자이다. 2는 B*B를 갖고, ㉡을 발현하므로 B는 B*에 대해 열성이다.

㉡ : 8의 ㉠에 대한 유전자형은 $X^A X^{A*}$이고, X^{A*}는 어머니인 4로부터 물려받은 것이다.

㉢ : 7과 8 사이에서 아이가 태어날 때, 이 아이에게서 ㉠이 발현될 $(X^{A*} X^{A*}, X^{A*}Y)$ 확률은 $\frac{1}{2}$이고, ㉡이 발현되지 않을(BB) 확률은 1이다. 따라서 7과 8 사이에서 아이가 태어날 때, 이 아이에게서 ㉠은 발현되고, ㉡이 발현되지 않을 확률은 $\frac{1}{2} \times 1 = \frac{1}{2}$이다.

서답형 문제
본문 085쪽

01 (1) 해설 참조 (2) 해설 참조   **02** (1) 1 (2) 해설 참조
03 (1) 해설 참조 (2) ㉡ (3) 해설 참조   **04** 해설 참조
05 해설 참조

01

유전병 ㉠은 상염색체 열성으로 유전된다. A는 정상 유전자, a는 ㉠ 발현 유전자이다.

(1) 모범답안 상염색체 유전이다. 자료의 두 번째 문장에 남녀의 발현 비율이 비슷하다고 했으므로, ㉠은 상염색체 유전이다.

채점 기준	배점
상염색체 유전을 선택하고, 그렇게 선택한 까닭을 논리적으로 서술한 경우	100 %
상염색체 유전을 선택하였지만, 그렇게 선택한 까닭의 논리가 부족한 경우	50 %

(2) 모범답안 $\frac{1}{2}$이다. 1의 유전자형은 aa, 2의 유전자형은 Aa, 3의 유전자형은 aa, 4의 유전자형은 Aa이다. 1(aa)과 2(Aa) 사이에서 태어난 아이가 ㉠을 나타낼(aa) 확률은 $\frac{1}{2}$이다.

채점 기준	배점
확률을 구하고 풀이 과정이 구체적인 경우	100 %
확률은 구했지만 풀이 과정이 구체적이지 않은 경우	50 %

02

ABO식 혈액형은 복대립 유전의 예이고, 형질 발현에 대립유전자 I^A, I^B, i가 관여한다.

(1) 1의 유전자형은 $I^A I^A$ 혹은 $I^A i$이고, 2의 유전자형은 $I^B i$, 3의 유전

자형은 ii, 4의 유전자형은 $I^A I^B$, 5의 유전자형은 $I^A i$, 6의 유전자형은 $I^B i$이다.

(2) 모범답안 $\frac{1}{4}$이다. 5의 유전자형은 $I^A i$, 6의 유전자형은 $I^B i$이다. 5와 6의 자녀가 가질 수 있는 유전자형은 $I^A I^B$, $I^A i$, $I^B i$, ii이므로 O형(ii)일 확률은 $\frac{1}{4}$이다.

채점 기준	배점
확률을 옳게 쓰고, 풀이 과정이 구체적인 경우	100 %
확률을 옳게 썼지만 풀이 과정이 구체적이지 않은 경우	50 %
확률을 옳게 쓰지 못한 경우	0 %

03

사람은 단일 인자 유전, 복대립 유전, 다인자 유전의 예에 해당하는 특징을 갖고 있다. 단일 인자 유전은 한 쌍의 대립유전자에 의해 형질이 결정되고, 복대립 유전은 한 쌍의 대립유전자에 의해 형질이 결정되지만, 대립유전자의 수가 3개 이상이다. 다인자 유전은 한 형질 발현에 여러 쌍의 대립유전자가 관여한다.

(1) 모범답안 ㉠은 단일 인자 유전, ㉡은 다인자 유전자, ㉢은 복대립 유전이다.

채점 기준	배점
㉠~㉢을 모두 옳게 서술한 경우	100 %
㉠~㉢ 중 1개만 옳게 서술한 경우	30 %

(2) 다인자 유전

(3) 모범답안 혀말기 가능 여부, 이마선 모양, 미맹 여부, 보조개 유무 등

채점 기준	배점
단일 인자 유전의 예 2가지를 옳게 서술한 경우	100 %
단일 인자 유전의 예 1가지를 옳게 서술한 경우	50 %

04

모범답안

• 한 세대가 길어 유전 현상을 직접 관찰하기 어렵다.
• 한 부모로부터 태어나는 자손의 수가 적어 통계 결과를 신뢰하기 어렵다.
• 형질이 복잡하고 유전자의 수가 많아 결과 분석이 어렵다.
• 임의 교배가 불가능하다.
• 환경의 영향을 많이 받아 형질 발현의 원인을 분석하기 어렵다.

채점 기준	배점
사람의 유전 연구가 어려운 까닭 1가지를 구체적이고 옳게 서술한 경우	100 %
사람의 유전 연구가 어려운 까닭 1가지를 서술하였으나 구체적이지 않은 경우	50 %

05

적록 색맹은 성염색체 열성으로 유전된다. 보인자인 여자는 적록 색맹 유전자와 정상 유전자를 모두 갖는다.

모범답안

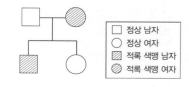

14 염색체 이상과 유전자 이상

01

핵형 분석을 통해 염색체의 수, 모양, 크기 등의 정보를 알 수 있다. (나)는 21번 염색체가 3개로 다운 증후군을 가진 사람의 염색체를, (다)는 성염색체가 X 염색체 1개로 터너 증후군을 가진 사람의 염색체이다.

㉠ : (가)에서 XY 염색체가 존재하므로, (가)는 남자의 핵형 분석 결과이다.

✗ : (나)는 다운 증후군을 가진 사람의 염색체이고, 다운 증후군은 남녀 모두에게서 나타날 수 있다.

㉢ : (다)는 터너 증후군인 사람의 염색체이다.

02

그림은 감수 1분열 과정에서 비분리가 일어났고, 감수 2분열 과정은 정상적으로 진행된 감수 분열 과정을 나타낸 것이다.

㉠ : 그림은 감수 1분열에서 일어난 염색체 비분리를 나타낸 것이다. 딸세포 4개 모두에서 염색체 수에 이상이 있으면 감수 1분열에서 염색체 비분리가 일어난 것이고, 딸세포 중 반은 정상, 반은 염색체 수에 이상이 있으면 감수 2분열에서 염색체 비분리가 일어난 것이다.

㉡ : X 염색체 수는 A에서 2, B에서 2로 서로 같다.

✗ : 그림은 일부 염색체만을 나타냈고, 나머지 염색체는 정상적으로 감수 분열하였으므로 세포 1개당 DNA양이 A가 C의 3배가 아니다. A는 C보다 X 염색체 2개에 해당하는 DNA양을 더 갖는다.

03

정자 ㉠~㉣에서 염색체 수의 종류가 3종류($n+1$, n, $n-1$)이므로 감수 2분열에서 염색체 비분리가 일어났음을 알 수 있다. 만약 감수 1분열에서 염색체 비분리가 일어났다면 염색체 수의 종류는 2종류($n+1$, $n-1$)일 것이다. 총 염색체 수가 ㉡>㉢=㉣>㉠이므로 ㉡의 염색체 수는 24, ㉢과 ㉣의 염색체 수는 23, ㉠의 염색체 수는 22이다. 정자 ㉠~㉣ 모두 성염색체는 정상적으로 가지고 있으므로, 염색체 비분리는 상염색체에서 일어났음을 알 수 있다.

✗ : 염색체 비분리가 일어난 시기는 과정 Ⅱ이다.

✗ : ㉠은 염색체 수가 22이고, 상염색체에서 염색체 비분리가 일어나 형성된 것이다. ㉠이 정상 난자와 수정되면 염색체 수가 45인 수정란이 되고, 성염색체는 정상적으로 갖는다. 터너 증후군은 성염색체로 X 염색체 1개만을 갖기 때문에 ㉠과 정상 난자의 수정으로는 터너 증후군인

아이가 태어날 수 없다.

㉢ : ㉡은 감수 2분열에서 염색체 비분리가 일어나 형성된 것으로 염색체 수는 24이다.

04

정상인 4와 5로부터 ㉠이 발현된 6이 태어났으므로 정상이 우성, ㉠ 발현이 열성이다. 문두에서 ㉠은 성염색체 유전을 따른다고 했고, 정상 유전자를 A, ㉠ 발현 유전자를 a라 하면 가계도 구성원이 가진 유전자형은 그림과 같다.

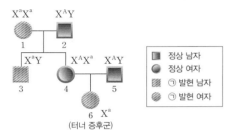

㉠ : 6의 ㉠ 발현 유전자인 a는 4로부터 받았고, 4의 a는 1로부터 받았으므로 6의 ㉠ 발현 유전자(a)는 1로부터 전해졌다.

㉡ : 6은 정상 난자(X^a)와 성염색체가 없는 비정상 정자의 수정에 의해 태어났다.

㉢ : G_1기 체세포 1개당 ㉠ 발현 유전자(a)의 DNA 상대량은 구성원 3과 4에서 서로 같다.

05

ⓐ는 성염색체 중 상대적으로 크기가 작은 Y 염색체이고, 적록 색맹은 X 염색체 열성으로 유전된다.

✗ : ⓐ는 Y 염색체로 아버지로부터 물려받은 것이다.

㉡ : 적록 색맹은 X 염색체 열성 유전을 따른다. 정상 유전자를 R, 적록 색맹 유전자를 r라 하면, ㉠은 성염색체로 XXY를 갖고 보인자이므로 적록 색맹에 대한 유전자형은 X^RX^rY이다. ㉠의 어머니와 아버지는 적록 색맹에 대해 정상이므로 어머니의 유전자형은 X^RX^r로 보인자이고, 아버지의 유전자형은 X^RY이다.

✗ : ㉠의 동생이 태어날 때, 이 아이가 적록 색맹(X^rY)일 확률은 $\frac{1}{4}$이다.

06

핵형 분석을 통해 염색체의 수, 모양, 크기 등 염색체의 특성을 알 수 있다.

㉠ : ㉠과 ㉡은 3번 염색체를 구성하는 상동 염색체이다.

✗ : 낫 모양 적혈구 빈혈증은 유전자 돌연변이의 예로 핵형 분석을 통해서는 알 수 없다.

✗ : (나)의 핵형 분석 결과에서 21번 염색체가 3개임을 알 수 있다. 다운 증후군을 나타내는 사람은 21번 염색체가 3개이므로 (나)의 핵형을 가지는 사람은 다운 증후군이 나타난다.

07

가족 구성원이 가지는 특징은 표와 같다.

구성원	성별	염색체 수	유전자형
부	남	46	X^AY
모	여	46	$X^{A^*}X^{A^*}$
자녀 1	여	47	$X^AX^AX^{A^*}$
자녀 2	여	46	$X^AX^{A^*}$
자녀 3	남	46	$X^{A^*}Y$

⊙ : 부와 모에서 A와 A*의 DNA 상대량 합이 다르므로 A와 A*는 성염색체에 존재함을 알 수 있다.
✗ : 표의 가족 구성원에서 A가 우성이면 표현형이 A_인 사람은 3명이고, A*가 우성이면 표현형이 A*_인 사람은 4명이다. 자료에서 (가)가 나타난 사람은 3명이라고 했으므로 A가 우성인 (가) 발현 유전자이다. 따라서 A*는 열성인 정상 유전자이다. 자녀 3의 유전자형이 X^AY이므로 자녀 3은 정상이다.
ⓒ : 자녀 1은 아버지로부터 X^AX^A를 물려받았고, 어머니로부터 X^A*를 물려받았다. 아버지(X^AY)로부터 X^AX^A를 가진 정자가 형성되기 위해서는 감수 2분열에서 염색체 비분리가 일어나야 한다.

08

(가)는 정상 세포, (나)는 중복이 일어난 염색체가 있는 세포, (다)는 전좌가 일어난 염색체가 있는 세포, (라)는 결실이 일어난 염색체가 있는 세포이다.
✗ : 정상 세포인 (가)에서 분홍색 염색체와 보라색 염색체는 상동 염색체가 아니므로 (나)에서 A의 대립유전자는 K가 아니다.
ⓛ : (다)에는 서로 다른 상동 염색체 사이에서 유전자의 일부가 교환된 전좌가 일어난 염색체가 있다.
ⓒ : (라)에는 분홍색 염색체에서 유전자 E가 결실되었다.

09

⊙은 정상 적혈구, ⓛ은 낫 모양 적혈구이다. 낫 모양 적혈구 빈혈증은 유전자 돌연변이의 예이다.
✗ : 산소 운반 능력은 ⊙(정상 적혈구)이 ⓛ(낫 모양 적혈구)보다 뛰어나다.
✗ : 핵형 분석은 염색체의 특징을 알아보는 것으로 유전자 돌연변이인 낫 모양 적혈구의 존재 유무를 알 수 없다.
ⓒ : 낫 모양 적혈구 빈혈증은 상염색체에 존재하는 유전자 돌연변이에 의해 나타나므로 남녀 모두에게서 나타날 수 있다.

10

ⓒ은 A, a, B의 DNA 상대량이 모두 2이므로 Ⅱ의 세포이다. ⊙, ⓛ, ⓔ에서 b가 존재하지 않으므로 ⓒ에서도 b가 존재하지 않으며, Ⅰ은 G₁기 세포이고, DNA 복제 전이므로 ⓛ이다. Ⅰ(ⓛ)에서 A와 a의 DNA 상대량 합이 2이므로 A와 a는 상염색체에 존재하고, B와 b는 DNA 상대량 합이 1이므로 B와 b는 성염색체에 존재한다. Ⅲ은 상염색체 비분리에 의해 형성된 것으로 염색체 수가 1 혹은 3이다. ⊙은 A와 a의 DNA 상대량이 모두 2이므로 상염색체 비분리에 의해 형성된 것이고, 염색체 수가 정상보다 1개 더 많다. 따라서 Ⅲ은 ⊙이고, 나머지 ⓔ은 Ⅳ이다.

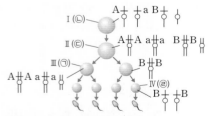

⊙ : ⊙은 Ⅲ, ⓛ은 Ⅰ, ⓒ은 Ⅱ, ⓔ은 Ⅳ이다.
ⓛ : ⓐ+ⓑ+ⓒ=3+4+2=9이다.
✗ : ⓔ은 Ⅳ로 성염색체 비분리가 일어나 성염색체를 2개 갖는다.

11

아버지는 A*A*이면서 ⊙이 발현되었으므로 A*는 ⊙ 발현 유전자이

고, 자녀 1은 AA*를 갖고, ⊙이 발현되지 않았으므로 A는 우성인 정상 유전자, A*는 열성인 ⊙ 발현 유전자임을 알 수 있다. 표에서 자녀 2는 BB를 가지면서 ⓛ이 발현되었으므로 B는 ⓛ 발현 유전자임을 알 수 있다. 아버지는 BB*를 가지면서 ⓛ이 발현되었으므로 B는 우성인 ⓛ 발현 유전자, B*는 열성인 정상 유전자이다. 자료의 표를 가계도로 나타내면 다음과 같다.

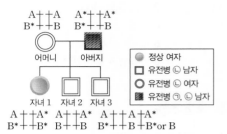

A┼┼A   A*┼┼A*
B*┼┼B   B*┼┼B
어머니   아버지

○ 정상 여자
□ 유전병 ⓛ 남자
○ 유전병 ⓛ 여자
▨ 유전병 ⊙, ⓛ 남자

자녀 1   자녀 2   자녀 3
A┼┼A*   A┼┼A*   A┼┼A*
B*┼┼B*   B┼┼B*   B*┼┼A*B*or B

⊙ : ⊙에 대한 유전자형으로 어머니는 AA, 아버지는 A*A*이므로 자녀 3의 체세포 1개에는 A*가 1개 존재한다. 따라서 ⓐ는 1이다.
ⓛ : 어머니는 A와 B가 함께 존재하는 염색체와 A와 B*가 함께 존재하는 염색체를 갖는다.
ⓒ : A는 우성인 정상 유전자, A*는 열성인 ⊙ 발현 유전자이다.

12

⊙은 유전자 돌연변이의 예이고, 상염색체 우성으로 유전된다.
✗ : 남자와 여자에서 ⊙의 발병 빈도가 같으므로 ⊙ 발현 유전자는 상염색체에 존재한다.
✗ : ⊙을 가진 사람의 핵형은 정상이므로 체세포 1개당 염색체 수는 46이다.
ⓒ : ⊙ 발현 유전자는 정상 유전자에 대해 우성이므로 ⊙ 발현 유전자를 가진 사람은 모두 ⊙이 나타난다.

13

페닐케톤뇨증은 상염색체 열성으로 유전된다.
✗ : 페닐케톤뇨증은 유전자 돌연변이의 예이고, 유전자 돌연변이는 핵형 분석을 통해 알 수 없다.
ⓛ : 페닐케톤뇨증은 음식물을 통해 섭취한 페닐알라닌이 페닐피루브산으로 전환된 후 축적되어 발병할 수 있으므로 페닐알라닌이 적게 포함된 음식물을 섭취하면 페닐피루브산이 덜 축적되고 페닐케톤뇨증 증상이 완화될 수 있다.
ⓒ : 정상인 1과 2로부터 정상인 4가 태어났고, 4의 유전자형이 Aa일 확률은 $\frac{2}{3}$이다. 4(Aa)와 5(aa) 사이에서 태어난 아이가 페닐케톤뇨증일 확률은 $\frac{1}{2}$이므로, 4와 5의 자녀가 페닐케톤뇨증을 가질 확률은 $\frac{2}{3} \times \frac{1}{2}$ $= \frac{1}{3}$이다.

14

1은 ⊙에 대해 정상이고 유전자형으로 AA를 갖는다. 따라서 A는 정상 유전자이고, ⊙이 성염색체 유전이라면 5와 6은 모두 X^AY이고, 정상이어야 한다. 그러나 5와 6은 ⊙을 나타내므로 ⊙은 성염색체 유전이 아니고, 상염색체 유전이다. 자료의 표에서 3과 4는 B*의 DNA 상대량이 1로 같지만 ⓛ에 대한 표현형이 다르므로 ⓛ은 성염색체 유전임을 알 수 있다. 자료를 종합하면 A는 열성인 정상 유전자, A*는 우성인 ⊙ 발현 유전자, B는 우성인 정상 유전자, B*는 열성인 ⓛ 발현 유전자이고, 가족 구성원의 유전자형은 다음과 같다.

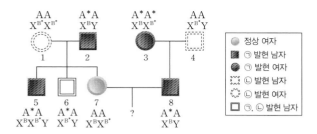

ㄱ : A와 A*는 상염색체에 존재하고, B와 B*는 성염색체에 존재한다.

ㄴ : 5가 가진 X^BY는 정자로부터 받은 것이고, 정자가 X^BY를 갖기 위해서는 감수 1분열에서 염색체 비분리가 일어나야 한다.

ㄷ : 7과 8 사이에서 태어난 자녀가 ㉠이 발현될(A^*_) 확률은 $\frac{1}{2}$이고,

㉡이 발현되지 않을(X^BX^B, X^BY, X^BX^{B*}) 확률은 $\frac{3}{4}$이다. 따라서 7과 8 사이에서 아이가 태어날 때, 이 아이에게서 ㉠이 발현되고, ㉡이 발현되지 않을 확률은 $\frac{1}{2} \times \frac{3}{4} = \frac{3}{8}$이다.

서답형 문제

본문 092쪽

01 (1) 감수 2분열 (2) 해설 참조 (3) 터너 증후군
02 (1) 해설 참조 (2) 해설 참조   **03** 결실
04 (1) X^RX^r (2) ㉠은 24, ㉡은 23 (3) 해설 참조
05 (1) (가) 다운 증후군 (나) 클라인펠터 증후군 (다) 터너 증후군
     (2) (가) (3) 해설 참조

01

그림의 자료는 감수 2분열 과정에서 X 염색체 비분리가 일어난 과정을 나타낸 것이다.

(1) 정자 ㉠~㉣ 중 2개의 정자는 정상이고, 2개의 정자는 염색체 수에 이상이 있으므로 감수 2분열 과정에서 염색체 비분리가 일어났다.

(2) [모범답안] 성염색체로 ㉠과 ㉡은 Y 염색체 1개를 갖고, ㉢은 성염색체를 갖지 않으며, ㉣은 X 염색체 2개를 갖는다.

채점 기준	배점
㉠~㉣의 성염색체 구성을 모두 옳게 서술한 경우	100 %
㉠~㉣의 성염색체 구성 중 3만 옳게 서술한 경우	50 %

(3) ㉢은 성염색체를 갖지 않는 정자이며, 정상 난자는 X 염색체를 가지므로 ㉢과 정상 난자가 수정되어 태어난 아이는 성염색체로 X 염색체 1개만을 갖고, 터너 증후군을 나타낸다.

02

핵형 분석은 염색체의 특성을 알아보는 분석이다.

(1) [모범답안] 염색체의 수, 모양, 크기, 종류 등을 알 수 있다.

채점 기준	배점
염색체의 수, 모양, 크기, 종류 등으로 다양하게 서술한 경우	100 %
염색체의 수, 모양, 크기, 종류 중에서 1가지만 서술한 경우	50 %

(2) [모범답안] 21번 염색체가 3개이므로 다운 증후군을 나타낼 것이다.

채점 기준	배점
다운 증후군을 언급하고, 그 근거로 21번 염색체가 3개라는 사실을 구체적으로 언급한 경우	100 %
다운 증후군을 언급했으나 그 근거가 구체적이지 못한 경우	50 %

03

염색체 구조 이상 돌연변이에는 결실, 중복, 역위, 전좌가 있다. 그림에서 정자 ㉠의 염색체에는 CDE 유전자가 결실되었으므로 ㉠의 형성 과정에서 일어난 염색체 구조 이상 돌연변이의 종류는 결실이다.

04

(1) 2는 정상이지만 적록 색맹 유전자를 가진 보인자이다.

(2) 정자 ㉠은 X^rY를 가지고, 난자 ㉡은 X^r를 가진다. 따라서 ㉠이 가진 염색체의 수는 24이고, ㉡이 가진 염색체의 수는 23이다.

(3) [모범답안] 감수 1분열 과정에서 성염색체 비분리가 일어나 성염색체로 XY를 가진 정자 ㉠이 생성되었다.

채점 기준	배점
감수 1분열 과정에서 성염색체 비분리가 일어나 성염색체 XY를 갖는다는 사실을 구체적으로 서술한 경우	100 %
감수 분열 중 어느 단계에서 성염색체 비분리가 일어났는지 구체적으로 서술하지 못한 경우	50 %

05

염색체 돌연변이 중 이수성 돌연변이는 정상에 비해 염색체를 1~2개 적거나 많게 가진다. 이수성 돌연변이의 예로는 다운 증후군((가)), 클라인펠터 증후군((나)), 터너 증후군((다)) 등이 있다. P는 (다)를 가지므로 성염색체가 X 염색체 1개이다. P의 어머니는 적록 색맹이므로 X^rX^r를 갖고, P의 아버지는 정상이므로 X^RY를 갖는다. P는 X^r를 가지므로 P의 X 염색체는 어머니로부터 물려받은 것이다.

(2) (가)는 상염색체 중 21번 염색체를 3개 가진 다운 증후군으로, 성염색체로 XY를 가진 남자나, XX를 가진 여자 모두에게서 나타날 수 있다.

(3) [모범답안] 정자 ㉠은 성염색체가 없고, 난자 ㉡은 적록 색맹 유전자를 가진 X 염색체를 갖는다.

채점 기준	배점
㉠과 ㉡의 성염색체 구성을 모두 옳게 서술한 경우	100 %
㉠과 ㉡ 중 하나의 성염색체 구성만 옳게 서술한 경우	50 %

본문 093~098쪽

대단원 종합 문제   IV. 유전

01 ⑤	**02** ④	**03** ②	**04** ④	**05** ③
06 ②	**07** ③	**08** ②	**09** ③	**10** ⑤
11 ③	**12** ⑤	**13** ②	**14** ①	**15** ①

고난도 문제

16 ④	**17** ③	**18** ⑤	**19** ⑤	**20** ①
21 ⑤				

01

(가)는 DNA의 기본 단위인 뉴클레오타이드, (나)는 성염색체 한 쌍, (다)는 DNA이다.

㉠ : DNA를 구성하는 뉴클레오타이드는 당(디옥시리보스), 인산, 염기(A, T, G, C)로 구성된다. ㉠은 뉴클레오타이드를 구성하는 당인 디옥시리보스이다.

㉡ : R와 r는 크기와 모양이 같은 상동 염색체의 같은 위치에 존재하는 대립유전자이다.

ⓒ : (가)(뉴클레오타이드)는 (다)(DNA)의 기본 단위이다.

02

그림 (가)~(다)에서 검은색 염색체는 성염색체이고, 파란색 염색체는 상염색체임을 알 수 있다. H와 h는 성염색체인 X 염색체에 존재하고, R와 r는 상염색체에 존재한다. Ⅰ~Ⅲ 중 Ⅰ만 ⓒ이 발현되지 않았으므로 Ⅰ은 ⓒ에 대한 유전자형으로 rr를 갖고, (가)~(다)에서 rr를 가질 수 있는 세포는 (가)이다. 따라서 (가)는 Ⅰ의 세포이다. 표에서 Ⅱ는 ⊙과 ⓒ이 모두 발현되었으므로 유전자 H와 R를 모두 갖고, 그림에서 (다)가 H와 R를 모두 가지므로 (다)는 Ⅱ의 세포이다. 나머지 (나)는 Ⅲ의 세포이다.

⊙ : 한 염색체를 구성하는 염색 분체의 유전자 구성은 동일하므로 ⓐ는 r이다.

✗ : (가)는 Ⅰ의 세포이다.

ⓒ : Ⅰ의 유전자형은 $X^H Y$, rr를, Ⅱ의 유전자형은 $X^H X^h$, Rr를, Ⅲ의 유전자형은 $X^h Y$, Rr를 갖는다. Ⅰ과 Ⅱ가 교배하여 자손(F_1)이 태어날 때 이 자손(F_1)에게서 ⊙이 발현될(X^H_) 확률은 $\frac{3}{4}$이고, ⓒ이 발현될 (R_) 확률은 $\frac{1}{2}$이므로 ⊙과 ⓒ이 모두 발현될 확률은 $\frac{3}{4} \times \frac{1}{2} = \frac{3}{8}$이다.

03

DNA는 히스톤 단백질을 감아 뉴클레오솜을 구성한다. 뉴클레오솜은 염색사를 구성하며, 염색사는 응축하여 염색체를 형성하고, 염색체는 세포 주기 중 분열기에 관찰된다.

✗ : Ⅰ은 염색체를 구성하는 두 개의 염색 분체이다. 2가 염색체는 상동 염색체의 접합에 의해 형성되는 것으로 감수 분열 중 관찰된다.

✗ : 염색체를 구성하는 염색 분체의 유전 정보는 동일하므로 ⊙은 B이다.

ⓒ : ⓒ은 DNA와 히스톤 단백질로 구성된 뉴클레오솜이고, ⓒ은 DNA이다. DNA의 기본 단위는 뉴클레오타이드이므로 ⓒ과 ⓒ에는 모두 뉴클레오타이드가 존재한다.

04

(가)는 수컷 A의 세포이고, (나)는 암컷 B의 세포이다. (라)는 수컷 A가 감수 분열하여 생성된 세포이고, (마)는 (가), (나)의 염색체 모양과 다른 염색체를 가지므로 C의 세포이다. (다)는 암컷 B의 감수 분열 중 생성된 세포이다.

⊙ : (라)는 수컷 A의 세포이다.

✗ : (가)와 (라)는 수컷 A의 세포이고, (나)와 (다)는 암컷 B의 세포이다. A와 B는 상염색체의 크기와 모양이 같으므로 같은 종이고, (마)는 C의 세포이다. 문두에서 A~C는 2가지 종으로 구분된다고 하였으므로 (가)~(라)는 같은 종의 세포이고, (마)는 다른 종의 세포이다.

ⓒ : (나)는 DNA 복제 전 B의 세포이고, (다)는 DNA 복제 후 상동 염색체가 분리된 세포로 세포 1개당 DNA양은 (나)와 (다)가 같다.

05

체세포 분열 과정에서 세포의 핵상은 $2n$에서 $2n$으로 변화가 없지만, 감수 분열 과정에서 세포의 핵상은 $2n$에서 n으로 감소한다. A는 딸세포이고, 핵상이 $2n$이므로 (가)는 체세포 분열 과정이고, (나)는 감수 분열 중 일부이다. (나)의 모세포는 핵상이 $2n$이므로 (나)는 감수 1분열 과정의 일부이다.

⊙ : (가)는 체세포 분열 과정으로 분열기 중 후기에 염색 분체가 분리된다.

ⓒ : (나)는 감수 1분열 과정이다.

✗ : A와 B는 체세포 분열 후 생성된 딸세포로 DNA 상대량이 모두 4이다. 따라서 ⊙은 4이다. D는 감수 1분열 과정에서 생성된 딸세포로 핵

상이 n이다. DNA 상대량은 C가 D의 2배이므로 ⓒ은 8이다. 따라서 ⊙+ⓒ=4+8=12이다.

06

(가)는 체세포 분열 과정 중 핵 1개당 DNA 상대량 변화이고, (나)에서 ⊙은 S기, ⓒ은 G_2기, ⓒ은 M기이다.

✗ : ⓒ(M기) 시기 세포는 분열기 세포로, 간기인 구간 A에 속하지 않는다. 구간 A에는 DNA가 복제되는 ⊙(S기) 시기 세포가 속한다.

✗ : 체세포 분열 과정에서는 2가 염색체가 관찰되지 않으므로 구간 B에서 2가 염색체는 관찰되지 않는다.

ⓒ : 구간 A에서와 같은 DNA 상대량 변화는 세포의 DNA가 복제될 때 나타나므로 세포 주기 중 ⊙(S기) 시기의 세포에서 나타난다.

07

상동 염색체 사이의 거리가 존재하지 않는 t_1은 감수 1분열 중기 시기이고, 상동 염색체 사이의 거리가 증가하고 있는 t_2와 t_3은 감수 1분열 후기 시기이다.

⊙ : (나)는 감수 1분열 후기의 세포로 t_2에서 관찰된 세포이고, (다)는 감수 1분열 중기의 세포로 t_1에서 관찰된 세포이다.

ⓒ : ⊙은 상동 염색체와 연결된 방추사로 감수 분열이 진행될수록 짧아진다. 따라서 ⊙의 길이는 t_2에서보다 t_3에서 짧다.

✗ : (나)는 감수 1분열 후기의 세포, (다)는 감수 1분열 중기의 세포로 모두 감수 1분열 과정의 세포이다.

08

P에서 ⊙을 결정하는 유전자는 한 염색체에 존재하고, ⓒ을 결정하는 유전자는 서로 다른 상염색체에 존재한다.

✗ : 복대립 유전은 한 쌍의 대립유전자에 의해 형질이 결정되지만, 대립유전자가 3개 이상인 유전이다. ⊙은 2쌍의 대립유전자에 의해 발현 여부가 결정되므로 복대립 유전이 아니다.

✗ : ⊙의 유전자형이 aabb인 개체에서 형성된 생식세포가 가질 수 있는 유전자형은 ab로 1가지이다. P는 A와 b가 같은 염색체에 있고, a와 B가 같은 염색체에 있으므로 P에서 형성된 생식세포가 가질 수 있는 유전자형은 Ab, aB이다. 따라서 ⊙의 유전자형이 aabb인 개체와 P 사이에서 자손이 태어날 때, 이 자손에게서 나타날 수 있는 ⊙에 대한 유전자형은 Aabb와 aaBb이며, 대문자로 표시되는 대립유전자의 수가 1이므로 표현형은 1가지이다.

ⓒ : 유전자형으로 EeFfGg인 개체에서 생식세포가 형성될 때, 이 생식세포가 E를 가질 확률은 $\frac{1}{2}$, f를 가질 확률은 $\frac{1}{2}$, G를 가질 확률은 $\frac{1}{2}$이므로 E, f, G를 모두 가질 확률은 $\frac{1}{2} \times \frac{1}{2} \times \frac{1}{2} = \frac{1}{8}$이다.

09

물질 ⓐ는 G_1기에서 S기로의 진행을 억제하므로 배양 중인 조직 X에 ⓐ를 처리하면 G_1기의 세포는 증가하고, S기의 세포는 감소한다. 따라서 ⓒ은 G_1기이다. 물질 ⓑ는 방추사 분해를 억제하므로 세포 분열 중기에서 후기로의 진행을 억제한다. ⓑ를 처리하면 M기의 세포가 증가한다. 따라서 ⊙은 M기이다. ⊙이 M기, ⓒ이 G_1기이므로, ⓒ은 S기, ⓒ은 G_2기이다.

⊙ : 세포 주기는 시계 방향인 Ⅰ 방향으로 진행된다.

ⓒ : DNA 복제가 일어나는 시기는 S기인 ⓒ이다.

✗ : 세포 주기 중 각 시기가 차지하는 비율은 세포 주기가 진행된 시간과 비례한다. 분열기(⊙, M기)가 G_1기(ⓒ)보다 세포 주기가 짧으므로

ⓐ와 ⓑ를 처리하지 않고 X를 배양할 때 분열기의 세포가 G₁기의 세포보다 적다.

10

ABO식 혈액형은 상염색체 유전 중 복대립 유전의 예이다. 구성원 1과 구성원 2에서 T와 T*의 DNA 상대량 합이 2와 1로 서로 다르므로 T와 T*는 성염색체에 있고, ㉠은 성염색체 유전을 따른다. 2는 T를 가지고 정상이므로 T는 정상 유전자이고, 3은 TT*를 가지고 정상이므로 T는 T*에 대해 우성이다.

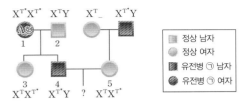

▢	정상 남자	
◯	정상 여자	
◼	유전병 ㉠ 남자	
◖◗	유전병 ㉠ 여자	

㉠ : T(정상 유전자)는 T*(㉠ 발현 유전자)에 대해 우성이다.

㉡ : 체세포 1개당 T의 양은 3(X^T X^{T*})과 5(X^T X^{T*})가 같다.

㉢ : 1~4의 ABO식 혈액형이 각각 다르므로, 1~4는 각각 A형, B형, AB형, O형 중 하나이다. 4는 I^A 유전자를 가지므로 AB형이고, 2는 B형, 3은 O형이다. 3과 5의 ABO식 혈액형의 유전자형이 같다고 했으므로 5도 O형이다. 4(AB형, $I^A I^B$)와 5(O형, ii) 사이에서 아이가 태어날 때, 이 아이가 B형($I^B i$)일 확률은 $\frac{1}{2}$이고, ㉠이 발현된 아들($X^{T*}Y$)일 확률은 $\frac{1}{4}$이다. 따라서 4와 5 사이에서 아이가 태어날 때, 이 아이가 B형이면서 ㉠이 발현된 아들일 확률은 $\frac{1}{2} \times \frac{1}{4} = \frac{1}{8}$이다.

11

표에서 1과 2의 A와 A*의 DNA 상대량 합이 모두 2로 같으므로 A와 A*는 상염색체에 존재한다. 표의 2를 통해 A*는 유전병 ㉠ 발현 유전자임을 알 수 있고, 표의 1을 통해 A는 정상 유전자이고, A*에 대해 우성임을 알 수 있다.

㉠ : A는 A*에 대해 우성이다.

㉡ : 1의 유전자형은 AA*, 2의 유전자형은 A*A*, 3의 유전자형은 AA*, 4의 유전자형은 AA*이다. ⓐ=ⓑ=ⓒ=1이므로 ⓐ+ⓑ+ⓒ=3이다.

㉢ : 구성원 1은 X 염색체가 아닌 상염색체에 A가 존재한다.

12

㉠의 발현 여부는 유전자형과 성별에 따라 다르게 나타난다. AA*를 가진 남자는 ㉠이 발현되지만, 여자는 ㉠이 발현되지 않는다.

㉠ : ㉠이 발현된 여자의 유전자형은 AA이다. ㉠이 발현된 여자가 낳은 자녀는 A를 갖는데, 유전자형이 AA*인 남자는 ㉠이 발현되지만, 여자는 ㉠이 발현되지 않으므로 ㉠을 가진 여자가 낳은 자녀 모두 ㉠이 발현되는 것은 아니다.

㉡ : ㉠이 발현되지 않은 남자의 유전자형은 A*A*이고, ㉠이 발현된 여자의 유전자형은 AA이다. 이들 사이에서 태어난 자녀의 유전자형은 AA*로 모두 동일하다.

㉢ : 유전자형으로 AA*를 가진 부모 사이에서 아이가 태어날 때, 이 아이가 가질 수 있는 유전자형의 종류와 비는 AA : AA* : A*A* = 1 : 2 : 1이다. 이때 태어난 아이가 ㉠ 발현 남자일 확률은 $\frac{3}{4} \times \frac{1}{2}$이고, ㉠ 발현 여자일 확률은 $\frac{1}{4} \times \frac{1}{2}$이다. 따라서 유전자형으로 AA*를 가진 부모

사이에서 아이가 태어날 때, 이 아이가 ㉠ 발현 남자일 확률$\left(\frac{3}{8}\right)$은 ㉠ 발현 여자일 확률$\left(\frac{1}{8}\right)$의 3배이다.

13

모와 자녀 1에서 A*의 DNA 상대량은 1로 동일하지만 ㉠에 대한 표현형이 다르므로 A와 A*는 성염색체에 존재한다. 모는 AA*를 갖고 정상이며, 자녀 1은 A*Y를 갖고 ㉠을 발현하므로 A는 정상(우성) 유전자, A*는 ㉠ 발현(열성) 유전자이다. 부에서 B의 DNA 상대량이 2이므로 B와 B*는 상염색체에 존재한다. 자녀 2는 BB를 갖고 정상이며, 모는 BB*를 갖고 ㉡을 발현하므로 B*는 ㉡ 발현(우성) 유전자이고, B는 정상(열성) 유전자이다.

구성원	성별	유전 형질 ㉠	유전 형질 ㉡	유전자
부	남자	×	×	$X^A Y$, BB
모	여자	×	◯	$X^A X^{A*}$, B*B
자녀 1	남자	◯	◯	$X^{A*}Y$, B*B
자녀 2	여자	×	×	$X^A X^A$, BB
자녀 3	남자	◯	×	$X^{A*}X^{A*}Y$, BB

(◯: 발현됨, ×: 발현 안 됨)

㉠ : ㉠의 유전자는 성염색체에 있고, ㉡의 유전자는 상염색체에 있다.

㉡ : B는 열성인 정상 유전자이고, B*는 우성인 ㉡ 발현 유전자이다. B는 B*에 대해 열성이다.

㉢ : 자녀 3($X^{A*}X^{A*}Y$)은 정상 정자(Y)와 감수 2분열에서 성염색체 비분리가 일어나 형성된 $X^{A*}X^{A*}$ 염색체를 갖는 난자 ⓐ의 수정에 의해 태어났다.

14

2와 3은 모두 H*의 수가 1이지만, 표현형이 다르므로 H와 H*는 성염색체에 있다. 3을 통해 H*는 유전병 유전자임을 알 수 있고, 2를 통해 H는 우성인 정상 유전자, H*는 열성인 유전병 유전자임을 알 수 있다. 적록 색맹은 성염색체 열성으로 유전된다. 적록 색맹에 대해 정상 유전자를 R, 적록 색맹 유전자를 r라 하면, 가계도 구성원이 가진 유전자형은 다음과 같다.

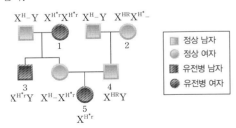

▢	정상 남자	
◯	정상 여자	
◼	유전병 남자	
◖◗	유전병 여자	

㉠ : ⓐ는 2이고, ⓑ는 0이므로 ⓐ+ⓑ=2+0=2이다.

㉡ : 정상 생식세포인 ㉠은 난자로 X^{H*r}를 갖고, 염색체 수에 이상이 있는 생식세포인 ㉡은 정자로 성염색체를 갖지 않는다.

㉢ : 1과 4는 모두 H*와 적록 색맹에 대한 정상 유전자(R)가 함께 존재하는 염색체를 갖지 않는다.

15

(가)에서는 상염색체 비분리가 일어났고, 성염색체는 정상적으로 분리되었으므로 ㉠과 ㉡이 가진 X 염색체 수는 1이고, ㉠과 ㉡은 각각 ⓑ와 ⓒ 중 하나이다. ⓑ와 ⓒ의 핵상이 다르므로 감수 2분열에서 상염색체 비분리가 일어났음을 알 수 있다. 제시문에서 체세포 1개당 DNA 상대량은

ⓑ가 ⓒ보다 많다고 했으므로 ㉠은 ⓑ이고, ㉡은 ⓒ이다. (나)에서 성염색체 비분리가 일어났고, 상염색체는 정상적으로 분리되었으며, ㉢과 ㉣은 각각 ⓐ와 ⓓ 중 하나이다. (나)의 감수 1분열 과정에서 성염색체 비분리가 일어났다면, ㉢과 ㉣ 중 하나는 핵상이 $n-1$이어야 하지만, 표에서 핵상이 $n-1$인 세포는 없으므로 (나)는 감수 2분열에서 성염색체 비분리가 일어났고, ㉢은 ⓓ이며, ㉣은 ⓐ이다.

ㄱ: ⓐ는 ㉣, ⓑ는 ㉠, ⓒ는 ㉡, ⓓ는 ㉢이다.

ㄴ: (가)와 (나) 모두 감수 2분열에서 염색체 비분리가 일어났다.

ㄷ: $\frac{\text{상염색체 수}}{\text{성염색체 수}}$는 ⓓ(㉢)에서 $\frac{22}{1}=22$이고, ⓐ(㉣)에서 $\frac{22}{2}=11$이다.

16

㉡과 ㉣, ㉠과 ㉢이 각각의 상동 염색체이고, (가)의 핵상은 $2n$, (나)~(라)의 핵상은 n이다. ㉤과 ㉥은 성염색체이다.

ㄱ: (가)는 6개의 염색체를 모두 가지므로 핵상이 $2n$이고, (나)~(라)는 3개의 염색체를 가지므로 핵상이 n이다. 감수 분열은 정상적으로 이루어졌으므로 (나)를 통해 ㉡의 상동 염색체는 ㉢과 ㉥이 아니며, (다)를 통해 ㉡의 상동 염색체는 ㉠과 ㉤이 아님을 알 수 있다. 따라서 ㉡의 상동 염색체는 ㉣이다.

ㄴ: (다)를 통해 ㉤의 상동 염색체는 ㉠이 아님을 알 수 있고, (라)를 통해 ㉤의 상동 염색체는 ㉢이 아님을 알 수 있다. 따라서 ㉤과 ㉥은 성염색체이고, ㉥이 Y 염색체이므로 ㉤은 X 염색체이다.

ㄷ: (나)와 (라)의 핵상은 모두 n으로 서로 같다.

17

(가)에서 2가 염색체가 관찰되므로 ㉠의 세포 분열 과정은 감수 분열 과정이다.

ㄱ: ㉠은 DNA 복제 전의 세포이므로 핵 1개당 DNA 상대량은 2이다. ㉢은 세포질 분열이 1회 일어난 후 형성된 세포이며, 상동 염색체 중 1개씩만 존재하므로 DNA 상대량이 2이다. (가)는 ㉡의 세포이고, 핵 1개당 DNA 상대량은 4이다.

ㄴ: ㉢은 감수 1분열에 의해 형성된 딸세포이고, (나)의 t_1 시기에 ㉢의 세포가 존재하므로 (나)는 감수 1분열 과정에서의 DNA양 변화이다.

ㄷ: (가)는 2가 염색체가 존재하는 감수 1분열 중기의 세포이다. (가)는 DNA 복제 후와 세포질 분열이 일어나기 전에 형성된다. 따라서 (가)는 ㉡의 세포이다. ㉡에 존재하는 염색체 수는 4, 염색 분체 수는 8이므로 $\frac{\text{염색체 수}}{\text{염색 분체 수}}=\frac{1}{2}$이다.

18

핵형 분석은 염색체의 수, 모양, 크기 등을 분석하는 것으로 염색체의 특성을 알 수 있다.

ㄱ: ㉠은 세포 분열을 촉진하는 물질이고, ㉡은 세포 분열을 억제하는 물질이다. 핵형 분석은 ㉡을 처리한 이후에 염색체가 존재하는 분열기의 세포를 이용한다.

ㄴ: 이 사람은 핵형 분석 결과 성염색체로 X 염색체 1개만을 가지고 있음을 알 수 있고, 이는 터너 증후군을 가진 사람의 핵형과 같다.

ㄷ: ⓐ와 ⓑ는 크기와 모양이 같은 상동 염색체로, 각각 부모로부터 1개씩 물려받았다.

19

자녀 2에서 T와 t의 DNA 상대량 합이 1이므로 T와 t는 성염색체에 있고, 자녀 2는 남자이다. 아버지에서 H와 h의 DNA 상대량 합이 2이므로 H와 h는 상염색체에 있다.

구성원	성별	유전자			
		H	h	T	t
아버지	남자	2	0	1	0(ⓐ)
어머니	여자	0	2(ⓑ)	1	1
자녀 1	여자	1(ⓒ)	1	2	0
자녀 2	남자	1	1(ⓓ)	0	1
자녀 3	여자	1	1	1	1

ㄱ: ⓐ+ⓑ+ⓒ+ⓓ=0+2+1+1=4이다.

ㄴ: 자녀 2는 성염색체로 XY를 갖는 남자이다.

ㄷ: 자녀 3은 여자이고, 아버지로부터 X^T를, 어머니로부터 X^t를 물려받았다.

20

이 동물의 피부색을 결정하는 3쌍의 대립유전자를 A와 a, B와 b, D와 d라고 하자. 자료의 6번째 문장에서 (다)에서 생성된 생식세포가 가질 수 있는 유전자형의 종류는 최대 8가지라고 했으므로 (다)의 유전자형은 AaBbDd이다. 자료의 5번째 문장에서 (가)와 (나) 사이에서 태어난 자손의 유전자형은 1가지이고, 표현형은 (다)와 같다고 했으므로 이 자손의 유전자형은 (다)와 같은 AaBbDd이고, (가)와 (나)는 각각 AABBDD와 aabbdd 중 하나이다. 즉, ㉠과 ㉡은 6과 0 중 하나이고, ㉢은 3이다. 자료의 7번째 문장에서 $\frac{㉠}{㉡+㉢}$=2라고 했으므로 ㉠은 6, ㉡은 0, ㉢은 3이다. 따라서 (가)는 AABBDD, (나)는 aabbdd, (다)는 AaBbDd이다.

ㄱ: ㉠+㉡+㉢=6+0+3=9이다.

ㄴ: (나)(aabbdd)와 (다)(AaBbDd) 사이에서 태어난 자손이 나타낼 수 있는 피부색은 최대 4가지(대문자 유전자의 수가 각각 3개, 2개, 1개, 0개)이다.

ㄷ: (다)(AaBbDd)와 같은 유전자형을 가진 부모 사이에서 태어난 자손의 피부색이 (가)(AABBDD)와 같기 위해서는 생식세포의 유전자형이 ABD인 두 생식세포가 수정되어야 한다. 부모에서 생식세포가 형성될 때, 생식세포의 유전자형이 ABD일 확률은 각각 $\frac{1}{8}$이고, 두 생식세포의 수정에 의해 AABBDD가 생성될 확률은 $\frac{1}{8}\times\frac{1}{8}=\frac{1}{64}$이다.

21

1과 2의 표현형은 ㉠이고, 3, 4의 표현형은 ㉡이므로 ㉠이 우성, ㉡이 열성 형질이다. 우성 대립유전자는 R, 열성 대립유전자는 r이고, 아버지와 어머니 중 한 사람은 한 가지 대립유전자만 가지므로 1과 2 중 한 사람은 한 가지 대립유전자인 R만 갖는다. 만약 1의 유전자형이 RR이면서 3과 4 모두 (가)를 나타내기(rr) 위해서는 비분리가 최소 2회 일어나야 한다. 따라서 아버지의 유전자형은 X^RY, 어머니는 X^RX^r이고, (가)는 성염색체 유전을 따른다. 5의 동생이 태어날 때, 이 아이가 가질 수 있는 유전자형은 X^RX^R, X^RX^r, X^RY, X^rY 이고, 정상일 확률이 $\frac{3}{4}$이므로 R는 우성인 정상 유전자, r는 열성인 (가) 유전자이다.

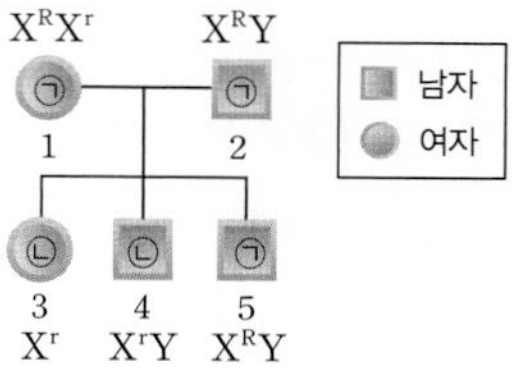

ㄴ : 3은 성염색체를 갖지 않는 정자 @와 X^r 염색체를 갖는 난자 ⓑ의 수정에 의해 태어났다.

ㄷ : ㉠은 '정상'이고, ㉡은 '유전병 (가)'이다.

ㄹ : 체세포 1개당 R의 DNA 상대량은 1(X^RX^r), 2(X^RY), 5(X^RY) 에서 서로 같다.

V. 생태계와 상호 작용

15 생태계의 구성 및 개체군

핵심 개념 체크
본문 099쪽

1 생산자, 소비자, 분해자   2 텃세, 가족생활
3 온도   4 (1) × (2) × (3) ○

출제 예상 문제
본문 100~101쪽

01 ④   02 ②   03 ③   04 ⑤   05 ①
06 ①   07 ④   08 ③   09 ⑤

01

㉠은 생물적 요인이 비생물적 요인에 영향을 주는 반작용이다.

ㄱ : 하나의 개체군은 동일한 종으로 구성되므로 개체군 A는 동일한 종으로 구성된다.

ㄴ : 생물적 요인에 속하는 개체군 C가 비생물적 요인인 토양에 영향을 주는 것은 반작용(㉠)에 해당한다.

ㄷ : 생산자인 식물(생물적 요인)이 광합성을 통해 산소를 방출하여 공기 중의 산소 농도(비생물적 요인)를 변화시키는 것은 반작용(㉠)에 해당한다.

02

개체군 (가)는 계절적 요인(비생물적 요인)의 변화에 따라 개체군의 크기가 변하는 단기적 변동을 나타낸다. (가)는 영양 염류가 풍부하고 빛의 세기와 온도가 증가하는 조건에서 개체 수가 증가하고, 영양 염류가 부족해지면 개체 수가 감소하는 등의 주기적 변동이 일어난다.

ㄱ : (가)는 구간 Ⅰ에서 개체 수 급격하게 증가하지만, 생활 공간과 먹이 등에 제한이 있어 환경 저항을 받는다.

ㄴ : 구간 Ⅱ에서 빛의 세기와 온도 조건은 충족되지만 영양 염류가 부족하여 (가)의 개체 수가 감소한 것이므로 작용의 예에 해당한다.

ㄷ : 개체군의 밀도 = $\dfrac{개체군을 구성하는 개체 수}{개체군이 생활하는 공간의 면적}$ 이다. (가)의 생활 공간 면적이 동일하므로 개체군 밀도는 개체 수가 적은 t_1에서가 개체 수가 많은 t_2에서보다 작다.

03

@는 J자형의 이론적 생장 곡선, ⓑ는 S자형의 실제 생장 곡선이다.

ㄱ : @는 먹이, 생활 공간 등의 제약이 없어 개체 수가 기하급수적으로 증가하는 이론적 생장 곡선이다.

ㄴ : C는 일정 공간 내에서 개체군의 크기가 더 이상 증가하지 않는 개체군의 최대 개체 수에 해당하는 환경 수용력이다.

ㄷ : @에서 t_1은 개체 수가 증가하고 있는 시점이므로 $\dfrac{출생률}{사망률}$ 은 1보다 크고, ⓑ에서 t_2는 개체 수가 일정해진 시점이므로 $\dfrac{출생률}{사망률}$ 은 1이다.

04

ㄱ : 사자는 새끼가 독립할 때까지 가족이 함께 생활하므로 가족생활에 해당한다.

ㄴ : 리더제는 한 개체가 리더가 되어 무리를 이끌며, 나머지 개체들 사이에 순위가 없는 개체군 내 상호 작용이다.

ㄷ : 텃세는 자신의 생활 공간에 다른 개체의 침입을 막아 개체를 분산시켜 주는 효과가 있다.

05

(가) : 호랑이가 자신의 생활 공간에 다른 호랑이 개체의 침입을 적극적으로 막는 것은 텃세의 예에 해당한다.

(나) : 닭이 모이를 먹을 때, 순서대로 모이를 먹는 것은 순위제의 예에 해당한다.

06

(가)에서 ㉠은 반작용, ㉡은 상호 작용, ㉢은 작용이다. (나)의 생존 곡선 중 Ⅰ형에는 사람, 대형 포유류, Ⅱ형에는 다람쥐, 히드라, Ⅲ형에는 굴, 어류 등이 있다.

ㄱ : 구간 Ⅰ에서 사망률은 Ⅲ형이 Ⅰ형보다 높으므로, 개체군 B의 사망률이 개체군 A의 사망률보다 높다.

ㄴ : 사람(생물적 요인)의 활동 증가로 지구 평균 기온(비생물적 요인)이 상승한 것은 반작용(㉠)의 예에 해당한다.

ㄷ : 어류(생물적 요인)가 집단으로 죽어 물속 산소의 양(비생물적 요인)이 줄어드는 것은 생물적 요인이 비생물적 요인에게 영향을 주는 것이므로 반작용(㉠)의 예에 해당한다.

07

빛을 잘 받는 A(상층)에는 양엽(㉠)이 주로 있으며, A보다 빛을 덜 받는 B(하층)에는 음엽(㉡)이 주로 있다.

ㄱ : A는 나무의 상층 부위이므로 빛의 세기가 강해 양엽이 주로 있다. 양엽은 음엽보다 울타리 조직이 두껍게 발달하므로 양엽의 단면은 ㉠에 해당한다.

ㄴ : 양엽(㉠)과 음엽(㉡)의 울타리 조직 두께 차이는 빛의 세기 차이에 의한 것이다.

ㄷ : 음엽(㉡)은 빛의 세기가 약한 곳에서 빛을 많이 받기 위해 잎의 평균 넓이가 양엽(㉠)에 비해 넓다.

08

(가)와 (나)는 온도의 영향, (다)는 물의 영향과 관련이 있다.

ㄱ : 은행나무(㉠)와 부레옥잠(㉡)은 식물이므로 생산자에 해당한다.

ㄴ : (가)~(다)는 모두 비생물적 요인(온도, 물)이 생물적 요인(은행나무, 여우, 부레옥잠)에 영향을 주었으므로 작용의 사례에 해당한다.

ㄷ : 가을에 은행나무의 잎이 떨어지는 것은 온도에 의한 영향이다.

09

개체군 A는 각 개체의 서열이 있으며, 다른 개체에 미치는 영향이 모두 다르므로 순위제에 해당하는 큰뿔양 개체군이다. 개체군 B는 한 개체(리더)를 제외한 나머지 개체의 서열이 없으므로 리더제에 해당하는 늑대 개체군이다.

㉠ : 개체군 A는 큰뿔양 개체군에 해당한다.

㉡ : 늑대 개체군은 한 개체가 리더가 되어 개체군을 이끄는 개체군 내 상호 작용을 하며, ㉠은 리더제에 해당한다.

㉢ : 큰뿔양 개체군은 힘의 서열에 의해 순위가 정해지며, 도형의 크기가 클수록 순위가 높다. $A_1 \sim A_4$ 사이의 개체 간 순위는 $A_4 - A_2 - A_1 - A_3$ 순이다.

서답형 문제

본문 102쪽

01 빛, 온도, 물, 공기, 토양 등   **02** 해설 참조

03 실제 생장 곡선: B, C, 이론적 생장 곡선: A

04 해설 참조   **05** 해설 참조   **06** 해설 참조

07 해설 참조

01

비생물적 요인은 빛, 온도, 물, 공기, 토양 등 생물을 둘러싸고 있는 환경 요인이 해당하며, 생산자 등 생물적 요인에 영향을 준다.

02

비생물적 요인 X가 생산자(생물적 요인)에 영향을 주는 것은 작용(㉠)이다. 비생물적 요인 중 하나를 선택하고, 각각에 해당하는 예를 서술한다.

모범답안 빛의 세기가 강한 지역이 약한 지역보다 식물의 광합성량이 많다. 이산화 탄소 농도가 높아지면 광합성량이 증가한다. 토양이 비옥하면 식물의 생산량도 증가한다.

채점 기준	배점
작용(㉠)에 해당하는 예 2가지를 모두 옳게 서술한 경우	100 %
작용(㉠)에 해당하는 예 1가지만 옳게 서술한 경우	50 %

03

개체군의 생장 곡선 중 먹이, 질병, 서식 공간 등 환경의 제약을 받지 않는 이론적 생장 곡선은 J자형으로 개체 수가 기하급수적으로 증가한다. 실제 생장 곡선은 환경 저항을 받아 S자형으로 나타나며, 일정 개체 수 이상으로 증가하지 않는 형태이다.

04

A는 이론적 생장 곡선이고, B는 실제 생장 곡선이므로 개체 수 차이는 환경 저항에 의해 나타난다.

모범답안 B는 먹이 부족, 서식 공간 부족, 노폐물의 축적, 질병의 발생, 천적 증가, 환경 오염 등의 환경 저항이 있으므로 A와 개체 수 차이가 나타난다.

채점 기준	배점
까닭 2가지를 모두 옳게 서술한 경우	100 %
까닭 1가지만 옳게 서술한 경우	50 %

05

은어는 개체군 내 상호 작용 중 텃세의 예에 해당하고, 해조류의 수심에 따른 분포는 빛의 파장에 따라 다르게 나타난다.

모범답안 • 은어는 일정한 생활 공간인 세력권을 형성하고 다른 개체의

침입을 막기 위해 (가)와 같이 서식한다.

• (나)에서 빛은 파장에 따라 투과 깊이가 달라 청색광을 흡수할 수 있는 홍조류가 가장 깊은 곳까지 서식하며, 황색광을 흡수할 수 있는 갈조류가 중간 깊이까지 서식하고, 적색광을 흡수하여 이용할 수 있는 녹조류는 수심이 얕은 곳까지만 서식한다.

채점 기준	배점
은어와 해조류 모두에 대해 옳게 서술한 경우	100 %
은어와 해조류 중 하나만 옳게 서술한 경우	50 %

06

각 지역별로 서로 다른 온도에 적응하여 곰의 몸집과 말단부의 크기에 차이가 나타난다.

모범답안 생태계 구성 요인 중 온도의 영향이다. 추운 지역에 사는 동물일수록 열의 손실을 줄여 체온을 유지하기 위해 몸집이 커지고, 몸의 말단 부위가 작아지는 방향으로 온도에 적응하였다.

채점 기준	배점
생태계 구성 요인 중 온도와 관련지어 까닭을 옳게 서술한 경우	100 %
생태계 구성 요인 중 온도와 관련짓지 않고 까닭을 서술한 경우	50 %

07

개체군 밀도 $= \dfrac{\text{개체군을 구성하는 개체 수}}{\text{개체군이 생활하는 공간의 면적}}$ 이다.

모범답안 ㉠의 개체군 밀도는 C>A=B>D이다. 계산 과정은 표와 같다.

지역	개체 수	면적	개체군 밀도
A	80	S	$\dfrac{80}{S}$
B	40	0.5 S	$\dfrac{80}{S}$
C	100	S	$\dfrac{100}{S}$
D	60	1.5 S	$\dfrac{40}{S}$

채점 기준	배점
개체군 밀도 비교와 계산 과정을 모두 옳게 서술한 경우	100 %
계산 과정만 옳게 서술한 경우	70 %
개체군 밀도 비교만 옳게 서술한 경우	30 %

16 군집

01

A는 초원, B는 양수림, C는 음수림이다.
㉠ : 식물 군집의 천이 과정 중 관목림 이전 단계에서는 초본 식물이 우점종인 초원이 나타나므로, A는 초원이다.
ⓒ : 산불이 일어나 식물 군집이 사라지더라도 기존의 토양과 식생이 어느 정도 존재하는 상태에서 천이가 다시 시작하므로, 산불이 일어난 후에는 2차 천이가 일어난다.
ⓒ : 혼합림 단계에서는 양수(B의 우점종)와 음수(C의 우점종)가 섞여 있으며, 빛에 대해 종간 경쟁이 일어난다. 종간 경쟁의 결과 혼합림에서 음수림(C)으로 천이가 일어난다.

02

✗ : 환경 저항은 이론적 생장 곡선과 실제 생장 곡선의 개체 수 차이이며, 시간이 지나 개체 수가 증가하여 일정해질 때까지 커진다. A가 받는 환경 저항은 t_1에서가 t_2에서보다 작다.
ⓒ : A와 B를 단독 배양했을 때보다 혼합 배양했을 때 두 개체군 모두 개체 수가 증가하였으므로 두 종 사이의 상호 작용은 상리 공생이다.
ⓒ : 단독 배양과 혼합 배양 모두에서 t_1일 때 B의 개체 수는 증가하고 있으므로 출생률이 사망률보다 크다.

03

A는 상리 공생, B와 D는 종간 경쟁, C는 포식과 피식이다.
㉠ : 콩과식물과 뿌리혹박테리아는 서로 이익을 주고받는 상리 공생의 관계이므로 A의 예에 해당한다.
✗ : 포식과 피식(C)에서 이익을 얻는 종Ⅱ는 포식자, 손해를 보는 종Ⅰ은 피식자이므로 Ⅱ가 Ⅰ보다 상위 영양 단계이다.
ⓒ : B와 D가 종간 경쟁에 해당하고, D에서 종Ⅰ의 손해가 종Ⅱ의 손해보다 많으므로 종Ⅰ이 사라지는 경쟁 · 배타 원리가 적용될 가능성이 가장 높다.

04

'군집 내 개체군 사이의 상호 작용이다.'는 종간 경쟁, 포식과 피식, 상리 공생 모두에 해당하므로 ⓒ이다. '상호 작용을 통해 이익을 얻는 개체군이 있다.'는 포식과 피식, 상리 공생에 해당하므로 ⓒ이다. '두 개체군의 생태적 지위가 비슷하다.'는 종간 경쟁에 해당하므로 ㉠이다. A와 B는 포식과 피식, 상리 공생 중 하나이고, C는 종간 경쟁이다.
㉠ : ⓒ은 A~C 모두 해당하므로 ⓐ는 '○'이다.
ⓒ : ⓒ은 포식과 피식, 상리 공생에 해당하는 특징이므로 '상호 작용을

통해 이익을 얻는 개체군이 있다.'이다.
✗ : 눈신토끼와 스라소니의 관계는 포식과 피식의 예에 해당하므로 종간 경쟁(C)에 해당하지 않는다.

05

㉠ : 지의류는 용암 대지 등 토양이 척박한 지역에 들어와 토양을 만드는 개척자의 역할을 한다.
✗ : 산사태, 홍수, 산불 등이 일어난 경우 기존의 토양에 유기물이 있으므로 2차 천이가 시작된다. 1차 천이는 생물이 살지 않았던 곳(용암 대지 등)에서 시작하는 천이를 말한다.
✗ : 천이가 진행되면 초원, 관목림, 양수림, 혼합림, 음수림 등이 형성되면서 숲이 우거지므로 지표면에 도달하는 빛의 세기는 감소한다.

06

(가)는 상리 공생, (나)는 분서(생태 지위 분화)이다.
① 콩과식물과 뿌리혹박테리아는 서로 이익을 주고받는 상리 공생 관계이다.
② 피라미와 은어는 먹이 분리가 일어났으므로 분서의 예이다.
③ 콩과식물은 생물적 요인 중 생산자에 해당한다.
✗ 피라미는 은어의 유무에 따라 먹이가 다르므로, ⓒ과 ⓒ에서 먹이 지위는 다르다.
⑤ 말미잘과 흰동가리는 두 개체군이 모두 이익을 얻는 관계이므로 상리 공생에 해당한다.

07

✗ : A와 B 사이에 종간 경쟁이 일어나 섭취하는 평균 종자 크기가 변하였고, (나) 시기에 A와 B 모두 먹이를 섭취하고 있으므로 어느 한 개체군이 사라지는 경쟁 · 배타 원리는 일어나지 않았다.
ⓒ : A와 B 사이에서 중간 크기 종자에 대해 종간 경쟁이 일어났다. 그 결과 A가 섭취하는 평균 종자 크기가 a에서 a′으로 감소하고, B가 섭취하는 평균 종자 크기가 b에서 b′으로 증가하여 (나) 시기에서 중간 크기 종자에 대한 종간 경쟁이 완화되었다.
ⓒ : A와 B 사이에서 먹이에 대한 종간 경쟁이 일어났으므로 두 개체군의 밀도는 감소한다. A와 B의 개체 수는 종간 경쟁이 일어나기 전인 (가) 시기에서가 종간 경쟁이 일어난 후인 (나) 시기에서보다 많다.

08

식물 군집의 수평 분포는 위도에 따른 분포로 강수량과 온도(기온)의 차이에 의해 나타나며, 삼림, 초원, 사막으로 구분된다.
㉠ : 툰드라는 한대 사막으로 온도가 낮은 지역이므로 ㉠은 '낮음', ⓒ은 '높음'이다. 열대 사막은 강수량이 적은 지역이므로 ⓒ은 '많음', ⓔ은 '적음'이다.
ⓒ : (가)는 열대 우림이며, 삼림의 층상 구조가 나타난다.
ⓒ : (나)는 초원 지역이며, (다)는 사막 지역으로 평균 강수량은 초원이 사막보다 많다.

09

서식지 면적을 1로 가정하여 표로 정리하면 다음과 같다.

종	밀도	빈도	피도	상대 밀도(%)	상대 빈도(%)	상대 피도(%)	중요치
A	10	$\frac{5}{25}$	2	25	25	40	90
B	15	$\frac{10}{25}$	2	37.5	50	40	127.5
C	15	$\frac{5}{25}$	1	37.5	25	20	82.5

ⓒ : A의 상대 밀도와 상대 빈도는 25 %로 같다.

ⓛ : B의 빈도는 $\frac{10}{25}$, C의 빈도는 $\frac{5}{25}$이므로, B의 빈도는 C의 빈도의 2배이다.

ⓔ : 중요치는 B가 가장 크므로 우점종은 B이다.

서답형 문제
본문 106쪽

01 (가): 습성 천이, (나): 건성 천이   **02** 해설 참조
03 (가): 편리공생, (나): 포식과 피식   **04** 해설 참조
05 해설 참조   **06** 해설 참조

01

(가): 습한 곳에서 시작되는 천이는 습성 천이이다. 습성 천이는 빈영양호에 영양 염류 등이 퇴적되어 부영양호가 된 후 습원에 개척자로 습생 식물이 들어와 초원을 형성한 뒤 관목림, 양수림, 혼합림, 음수림의 순서로 일어난다.

(나): 건조한 곳인 용암 대지에서 천이가 시작되며, 지의류가 개척자로 들어와 토양을 형성한 후, 초원, 관목림, 양수림, 혼합림, 음수림의 순서로 일어난다.

02

A는 양수림, B는 혼합림, C는 음수림이고, A의 우점종은 양수이다.

모범답안 양수(A의 우점종)의 개체 수는 양수림 → 혼합림 → 음수림으로 천이가 진행되는 동안 감소한다. 지표면에 도달하는 빛의 세기가 감소하여 숲 속에 그늘진 곳에서는 음수의 묘목이 양수의 묘목보다 잘 자라기 때문에 양수의 개체 수는 감소한다.

채점 기준	배점
A의 우점종의 개체 수 변화와 까닭을 모두 옳게 서술한 경우	100 %
A의 우점종의 개체 수 변화에 대한 까닭만 옳게 서술한 경우	70 %
A의 우점종의 개체 수 변화만 옳게 서술한 경우	30 %

03

두 개체군이 인접해 있을 때 한 쪽 개체군만 이익을 얻고, 다른 개체군은 이익과 손해가 없는 (가)는 편리공생이다. 두 개체군이 떨어져 있을 때와 인접해 있을 때 이익과 손해가 뒤바뀌는 (나)는 포식과 피식이다.

04

(나)에서 두 개체군이 인접해 있을 때 이익을 얻는 A는 포식자, B는 피식자이다.

모범답안 먹이 사슬의 상위 단계는 포식자인 A이다. A는 피식자인 B와 떨어져 있는 경우 먹이가 부족하므로 손해를 보게 되고, 인접해 있는 경우 먹이가 많아 이익을 얻기 때문이다.

채점 기준	배점
먹이 사슬의 상위 단계와 까닭을 모두 옳게 서술한 경우	100 %
까닭만 옳게 서술한 경우	70 %
먹이 사슬의 상위 단계만 옳게 서술한 경우	30 %

05

두 종의 따개비가 서식하는 범위는 건조 조건과 두 종 사이의 상호 작용인 종간 경쟁에 의해 결정된다.

모범답안 ⓒ에 (가)만 서식하는 까닭: (가)를 제거해도 (나)의 서식 범위

가 변하지 않는 것은 (나)가 건조한 환경에 서식할 수 없기 때문이다. 그 결과 만조 해수면에 가까운 ⓒ에는 (가)만 서식한다.

ⓛ에 (나)만 서식하는 까닭: ⓛ에서 (가)와 (나) 사이의 종간 경쟁이 일어나 (가) 개체군은 살지 못하고 (나) 개체군만 서식하는 경쟁 · 배타 원리가 적용된 것이기 때문이다.

채점 기준	배점
까닭 2가지를 모두 옳게 서술한 경우	100 %
까닭 1가지만 옳게 서술한 경우	50 %

06

방형구법을 이용하는 경우, 밀도, 빈도, 피도를 구하고, 상대 밀도, 상대 빈도, 상대 피도를 계산하여 중요치가 가장 큰 종을 우점종으로 결정한다. 서식지 면적을 1로 가정하여 표로 정리하면 다음과 같으며, 피도가 같으므로 상대 피도는 고려하지 않아도 된다.

종	밀도	빈도	피도	상대 밀도(%)	상대 빈도(%)	상대 피도(%)	중요치
A	8	$\frac{3}{25}$	1	32	25	약 33.3	약 90.3
B	12	$\frac{6}{25}$	1	48	50	약 33.3	약 131.3
C	5	$\frac{3}{25}$	1	20	25	약 33.3	약 78.3

모범답안 A의 상대 밀도는 32 %, 상대 빈도는 25 %이다. B의 상대 밀도는 48 %, 상대 빈도는 50 %이다. C의 상대 밀도는 20 %, 상대 빈도는 25 %이다. 따라서 중요치가 가장 큰 B가 우점종이다.

채점 기준	배점
우점종과 A~C의 상대 밀도, 상대 빈도를 모두 옳게 서술한 경우	100 %
A~C의 상대 밀도, 상대 빈도를 옳게 서술한 경우	70 %
우점종만 옳게 서술한 경우	30 %

---

17 에너지 흐름과 물질 순환

핵심 개념 체크
본문 107~108쪽

1 총생산량, 호흡량   **2** 탈질산화 작용, 질산화 작용
3 광합성, 세포 호흡   **4** 생장량, 생체량(생물량, 현존량)
5 (1) ○ (2) × (3) ○ (4) ×   **6** 빛에너지
7 10   **8** 증가, 감소, 증가   **9** 분해자, 열
10 (1) × (2) × (3) ○ (4) ○

출제 예상 문제
본문 109~111쪽

01 ①	02 ③	03 ④	04 ④	05 ④
06 ③	07 ②	08 ③	09 ②	10 ⑤
11 ①	12 ⑤	13 ⑤	14 ②	

01

ⓒ은 피식량, ⓛ은 생장량이다.

ㄱ : 생산자의 피식량은 1차 소비자, 2차 소비자, 3차 소비자의 유기물량의 일부가 된다. ㉠에는 2차 소비자의 피식량이 포함되므로 ㉠은 피식량이다.

ㄴ : 순생산량은 총생산량에서 호흡량을 뺀 값이므로 총생산량(100) −호흡량(45)=55이다.

ㄷ : 1차 소비자의 생장량은 생산자의 피식량(㉠)의 일부이다.

02

(가): 질산 이온이 질소 기체로 전환되는 과정은 질소 순환 중 탈질소화 작용이다.

(나): 이산화 탄소가 포도당으로 전환되는 과정은 탄소 순환 중 광합성이다.

03

X는 분해자, Y는 소비자이다.

ㄱ : 생산자는 세포 호흡을 통해 생산자의 유기물 중 일부를 이산화 탄소로 분해하여 대기 중으로 보낸다. 광합성은 ㉠에 해당하지 않으며, 세포 호흡은 ㉠에 해당한다.

ㄴ : 사체와 배설물의 유기물은 분해자(X)에게 전달되어 분해된 후, 대기 중 이산화 탄소로 돌아간다.

ㄷ : 분해자(X)의 탄소가 포함된 유기물은 세포 호흡 등을 통해 대기 중 이산화 탄소로 이동하며, 생산자의 광합성에 의해 유기물로 합성되어 먹이 사슬을 따라 이동하면 소비자인 Y에게 탄소가 이동할 수 있다.

04

(가)는 질소 고정, (나)는 질산화 작용의 일부, (다)는 탈질소화 작용, (라)는 질소 동화 작용이다.

ㄱ : (가)는 뿌리혹박테리아와 같은 질소 고정 세균에 의해 일어난다.

ㄴ : (나)는 질산화 세균에 의해, (다)는 탈질소화 세균에 의해 일어난다.

ㄷ : (라)는 식물체 내에서 암모늄 이온이 아미노산으로 합성되는 질소 동화 작용이다.

05

(가)는 생산자, (나)는 1차 소비자, ㉠은 에너지, ㉡은 물질이다.

ㄱ : (가)는 태양의 빛에너지를 이용하여 광합성을 하고, 에너지양이 200으로 가장 많으므로 생산자이다.

ㄴ : (가)의 에너지양은 200, (나)의 에너지양은 30이므로 (가)에서 분해자로 가는 에너지와 A의 합이 170이고, A는 170 미만이다. (나)의 에너지양은 30, 2차 소비자의 에너지양은 9이므로 (나)에서 분해자로 가는 에너지와 B의 합이 21이고, B는 21 미만이다. 따라서 A와 B의 합은 191 미만이다.

ㄷ : 생산자(가)에서 1차 소비자(나)로 이동하는 물질에는 생산자가 광합성을 통해 만들어낸 유기물이 포함된다.

06

구분	A	B	C	D	E
순생산량	700	400	1,200	800	1,500
호흡량	300	600	800	1,200	1,500

ㄱ : (가)에서 천이가 진행되는 동안 순생산량이 계속 증가하였으므로 천이는 B → A → D → C → E 순서로 진행되었다.

ㄴ : C의 순생산량은 2,000×0.6=1,200, D의 호흡량은 2,000−2,000×0.4=1,200이므로 같다.

ㄷ : $\dfrac{\text{D의 순생산량}}{\text{A의 호흡량+B의 호흡량}}$ 은 $\dfrac{800}{300+600}=\dfrac{8}{9}$ 이므로 1보다 작다.

07

천이 과정 중 먼저 출현한 ㉠은 양수림, ㉡은 음수림이다.

ㄱ : ㉠의 우점종과 ㉡의 우점종은 서로 다른 종이므로 같은 개체군을 이루지 않으며, 군집 (가)를 구성한다.

ㄴ : 피식량은 순생산량의 25 %로 일정하므로 순생산량에 비례한다. t_1 일 때가 t_2일 때보다 순생산량이 많으므로 피식량도 많다.

ㄷ : 생장량은 순생산량에 포함되고, 호흡량은 총생산량에서 순생산량을 뺀 값이다. ㉡이 출현했을 때 호흡량이 순생산량보다 많으므로, (가)의 생장량은 호흡량보다 적다.

08

(가)는 빛, (나)는 공기, A는 생산자, B는 1차 소비자이다.

ㄱ : (가)는 빛이다.

ㄴ : A의 에너지양은 2,000,000−1,999,000=1,000이다. B의 에너지 효율이 15 % $\left(=\dfrac{150}{1,000}\times100\right)$이므로 B의 에너지양은 150이다. 따라서 ㉠은 150(=1,000−700−150)이다. 2차 소비자의 에너지 효율이 20 % $\left(=\dfrac{30}{150}\times100\right)$이므로 2차 소비자의 에너지양은 30이다. 따라서 ㉡은 100, ㉢은 9이며, ㉠+㉡−㉢=241이다.

ㄷ : 공기(나)에서 생산자(A)로 탄소는 CO_2 형태로 이동하여 광합성을 통해 유기물로 합성된 후 먹이 사슬을 따라 1차 소비자(B)로 이동한다.

09

ㄱ : 온도가 A ℃일 때 t 동안 총생산량은 호흡량과 같으므로 순생산량은 0이다.

ㄴ : 50 ℃일 때 t 동안 총생산량은 0이고 호흡량에 해당하는 유기물을 소비한다. 따라서 군집에 남아 있는 유기물의 총량인 생체량은 t 동안 감소한다.

ㄷ : t 동안 20 ℃와 40 ℃에서의 총생산량 차이는 순생산량 차이보다 작으므로 제시한 값은 1보다 작다.

10

㉠ : 소비자가 가진 유기물은 소비자의 세포 호흡을 통해 이산화 탄소로 분해되어 대기 중으로 이동한다.

㉡ : 생산자는 질소 동화 작용을 통해 단백질과 핵산 등 질소를 포함한 탄소 화합물(질소 화합물)을 합성한다. 생산자로부터 소비자로 질소의 이동(㉡)은 탄소 화합물(단백질 등) 형태로 이동한다.

㉢ : 질산 이온이 질소 기체가 되는 과정은 세균이 관여하는 탈질소화 작용에 의해 일어난다.

11

ㄱ : 생태 피라미드는 하위 영양 단계부터 상위 영양 단계 순서로 쌓아 올린 것이므로 (가)는 3차 소비자, (나)는 2차 소비자, (다)는 1차 소비자, (라)는 생산자이다.

ㄴ : (가)의 에너지 효율은 $\dfrac{90}{600}\times100=15$ %이고, (다)의 에너지 효율은 $\dfrac{3,000}{20,000}\times100=15$ %이다.

ㄷ : 생산자인 (라)의 개체 수가 감소하면 1차 소비자인 (다)의 개체 수가 감소하고, 2차 소비자인 (나)의 개체 수도 감소한다.

12

①: 외부로부터 에너지를 얻고, ⓒ과 먹이 사슬을 이루는 ①은 생산자이다. 사체와 배설물로부터 에너지를 얻는 ⓒ은 분해자이고, ⓒ은 1차 소비자이다.

ⓒ: 1차 소비자(ⓒ)의 에너지 효율은 $\dfrac{1차\ 소비자의\ 에너지양}{생산자의\ 에너지양} = \dfrac{12}{40} \times 100$ $= 30\,\%$이다.

ⓒ: A는 $40-12-8=20$이고, B는 $12-4=8$이며, C는 $8+4+4$ $=16$이고, D는 $16-4=12$이다. $A+B=C+D=28$이다.

13

①: 탄소 순환 과정에서 대기 중에 존재하는 탄소의 형태는 이산화 탄소, 메테인 등이므로 CO_2는 기체 A에 해당한다.

ⓒ: 에너지는 먹이 사슬을 따라 상위 영양 단계로 이동하며, 영양 단계가 높아질수록 에너지양은 감소한다. 생산자인 풀이 2차 소비자인 두더지보다 에너지양이 많다.

ⓒ: 풀, 산딸기의 고사·낙엽량은 ①에서 이동하는 탄소의 유기물량이다. ⓒ에서 참새의 유기물의 일부가 매로 전달된다.

14

(가)는 콩과식물, (나)는 질소 고정을 하는 뿌리혹박테리아이다.

ㄱ: (가)는 암모늄 이온과 질산 이온을 흡수하여 질소 동화 작용을 통해 단백질과 핵산 등을 합성하고 소비자에게 전달하는 생산자이므로 콩과식물이다.

ⓒ: ①은 탈질산화 작용이고, ⓒ은 질산화 작용의 일부이며, 각 과정에는 탈질산화 세균과 질산화 세균이 관여한다.

ㄷ: 생태계에서 질소는 순환하므로 생산자인 (가)가 가지고 있는 질소는 분해자를 거쳐 대기 등 환경으로 돌아간 뒤 (나)로 이동하여 질소 고정을 통해 다시 생산자로 이동한다.

서답형 문제
본문 112쪽

01 ①: 생장량, ⓒ: 피식량 **02** 해설 참조
03 해설 참조 **04** ①: 10 %, ⓒ: 15 %
05 A: 질산화 작용, B: 탈질산화 작용, C: 질소 고정, 해설 참조
06 A: 생산자, B: 소비자, C: 분해자, 해설 참조

01

총생산량에서 호흡량을 제외한 유기물량이 순생산량이다. 순생산량은 고사량, 낙엽량, 생장량, 피식량을 포함한다. ⓒ에는 1차 소비자의 호흡량이 포함되어 있으므로, ⓒ은 생산자로부터 1차 소비자로 이동하는 유기물량인 피식량에 해당한다. ①은 순생산량에서 고사량, 낙엽량, 피식량을 제외한 생장량에 해당한다.

02

일시적인 개체 수 변화에 의해 생태계 평형이 깨지더라도 시간이 지나면 먹이 사슬에 의해 다시 평형을 유지한다.

모범답안 (나)에서 1차 소비자의 개체 수가 증가하면, 1차 소비자의 피식자인 생산자의 개체 수가 감소하고 1차 소비자의 포식자인 2차 소비자의 개체 수가 증가한다. 2차 소비자의 개체 수가 증가하여 1차 소비자를 먹이로 많이 이용하면, 1차 소비자의 개체 수가 감소한다. 이어 생산자의 개체 수는 증가하며, 동시에 2차 소비자의 개체 수가 감소하므로 다

시 원래 상태의 평형을 회복한다.

채점 기준	배점
생산자, 1차 소비자, 2차 소비자의 개체 수 변화를 모두 옳게 서술한 경우	100 %
생산자, 1차 소비자, 2차 소비자의 개체 수 변화 중 2가지만 옳게 서술한 경우	70 %
생산자, 1차 소비자, 2차 소비자의 개체 수 변화 중 1가지만 옳게 서술한 경우	30 %

03

모범답안 (가)는 Ⅰ의 1차 소비자, (나)는 Ⅱ의 생산자, (다)는 Ⅰ의 생산자이다. 생산자의 피식량은 1차 소비자의 섭식량(호흡량＋피식량＋자연사량＋생장량＋배출량)과 같다. 생산자인 (나)의 피식량은 180, (다)의 피식량은 200이고, 1차 소비자인 (가)의 섭식량이 200이므로 (다)와 (가)가 동일한 생태계(Ⅰ)에서 먹이 사슬을 이룬다.

채점 기준	배점
(가), (나), (다)와 까닭을 모두 옳게 서술한 경우	100 %
(가), (나), (다)만 옳게 서술한 경우	60 %
까닭만 옳게 서술한 경우	40 %

04

모범답안 에너지양은 생산자가 20,000, ①(1차 소비자)이 2,000, ⓒ(2차 소비자)이 300이다. ①의 에너지 효율은 $\dfrac{2,000}{20,000} \times 100 = 10\,\%$이고, ⓒ의 에너지 효율은 $\dfrac{300}{2,000} \times 100 = 15\,\%$이다.

채점 기준	배점
각 영양 단계의 에너지양을 구하고, ①과 ⓒ의 에너지 효율을 모두 옳게 서술한 경우	100 %
각 영양 단계의 에너지양만 옳게 서술한 경우	50 %
①의 에너지 효율만 옳게 서술한 경우	25 %
ⓒ의 에너지 효율만 옳게 서술한 경우	25 %

05

모범답안 A는 암모늄 이온이 질산 이온으로 전환되는 질산화 작용, B는 질산 이온이 질소 기체로 전환되는 탈질산화 작용, C는 질소 기체가 암모늄 이온으로 전환되는 질소 고정이다. ①과 같이 질소 기체가 생산자인 식물로 직접 이동하지 않는 까닭은 생물이 대기 중의 질소 기체(N_2)를 직접 이용할 수 없어 세균 등에 의해 생물이 이용 가능한 형태인 암모늄 이온과 질산 이온으로 전환된 뒤 식물로 흡수되기 때문이다.

채점 기준	배점
A, B, C와 까닭을 모두 옳게 서술한 경우	100 %
까닭만 옳게 서술한 경우	40 %
A만 옳게 서술한 경우	20 %
B만 옳게 서술한 경우	20 %
C만 옳게 서술한 경우	20 %

06

모범답안 대기 중의 이산화 탄소를 이용하고 B에게 탄소를 전달하는 A는 생산자이고, A로부터 탄소를 전달받는 B는 소비자이며, A와 B의 사체와 배설물을 전달받는 C는 분해자이다. ①은 소비자가 세포 호흡을 통해 유기물의 일부를 분해하여 대기 중의 이산화 탄소로 방출하는 과정

이며, ㉡은 화석 연료를 연소시켜 대기 중의 이산화 탄소로 방출하는 과정이다.

채점 기준	배점
A, B, C와 ㉠, ㉡의 과정을 모두 옳게 서술한 경우	100 %
A, B, C만 옳게 서술한 경우	60 %
㉠, ㉡의 과정만 옳게 서술한 경우	40 %

18 생물 다양성

핵심 개념 체크
본문 113쪽

1 종 다양성, 유전적 다양성 **2** 직접, 간접
3 서식지 단편화, 생태 통로 **4** 외래종, 고유종
5 (1) ○ (2) ○ (3) ○

출제 예상 문제
본문 114~115쪽

01 ② **02** ⑤ **03** ⑤ **04** ③ **05** ⑤
06 ① **07** ③ **08** ⑤ **09** ③

01
(가): 한 지역에 생물적 요인과 비생물적 요인의 영향에 의해 다양한 생태계가 형성되는 것은 생태계 다양성에 해당한다.
(나): 기린과 나비 등 같은 종 내에서 개체의 특징 차이가 나타나는 것은 유전적 다양성에 해당한다.

02
(가)는 ㉠ 종 13개체, ㉡ 종 1개체, ㉢ 종 1개체가 있고, (나)는 ㉠ 종 8개체, ㉡ 종 3개체, ㉢ 종 4개체가 있다.
㉠ : (가)와 (나)는 모두 3종이 있어 종 수는 같으나, (나)가 종이 고르게 분포하고 있으므로, 종 다양성은 (나)가 (가)보다 높다.
㉡ : (가)와 (나)의 면적이 같으므로 개체군 밀도는 개체 수에 비례한다. (가)에서 ㉢은 1개체, (나)에서 ㉢은 4개체이므로 ㉢의 개체군 밀도는 (나)가 (가)의 4배이다.
㉢ : ㉠은 모양이 다른 두 종류의 표현형이 있고, ㉡은 동일한 모양 한 종류의 표현형만 있으므로 유전적 다양성은 ㉠이 ㉡보다 높다.

03
㉠ : 종 다양성이 높을수록 복잡한 먹이 그물이 형성되므로 생태계는 안정적으로 유지될 수 있다.
㉡ : 개체군의 개체 수를 회복하기 어려울 정도로 과도하게 포획하는 남획으로 인하여 다양한 유전자를 갖는 개체군에서 획일적인 유전자를 갖는 개체군으로 변화할 수 있다.
㉢ : 도로의 건설로 인하여 생물들의 서식지 면적이 감소하고, 도로에서 생물이 차량에 치여 죽는 로드킬이 증가한다.

04
㉠ : 뉴트리아(㉠)는 식용과 모피용으로 사용하므로 의식주에 직접적으로 이용하는 생물 자원이다.

X : 뉴트리아의 개체 수가 빠른 속도로 증가하더라도 먹이와 서식 공간 등의 환경 저항을 받는다.
㉢ : 동일한 종 내에서 수서 곤충(㉢) 개체군의 등의 무늬가 다양하게 나타나는 것은 유전자의 차이이므로 유전적 다양성의 예에 해당한다.

05
X : 서식하는 종 수는 (가)가 (나)보다 많으므로, 종 다양성은 (가)가 (나)보다 높다.
㉡ : 생태 통로는 단편화된 서식지를 연결하여 야생 동물의 유전적 교류가 일어나도록 하여 생물 다양성을 보전할 수 있다.
㉢ : 서식지 분할이 일어나면 내부 면적은 감소하고 가장자리 면적은 증가한다. $\dfrac{\text{내부 면적}}{\text{가장자리 면적}}$ 은 분할 전인 (가)가 분할 후인 (나)보다 크다.

06
X : (라)일 때 산불 발생 지역에서 출현한 B는 양수림의 우점종이고, (나)일 때 동물의 이입과 이출이 없으므로 새로 나타난 C는 음수림의 우점종이다. A는 동물이다.
② : (가)는 양수림의 우점종과 동물이 있으므로 양수림 단계이다.
③ : (다)의 산불 발생 지역에서는 산불이 발생한 이후의 천이 과정이 진행되므로 2차 천이가 일어난다.
④ : (라)일 때 종 수가 2이고, (나)와 (다)일 때 종 수가 3이므로 (라)일 때가 종 다양성이 가장 낮다.
⑤ : 산불로 개체 수가 감소하고, 도로의 건설로 인해 A의 서식지 면적이 감소하여 A가 사라지는 등 생물 다양성이 감소하였다.

07
㉠ : (가)와 (나)에서 모두 메뚜기는 생산자인 풀을 먹으므로 1차 소비자에 해당한다.
㉡ : (나)에서 2차 소비자인 개구리가 사라지면 1차 소비자인 메뚜기의 개체 수가 증가하고, 생산자인 풀의 개체 수는 감소한다.
X : (가)에서 개구리가 사라지면 개구리를 먹이로 하던 매와 뱀은 다른 먹이를 먹고 살아갈 수 있다. (가)에서 개구리가 사라지더라도 종 수는 (가)가 (나)보다 많으므로 종 다양성도 (가)가 (나)보다 높다.

08
㉠ : 람사르 협약(㉠)은 여러 국가 사이에 생물 다양성을 보전하기 위해 체결한 국제 협약에 해당한다.
㉡ : 습지(㉡)는 육지 생태계와 수 생태계가 공존하여 수많은 생물이 살고 있고, 사막은 일부 생물만 서식하므로 습지(㉡)가 사막보다 생물 다양성이 높은 지역이다.
㉢ : 화석 연료의 사용이 줄어들면 이산화 탄소 등의 온실 가스 배출이 감소하므로 지구 온난화(㉢) 현상도 감소할 것이다.

09
㉠ : 종 수는 ㉠ 시기에서가 ㉡ 시기에서보다 많으므로 종 다양성은 ㉠ 시기에서가 ㉡ 시기에서보다 높다.
㉡ : ㉠ 시기에 4종이던 달팽이가 ㉡ 시기에 3종이 되었다. ㉠ 시기의 서식지 면적 중 25 %가 보존될 경우 원래 발견되었던 달팽이 종 수 중 남아 있는 종 수의 비율이 75 %가 된다. ㉠ 시기의 서식지 면적은 ㉡ 시기의 서식지 면적의 4배이다.
X : ㉠ 시기에서 ㉡ 시기가 될 때, ㉠과 ㉡ 시기의 총 개체 수가 같으므로 D의 개체 수는 증가하고, 서식지가 파괴되었으므로 서식지 면적은 감소하여 D의 개체군 밀도는 증가한다.

서답형 문제

01 (가): 종 다양성, (나): 유전적 다양성 **02** 해설 참조
03 해설 참조 **04** 해설 참조 **05** 해설 참조
06 포식과 피식 **07** 해설 참조

01

(가)와 같이 한 생태계 내에 여러 종이 서식하는 것은 종 다양성에 해당한다. (나)와 같이 같은 종에서 다양한 특징을 가진 개체가 나타나는 것은 유전적 다양성에 해당한다.

02

모범답안 (가)의 특징은 개체군의 다양성이며, 생물 군집을 구성하는 개체군의 종류가 다양함을 의미한다. (나)의 특징은 개체군 내 다양성이며, 동일한 개체군을 구성하는 개체 각각의 특성이 다양함을 의미한다.

채점 기준	배점
(가)와 (나)의 특징을 모두 옳게 서술한 경우	100 %
(가)와 (나)의 특징 중 1가지만 옳게 서술한 경우	50 %

03

모범답안 (가)는 (나)보다 서식지 면적이 넓으며, (가)가 (나)보다 생존한 생물의 종 수 비율이 높다. 서식지가 파괴되어 서식지 면적이 감소하면 생물 다양성이 감소할 것이다.

채점 기준	배점
(가)와 (나)를 비교하고, 생물 다양성 감소 원인을 옳게 서술한 경우	100 %
생물 다양성 감소 원인만 옳게 서술한 경우	50 %
(가)와 (나)의 비교만 옳게 서술한 경우	50 %

04

모범답안 (나)는 서식지가 모두 연결되어 있고, (다)는 서식지가 연결되어 있지 않으며, (나)가 (다)보다 생존한 생물의 종 수 비율이 높다. 서식지를 생태 통로 등으로 연결하면 생물 다양성을 보전할 수 있다.

채점 기준	배점
(나)와 (다)를 비교하고, 생물 다양성 보전 방법을 옳게 서술한 경우	100 %
생물 다양성 보전 방법만 옳게 서술한 경우	50 %
(나)와 (다)의 비교만 옳게 서술한 경우	50 %

05

종 다양성은 종의 수가 많을수록, 전체 개체 수에서 각 종이 차지하는 비율이 균등할수록 높아진다.

모범답안 종 다양성은 (나), (가), (다) 순으로 높다. (가)와 (나)는 종 수가 4이고, (다)는 3이다. (가)와 (나)의 종 수가 같지만, (나)가 (가)보다 균등하게 분포하고 있으므로 종 다양성은 (나)가 가장 높고, (다)가 가장 낮다.

채점 기준	배점
종 다양성이 높은 순서와 까닭을 모두 옳게 서술한 경우	100 %
까닭만 옳게 서술한 경우	50 %
종 다양성이 높은 순서만 옳게 서술한 경우	50 %

06

⊙의 먹이가 ⓒ이므로 ⊙은 포식자, ⓒ은 피식자이고 둘 사이의 상호 작

용은 포식과 피식이다.

07

모범답안 30 °N인 지역이 60 °N인 지역보다 안정한 생태계이다. 30 °N인 지역에서가 60 °N인 지역에서보다 ⊙과 ⓒ의 종 수가 많으므로 복잡한 먹이 그물을 형성하여 생태계의 안정성이 높다.

채점 기준	배점
안정한 생태계와 까닭을 모두 옳게 서술한 경우	100 %
까닭만 옳게 서술한 경우	60 %
안정한 생태계만 옳게 서술한 경우	40 %

대단원 종합 문제   V. 생태계와 상호 작용

01 ① **02** ② **03** ⑤ **04** ① **05** ③
06 ⑤ **07** ③ **08** ③ **09** ④ **10** ④
11 ④ **12** ③

고난도 문제

13 ② **14** ③ **15** ⑤ **16** ⑤

01

⊙ : ⊙은 생물 군집이 비생물적 요인(환경)에 영향을 주는 것이므로 반작용에 해당한다.

✗ : 닭이 먹이를 먼저 먹기 위해 싸우는 행동은 개체군 내 상호 작용이므로 ⓒ에 해당한다.

✗ : 서로 다른 두 개체군인 소나무와 신갈나무가 경쟁하는 것은 군집 내 개체군 사이의 상호 작용이므로 ⓒ에 해당한다.

02

✗ : 빛의 세기가 0일 때 광합성을 하지 않으므로, 호흡량＝(−순생산량)이다. (가)의 호흡량은 25, (나)의 호흡량은 50이므로 호흡량은 (나)가 (가)보다 많다.

ⓒ : (가)의 보상점과 광포화점이 (나)보다 낮다. 빛의 세기가 1,000 lx일 때, (가)는 순생산량이 ＋5이므로 생장할 수 있고, (나)는 순생산량이 −5이므로 생장하기 어렵다. 약한 빛의 세기 환경에 (가)는 (나)보다 더 잘 적응한 것이므로 (가)는 음수림의 우점종, (나)는 양수림의 우점종이다. 1차 천이 과정에서 양수림의 우점종인 (나)가 (가)보다 먼저 출현한다.

✗ : 총생산량＝순생산량＋호흡량이므로, 빛의 세기가 500 lx일 때, (나)의 총생산량은 (−20)＋50＝30이다.

03

⊙ : (나)에서 A와 B를 혼합 배양했을 때 B가 사라졌으므로 A와 B는 생태적 지위가 중복되어 종간 경쟁이 일어난 것이다.

ⓒ : t_1은 개체 수가 증가하는 시점이므로 출생률은 사망률보다 크고, t_2는 개체 수가 일정한 시점이므로 출생률과 사망률은 같다. 따라서 A의 $\frac{출생률}{사망률}$은 t_1일 때는 1보다 크고, t_2일 때는 1이므로 t_1일 때가 t_2일 때보다 크다.

ⓒ : 개체군 밀도는 $\frac{개체 수}{면적}$이고, 배양 조건은 동일하므로 개체군 밀도는 개체 수에 비례한다. 구간 Ⅰ에서 A는 개체 수가 증가하고, B는 개체 수가 감소하므로 A와 B의 개체군 밀도 차이는 증가한다.

04

㉠ : B는 생존 곡선에서 초기에 생존 개체 수가 많아 후기 사망률보다 초기 사망률이 낮은 I형에 해당한다.

✗ : 서식지 면적이 동일하므로 개체군 밀도는 개체 수에 비례한다. P에서 A의 개체 수가 B의 개체 수보다 많으므로 개체군 밀도는 A가 B보다 높다.

✗ : 개체군 A와 B는 개체 수가 주기적으로 변동하므로 포식과 피식의 관계이다. 초기에 A의 개체 수가 증가할 때 B의 개체 수가 증가하므로 A는 피식자, B는 포식자이다. Q에서 A의 개체 수가 증가하더라도 A와 B의 상호 작용에서 피식자인 A는 손해를 본다.

05

안정된 육상 생태계에서 생물량이 가장 많은 A는 생산자이고, B는 1차 소비자, C는 2차 소비자이므로 먹이 사슬의 순서는 A → B → C이다.

㉠ : 초기에 A의 생물량이 증가한 후, B와 C가 각각 차례대로 증가하므로 먹이 사슬의 순서는 A → B → C이며, A는 먹이 사슬의 가장 하위 단계이므로 생산자에 해당한다.

㉡ : A는 생산자로 피식자이며, B는 1차 소비자로 포식자이다. A와 B 사이에서는 포식과 피식이 일어난다.

✗ : 구간 I에서는 B와 C의 생물량이 모두 감소한다. 이는 1차 소비자(B)의 개체 수가 감소하여 2차 소비자(C)의 먹이가 부족해짐에 따라 2차 소비자(C)의 개체 수가 감소한 것이다.

06

㉠ : A~C는 서식지가 S_1인 장소에서 서식할 수 있으므로 S_1에 A~C는 모두 존재한다.

㉡ : S_2에서 A와 C는 같은 서식지에 살고 있지만, 먹이의 범위가 중복되지 않으므로 먹이의 범위는 다르다.

㉢ : A와 B는 (가)에서 서식지의 범위가 중복되었으나, (나)에서는 서로 서식지 범위를 달리하는 공간 분리가 일어나 A와 B의 서식지 범위가 중복되지 않는다. (나)에서 A와 B 사이에 서식지에 대한 분서(생태 지위 분화)가 일어난 것이다.

07

서식지 면적을 1로 가정하여 표로 정리하면 다음과 같다.

	종	밀도	빈도	피도	상대 밀도 (%)	상대 빈도 (%)	상대 피도 (%)	중요치
(가)	A	4	$\frac{4}{25}$	1	40	40	약 33.3	약 113.3
	B	4	$\frac{4}{25}$	1	40	40	약 33.3	약 113.3
	C	2	$\frac{2}{25}$	1	20	20	약 33.3	약 73.3

	종	밀도	빈도	피도	상대 밀도 (%)	상대 빈도 (%)	상대 피도 (%)	중요치
(나)	A	8	$\frac{8}{25}$	1	40	50	약 33.3	약 123.3
	B	8	$\frac{4}{25}$	1	40	25	약 33.3	약 98.3
	C	4	$\frac{4}{25}$	1	20	25	약 33.3	약 78.3

㉠ : 표와 같이 개체군의 밀도는 A~C 모두 2배가 되었다.

✗ : 표와 같이 A의 중요치는 (나)에서가 (가)에서보다 크다. (가)에서 (나)로 변할 때 A~C의 밀도가 모두 2배가 되었으므로 상대 밀도는 변하

지 않으며, 상대 피도도 동일하다. A의 상대 빈도가 40 %에서 50 %로 증가하였으므로 중요치도 증가한다.

㉢ : (가)일 때 A와 B의 상대 밀도는 같으므로 $\dfrac{\text{A의 상대 밀도}}{\text{B의 상대 밀도}}$는 1이다.

(나)일 때 B와 C의 상대 빈도는 같으므로 $\dfrac{\text{C의 상대 빈도}}{\text{B의 상대 빈도}}$는 1이다.

08

A는 녹말, B는 포도당, C는 북극여우, D는 사막여우이다.

㉠ : 겨울에 온도가 내려가면 식물은 녹말(A)을 포도당(B)으로 분해하여 세포액의 삼투압을 높이고 세포가 어는 것을 방지한다. 추운 곳에 사는 여우는 더운 곳에 사는 여우보다 몸집이 크고 몸의 말단부가 작다. (가)와 (나)에 영향을 주는 비생물적 요인은 모두 온도이다.

㉡ : 생산자인 식물로부터 1차 소비자인 동물로 탄소가 이동할 때 탄수화물과 같은 유기물의 형태로 이동한다.

✗ : 몸의 말단부인 귀와 꼬리 등의 크기는 사막여우(D)가 북극여우(C)보다 크다.

09

(가)는 용암 대지에서 시작하는 1차 천이 과정이며, 개척자인 A는 지의류이고, B는 초원, C는 양수림, D는 음수림이다. ㉠은 작용이고, ㉡은 군집 내 개체군 사이의 상호 작용이다.

✗ : A는 1차 천이의 개척자이며, 토양 형성에 관여하는 지의류이다.

㉡ : (가)에서 군집의 천이 과정 중 빛, 온도, 토양, 공기 등 비생물적 환경 요인에 의해 군집의 구성이 영향을 받으므로 작용(㉠)이 나타난다.

㉢ : 혼합림 단계에서는 양수림(C)의 우점종과 음수림(D)의 우점종이 빛에 대해 종간 경쟁이 일어나므로 C의 우점종과 D의 우점종 사이의 상호 작용은 군집 내 개체군 사이의 상호 작용(㉡)에 해당한다.

10

㉠은 A로 총생산량, ㉡은 B로 순생산량, ㉢은 C로 생장량에 해당한다.

㉠ : 유기물량은 ㉠ > ㉡ > ㉢ 순서이므로 B는 ㉡인 순생산량이다.

㉡ : 호흡량은 총생산량(A)과 순생산량(B)의 차이이며, 피식량은 순생산량(B)과 생장량(C)의 차이 중 일부이다. 그래프에서 t_1일 때 호흡량이 피식량보다 많음을 알 수 있다.

✗ : 구간 I에서 생장량(C)은 증가하고 있으며, 호흡량(A−B)도 증가하고 있다.

11

A는 콩과식물, B는 사람, C는 뿌리혹박테리아이다.

✗ : 질소 기체(N_2)를 이용하는 C는 뿌리혹박테리아이다. A에서 B로 탄소가 이동하므로 A는 생산자에 해당하는 콩과식물, B는 소비자에 해당하는 사람이다.

㉡ : A와 B가 가진 유기물의 일부는 세포 호흡 등을 통해 이산화 탄소로 분해되어 대기 중으로 돌아가며(㉠, ㉡), 일부는 사체와 배설물의 형태로 토양으로 이동한다.

㉢ : 뿌리혹박테리아(C)는 대기 중의 질소 기체(N_2)를 고정하여 암모늄 이온(NH_4^+)으로 전환한다. 암모늄 이온은 콩과식물(A)에게 전달(㉢)되거나 토양으로 이동(㉣)한다.

12

㉠ : X를 도입하기 전에 (가)에는 A~E가 있으므로 생물 종 수는 5이다. X를 도입한 후에 (가)에는 A, B, D, E가 있고, X도 도입되었으므

로 생물 종 수는 5이다. 따라서 (가)의 생물 종 수는 X 도입 전과 도입 후가 같다.

ㄴ : X 도입 전과 도입 후의 종 수는 5로 같으나, X 도입 전이 도입 후보다 생물 종이 균등하게 분포한다. 종 다양성은 X 도입 전이 도입 후보다 높다.

ㄷ̶ : X 도입 전과 도입 후에 (가)의 면적에는 변화가 없으므로 개체 수는 개체군의 밀도에 비례한다. X 도입 전 A~E 개체 수의 합은 20＋20＋20＋20＋20＝100이고, X 도입 후 A~E 개체 수의 합은 15＋15＋0＋10＋5＝45이다. 따라서 A~E의 개체 수의 합은 X 도입 전이 X 도입 후보다 많다.

13

㉠ : (가)에서 빛의 파장에 따라 바다에 투과되는 빛의 양이 달라져 ㉠과 ㉡이 수심에 따라 종 수 차이가 나타난 것은 비생물적 요인이 생물적 요인에 영향을 준 작용의 예에 해당한다. (나)에서 낮의 길이에 따라 A와 B의 개화율이 달라지는 것도 작용의 예에 해당한다.

ㄴ̶ : (가)에서 수심이 깊어질수록 ㉠과 ㉡의 종 수는 감소하고 있으므로 종 다양성은 감소한다.

ㄷ : 하루 중 밤의 길이가 7시간이면 낮의 길이는 17시간이다. (나)에서 낮의 길이가 17시간일 때 A의 개화율이 B의 개화율보다 높다.

14

㉠ : 군집의 천이 과정에서 ㉠이 출현한 이후에 ㉡이 출현하였으므로 ㉠은 관목림, ㉡은 음수림이다.

ㄱ̶ : 지표면에 도달하는 빛의 세기는 t_1에서가 t_2에서보다 세기 때문에 식물 군집의 평균 높이는 t_2에서 높게 나타난다. t_1은 관목림(㉠) 출현 전이고, t_2는 관목림 출현 이후 삼림이 형성되는 때이므로 식물 군집의 평균 높이를 알 수 있다.

ㄷ : 구간 Ⅰ이 구간 Ⅱ보다 시간에 따른 빛의 세기의 감소가 적으므로 천이가 일어나는 속도는 Ⅱ에서가 Ⅰ에서보다 빠르다. 구간 Ⅱ는 산불 발생 이후 천이 과정이므로 2차 천이 과정이다.

15

㉠~㉣이 차례대로 먹이 사슬을 이루고 있으므로 ㉠은 생산자, ㉡은 1차 소비자, ㉢은 2차 소비자, ㉣은 3차 소비자이다.

㉠ : 분해자로 들어오는 에너지양과 나가는 에너지양은 같다. 1,648＝A＋125＋20＋3이므로 A는 1,500이다. ㉠의 에너지양은 10,000이고, ㉡에게 전달되는 에너지양은 10,000－8,000－A이므로 ㉡의 에너지양은 500이다. ㉣의 에너지양은 12＋3＝15이고, ㉢의 에너지양은 40＋20＋㉣＝75이다. ㉡의 에너지양 500＝125＋B＋㉢이므로 B는 300이다. 따라서 A－B＝1,200이다.

ㄴ : ㉡의 에너지 효율은 $\frac{500}{10,000} \times 100 = 5\%$이고, ㉣의 에너지 효율은 $\frac{15}{75} \times 100 = 20\%$이다. 따라서 에너지 효율은 ㉣이 ㉡의 4배이다.

ㄷ : 피식량은 먹이 사슬의 다음 영양 단계에 먹히는 유기물의 양이며, 화학 에너지 형태로 전달된다. ㉠의 피식량은 500이며, ㉡의 피식량은 75이다. 따라서 $\frac{㉡의 피식량}{㉠의 피식량} = \frac{75}{500} = 0.15$이다.

16

서식지 면적을 1로 가정하여 표로 정리하면 다음과 같다.

	종	밀도	빈도	피도	상대 밀도(%)	상대 빈도(%)	상대 피도(%)	중요치
지역 (가)	A	9	$\frac{6}{25}$	1	30	30	약 33.3	약 93.3
	B	12	$\frac{10}{25}$	1	40	50	약 33.3	약 123.3
	C	9	$\frac{4}{25}$	1	30	20	약 33.3	약 83.3

	종	밀도	빈도	피도	상대 밀도(%)	상대 빈도(%)	상대 피도(%)	중요치
지역 (나)	A	8	$\frac{5}{25}$	1	20	20	25	65
	B	20	$\frac{12}{25}$	1	50	48	25	123
	C	10	$\frac{6}{25}$	1	25	24	25	74
	D	2	$\frac{2}{25}$	1	5	8	25	38

ㄱ̶ : (가) 지역의 종 수는 3, (나) 지역의 종 수는 4이므로, 종 다양성은 (나)가 (가)보다 높다.

ㄴ : (가)에서 A의 상대 빈도는 30%이고, (나)에서 A의 상대 빈도는 20%이다. 따라서 A의 상대 빈도는 (가)에서가 (나)에서보다 크다.

ㄷ : 표와 같이 (가)와 (나) 모두에서 B의 중요치가 가장 크므로 (가)와 (나)의 우점종은 모두 B이다. 상대 피도가 모두 같고, (가)와 (나) 지역 모두에서 상대 밀도와 상대 빈도는 B가 가장 큰 것을 통해 중요치 (＝상대 밀도＋상대 빈도＋상대 피도)는 B가 가장 크다는 것을 알 수 있다.

최신 교재도, 지난 교재도 한눈에!
EBS 공식 네이버 스마트스토어!

EBS 북스토어

OPEN

EBS 북스토어 🔍

https://smartstore.naver.com/ebsmain

수학의 왕도

수학 (상)

새 교과서, 새 수능 대비 EBS 수학 기본서

"**국내 최대** 1268문항"

개념을 시각화 했습니다. 한눈에 쏙!
591문항으로 개념다지기 누구나 할 수 있습니다.
기초에서 고득점으로 계단식 구성으로 "저절로 쏙~"

신유형·고득점문제

실력 문제

기본 문제

대표 문제

개념 문제

2015
개정
교육과정

EBS

수학의 왕도
수학 (상)
EBS

수학의 왕도
수학 (하)
EBS

수학의 왕도
수학 I
EBS

수학의 왕도
수학 II
EBS

수학의 왕도
확률과 통계
EBS

수학의 왕도
미적분
EBS

고1~2 내신 중점 로드맵

과목	고교 입문	기초	기본	특화	+	단기

국어 / 영어 / 수학 / 한국사·사회 / 과학

- 고교 입문: 고등 예비 과정 / 내 등급은?
- 기초:
  - 윤혜정의 개념의 나비효과 입문편/워크북
  - 어휘가 독해다!
  - 정승익의 수능 개념 잡는 대박구문
  - 주혜연의 해석공식 논리 구조편
  - **기초** 50일 수학
  - 매쓰 디렉터의 고1 수학 개념 끝장내기
  - **인공지능** 수학과 함께하는 고교 AI 입문 / 수학과 함께하는 AI 기초
- 기본:
  - **기본서** 올림포스
  - 올림포스 전국연합학력평가 기출문제집
  - **유형서** 올림포스 유형편
  - **기본서** 개념완성 / 개념완성 문항편
- 특화:
  - **국어 특화** 국어 독해의 원리 / 국어 문법의 원리
  - **영어 특화** Grammar POWER / Reading POWER / Listening POWER / Voca POWER
  - **고급** 올림포스 고난도
  - **수학 특화** 수학의 왕도
  - 고등학생을 위한 多담은 한국사 연표
- 단기: 단기 특강

과목	시리즈명	특징	수준	권장 학년
전과목	고등예비과정	예비 고등학생을 위한 과목별 단기 완성	●	예비 고1
	내 등급은?	고1 첫 학력평가 + 반 배치고사 대비 모의고사	●	예비 고1
국/수/영	올림포스	내신과 수능 대비 EBS 대표 국어·수학·영어 기본서	●	고1~2
	올림포스 전국연합학력평가 기출문제집	전국연합학력평가 문제 + 개념 기본서	●	고1~2
	단기 특강	단기간에 끝내는 유형별 문항 연습	●	고1~2
한/사/과	개념완성 & 개념완성 문항편	개념 한 권+문항 한 권으로 끝내는 한국사·탐구 기본서	●	고1~2
국어	윤혜정의 개념의 나비효과 입문편/워크북	윤혜정 선생님과 함께 시작하는 국어 공부의 첫걸음	●	예비 고1~고2
	어휘가 독해다!	학평·모평·수능 출제 필수 어휘 학습	●	예비 고1~고2
	국어 독해의 원리	내신과 수능 대비 문학·독서(비문학) 특화서	●	고1~2
	국어 문법의 원리	필수 개념과 필수 문항의 언어(문법) 특화서	●	고1~2
영어	정승익의 수능 개념 잡는 대박구문	정승익 선생님과 CODE로 이해하는 영어 구문	●	예비 고1~고2
	주혜연의 해석공식 논리 구조편	주혜연 선생님과 함께하는 유형별 지문 독해	●	예비 고1~고2
	Grammar POWER	구문 분석 트리로 이해하는 영어 문법 특화서	●	고1~2
	Reading POWER	수준과 학습 목적에 따라 선택하는 영어 독해 특화서	●	고1~2
	Listening POWER	수준별 수능형 영어듣기 모의고사	●	고1~2
	Voca POWER	영어 교육과정 필수 어휘와 어원별 어휘 학습	●	고1~2
수학	50일 수학	50일 만에 완성하는 중학~고교 수학의 맥	●	예비 고1~고2
	매쓰 디렉터의 고1 수학 개념 끝장내기	스타강사 강의, 손글씨 풀이와 함께 고1 수학 개념 정복	●	예비 고1~고1
	올림포스 유형편	유형별 반복 학습을 통해 실력 잡는 수학 유형서	●	고1~2
	올림포스 고난도	1등급을 위한 고난도 유형 집중 연습	●	고1~2
	수학의 왕도	직관적 개념 설명과 세분화된 문항 수록 수학 특화서	●	고1~2
한국사	고등학생을 위한 多담은 한국사 연표	연표로 흐름을 잡는 한국사 학습	●	예비 고1~고2
기타	수학과 함께하는 고교 AI 입문/AI 기초	파이선 프로그래밍, AI 알고리즘에 필요한 수학 개념 학습	●	예비 고1~고2